임동석중국사상100

시경

詩經

林東錫 譯註

"상아, 물소 뿔, 진주, 옥. 이런 진괴한 물건들은 사람의 이목은 즐겁게 하지만 쓰임에는 적절하지 않다. 그런가 하면 금석이나 초목, 실, 삼베, 오곡, 육재는 쓰임에는 적절하나 이를 사용하면 닳아지고 취하면 고갈된다. 그렇다면 사람의 이목을 즐겁게 하면서 이를 사용하기에도 적절하며, 써도 닳지 아니하고 취하여도 고갈되지 않고, 똑똑한 자나 어리석은 자라도 그를 통해 얻는 바가 저마다 그 자신의 재능에 따라주고, 어진 사람이나 지혜로운 사람이나 그를 통해 보는 바가 저마다 그 자신의 분수에 따라주되 무엇이든지 구하여 얻지 못할 것이 없는 것은 오직 책뿐이로다!"

《소동파전집》(34) 본 《眞寶》(後集) 099 〈이씨산방장서기〉에서, 구당(丘堂) 여원구(呂元九) 선생의 글씨

차례

《詩經》 2/4

I 국풍國風

7. 정풍鄭風

《詩経》 ¼

❀ 책머리에

❀ 일러두기

❀ 解題

❀ 〈毛詩大序〉 ……………………… 子夏(?)

Ⅰ. 국풍國風

1. 주남周南

2. 소남召南

《詩經》 중

Ⅱ 아雅

1. 소아小雅

《詩経》 ㉒

Ⅱ 아雅

2. 대아大雅

Ⅲ 송頌

1. 주송周頌

〈1〉「淸廟之什」

〈2〉「臣工之什」

《詩經》부록

7. 정풍鄭風

21편(075－095)

周나라 宣王이 그의 庶弟 姬友를 宗周의 畿內 咸林(지금의 陝西 華縣)에 봉하여 세워주었으며, 이가 鄭桓公이다. 桓公은 周王室의 卿이 되어 幽王

의 大司徒를 맡았으나 褒姒의 난 때 申侯와 犬戎의 침입을 받아 함께 죽고, 아들 掘突이 鄭武公이 되었다. 武公은 晉文侯와 함께 平王(姬宜曰)의 洛邑 東遷에 功을 세워, 그 공으로 號, 檜(鄶) 지역을 봉지로 받아 도읍을 檜(지금의 河南 新鄭)로 옮겼다. 그 뒤 戰國時代에 이르러 B.C.375년 韓나라에게 망하고 말았다. '鄭風' 21편은 모두 東周시대의 작품이며 婚姻과 戀愛, 相思 등이 주를 이루고 있어, 흔히 淫蕩하여 '鄭衛之音', '男女相悅之辭'라 하여 '變風'의 극치로 폄하되었으나, 이는 儒家들이 도덕을 앞세운 잣대에서 평가한 것일 뿐, 도리어 庶民의 素朴한 生活相과 情緒를 잘 표현한 것이기도 하다.

★ 역사적 관련 사항은 《史記》 鄭世家를 참조할 것.

○鄭玄《毛詩譜》〈鄭〉

初, 宣王封母弟友, 於宗周畿內, 咸林之地, 是爲鄭桓公. 今京兆鄭縣, 是其都也.

又云爲幽王大司徒, 甚得周衆與東土之人, 問於史伯曰:「王室多故, 余懼及焉. 其何所可以逃死?」史伯曰:「其濟洛河潁之間乎! 是其子男之國, 虢·鄶爲大, 虢叔恃勢, 鄶仲恃險, 皆有驕侈怠慢之心, 加之以貪冒. 君若以周難之, 故寄帑與賄, 不敢不許. 是驕而貪, 必將背君, 君以成周之衆, 奉辭罰罪, 無不克矣. 若克二邑, 鄢蔽補丹依, 㽥歷莘君之土也. 脩典刑以守之, 惟是可以少固.」

桓公從之言. 然之後三年, 幽王爲犬戎所殺. 桓公死之, 其子武公與晉文侯, 定平王於東都王城. 卒取史伯所云十邑之地, 右洛左濟, 前華後河, 食溱洧焉. 今河南新鄭, 是也. 武公又作卿士, 國人宜之鄭之變風又作.

○朱熹 <集傳>

鄭, 邑名. 本在西都畿內咸林之地, 宣王以封其弟友爲采地. 後爲幽王司徒, 而死於夫戎之難, 是爲桓公. 其子武公掘突, 定平王於東都, 亦爲司徒, 又得虢檜之地, 乃徙其封而施舊號於新邑, 是爲新鄭. 咸林在今華州, 鄭縣新鄭, 卽今之鄭州是也. 其封域山川詳見 <檜風>.

○ <毛詩注疏>

鄭譜:

初宣王封母弟友於宗周畿內咸林之地, 是爲鄭桓公. 今京兆鄭縣, 是其都也.

又云爲幽王, 大司徒甚得周衆與東土之人, 問於史伯曰:「王室多故, 余懼及焉. 其何所可以逃死?」史伯曰:「其濟洛河穎之間乎?」是其子男之國, 虢鄶爲大虢, 叔恃勢鄶仲恃險, 皆有驕侈怠慢之心, 加之以貪冒, 君若以周難之, 故寄帑與賄, 不敢不許, 是驕而貪, 必將背君. 君以成周之衆, 奉辭罰罪, 無不克矣. 若克二邑鄢, 蔽補丹依㽥歷莘君之土也. 脩典刑以守之, 惟是可以少固. 桓公從之言, 然之後三年, 幽王爲犬戎所殺. 桓公死之, 其子武公與晉文侯, 定平王於東都王城. 卒取史伯所云十邑之地. 右洛左濟, 前華後河, 食溱洧焉. 今河南新鄭是也.

武公又作卿士, 國人宜之鄭之'變風'又作.

075(鄭-1) 치의(緇衣)

＊〈緇衣〉: '緇'는 검은 색 물감을 들인 옷. 周代 조정의 정복은 검은 색이었음.
＊이 시는 鄭 武公이 아버지 桓公과 함께 周나라 종실의 司徒가 되어 그 직무를
잘 수행하였음을 칭송한 것이라 함.

〈序〉: 〈緇衣〉, 美武公也. 父子並爲周司徒, 善於其職, 國人宜之. 故美其德, 以明有國善善之功焉.

〈치의〉는 무공을 찬미한 것이다. 부자가 함께 주의 사도가 되어 그 직책을 잘 수행하자 나라 사람들이 마땅하다 여겼다. 그 때문에 그의 덕을 찬미하여 나라에서 훌륭한 일을 잘 해낸 공을 밝힌 것이다.

〈箋〉: 父謂武公父桓公也. 司徒之職掌十二敎. '善善'者, 治之有功也. 鄭國之人, 皆謂桓公·武公居司徒之官, 正得其宜.

※武公: 東周 초 鄭나라 군주. 이름은 掘突. 아버지 桓公(姬友. B.C.806−B.C.771년까지 36년간 재위)과 함께 姬宜臼(東周 첫 임금 平王)의 東遷(洛邑)을 도와 조정의 司徒가 되어 왕실을 안정시켰으며, 아버지를 이어 君位에 올라 B.C.770−B.C.744년까지 27년간 재위하고 아들 莊公(寤生)에게 물려줌.

＊전체 3장. 매 장 4구씩(緇衣:三章. 章四句).

(1) 賦
緇衣之宜兮, 敝·予又改爲兮.

緇衣(치의)의 宜홈이여, 敝(폐)커든, 내 또 다시 호리라.
검은 옷 참으로 걸맞네, 해어지면, 내 다시 그대 위해 지어 드리리.

適子之館兮, 還·予授子之粲兮!

子의 館애 適ᄒ는 디라, 還(선)ᄒ야, 내 子를 粲(찬)으로 授호리라!
그대가 館舍에 갔다가, 돌아오면, 내 그대에게 음식 차려 올려 드리리!

【緇衣】검은 옷. 〈毛傳〉에 "緇, 黑色. 卿士聽朝之正服也"라 하였고, 〈集傳〉에도 "緇, 黑色. 緇衣, 卿大夫居私朝之服也"라 함.

【宜】어울림. 마땅함. 〈集傳〉에 "宜, 稱"이라 함.

【敝】옷이 낡아 해어짐. 壞의 뜻.

【改爲】다시 만듦. 〈集傳〉에 "改, 更. 適之館舍"라 하였고, 〈毛傳〉에는 "改, 更也. 有德君子, 宜世居卿士之位焉"이라 하였으며, 〈鄭箋〉에는 "緇衣者, 居私朝之服也. 天子之朝服, 皮弁服也"라 함.

【適】'가다'의 動詞.

【館】館舍. 客舍.

【粲】餐과 같음. 〈集傳〉에 "粲, 餐也, 或曰粲粟之精鑿者"라 하였고, 〈傳疏〉에 "粲, 爲餐之假借字"라 함. 〈毛傳〉에는 "適, 之;館, 舍. 粲, 餐也. 諸侯入爲天子, 卿士受采祿"이라 하였으며, 〈鄭箋〉에는 "卿士所之之館, 在天子之宮, 如今之諸廬也. 自館還在采地之都, 我則設餐以授之愛之, 欲飮食之"라 함.

＊〈集傳〉에 "○舊說:鄭桓公·武公, 相繼爲周司徒. 善於其職, 周人愛之, 故作是詩. 言「子之服緇衣也, 甚宜, 敝, 則我將爲子更爲之, 且將適子之館, 旣還而又授子以 粲.」言好之無已也"라 함.

(2) 賦

緇衣之好兮, 敝·予又改造兮.

緇衣의 好홈이여, 敝커든, 내 또 다시 造호리라.

검은 옷 참으로 좋도다, 해어지면, 내 다시 그대 위해 지어 드리리.

適子之館兮, 還·予授子之粲兮!

子의 館애 適ᄒᆞᆫ 디라, 還ᄒᆞ야, 내 子를 粲으로 授호리라!

그대가 관사에 갔다가, 돌아오면, 내 그대에게 음식 차려 올려 드리리!

【好】어울림. 마땅함. 딱 맞음. 〈毛傳〉과 〈集傳〉에 "好, 猶宜也"라 함.

【造】〈鄭箋〉에 "造, 爲也"라 함.

(3) 賦

緇衣之蓆兮, 敝·予又改作兮.

緇衣의 蓆(석)홈이여, 敝커든, 내 또 다시 作호리라.

검은 옷 참으로 크네, 해어지면, 내 다시 그대 위해 지어드리리.

適子之館兮, 還·予授子之粲兮!

子의 館애 適호는 디라, 還호야, 내 子를 粲으로 授호리라!

그대가 관사에 갔다가, 돌아오면, 내 그대에게 음식차려 올려 드리리!

【蓆】'크다'의 뜻. 〈毛傳〉에 "蓆, 大也"라 하였고, 〈集傳〉에도 "蓆, 大也. 程子曰:「蓆, 有安舒之義, 服稱其德, 則安舒也.」"라 하여, '몸에 맞다'라 하였음. 〈正義〉에는 "言「服緇衣大, 得其宜也"라 함. 한편 '蓆'은 席의 假借이며 《說文》에 "席, 廣大也" 라 하였고, 《爾雅》에는 "席, 大也"라 함.

【作】〈鄭箋〉에 "作, 爲也"라 함.

참고 및 관련 자료

1. 孔穎達 〈正義〉

作〈緇衣〉詩者, 美武公也. 武公之與桓公父子, 皆爲周司徒之卿, 而美於其卿之職. 鄭國之人咸宜之, 謂武公爲卿正, 得其宜. 諸侯有德, 乃能入仕王朝. 武公旣爲鄭國 之君, 又復入作司徒, 已是其善, 又能善其職. 此乃有國者, 善中之善, 故作此詩, 美 其武公之德, 以明有邦國者, 善善之功焉. 經三章, 皆是國人宜之, 美其德之辭也. 以 明有國善善之功焉. 叙其作詩之意, 於經無所當也.

2. 朱熹 〈集傳〉

〈緇衣〉, 三章, 章四句:

《記》曰:「好賢如緇衣.」又曰:「於緇衣見好賢之至.」

076(鄭-2) 장중자(將仲子)

* 〈將仲子〉: '將'은 '請하다'의 뜻이며, '仲子'는 남자의 자. 여기서는 구체적으로 채중(祭仲. 채중으로 읽음)을 가리키는 것으로 봄. 〈毛傳〉에 "將. 請也; 仲子, 祭仲也"라 함.
* 이 시는 鄭 莊公이 어머니의 사랑을 받지 못했다는 이유로 아우 叔段을 죽게 하자 채중이 간언했으나 듣지 않아 결국 큰 혼란을 일으켰음을 비난한 것이라 함. 그러나 내용으로 보아 사랑에 빠진 젊은 아가씨가 가족과 이웃의 눈치가 있으니 자신의 집에 마구 오지 말도록 애인에게 부탁한, 순수한 연애시로 보는 것이 마땅함.

<序>: <將仲子>, 刺莊公也. 不勝其母以害其弟, 弟叔失道而公弗制, 祭仲諫而公弗聽, 小不忍以致大亂焉.

〈장중자〉는 장공을 비난한 것이다. 그 어머니가 아우를 해치려는 것과 아우 공숙단이 도를 잃는 것을 이겨내지 못하였으며, 장공은 이를 제재하지 못한 채, 채중이 간언을 하였으나 듣지 않았으며, 작은 원한을 참지 못해 대란을 일으켰다.

〈箋〉: 莊公之母, 謂武姜. 生莊公及弟叔段, 段好勇而無禮, 公不早爲之所, 而使驕慢.

※莊公: 鄭 莊公(B.C.743-B.C.701년까지 43년간 재위). 鄭 武公의 아들 寤生. 春秋 初 鄭 武公이 申侯의 딸을 맞아 夫人으로 삼았는데 이가 武姜이었음. 武姜은 아들을 낳을 때 逆産의 고통을 겪어 아이가 태어나자 매우 미워하였으며, 이름도 寤生으로 지었음. 뒤에 둘째아들을 낳을 때는 순산이어서 매우 사랑했으며 이가 叔段(共叔段)이었음. 武公의 임종에 武姜은 숙단을 태자로 삼을 것을 청하였으나 무공이 거부하고 죽어 오생이 군위에 올랐으며 이가 장공임. 임금이 된 오생이 곧바로 아우 숙단을 京邑에 봉하자 채중(祭仲)이 반대하였음. 과연 숙단이 어머니와 공모하여, 장공을 공격하자 장공은 그를 鄢으로 몰아 결국 죽음에 이르도록 함. 이 일로 어머니와 더욱 멀어진 장공을 考叔이 설득하여 어머니와 서로 만나 화해를 시킴. 그러나 장공은 뒤에 衛나라 州吁의 난에 휩쓸려 많은 고초를

겪게 됨.《左傳》과《史記》등에 자세한 내용이 실려 있음. 참고란을 볼 것.

＊전체 3장. 매 장 8구씩(將仲子：三章. 章八句).

(1) 賦

將仲子兮, 無踰我里, 無折我樹杞.

將(장)컨댄 仲子(중ᄌ)는, 내 里늘 踰티 마라, 내 樹흔 杞(긔)를 折티 말올 씨어다.

청하건대 중자여, 우리 마을 넘어들지 마오, 우리 기류나무도 꺾지 마세요.

豈敢愛之? 畏我父母.

엇디 敢히 愛ᄒ리오? 우리 父母를 畏ᄒ얘니라.

어찌 감히 아까워 그러겠소? 부모님이 두렵다오.

仲可懷也, 父母之言, 亦可畏也!

仲을 可히 懷ᄒ나, 父母의 言이, 또 可히 畏ᄒ니라!

중자 그대 그립지만, 부모님 말씀도, 역시 두려운 걸요!

【將仲子】〈集傳〉에 "將, 請也；仲子, 男子之字也"라 함. 〈毛傳〉에는 "將. 請也；仲子, 祭仲也"라 하여 구체적으로 祭仲이라 하였음.
【踰】'넘다'의 뜻. 〈毛傳〉에 "踰, 越"이라 함.
【折】〈毛傳〉에 "折, 言傷害也"라 함.
【我】〈集傳〉에 "我, 女子自我也"라 함.
【里】마을. 아가씨가 사는 동네. 〈毛傳〉에 "里, 居也. 二十五家爲里"라 하였고, 〈集傳〉에도 "里, 二十五家, 所居也"라 함.
【樹】'심다'의 動詞.
【杞】杞柳. 버드나무의 일종. 일명 欅, 落葉喬木. 개키버들. 〈諺解〉物名에 "杞：갯버들"이라 함. 〈集傳〉에 "杞, 柳屬也. 生水旁. 樹如柳葉, 麤而白色, 理微赤. 蓋里之地域溝樹也"라 함. 〈毛傳〉에 "杞, 木名也"라 하였고, 〈鄭箋〉에는 "祭仲驟諫, 莊公不能用其言. 故言「請固距之無踰我里」, 喻言「無干我親戚」也.「無折我樹杞」,

喻言「無傷害我兄弟」也. 仲初諫曰:「君將
與之臣, 請事之君, 若不與, 臣請除之.」
라 함.

【愛】아낌. 아까워함.

【畏我父母】〈鄭箋〉에 "段將爲害我, 豈敢
愛之而不誅與? 以父母之故, 故不爲也"
라 함.

【可懷】그리워함. 〈鄭箋〉에는 "懷私曰懷.
言「仲子之言, 可私懷也. 我迫於父母, 有
言不得從」也"라 함.

＊〈集傳〉에 "○莆田鄭氏曰:「此淫奔者之
辭.」"라 함.

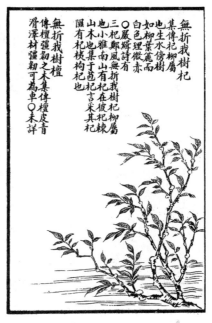

(2) 賦

將仲子兮, 無踰我牆, 無折我樹桑.

將컨댄 仲子ᄂ 내 牆을 踰티 마라, 내 樹흔 桑을 折티 말올 씨어다.

청하건대 중자여, 우리 담을 넘지 마오, 우리 뽕나무를 꺾지 마세요.

豈敢愛之? 畏我諸兄.

엇디 敢히 愛ᄒ리오? 우리 諸兄을 畏ᄒ애니라.

어찌 감히 아까워 그러겠소? 여러 오빠들이 두렵답오.

仲可懷也, 諸兄之言, 亦可畏也!

仲을 可히 懷ᄒ나, 諸兄의 言이, 또 可히 畏ᄒ니라!

중자 그대 그립지만, 여러 오빠들 말씀도, 역시 두려운 걸요!

【牆】담. 뽕나무를 심어 울타리를 삼은 것. 〈毛傳〉에 "牆, 垣也"라 하였고, 〈集傳〉
에 "牆, 垣也. 古者, 樹牆下以桑"이라 함.

【樹桑】〈毛傳〉에 "桑, 木之衆也"라 함. 〈諺解〉 物名에 "桑: 뽕나무"라 함.

【兄】오빠.

(3) 賦

將仲子兮, 無踰我園, 無折我樹檀.

將컨댄 仲子는 내 園을 踰티 마라, 내 樹흔 檀(단)을 折티 말올 씨어다.

청하건대 중자여, 우리 정원도 넘지 마오, 우리집 박달나무를 꺾지 마세요.

豈敢愛之? 畏人之多言.

엇디 敢히 愛ㅎ리오? 人의 多言을 畏ㅎ얘니라.

어찌 감히 아까워 그러겠소? 많은 사람들 입방아가 두려워서라오.

仲可懷也, 人之多言, 亦可畏也!

仲을 可히 懷ㅎ나, 人의 多言이, 쏘 可히 畏ㅎ니라!

중자 그대 그립지만, 사람들 입방아도, 역시 두려운 걸요!

【園】밭의 울타리. 그 안에 나무를 심어 놓았음. 〈集傳〉에 "園者, 圃之藩, 其內可種木也"라 함.

【檀】박달나무. 〈諺解〉物名에 "檀:박달"이라 함. 〈集傳〉에 "檀, 皮靑, 滑澤, 材彊靭, 可爲車"라 함. 〈毛傳〉에 "園, 所以樹木也. 檀, 彊靭之木"이라 함.

【多言】말이 많음. 입방아를 찧음. 좋지 않은 소문이 퍼짐.

참고 및 관련 자료

1. 孔穎達 〈正義〉

作〈將仲子〉詩者, 刺莊公也. 公有弟名段字叔, 其母愛之, 令莊公處之大都, 莊公不能勝止其母, 遂處段於大都, 至使驕而作亂, 終以害其親弟, 是公之過也. 此叔於未亂之前, 失爲弟之道, 而公不禁制, 令之奢僭. 有臣祭仲者, 諫公令早爲之所, 而公不聽, 用於事之小不忍治之, 以致大亂國焉. 故刺之.

2.《左傳》隱公 元年

(經)

夏五月, 鄭伯克段于鄢.

(傳)

初, 鄭武公娶于申, 曰武姜. 生莊公及共叔段. 莊公寤生, 驚姜氏, 故名曰寤生, 遂惡之. 愛共叔段, 欲立之. 亟請於武公, 公弗許. 及莊公卽位, 爲之請制. 公曰:「制, 巖邑也, 虢叔死焉. 佗邑唯命.」請京, 使居之, 謂之京城大叔. 祭仲曰:「都, 城過百雉, 國之害也. 先王之制, 大都, 不過參國之一;中, 五之一;小, 九之一. 今京不度, 非制也, 君將不堪.」公曰:「姜氏欲之, 焉辟害?」對曰:「姜氏何厭之有? 不如早爲之所, 無使滋蔓! 蔓, 難圖也. 蔓草猶不可除, 況君之寵弟乎?」公曰:「多行不義, 必自斃, 子姑待之.」旣而大叔命西鄙·北鄙貳於己. 公子呂曰:「國不堪貳, 君將若之何? 欲與大叔, 臣請事之;若弗與, 則請除之, 無生民心.」公曰:「無庸, 將自及.」大叔又收貳以爲己邑, 至於廩延. 子封曰:「可矣. 厚將得衆.」公曰:「不義不暱. 厚將崩.」大叔完聚, 繕甲兵, 具卒乘, 將襲鄭, 夫人將啓之. 公聞其期, 曰:「可矣.」命子封帥車二百乘以伐京. 京叛大叔段, 段入於鄢. 公伐諸鄢. 五月辛丑, 大叔出奔共. 書曰:『鄭伯克段于鄢.』段不弟, 故不言弟;如二君, 故曰克;稱鄭伯, 譏失敎也, 謂之鄭志. 不言出奔, 難之也. 遂寘姜氏于城潁, 而誓之曰:「不及黃泉, 無相見也!」旣而悔之. 潁考叔爲潁谷封人, 聞之, 有獻於公, 公賜之食. 食舍肉. 公問之. 對曰:「小人有母, 皆嘗小人之食矣;未嘗君之羹, 請以遺之.」公曰:「爾有母遺, 繄我獨無!」潁考叔曰:「敢問何謂也?」公語之故, 且告之悔. 對曰:「君何患焉? 若闕地及泉, 隧而相見, 其誰曰不然?」公從之. 公入而賦,「大隧之中, 其樂也融融.」姜出而賦,「大隧之外, 其樂也洩洩.」遂爲母子如初. 君子曰:「潁考叔, 純孝也, 愛其母, 施及莊公.《詩》曰:『孝子不匱, 永錫爾類.』其是之謂乎!」

3.《史記》鄭世家

武公十年, 娶申侯女爲夫人, 曰武姜. 生太子寤生, 生之難, 及生, 夫人弗愛. 後生少子叔段, 段生易, 夫人愛之. 二十七年, 武公疾. 夫人請公, 欲立段爲太子, 公弗聽. 是歲, 武公卒, 寤生立, 是爲莊公. 莊公元年, 封弟段於京, 號太叔. 祭仲曰:「京大於國, 非所以封庶也.」莊公曰:「武姜欲之, 我弗敢奪也.」段至京, 繕治甲兵, 與其母武姜謀襲鄭. 二十二年, 段果襲鄭, 武姜爲內應. 莊公發兵伐段, 段走. 伐京, 京人畔段, 段出走鄢. 鄢潰, 段出奔共. 於是莊公遷其母武姜於城潁, 誓言曰:「不至黃泉, 毋相見也.」居歲餘, 已悔思母. 潁谷之考叔有獻於公, 公賜食. 考叔曰:「臣有母, 請君食賜臣母.」莊公曰:「我甚思母, 惡負盟, 柰何?」考叔曰:「穿地至黃泉, 則相見矣.」於是遂從之, 見母.

077(鄭-3) 숙우전(叔于田)

*〈叔于田〉: '叔'은 莊公의 아우 共叔段. 田은 畋과 같으며 사냥. 〈集傳〉에 "叔, 莊公弟共叔段也. 事見《春秋》(隱公 元年. 앞장 참조). 田, 取禽也"라 함.
*이 시는 共叔(段)이 사냥에 나선 모습을 찬미함을 두고, 그토록 그가 무리를 얻음을 경계해야 할 정 장공이 이를 막지 못한 것을 질책한 것이라 함. 관련 사항은 앞장 참고란을 볼 것. 그러나 어떤 청년 사냥꾼의 멋진 모습을 사모하여 노래한 것으로 보기도 함. 그 때문에 〈集傳〉에도 "或疑此亦民間男女相悅之辭也"라 함.

〈序〉: 〈叔于田〉, 刺莊公也. 叔處于京, 繕甲治兵, 以出于田, 國人說而歸之.

〈숙우전〉은 정 장공을 비난한 것이다. 叔(共叔段)이 京邑(지금의 河南 榮陽縣 동남쪽)에 있을 때 무기와 군사를 수선하고 훈련시켜 사냥에 나서자 나라 사람들이 기꺼워하면서 그에게 귀의하였다.

〈箋〉: 繕之言, 善也; 甲, 鎧也.

*전체 3장. 매 장 5구씩(叔于田:三章. 章五句).

(1) 賦
叔于田, 巷無居人.
叔이 田ᄒᆞ니, 巷(항)애 居人이 업도다.
공숙이 사냥에 나서니, 골목에 사람이 없네.

豈無居人?
엇디 居人이 업스리오마ᄂᆞᆫ,
어찌 사람이 없겠는가?

不如叔也, 洵美且仁!

叔의 진실로 美ᄒ고, 또 仁홈만 ᄀᆺ디 몯ᄒ니라!

공숙 같은 이 없을 걸, 진실하고 멋지며, 게다가 인자하기까지 하지!

【叔】莊公(寤生)의 아우 共叔(이름은 段)을 가리킴. 〈集傳〉에 "叔, 莊公弟共叔段也. 事見《春秋》"라 함. 〈毛傳〉에도 "叔, 大叔段也"라 함. 앞장 참고란을 볼 것.

【田】사냥. 〈毛傳〉과 〈集傳〉에 "田, 取禽也"라 함.

【巷】마을 길. 골목. 〈毛傳〉과 〈集傳〉에 "巷, 里塗也"라 함. 〈鄭箋〉에는 "叔往田, 國人注心于叔, 似如無人處"라 함.

【洵美】진실로 훌륭함. 〈集傳〉에 "洵, 信; 美, 好也"라 함.

【仁】〈集傳〉에 "仁, 愛人也"라 함. 〈鄭箋〉에는 "洵, 信也. 言「叔信美好而又仁.」"이라 함.

＊〈集傳〉에 "○段不義而得衆, 國人愛之. 故作此詩. 言「叔出而田, 則所居之巷, 若無居人矣. 非實無居人也, 雖有而不如叔之美且仁, 是以若無人耳.」 或疑此亦民間男女相悅之辭也"라 함.

(2) 賦

叔于狩, 巷無飮酒.

叔이 狩(슈)ᄒ니, 巷애 酒를 飮ᄒ리 업도다.

공숙이 겨울 사냥에 나서니, 골목에 술 마시는 사람이 없네.

豈無飮酒?

엇디 酒를 飮ᄒ리 업스리오마ᄂᆫ,

어찌 술 마시는 사람이 없겠는가?

不如叔也, 洵美且好!

叔의 진실로 美ᄒ고, 또 好홈만 ᄀᆺ디 몯ᄒ니라!

공숙 같은 분 없을 걸, 진실하고 아름답고 게다가 훌륭하기까지 하지!

【狩】겨울 사냥. 〈毛傳〉과 〈集傳〉에 "冬獵曰狩"라 함.

【飮酒】잔치하며 술을 마심. 〈鄭箋〉에 "飮酒, 謂燕飮也"라 함.

(3) 賦

叔適野, 巷無服馬.

叔이 野의 適ᄒ니, 巷애 馬를 服ᄒ리 업도다.

공숙이 교외로 나서니, 골목에 말을 타는 사람이 없네.

豈無服馬?

엇디 馬를 服ᄒ리 업스리오마는,

어찌 말을 타는 사람이 없겠는가?

不如叔也, 洵美且武!

叔의 진실로 美ᄒ고, 또 武홈만 ᄀᆞ디 몯ᄒ니라!

공숙 같은 이 없을 걸, 진실로 아름답고 게다가 씩씩하기도 하지!

【適野】'適'은 '가다'의 뜻. '野'는 郊外. 〈集傳〉에 "適, 之也; 郊外曰野"라 함.

【服馬】乘馬의 뜻. 〈集傳〉에 "服, 乘也"라 함. 〈鄭箋〉에 "適, 之也. 郊外曰野. 服馬, 猶乘馬也"라 함.

【武】씩씩함. 武威와 武節이 있음. 〈鄭箋〉에 "武, 有武節"이라 함.

참고 및 관련 자료

1. 孔穎達 〈正義〉

《世本》云:「杼作甲.」宋仲子云:「少康, 子名杼也.」經典皆謂之甲, 後世乃名爲鎧. 箋以今曉古.

078(鄭-4) 대숙우전(大叔于田)

＊〈大叔于田〉: 같은 제목의 '叔于田'이 두 개 겹치므로, 이를 구별하기 위해 본편은 '大'자를 붙여 '大叔于田'이라 한 것임.
＊이 시는 共叔(段)은 다재다능하며 용맹을 좋아할 뿐, 義는 거들떠보지도 않았음에도 무리가 따르고 있었던 것은, 장차 난을 일으킬 징조였음에도, 형 莊公이 예방하지 못한 것을 두고 질책한 것이라 하였음.

〈序〉: 〈大叔于田〉, 刺莊公也. 叔多才而好勇, 不義而得衆也.

〈대숙우전〉은 장공을 비난한 것이다. 공숙단은 재능이 많고 용맹을 좋아할 뿐, 의롭지 못하였음에도 무리를 얻었다.

＊전체 3장. 매 장 10구씩(大叔于田: 三章. 章十句).

(1) 賦
叔于田, 乘乘馬.

叔(슉)이 田(뎐)ᄒᆞ니 乘馬를 乘ᄒᆞ얏도다.

공숙은 사냥에 나서며, 네 필 말이 끄는 수레를 타지.

執轡如組, 兩驂如舞.

轡(비)를 執홈을 組ᄀᆞ티 ᄒᆞ니, 兩驂(량참)이 舞ᄒᆞᄂᆞᆫ듯 ᄒᆞ도다.

고삐를 잡은 솜씨는 옷감을 짜듯 능란하고, 두 마리 곁말도 춤추듯 가네.

叔在藪, 火烈具擧.

叔이 藪(수)애 在ᄒᆞ니, 火ㅣ 烈커든 다 擧ᄒᆞ놋다.

공숙은 늪가에서, 불을 놓자 그 불이 활활 모두 타 오르네.

襢裼暴虎, 獻于公所,

襢裼(단셕)ᄒ고 虎를 暴(포)ᄒ야, 公의 所애 獻ᄒ놋다.

웃통을 벗고 맨손으로 호랑이를 잡아, 임금 계신 곳에 바치시네.

將叔無狃, 戒其傷女!

將컨댄 叔은 狃(누)티 말올 ᄡᅵ어다. 그 너를 傷ᄒᆞᆯ가 戒ᄒ노라!

청하건대 공숙이여 습관처럼 그렇게 하지는 마시오, 그대 상처 입을까 경계하오!

【叔于田】'叔'은 共叔段. 〈集傳〉에 "叔, 亦段也"라 함. 〈毛傳〉에 "叔之從公田也"라 함. 한편 陸德明은 첫 구절 '叔于田'을 혹 '大叔于田'이라 쓴 경우도 있으나 이는 잘못이라 하였음.

【乘乘馬】앞의 '乘'자는 動詞. 뒤의 '乘馬'는 네 필 말이 끄는 수레.

【執轡如組】고삐를 잡아 말 다루는 솜씨가 능란함.

【兩驂】두 마리 곁말. 네 필 중 둘은 멍에를 메고, 나머지 두 마리는 예비용으로 양쪽에 따름. 〈集傳〉에 "車衡外兩馬曰驂"이라 함.

【如舞】〈集傳〉에 "如舞, 謂諧和中節, 皆言御之善也"라 함. 〈毛傳〉에 "驂之與服, 和諧中節"이라 하였고, 〈鄭箋〉에는 "如組者, 如織組之爲也; 在旁曰驂"이라 함.

【藪】〈毛傳〉에 "藪, 澤. 禽之府也"라 하였고, 〈集傳〉에 "藪, 澤也"라 함. 沼澤地의 저지대. 풀이 많아 사냥감 새들이 많이 숨어 있는 곳.

【火烈】〈毛傳〉에 "烈, 列"이라 함. 몰이꾼들이 손에 든 불의 行列. 그러나 〈集傳〉에는 "火, 焚而射也; 烈, 熾盛貌"라 하여, 불을 놓아 사냥감이 튀어나오도록 하는 사냥 방법이라 하였음.

【具擧】함께 일어남. 〈毛傳〉과 〈集傳〉에 "具, 俱也"라 함. 〈鄭箋〉에는 "列人持火, '俱擧', 言衆同心"이라 함.

【襢裼】〈毛傳〉과 〈集傳〉에 "襢裼, 肉袒也"라 함. 웃옷을 벗음.

【暴虎】〈毛傳〉에 "暴虎, 空手以搏之"라 하였고, 〈集傳〉에도 "暴, 空手搏獸也"라 함. 《論語》述而篇 "子曰:「暴虎馮河, 死而無悔者, 吾不與也. 必也臨事而懼, 好謀而成者也.」"의 注에 "暴虎, 徒搏"이라 함. 한편 〈小雅〉小旻篇에도 "不敢暴虎, 不敢馮河. 人知其一, 莫知其它. 戰戰兢兢, 如臨深淵, 如履薄冰"이라 함. 한편 郝懿行〈義疏〉에는 "暴者, 搏也"라 하여 古音相近으로 보았음.

【公所】君主 莊公이 있는 곳. 〈集傳〉에 "公, 莊公也"라 함. 〈鄭箋〉에는 "獻于公所,

進於君也"라 함.

【將】請함.

【狃】〈毛傳〉에 "狃, 習也"라 하였고, 〈鄭箋〉에는 "狃, 復也;請叔無復者愛也"라 함.
〈集傳〉에는 "狃, 習也. 國人戒之曰:「請叔無習此事, 恐其或傷汝也.」 蓋叔多材好勇,
而鄭人愛之如此"라 함.

【女】너. 汝.

(2) 賦

叔于田, 乘乘黃.

叔이 田ᄒ니, 乘黃을 乘ᄒ얏도다.

공숙은 사냥에 나서며, 네 필 누런 말이 끄는 수레를 타지.

兩服上襄, 兩驂鴈行.

兩服이 上인 襄(양)이오, 兩驂이 鴈行(안항)이로다.

두 服馬는 앞장서서 달리고, 두 참마는 뒤를 따르네.

叔在藪, 火烈具揚.

叔이 藪애 在ᄒ니, 火ㅣ 烈커든 다 揚ᄒ놋다.

공숙이 늪가에, 불을 놓자 함께 불꽃이 솟아오르네.

叔善射忌, 又良御忌.

叔이 射(샤)를 善히 ᄒ며, 쏘 御를 良히 ᄒ노소니,

공숙의 활 솜씨 뛰어나고, 또한 말 타기도 훌륭하여,

抑磬控忌, 抑縱送忌!

磬(경)ᄒ고 控(공)ᄒ며, 縱ᄒ고 送ᄒ놋다!

말은 달렸다가 멈췄다가, 새는 쏘았다가 쫓았다가 하네!

【乘黃】〈毛傳〉과 〈集傳〉에 "乘黃, 四馬皆黃也"라 함.

【兩服】〈集傳〉에 "衡下夾轅兩馬曰服"이라 함.

【上襄】'앞장서서 달리다'의 뜻. 〈集傳〉에 "襄, 駕也. 馬之上者爲上駕. 猶言上駟也"

라 함. 王先謙 〈集疏〉에는 "上者, 前也. 上襄, 猶言幷駕于前. 陳喬樅云:「襄, 蓋驤
之假借.」"라 함.

【鴈行】〈集傳〉에 "鴈行者, 驂少次服後, 如鴈行也"라 함. 〈鄭箋〉에는 "兩服, 中央夾
轅者; 襄, 駕也. 上駕者, 言爲衆馬之最良也; 鴈行者, 言與中服相次序"라 함.

【揚】〈毛傳〉에는 "揚, 揚光也"라 하였고, 〈集傳〉에 "揚, 起也"라 함.

【忌·抑】〈集傳〉에 "忌·抑, 皆語助辭"라 함. 〈毛傳〉에도 "忌, 辭也"라 하였으며, 〈鄭
箋〉에도 "良, 亦善也. 忌, 讀如彼己之子之'己'"라 함.

【御】 말을 다룸.

【磬控】 말을 달림을 磬, 말을 멈춤을 控이라 함. 〈毛傳〉과 〈集傳〉에 "騁馬曰磬,
止馬曰控"이라 함.

【縱送】 화살을 쏘는 것을 縱, 짐승을 좇는 것을 送이라 함. 〈毛傳〉에 "發矢曰縱,
從禽曰送"이라 하였고, 〈集傳〉에는 "舍拔曰縱, 覆彄曰送"이라 함. 馬瑞辰 〈通釋〉
에는 "磬·控, 雙聲字; 縱·送, 疊韻字. ……磬·控·縱·送, 皆言御者馳逐之貌"라 함.

(3) 賦

叔于田, 乘乘鴇.

叔이 田ᄒ니, 乘鴇(승보)를 乘ᄒ얏도다.

공숙은 사냥을 나서며, 희고 얼룩진 네 필 말이 끄는 수레를 타지.

兩服齊首, 兩驂如手.

兩服이 首ㅣ 齊ᄒ고, 兩驂이 手ᄀ도다.

두 복마는 머리를 나란히 하고, 두 참마는 마치 손짓대로 움직여주는 듯.

叔在藪, 火烈具阜.

叔이 藪애 在ᄒ니, 火ㅣ 烈커든 다 阜(부)ᄒ놋다.

공숙이 늪가에, 사른 불은 불꽃이 모두 대단하네.

叔馬慢忌, 叔發罕忌,

叔의 馬ㅣ 慢ᄒ며, 叔의 發이 罕(한)ᄒ도소니,

공숙의 말은 걸음이 느려지고, 공숙의 활쏘기도 뜸해지니,

抑釋掤忌, 抑鬯弓忌!

掤(빙)을 釋ᄒ며, 弓을 鬯(챵)ᄒ놋다!

전통 풀어 닫으시고, 활도 활집에 넣으시네!

【鴇】〈毛傳〉에 "驪白雜毛曰鴇"라 하였고, 〈集傳〉에는 "驪白雜毛曰鴇, 今所謂烏驄
也"라 함. 〈諺解〉 物名에 "鴇:그믄총"이라 함.

【齊首】〈毛傳〉에 "馬首齊也"라 함.

【如手】〈毛傳〉에 "如手, 進止如御者之手"라 하였고, 〈鄭箋〉에는 "如人左右手之相
佐助也"라 함. 〈集傳〉에는 "齊首·如手, 兩服並首在前, 而兩驂在旁稍次其後, 如人
之兩手也"라 함.

【阜】〈毛傳〉에 "阜, 盛也"라 하였고, 〈集傳〉에도 "阜, 盛"이라 함.

【慢】더딤. 〈毛傳〉과 〈集傳〉에 "慢, 遲也"라 함.

【發】활 쏨. 〈集傳〉에 "發, 發矢也"라 함.

【罕】〈毛傳〉과 〈集傳〉에 "罕, 希"라 함. 〈鄭箋〉에는 "田事且畢, 則其馬行遲, 發矢
希"라 함.

【釋】〈集傳〉에 "釋, 解也"라 함.

【掤】'빙'(掤, 音氷)으로 읽음. 〈集傳〉에 "掤, 矢筩. 蓋《春秋傳》作'冰'"이라 함.

【鬯弓】'鬯'은 화살을 넣는 주머니. 箭筒. 〈集傳〉에 "鬯弓, 囊也. 與韔同. 言「其田事
將畢, 而從容整暇如此.」亦喜其無傷之辭也"라 함. 〈毛傳〉에는 "掤, 所以覆矢; 鬯
弓, 弢弓"이라 하였고, 〈鄭箋〉에는 "射者, 蓋矢弢弓. 言田事畢"이라 함. 사냥이 끝
나고 마무리 정리하는 모습을 표현한 것임.

참고 및 관련 자료

1. 孔穎達 〈正義〉

叔負才恃衆, 必爲亂階, 而公不知禁. 故刺之. 經陳其'善射御之'等, 是多才也;'禋
褐暴虎', 是好勇也;'火烈具擧', 是得衆也.

2. 朱熹 〈集傳〉

〈大叔于田〉, 三章, 章十句:

陸氏曰:「首章作'大叔于田'者, 誤.」

蘇氏曰:「二詩皆曰〈叔于田〉, 故加'大'以別之. 不知者, 乃以段有'大叔'之號, 而讀曰
'泰', 又加'大'於首章, 失之矣.」

079(鄭-5) 청인(清人)

*〈清人〉: '清'은 지명. 清人은 高克 휘하에 들어 狄(翟)을 방어하기 위해 河水 변경에 戍役을 나가 있는 清邑의 어떤 武人을 두고 읊은 것이며, 그들이 군사의 임무를 제대로 하지 않고 있음을 비꼰 것임. 〈集傳〉에 "清, 邑名. 清人, 清邑之人也"라 함. 한편 《左傳》閔公 2년(B.C.660) 傳에 "鄭人惡高克, 使帥師次于河上, 久而弗召, 師潰而歸, 高克奔陳. 鄭人爲之賦〈清人〉"이라 함.
*이 시는 鄭 文公을 비난한 것으로 그가 신하를 잘못 두어 나라가 위험에 빠진 것을 안타깝게 여긴 것이라 함.

　　<序>: <清人>, 刺文公也. 高克好利而不顧其君, 文公惡而欲遠之不能. 使高克將兵, 而禦狄于竟. 陳其師旅, 翶翔河上, 久而不召, 衆散而歸, 高克奔陳. 公子素惡高克進之不以禮, 文公退之不以道, 危國亡師之本, 故作是詩也.
　　〈청인〉은 정 문공을 비난한 것이다. 그의 신하 高克이 이익만 좋아하고 그 임금을 돌아보지 않아, 문공을 미워하여 멀리하고자 했으나 능히 그렇게 하지 못하였다. 그러다가 고극으로 하여금 병사를 이끌고 국경에서 狄을 방어하도록 하였는데, 그 군사들을 배치시켜 놓고는 모두가 河水 가에서 翶翔스럽게 놀기만 하며 지내고 있었다. 문공이 오래도록 이들을 귀환시키지 않자, 군사들은 흩어져 돌아왔고, 고극은 陳나라로 달아나버렸다. 공자 素가 고극을 미워하여 그를 다시 받아 임금에게 추천할 때 禮를 제대로 차리지 않았고, 문공은 그를 배척하면서 마땅한 道로 하지 않아, 나라가 위험에 빠지고 군사들이 사라지는 원인이 되고 말았다. 이 까닭으로 이 시를 지은 것이다.
　　〈箋〉: 好利, 不顧其君, 注心於利也. 禦狄于竟, 時狄侵衛.

※鄭 文公: 이름은 捷(《史記》에는 '踕'으로 되어 있음). 춘추시대 鄭 厲公(突)의 아들로 B.C.672~B.C.628년까지 재위하고 아들 穆公(繆公, 蘭)에게 물려줌. 당시는 齊

桓公(小白)과 晉文公(重耳)의 패자 시대였으며 국제 관계의 복잡함에 많은 고초를 겪기도 하였음.

＊전체 3장. 매 장 4구씩(淸人:三章. 章四句).

(1) 賦

淸人在彭, 駟介旁旁,

淸(청)ㅅ 人이 彭(방)애 在ᄒ니, 駟介(ᄉ개) 旁旁(방방)ᄒ놋다.

彭 땅에 戍役 와 있는 淸邑 사람, 네 필 말에 무장한 모습 씩씩도 해라.

二矛重英, 河上乎翱翔!

二矛애 重혼 英으로, 河上애셔 翱翔(고상)ᄒ놋다!

창 두 개 겹쳐진 장식으로, 하수 가에서 놀이하듯 지키고 있네!

【淸】鄭나라 읍 이름. 〈毛傳〉에 "淸, 邑也"라 함. 현재의 구체적인 위치는 알 수 없음.

【彭】河水 가의 지명. 〈毛傳〉에 "彭, 衞之河上, 鄭之郊也"라 하였고, 〈集傳〉에도 "彭, 河上地名"이라 함. 당시 狄(翟)이 이웃 衞나라를 쳐들어오자 衞나라와 동맹국이었던 鄭나라도 북쪽 변경 河上에 군사를 보내 지킨 것임.

【駟介】네 필의 말이 武裝한 것. 〈集傳〉에 "駟介, 四馬而被甲也"라 하였고, 〈毛傳〉에도 "介, 甲也"라 하였으며, 〈鄭箋〉에는 "淸者, 高克所帥衆之邑也. 駟, 四馬也"라 함.

【旁旁】기운 찬 모습. 〈集傳〉에 "旁旁, 馳驅不息之貌"라 함.

【二矛重英】'二矛'란 酋矛와 夷矛. '英'은 붉은 羽毛로 창을 장식한 것. 酋矛는 길이 二丈, 二矛는 二丈四尺으로 이를 나란히 수레에 세우면, 겹쳐 보임. 〈集傳〉에 "二矛, 酋矛夷矛也. 英, 以朱羽爲矛飾也. 酋矛長二丈, 夷矛長二丈四尺, 並建於車上, 則其英重疊而見"이라 함. 〈毛傳〉에는 "重英, 矛有英飾也"라 하였고, 〈鄭箋〉에는 "二矛, 酋矛夷矛也. 各有畫飾"이라 함.

【翱翔】신선처럼 고고하게 지냄을 뜻하는 連綿語. 〈集傳〉에 "翱翔, 遊戲之貌"라 함. '翱翔乎河上'의 韻을 맞추기 위한 倒置型.

＊〈集傳〉에 "○鄭文公惡高克, 使將淸邑之兵, 禦狄於河上. 久而不召, 師散而歸, 鄭人爲之賦此詩. 言「其師出之久無事, 而不得歸. 但相與遊戲, 如此其勢, 必至於潰散而後已爾.」"라 함.

(2) 賦

淸人在消, 駟介麃麃,

淸ㅅ 人이 消애 在ᄒᆞ니, 駟介 麃麃(표표)ᄒᆞ놋다.

消 땅에 와 수역하고 있는 청읍 사람, 네 필 무장한 말 씩씩도 해라.

二矛重喬, 河上乎逍遙!

二矛애 重ᄒᆞᆫ 喬로, 河上애셔 逍遙ᄒᆞ놋다!

창 두 개 겹쳐진 고리로, 하수 가에서 어슬렁거리고 있네!

【消】 역시 河水가의 지명. 〈毛傳〉에 "消, 河上地也"라 하였고, 〈集傳〉에 "消, 亦河上地名"이라 함.

【麃麃】 씩씩한 모습. 〈毛傳〉과 〈集傳〉에 "麃麃, 武貌"라 함.

【喬】 창 끝의 갈고리. 그 끝에 英(毛羽)을 매게 되어 있으며, 여기서는 그 毛羽가 다 낡아 떨어져 나가고 없음을 말함. 〈集傳〉에 "矛之上句曰喬, 所以懸英也. 英弊而盡, 所存者喬而已"라 함. 〈毛傳〉에는 "重喬, 累荷也"라 하였고, 〈鄭箋〉에는 "喬, 矛矜近上及室, 題所以縣毛羽"라 함.

【逍遙】 '翶翔'과 같은 뜻의 疊韻連綿語.

(3) 賦

淸人在軸, 駟介陶陶,

淸ㅅ 人이 軸(츄)애 在ᄒᆞ니, 駟介 陶陶ᄒᆞ놋다.

軸 땅에 와 지키는 청읍 사람, 네 필 말 무장한 채 즐기듯 지내고 있네.

左旋右抽, 中軍作好!

左ㅣ 旋ᄒᆞ며 右ㅣ 抽(츄)ᄒᆞ거늘, 軍애 中ᄒᆞ연ᄂᆞ니 好를 作ᄒᆞ놋다!

수레는 좌로 돌리고 칼은 오른 손으로 뽑으니, 가운데 자리한 고극이 좋다고 받아주네!

【軸】 역시 그곳의 지명. 〈毛傳〉과 〈集傳〉에 "軸, 亦河上地名"이라 함.

【陶陶】 〈毛傳〉에는 "陶陶, 驅馳之貌"라 하였고, 〈集傳〉에는 "陶陶, 樂而自適之貌"라 달리 보았음.

【左旋右抽】'左右'는 左手와 右手. '旋'은 수레를 되돌림. '抽'는 칼을 뽑음.〈集傳〉에 "左, 謂御在將車之左, 執轡而御馬者也; 旋, 還車也; 右, 謂勇力之士, 在將車之右, 執兵以擊刺者也; 抽, 拔刃也"라 함. 이는 군사 試演을 보이며 뽐내는 모습을 표현한 것임. 馬瑞辰〈通釋〉에 "王氏謂: 左旋右抽, 爲戎車回旋演戰之法"이라 함.

【中軍】지휘하는 장수는 軍鼓 아래 가운데에 위치를 정함. 그 때문에 '中軍'이라 하였으며 구체적으로는 高克을 가리킴.〈集傳〉에 "中軍, 謂將在鼓下居, 車之中卽高克也"라 함.

【作好】모두가 좋다고 허용함.〈集傳〉에 "好, 謂容好也"라 함.〈毛傳〉에는 "左旋, 講兵; 右抽, 抽矢. 以射居軍中衛容好"라 하였고,〈鄭箋〉에는 "左, 左人謂御者; 右, 車右也. 中軍爲將也. 高克之爲將, 久不得歸, 日使其御者, 習旋車, 車右抽刃, 自居中央爲軍之容好而已. 兵車之法, 將居鼓下, 故御者在左"라 함. 그러나 중군은 고대 上軍, 中軍, 下軍 중의 중앙에 위치하여 將帥가 자리를 잡고 지휘하는 곳을 가리키는 것이라고도 함.

＊〈集傳〉에 "○東萊呂氏曰:「言'師久而不歸, 無所聊賴, 姑遊戲以自樂, 必潰之勢也.」不言已潰而言將潰, 其情深其辭危矣"라 함.

참고 및 관련 자료

1. 孔穎達〈正義〉

作〈淸人〉詩者, 刺文公也. 文公之時, 將有高克者, 志好財利見利, 則爲而不顧其君. 文公惡其如是, 而欲遠離之, 而君弱臣强, 又不能以理廢退. 適値有狄侵衛, 鄭與衛鄰國, 恐其來侵文公, 乃使高克將兵禦狄於境, 狄人雖去, 高克未還, 乃陳其師旅, 翶翔於河上, 日月經久而文公不召, 軍衆自散而歸. 高克懼而奔陳, 文公有臣鄭之公子名素者, 惡此高克, 進之事君, 不以禮也. 又惡此文公之退臣不以道. 高克若擁兵作亂, 則是危國; 若將衆出奔, 則是亡師. 公子素謂文公爲此, 乃是危國亡師之本. 故作是〈淸人〉之詩, 以刺之.

2. 朱熹〈集傳〉

〈淸人〉, 三章, 章四句: 事見《春秋》.

○胡氏曰:「人君擅一國之名寵, 生殺予奪, 惟我所制耳. 使高克不臣之罪已著, 按而誅之可也. 情狀未明, 黜而退之可也. 愛惜其才, 以禮馭之, 亦可也. 烏可假以兵權委諸竟上, 坐視其離散. 而莫之郵乎?《春秋》書曰:「鄭棄其師.」其責之深矣.」

4.《左傳》閔公 2年

經: 鄭棄其師.

傳: 鄭人惡高克, 使帥師次于河上, 久而弗召, 師潰而歸, 高克奔陳. 鄭人爲之賦〈淸人〉.

080(鄭-6) 고구(羔裘)

*〈羔裘〉: 검은 염소 가죽으로 만든 외투. 大夫들이 입는 正服. 같은 제목의 시는 〈唐風〉(120), 〈檜風〉(146) 등 세 작품이 있음.
*이 시는 鄭 莊公이 현자들을 陵遲하여 조정에 忠正한 신하가 없게 되자 이를 질책한 것이라 함.

〈序〉: 〈羔裘〉, 刺朝也. 言古之君子, 以風其朝焉.

〈고구〉는 조정을 질책한 것이다. 옛 군자들을 말하여 그 조정을 풍자한 것이다.

〈箋〉: 言, 猶道也. 鄭自莊公, 而賢者陵遲, 朝無忠正之臣, 故刺之.

*전체 3장. 매 장 4구씩(羔裘: 三章. 章四句).

(1) 賦
羔裘如濡, 洵直且侯.

羔裘(고구)ㅣ 濡(유)흔 듯흐니, 진실로 直흐고 쏘 侯흐도다.
염소 갖옷 윤기가 흐르고, 진실로 순하고 게다가 아름답네.

彼其之子, 舍命不渝!

뎌 之子ㅣ여, 命애 舍흐야 渝(유)티 아니 흐놋다!
저와 같은 바른 분이라면, 명령에 변함없이 처신하리!

【羔裘】緇衣와 함께 諸侯의 朝服으로, 부드러운 염소 털가죽으로 만든 옷. 〈集傳〉에 "羔裘, 大夫服也"라 하였고, 〈鄭箋〉에는 "緇衣, 羔裘, 諸侯之朝服也. 言「古朝廷之臣, 皆忠直.」且君也, 君者, 言「正其衣冠, 尊其瞻視, 儼然人望而畏之.」"라 함.
【如濡】윤택이 있음. 〈毛傳〉과 〈集傳〉에 "如濡, 潤澤也"라 하여, 雙聲連綿語로 쓰인 것.

【洵直】진실로 곧음. 〈集傳〉에 "洵, 信; 直, 順"이라 함. 그러나 〈毛傳〉에는 "洵, 均"
이라 함.

【侯】아름다움. 〈集傳〉에 "侯, 美也"라 함. 그러나 〈毛傳〉에는 "侯, 君也"라 하여
'君, 즉 諸侯답다'의 뜻이라 하였음.

【彼其之子】'其'는 語助辭. 〈集傳〉에 "其, 語助辭"라 함. '之子'는 〈鄭箋〉에 "之子,
是子也"라 함.

【舍命不渝】'舍'는 〈集傳〉에 "舍, 處"라 함. 〈鄭箋〉에도 "舍, 猶處也"라 함. '渝'는
〈毛傳〉과 〈集傳〉에 "渝, 變也"라 함. 한편 〈鄭箋〉에는 "是子處命不變, 謂'守死善
道', '見危授命'之等"이라 함.

*〈集傳〉에 "○言「此羔裘, 潤澤毛順而美; 彼服此者, 當生死之際, 又能以身居其所
受之理, 而不可奪.」 蓋美其大夫之辭, 然不知其所指矣"라 함.

(2) 賦
羔裘豹飾, 孔武有力.

羔裘애 豹(표)로 飾ᄒ얏도소니, 孔히 武ᄒ고 力이 잇도다.

염소 갖옷에 豹皮의 장식, 진실로 씩씩하고 힘도 있네.

彼其之子, 邦之司直!

뎌 之子ㅣ여, 邦애 直을 司ᄒ얏도다!

저러한 바른 분이라면, 나라 바로잡는 일 맡을 만하지!

【豹飾】소매의 가장자리를 豹皮로 장식함. 〈諺解〉 物名에 "豹:바독범"이라 함.
〈毛傳〉에 "豹飾, 緣以豹皮也"라 하였고, 〈集傳〉에도 "飾, 緣袖也. 禮君用純物臣下
之, 故羔裘而以豹皮爲飾也"라 함.

【孔】'심히, 매우' 등의 뜻. 〈毛傳〉에 "孔, 甚也"라 하였고, 〈集傳〉에도 "孔, 甚也.
豹甚武而有力, 故服其所飾之裘者如之"라 함.

【司直】잘못을 바로잡는 사람. 〈毛傳〉과 〈集傳〉에 "司, 主也"라 함. 陳奐 〈傳疏〉
에 "主直者, 猶《論語》云「主忠信」也"라 함.

(3) 賦

羔裘晏兮, 三英粲兮.

羔裘ㅣ 晏(안)ᄒ고, 三英이 粲ᄒ도다.

염소 갖옷 아름답고 풍성하여, 세 가지 장식 빛이 나도다.

彼其之子, 邦之彦兮!

뎌 之子ㅣ여, 邦애 彦(언)이로다!

저처럼 바른 분이라면, 나라의 으뜸가는 선비로다!

【晏】〈毛傳〉과 〈集傳〉에 "晏, 鮮盛也"라 함. 鮮明하고 풍성함.

【三英】〈毛傳〉에 "三英, 三德也"라 하고, 〈鄭箋〉에는 "三德, 剛克·柔克·正直也"라 하였으나, 〈集傳〉에는 "三英, 裘飾也. 未詳其制"라 함. 한편 聞一多 〈風詩類鈔〉 에는 "英, 裘飾也. 疑卽上之豹飾. 凡三例, 故曰三英. 徐璈《廣詁》: 『《毛詩拾遺》曰:『英, 謂古者以素絲飾裘.』」"라 함.

【粲】빛나는 모양. 粲과 같음. 〈集傳〉에 "粲, 光明也"라 함. 그러나 〈鄭箋〉에는 "粲, 衆意"라 함.

【彦】士의 美稱. 〈毛傳〉과 〈集傳〉에 "彦者, 士之美稱"이라 함.

> 참고 및 관련 자료

1. 孔穎達 〈正義〉

作〈羔裘〉詩者, 刺朝也. 以莊公之朝, 無正直之臣. 故作此詩道古之在朝君子, 有德有力, 故以風刺其今朝廷之人焉.

081(鄭-7) 준대로(遵大路)

*〈遵大路〉: '遵'은 '따라가다'의 뜻. 큰길을 따라감.
*이 시는 鄭나라 莊公이 도를 잃고 군자들이 떠나자, 나라 사람들이 훌륭한 인물이 조정에 나오기를 갈망한 것이라 함. 그러나 일반 백성들의 애정시로, 여자가 남자에게 갑자기 절교요구를 당하자 남자에게 매달리는 내용이라 보기도 함. 朱熹〈集傳〉에 "淫婦爲人所棄, 故於其去也. ……亦男女相說之辭也"라 함.

〈序〉: 〈遵大路〉, 思君子也. 莊公失道, 君子去之, 國人思望焉.

〈준대로〉는 군자를 그리워한 것이다. 장공이 도를 잃어 군자들이 떠나자, 나라 사람들이 그들을 그리워하며 갈망하였다.

*전체 2장. 매 장 4구씩(遵大路: 二章. 章四句).

(1) 賦
遵大路兮, 摻執子之袪兮.

大路로 遵(준)ᄒ야, 子의 袪(거)를 摻(삼)ᄒ야 執호라.
큰 길을 따라 걸으며, 그대의 소매를 끌어잡도다.

無我惡兮, 不寁故也!

나를 惡(오)티 마를 씨어다. 故를 寁(삼)티 몯홀 꺼시니라!
나를 미워하지 마오. 옛정을 그렇게 쉽게 버릴 수는 없는 거라오!

【遵大路】〈毛傳〉에 "遵, 循; 路, 道"라 하였고, 〈集傳〉에도 "遵, 循"이라 함.
【摻】〈毛傳〉과 〈集傳〉에 "摻, 擥"이라 함.
【袪】소매. 〈毛傳〉과 〈集傳〉에 "袪, 袂"라 함. 〈鄭箋〉에는 "思望君子於道中見之, 則欲擥持其袂而留之"라 함.
【惡】미워함. 싫어함. '오'(烏路反)로 읽음.

【遽故】갑자기 옛 정을 버림. '遽'은 '삼'(市坎反)으로 읽음. 〈毛傳〉에 "遽, 速也"라 하였고, 〈集傳〉에도 "遽, 速; 故, 舊也"라 함. 〈鄭箋〉에는 "子無惡我, 掔持子之袂, 我乃以莊公不速於先君之道, 使我然"이라 함. '故'는 옛정. 故緣.

*〈集傳〉에 "○淫婦爲人所棄, 故於其去也. 掔其袪而留之, 曰「子無惡我, 而不留故舊, 不可以遽絶也.」宋玉賦有「遵大路兮! 攬子袪之」句, 亦男女相說之辭也"라 함.

(2) 賦

遵大路兮, 摻執子之手兮.

大路로 遵ᄒᆞ야, 子의 手를 摻ᄒᆞ야 執호라.

큰 길을 따라 걸으며, 그대의 손을 끌어 잡도다.

無我魗兮, 不遽好也!

나를 魗(취)타 마올 찌어다. 好를 遽티 몯홀 꺼시니라!

나를 버리지 마오, 그 좋던 정을 그리도 서둘러 끊을 수는 없는 거라오!

【執子之手】〈鄭箋〉에 "言執手者, 思望之甚"이라 함.

【魗】〈毛傳〉에 "魗, 棄也"라 하였고, 〈鄭箋〉에는 "魗, 亦惡也"라 함. 〈集傳〉에는 "魗, 與醜同. 欲其不以已爲醜, 而棄之也"라 함. 〈集傳〉에는 '音雔'라 하였고, 陸德明 〈音義〉에도 '市由反'이라 하여 '수(슈)'이나 〈諺解〉에는 '추(취)'로 읽었음.

【好】〈集傳〉에 "好, 情好也"라 함. 〈鄭箋〉에는 "好, 猶善也. 子無惡我, 我乃以莊公不速於善道, 使我然"이라 함.

> 참고 및 관련 자료

1. 孔穎達 〈正義〉

國人思望君子, 假說得見之狀. 言「己循彼大路之上兮, 若見此君子之人, 我則攬執君子之衣袪兮. 君子若忿我留之, 我則謂之云「無得於我之處, 怨惡我兮. 我乃以莊公不速於先君之道故也. 言莊公之意不速於先君之道, 不愛君子, 令子去之我, 以此固留子'.」

082(鄭-8) 여왈계명(女曰雞鳴)

＊〈女曰雞鳴〉: 아내가 아침 닭이 욺을 남편에게 일러준 것.
＊이 시는 당시 사람들이 덕을 좋아하지 않고 색만 밝힘을 질책한 것이라 함.
그러나 사냥꾼 아내가 남편에게 아침 일찍 일어나기를 권하면서 서로 사랑함을
읊은 것으로 보기도 함.

　〈序〉: 〈女曰雞鳴〉, 刺不說德也. 陳古義以刺今不說德而
好色也.
　〈여왈계명〉은 덕을 즐거하지 않음을 풍자한 것이다. 옛 義을 진술하여
지금은 덕은 즐거하지 않으면서 색을 좋아함을 질책한 것이다.
　〈箋〉: 德, 謂士大夫賓客有德者.

＊전체 3장. 매 장 6구씩(女曰雞鳴: 三章. 章六句).

(1) 賦
女曰「雞鳴」, 士曰「昧旦」.
女ㅣ 글오듸 "雞鳴타"커늘, 士ㅣ 글오듸 "旦(죠)ㅣ 昧(미)ㅎ얀ᄂᆞ니라."
아내가 "닭이 우네요"라고 하자, 남편은 "아직 어두운 새벽인데"라
하네.

「子興視夜, 明星有爛.
"子ㅣ 興ㅎ야 夜를 보라, 明星이 爛ㅎ거니.
"그대는 일어나서 밤인가 보세요. 샛별이 반짝이는데,

將翱將翔, 弋鳧與鴈!」
쟝ᄎᆞᆺ 翱(고)ㅎ며 쟝ᄎᆞᆺ 翔ㅎ야, 鳧(부)와 다믓 鴈(안)을 弋(익)홀 디어다!"
이리저리 한 바퀴 돌아, 오리랑 기러기랑 잡아오세요!"

【昧旦】黎明의 시간. 아직 어두워 事物을 정확히 분별할 수 없음.〈鄭箋〉에"此夫婦相警覺, 以夙興言不留色也"라 하였고,〈集傳〉에는"昧, 晦; 旦, 明也. 昧旦天欲旦, 昧晦未辨之際也"라 함. '旦'은〈音義〉와〈集傳〉등에 전혀 音注가 없어 '단'으로 읽어야 하나,〈諺解〉에는 '죠(조)'로 읽었음.

【興】일어남. 起床과 같음.

【明星】啓明星. 샛별. 金星.〈集傳〉에"明星, 啓明之星. 先日而出者也"라 함.

【有爛】찬란함.〈毛傳〉에"言小星已不見也"라 하였고,〈鄭箋〉에는"明星尙爛爛然, 早於別色時"라 함.

【將翱將翔】翱翔을 풀어서 표현한 것. 여기저기 한 바퀴 돌아다님. '將'은 助字.

【弋】화살 끝에 줄을 매에 새를 잡는 사냥 방법.〈集傳〉에"弋, 繳射, 謂以生絲繫矢而射也"라 함.

【鳧】물오리.〈諺解〉物名에"鳧:믈올히"라 함.〈毛傳〉에"間於政事, 則翱翔習射"라 하였고,〈鄭箋〉에는"弋, 繳射也. 言「無事則往弋射, 鳧鴈以待賓客爲燕具」라 함.〈集傳〉에는"鳧, 水鳥. 如鴨靑色, 背上有文"이라 함.

*〈集傳〉에"○此詩人述賢夫婦相警戒之詞. 言「女曰『雞鳴以警其夫』, 而士曰『昧旦, 則不止於雞鳴矣.』婦人又語其夫曰『若是, 則子可以起, 而視夜之如何.』意者, 『明星已出而爛然, 則當翱翔而往, 弋取鳧鴈而歸矣.』」其相與警戒之言, 如此, 則不留於宴昵之私, 可知矣"라 함.

(2) 賦
「弋言加之, 與子宜之.

"弋ᄒᆞ야 加ᄒᆞ거든, 子로 ᄃᆞ려 宜ᄒᆞ야,

"쏘아 잡아 가져오시면, 빈객들에게 안주 만들어,

宜言飮酒, 與子偕老.

宜커든 酒를 飮ᄒᆞ야, 子로ᄃᆞ려 ᄒᆞᆷ쯰 老호리라.

안주 마련되면 내 잔치 열어서, 그대와 해로하리라.

琴瑟在御, 莫不靜好!」

琴瑟이 御애 인는 거시 靜ᄒ며, 好티 아닛 아니ᄒ도다!"

琴과 瑟까지 옆에 있으니, 이보다 좋은 것이 없으리로다!"

【加】명중함. 화살에 맞음. 〈集傳〉에 "加, 中也.《史記》所謂「以弱弓微繳, 加諸鳧鴈之上」是也"라 함.

【子】빈객을 가리킴. 〈鄭箋〉에 "子, 謂賓客也"라 함.

【宜】안주. 〈毛傳〉에 "宜 肴也"라 함. 그러나 〈集傳〉에는 "宜, 和其所宜也. 內則所謂鴈, 宜麥之屬, 是也"라 하여 그에 알맞은 것과 조리하는 것. 즉 기러기면 보리쌀과 和合하여 料理하는 것이라 하였음. 〈鄭箋〉에는 "所弋之鳧鴈, 我以爲加豆之實, 與君子共肴也"라 함.

【言】〈鄭箋〉에 "言, 我也"라 함.

【偕老】함께 늙음. 〈鄭箋〉에 "宜乎我燕樂賓客, 而飮酒, 與之俱至老, 親愛之言也"라 함.

【御】侍御. 곁에 나를 모시고 있음. 혹 '奏'의 뜻으로도 봄. 〈毛傳〉에 "君子無故, 不徹琴瑟; 賓主和樂, 無不安好"라 함.

【靜好】安靜되고 好合됨. 아주 좋은 분위기를 뜻함

＊〈集傳〉에 "○射者, 男子之事, 而中饋婦人之職. 故婦謂其夫, 旣得鳧鴈以歸, 則我當爲子和其滋味之所宜, 以之飮酒相樂, 期於偕老, 而琴瑟之在御者, 亦莫不安靜而和好, 其和樂而不淫, 可見矣"라 함.

(3) 賦

「知子之來之, 雜佩以贈之.

"子의 來케 ᄒᄂ니를 알아ᄂ, 雜佩로 뻐 贈ᄒ며,

"그대가 오시리라 알고 있으니, 모든 패물들 다 드리리,

之子之順之, 雜佩以問之.

子의 順ᄒᄂ니를 알아ᄂ, 雜佩로 뻐 問ᄒ며,

그대가 살뜰하심을 알고 있으니, 온갖 패물들 다 드리리.

知子之好之, 雜佩以報之!」

子의 好ᄒᆞᄂᆞ니를 알아ᄂᆞᆫ, 雜佩로 써 報호리라!"

그대가 날 좋아하심 알고 있으니, 이 모든 패물들로 보답하오리!"

【來之】〈集傳〉에 "來之, 致其來者, 如所謂脩文德以來之"라 함. 그러나 王引之〈述
聞〉에는 "來, 讀爲'勞來'之'來'"라 하여, '勞來', 즉 慰勞해주다의 뜻으로 보았음.
【雜佩】여러 가지 寶石을 세 개의 실에 꿰어서 허리에 차는 것. '雜'은 合의 뜻.
〈毛傳〉에 "雜佩者, 珩璜琚瑀衝牙之類"라 하였고, 〈鄭箋〉에는 "贈, 送也. 我若知
子之必來, 我則豫儲雜佩, 去則以送子也. 與異國賓客燕時, 雖無此物, 猶言之以致
其厚意, 其若有之. 固將行之士大夫, 以君命出使, 主國之臣, 必以燕禮樂之助君之
歡"이라 함. 〈集傳〉에는 "雜佩者, 左右佩玉也. 上橫曰珩, 下繫三組. 貫以蠙珠中
組之半, 貫一大珠曰瑀. 末懸一玉, 兩端皆銳曰衝. 牙兩旁組半, 各懸一玉, 長博而
方曰琚. 其末各懸一玉如半璧, 而内向曰璜. 又以兩組貫珠上繫珩, 兩端下交貫於
瑀, 而下繫於兩璜行, 則衝牙觸璜, 而有聲也. 呂氏曰:「非獨玉也. 觿燧箴管, 凡可
佩者, 皆是也. 贈送, 順愛問遺也"라 함.
【順之】〈鄭箋〉에 "順, 謂與己和順"이라 함.
【問之】역시 '주다'의 뜻. 〈毛傳〉에 "問, 遺也"라 함.
【好之】〈鄭箋〉에 "好, 謂與己同好"라 함.
＊〈集傳〉에 "○婦又語其夫曰「我苟知子之所致而來, 及所親愛者, 則當解此雜佩以
送遺, 報答之.」 蓋不惟治其門内之職, 又欲其君子親賢友, 善結其驩心, 而無所愛
於服飾之玩也"라 함.

```
참고 및 관련 자료
```

1. 孔穎達〈正義〉

作〈女曰雞鳴〉詩者, 刺不說德也. 以莊公之時, 朝廷之上, 不悅有德之君子, 故作此
詩. 陳古之賢士, 好德不好色之義, 以刺今之朝廷之人, 有不悅賓客有德, 而愛好美
色者也.

083(鄭-9) 유녀동거(有女同車)

＊〈有女同車〉: 여자를 수레에 함께 태움.
＊이 시는 鄭나라 태자 忽(昭公)이 齊나라에 큰 공을 세우자, 제나라에서 文姜을
아내로 주고자 하였으나 이를 거절하여, 뒤에 제나라 도움을 받지 못한 것을 풍
자한 것이라 함. 그러나 일반적인 사랑의 노래, 혹은 淫奔의 시로 보는 것이 마
땅함. 이에 朱熹도 "此疑亦淫奔之詩"라 함.

　<序>: <有女同車>, 刺忽也. 鄭人刺忽之不昏于齊. 大子忽
嘗有功于齊, 齊侯請妻之. 齊女賢而不取, 卒以無大國之助,
至於見逐, 故國人刺之.
　〈유녀동거〉는 태자 忽을 질책한 것이다. 정나라 사람들이 태자 홀이 齊
나라 여인과의 결혼을 거부한 것을 질책한 것이다. 태자 홀은 일찍이 제
나라에 공이 있어, 제나라 군주가 자신의 딸과 결혼할 것을 청했다. 그 제
나라 여인은 똑똑하였음에도 이를 거부하여 마침내 大國의 도움을 얻지
못해 추방을 당하고 말아, 그 때문에 나라 사람들이 이를 질책한 것이다.
　〈箋〉: 忽, 鄭莊公世子, 祭仲逐之而立突.

※大子忽: 大子는 太子. 鄭 莊公(寤生)의 장자. 太子에 봉해졌음. B.C.706년, 齊나
라에 北戎이 쳐들어오자, 齊侯(당시 僖公 祿父)가 鄭나라에 도움을 요청, 이에 태
자 忽이 군사를 이끌고 가서 이를 물리쳐줌. 그 공으로 齊侯는 딸 文姜을 태자
홀에게 주고자 두 번씩이나 요청을 하였으나 홀이 거절. 뒤에 문강은 魯 桓公
에게 시집을 가서 온갖 淫行을 저지르다가 발각되어 魯 桓公이 齊 襄公에게 피
살되는 결과를 낳기도 한 여인이기도 함. 뒤에 태자 忽은 귀국하여 莊公의 임종
에 총신 채중(祭仲)이 홀을 군주로 세우려 하였으나, 宋나라의 방해에 밀려 어쩔
수 없이 衛나라로 축출당하고, 대신 아우 突이 군주에 올랐음. 이가 곧 鄭 厲公
임. 그러나 다시 나라에 혼란이 일어나 태자 홀은 귀국하여 채중에 의해 군주에
올라 昭公(B.C.696–B.C.695)이 되어 2년간 재위하기도 하였으나, 다시 혼란 끝에
子亹와 子嬰을 거쳐 厲公이 복위하는 등 鄭나라는 변화를 겪음.《左傳》과《史記》
등에 관련 기록이 자세히 실려 있음. 참고란을 볼 것.

(1) 賦

有女同車, 顔如舜華.

女ㅣ 車를 同ᄒ니, 顔이 舜의 華ᄀᆞᆺ도다.

그녀와 함께 수레를 탔었지. 그 얼굴 무궁화 꽃 같았지.

將翶將翔, 佩玉瓊琚.

쟝츳 翶(고)ᄒ며 쟝츳 翔(샹)ᄒᄂ니, 佩혼 玉이 瓊琚(경거)ㅣ로다.

이리저리 돌아다니며, 그가 찬 패옥은 경거였었지.

彼美孟姜, 洵美且都!

뎌 美혼 孟姜(밍강)이여, 진실로 美ᄒ고 쏘 都ᄒ도다!

저 아름다운 孟姜이여, 진실로 예쁘고 세련된 모습!

【舜】蕣의 假借字. 木槿. 무궁화나무. 日日花. 〈毛傳〉에 "親迎同車也. 舜, 木槿也"라 하였고, 〈鄭箋〉에는 "鄭人刺忽不娶齊女, 親迎與之同車, 故稱同車之禮, 齊女之美"라 함. 〈集傳〉에 "舜, 木槿也. 樹如李, 其華朝生暮落"이라 함. 〈諺解〉物名에는 "舜, 일일화"라 함.

【將翶將翔】將은 助字. '翶翔'을 풀어서 표현한 것. 마음대로 돌아다님.

【瓊琚】아름다운 구슬. 雙聲連綿語. 納幣로 쓸 구슬들이라고도 함. 〈毛傳〉에 "佩, 有琚瑀, 所以納間"이라 함.

【孟姜】孟은 큰딸, 姜은 齊나라의 姓. 〈集傳〉에 "孟, 字;姜, 姓"이라 함. 齊 僖公의 맏딸 文姜을 가리키는 것으로도 봄.

【洵】참으로. 〈集傳〉에 "洵, 信"이라 함.

【都】〈毛傳〉에 '都, 閑也'라 하여, 세련되고 멋짐. 〈集傳〉에 "都, 閑雅也"라 함.

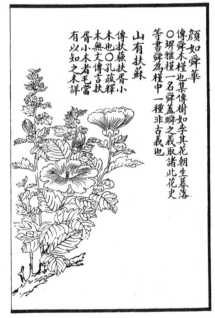

〈毛傳〉에 "孟姜, 齊之長女"라 하였고, 〈鄭箋〉에는 "洵, 信也. 言「孟姜信美好, 且閑
習婦禮」"라 함.
＊〈集傳〉에 "○此疑亦淫奔之詩. 言「所與同車之女, 其美如此」. 而又歎之曰「彼美色
之孟姜, 信美矣而又都」也"라 함.

(2) 賦
有女同行, 顔如舜英.
女ㅣ 흔 가지로 行ᄒ니, 顔이 舜의 英ᄶ도다.
그녀와 함께 길을 걸었지. 그 얼굴 무궁화의 꽃 같았지.

將翶將翔, 佩玉將將.
쟝ᄎᆺ 翶ᄒ며 쟝ᄎᆺ 翔ᄒᄂ니, 佩흔 玉이 將將ᄒ도다.
이리저리 돌아다니며, 그가 찬 패옥은 딸랑딸랑.

彼美孟姜, 德音不忘!
뎌 美흔 孟姜이여, 德音을 忘티 못ᄒ리로다!
저 아름다운 맹강이여, 덕스러운 그 목소리 잊을 수 없네!

【行】길을 감. 〈毛傳〉에 "行, 行道也"라 함.
【英】〈毛傳〉과 〈集傳〉에 "英, 猶華也"라 함. '英'은 혹 芙蓉花를 가리키는 것이라
　　고도 함. 〈鄭箋〉에는 "女始乘車, 壻御輪, 三周御者, 代壻"라 함.
【將】패옥소리. 〈集傳〉에 "將將, 聲也"라 함. 〈毛傳〉에 "將將鳴玉而後行"이라 함.
【德音】사랑의 말. 〈鄭箋〉에 "不忘者, 後世傳其道德也"라 하였고, 〈集傳〉에는 "德
　　音不忘」, 言其賢也"라 함. 王引之 〈述聞〉에는 "猶言「德音不已」"라 함.

> **참고 및 관련 자료**

1. 孔穎達 〈正義〉
作〈有女同車〉詩者, 刺忽也. 鄭人刺忽之不昏於齊, 對齊爲文, 故言「鄭人旣總」, 叙
經意. 又申說之, 此太子忽嘗有功於齊, 齊侯喜得其功, 請以女妻之. 此齊女賢而忽
不娶, 由其不與齊爲婚, 卒以無大國之助, 至於見逐, 棄國出奔, 故國人刺之. 忽宜娶
齊女, 與之同車, 而忽不娶, 故經二章, 皆假言鄭忽實娶齊女, 與之同車之事, 以刺之.

桓六年傳曰:「北戎侵齊, 齊侯使乞師於鄭, 鄭太子忽帥師救齊. 六月大敗戎師, 獲二帥大良少良, 甲首三百, 以獻於齊.」是太子忽嘗有功於齊也. 傳又云:「公之未昏於齊也, 齊侯欲以文姜, 妻鄭太子忽. 太子忽辭. 人問其故, 太子曰:『人各有耦, 齊大非吾耦也.《詩》云:「自求多福, 在我而已」. 大國何爲?』君子曰:『善! 自爲謀.』及其敗戎師也, 齊侯又請妻之, 固辭, 人問其故, 太子曰:『無事於齊, 吾猶不敢. 今以君命, 奔齊之急, 而受室以歸, 是以師婚也. 人其謂我何?』遂辭, 諸鄭伯如《左傳》文, 齊侯前欲以文姜妻, 忽後復欲以他女, 妻忽再請之. 此言'齊女賢而忽不娶', 不娶謂復請妻者, 非文姜也.

2.《左傳》桓公 6年(B.C.706) 鄭 莊公(庶生 38년)

北戎伐齊, 齊使乞師于鄭. 鄭大子忽帥師救齊. 六月, 大敗戎師, 獲其二帥大良·小良, 甲首三百, 以獻於齊. 於是諸侯之大夫戍齊, 齊人饋之餼, 使魯爲其班. 後鄭, 鄭忽以其有功也, 怒, 故有郎之師. 公之未昏於齊也, 齊侯欲以文姜妻鄭大子忽. 大子忽辭. 人問其故. 大子曰:「人各有耦, 齊大, 非吾耦也.《詩》云:『自求多福.』在我而已, 大國何爲?」君子曰:「善自爲謀.」及其敗戎師也, 齊侯又請妻之. 固辭. 人問其故. 大子曰:「無事於齊, 吾猶不敢. 今以君命奔齊之急, 而受室以歸, 是以師昏也. 民其謂我何?」遂辭諸鄭伯.

3.《史記》鄭世家

(鄭莊公) 三十八年, 北戎伐齊, 齊使求救, 鄭遣太子忽將兵救齊. 齊釐公欲妻之, 忽謝曰:「我小國, 非齊敵也.」時祭仲與俱, 勸使取之, 曰:「君多內寵, 太子無大援將不立, 三公子皆君也.」所謂三公子者, 太子忽, 其弟突, 次弟亹也. 四十三年, 鄭莊公卒. 初, 祭仲甚有寵於莊公, 莊公使爲卿; 公使娶鄧女, 生太子忽, 故祭仲立之, 是爲昭公. 莊公又娶宋雍氏女, 生厲公突. 雍氏有寵於宋. 宋莊公聞祭仲之立忽, 乃使人誘召祭仲而執之, 曰:「不立突, 將死.」亦執突以求賂焉. 祭仲許宋, 與宋盟. 以突歸, 立之. 昭公忽聞祭仲以宋要立其弟突, 九月(辛)[丁]亥, 忽出奔衛. 己亥, 突至鄭, 立, 是爲厲公. 厲公四年, 祭仲專國政. 厲公患之, 陰使其壻雍糾欲殺祭仲. 糾妻, 祭仲女也, 知之, 謂其母曰:「父與夫孰親?」母曰:「父一而已, 人盡夫也.」女乃告祭仲, 祭仲反殺雍糾, 戮之於市. 厲公無奈祭仲何, 怒糾曰:「謀及婦人, 死固宜哉!」夏, 厲公出居邊邑櫟. 祭仲迎昭公忽, 六月乙亥, 復入鄭, 卽位.

084(鄭-10) 산유부소(山有扶蘇)

＊〈山有扶蘇〉: '扶蘇'는 疊韻連綿語의 나무 이름. 혹 '扶胥'라고도 표기함. 〈毛傳〉과 〈集傳〉에 "扶蘇, 扶胥. 小木也"라 하였으나 구체적으로는 알 수 없음. 〈諺解〉 物名에 "蘇, 츳조기"라 하였으나 확실치 않음. 馬瑞辰 〈通釋〉에는 "錢大昕曰:「扶·輔, 聲義皆相近, 長言爲扶蘇, 急言爲輔.」……扶蘇又通作蒲蘇.《公羊》何休注:「蒲蘇, 桑也.」"라 하여 뽕나무로 보았음.

＊이 시는 鄭나라 太子 忽이 미인을 잘못 본 것을 질책한 것이라 하였음. 그러나 약속을 어긴 애인을 두고 원망하는 여인의 시, 혹은 美惡을 구분하지 못하는 당시 세속을 풍자한 것이라고도 함.

〈序〉: 〈山有扶蘇〉, 刺忽也. 所美非美然.

〈산유부소〉는 태자 忽(鄭 昭公)을 질책한 것이다. 미인이라고 여긴 것이 실은 미인이 아니었다.

〈箋〉: 言忽所美之人, 實非美人.

＊전체 2장. 매 장 4구씩(山有扶蘇: 二章. 章四句).

(1) 興
山有扶蘇, 隰有荷華.

山애 扶蘇(부소)ㅣ 이시며, 隰애 荷華(하화)ㅣ 잇거늘,

산에는 부소나무, 늪에는 연꽃 있네.

不見子都, 乃見狂且!

子都(ᄌ도)를 보디 몯ᄒ고, 이히 狂을 見(견)ᄒ야냐!

子都 같은 미남을 보지 못하고, 이에 미치고 둔한 녀석을 만날 줄이야!

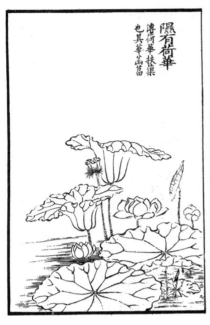

【濕】濕한 地帶.

【荷華】연꽃. 〈毛傳〉에 "荷華, 扶渠也. 其華菡萏"이라 하였고, 〈集傳〉에도 "荷華, 芙蕖也"라 함. 〈諺解〉物名에 "荷: 련"이라 함.

【子都】美男의 뜻. 〈毛傳〉에 "子都, 世之 美好者也"라 하였고, 〈集傳〉에는 "子都, 男子之美者也"라 함. 《孟子》告子(上) "至 於子都, 天下莫不知其姣也. 不知子都之 姣者, 無目者也"의 趙岐 注에 "古之姣好 者也"라 하였고, 焦循《正義》에는 閻若 璩의 말을 인용하여 "子都, 古之美人也, 亦未詳爲男爲女. 杜氏注《左》有之, 於隱 十一年〈傳〉云:「子都鄭大夫, 公孫閼, 故 〈鄭風〉, 當昭公時, 遂以爲國中美男之通 稱, 曰:『不見子都』」"라 함. 〈毛傳〉에 "言 「高下大小, 各得其宜」也"라 하였고, 〈鄭箋〉에는 "興者, 扶胥之木生於山. 喩忽置不 正之人, 于上位也;荷華生于濕, 喩忽置有美德者, 于下位. 此言「其用臣顚倒失其所」 也"라 함.

【狂】狂人. 〈毛傳〉과 〈集傳〉에 "狂, 狂人也"라 함. 기대에 어긋났음을 두고 하는 말.

【且】〈毛傳〉에 "且, '辭'라 하였고, 〈集傳〉에도 "且, 語辭也"라 하여 語助辭로 보 았으나 '狂且'의 '且'는 2절의 '狡童'과 對를 이루는 만큼 實辭 '伹'자의 省文으로 여김. 이에 馬瑞辰〈通釋〉에는 "狂且, 與下章'狡童'對文, ……'且'當爲'伹'字之省借. 《說文》:「伹, 拙也.」《廣韻》作「拙人也」. 《廣雅》:「伹, 鈍也.」"라 하여 신빙성이 있음. 〈鄭箋〉에 "人之好美色, 不往覩子都, 乃反往覩狂醜之人, 以興. 忽好善, 不任用賢 者, 反任用小人, 其意同"이라 하여 태자 忽(昭公)이 小人을 임용한 것을 비유한 것이라 하였음.

* 〈集傳〉에 "○淫女戲其所私者, 曰:「山則有扶蘇矣, 濕則有荷華矣. 今乃不見子都 而見此狂人, 何哉?」"라 함.

(2) 興

山有橋松, 濕有游龍.

山애 橋흔 松이 이시며, 濕애 游흔 龍이 잇거늘,

산에는 키만 큰 소나무, 늪에는 잎이 마구 퍼진 말여뀌.

不見子充, 乃見狡童!

子充(ᄌ츙)을 보디 못ᄒ고, 이히 狡ᄒᆞᆫ 童을 見ᄒ야냐!

子充 같은 미남을 보지 못하고, 이에 교활한 녀석을 보게 될 줄이야!

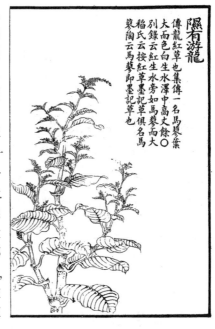

【橋松】'橋'는 위가 뾰족하고 가지가 없는 것을 橋(喬)라 함. 〈集傳〉에 "上竦無枝曰橋, 亦作喬"라 함. '松'은 〈毛傳〉에 "松, 木也"라 함.

【游】마구 벋어나감을 뜻함. 〈集傳〉에 "游, 枝葉放縱也"라 함.

【龍】紅草. 馬蓼라고도 함. 잎이 크고 빛이 희며, 水澤中에 나서 높이가 一丈을 넘음. 우리말로 흔히 '말여뀌'라 함. 〈諺解〉物名에 "龍, 믈엿귀"라 함. 〈毛傳〉에 "龍, 紅草也"라 하였고, 〈集傳〉에도 "龍, 紅草也. 一名馬蓼, 葉大而色白, 生水澤中, 高丈餘"라 함. 〈鄭箋〉에 "游龍, 猶放縱也; 橋松, 在山上, 喩忽無恩澤於大臣也, 紅草, 放縱, 枝葉於隰中, 喩忽聽恣小臣. 此又言「養臣顚倒失其所」也"라 함.

【子充】子都와 같은 美男이나 良人을 대신하는 말. 〈毛傳〉에 "子充, 良人也"라 하였고, 〈集傳〉에는 "子充, 猶子都也"라 함.

【狡童】교활한 녀석. 〈毛傳〉에는 "狡童, 昭公也"라 하여 昭公(忽)을 지칭하는 것이라 하였으나, 〈集傳〉에는 "狡童, 狡獪之小兒也"라 함. 〈鄭箋〉에는 "人之好忠良之人, 不徃覩子充, 乃反徃覩狡童. 狡童有貌而無實"이라 함.

참고 및 관련 자료

1. 孔穎達〈正義〉

〈毛〉以二章皆言「用臣不得其宜」;〈鄭〉以上章言「用之失所」, 下章言「養之失所」. 箋傳意: 雖小異, 皆是所美, 非美人之事.

085(鄭-11) 탁혜(蘀兮)

*〈蘀兮〉: '蘀'은 〈音義〉에 '蘀, 他洛反', 〈集傳〉에 '蘀, 音托'이라 하여 '탁'으로 읽음. 뜻은 〈毛傳〉에는 "興也. 蘀, 槁也"라 하였고, 〈集傳〉에는 "蘀, 木槁而將落者也"라 하여 나무가 말라 시들어 잎이 떨어지려는 상황을 말함.
*이 시는 태자 忽(昭公)이 임금으로서는 연약하고 그의 신하는 강하여, 임금이 앞서 唱導(倡導)하지 않는데도 신하들이 화답하는 꼴을 풍자한 것이라 함. 그러나 일반적으로 역시 여자가 애인이게 함께 노래를 부를 것을 청한 사랑가로 보고 있음. 이에 朱熹 역시 "此淫女之辭"라 하였음.

〈序〉: 〈蘀兮〉, 刺忽也. 君弱臣强, 不倡而和也.

〈탁혜〉는 태자 홀을 질책한 것이다. 임금은 약한데 신하가 강하고, 앞서 창도하지도 않는데 화답하는 꼴이다.

  〈箋〉: 不倡而和, 君臣各失其禮, 不相倡和.

*전체 2장. 매 장 4구씩(蘀兮: 二章. 章四句).

(1) 興
蘀兮蘀兮, 風其吹女.

蘀(탁)이여 蘀이여, 風이 그 너를 吹ᄒ리라.

말라 시들어 떨어지려는 잎, 바람이 불어 너를 떨어지게 하리라.

叔兮伯兮, 倡予和女!

叔이여 伯이여, 나를 倡ᄒ면 너를 和ᄒ리라!

그대 叔이여 伯이여, 나를 창도해주면 내 그대에게 화답할 텐데!

【吹女】'女'는 너. 汝와 같음. 〈集傳〉에 "女, 指蘀而言也"라 함. 〈鄭箋〉에는 "槁, 謂木葉也. 木葉槁待風乃落, 興者, 風喻號令也. 喻君有政教, 臣乃行之, 言此者, 刺今不然"이라 함.

【叔伯】叔은 三男 以下를, 伯은 長男을 부르는 말. 〈集傳〉에 "叔·伯, 男子之字也"라
함. 〈毛傳〉에 "叔伯, 言羣臣長幼也. 君倡臣和也"라 함. 여기서는 상대 남자를 부
르는 애칭으로 보고 있음. 余冠英 〈選譯〉에 "女子呼愛人爲伯或叔或叔伯. ……
'叔兮伯兮', 語氣象對兩人, 實際是對一人說話"라 함.

【倡予和女】'倡'은 唱과 같으며, 앞서 노래를 불러 이끄는 것. '予'는 여자가 자신
을 지칭한 것. 〈集傳〉에 "予, 女子自予也"라 함. '女'는 叔伯을 가리킴. 〈集傳〉에
"女, 叔伯也"라 함. '和'는 倡(唱)에 상대하여 뒤따라 화답함을 뜻함. 〈毛傳〉에 "人
臣, 待君倡而後和"라 하였고, 〈鄭箋〉에는 "叔伯羣臣, 相謂也. 羣臣無其君而行自,
以强弱相服, 女倡矣我則將和之. 言「此者刺其自專也. 叔伯兄弟之稱"이라 함.

*〈集傳〉에 "○此淫女之辭. 言「蘀兮蘀兮, 則風將吹女矣. 叔兮伯兮, 則盡倡予而予
將和女矣?」"라 함.

(2) 興

蘀兮蘀兮, 風其漂女.

蘀이여 蘀이여, 風이 그 너를 漂ᄒᆞ리라.

말라 시들어 떨어지려는 잎, 바람이 불어 너를 떨어지게 하리라.

叔兮伯兮, 倡予要女!

叔이여 伯이여, 나를 倡ᄒᆞ면 너를 要ᄒᆞ리라!

숙이여 백이여, 나를 창도해주면 그대 노래 마무리를 지어 줄 텐데!

【漂】〈毛傳〉에 "漂, 猶吹也"라 하였고, 〈集傳〉에는 "漂, 飄同"이라 함.

【要】〈毛傳〉과 〈集傳〉에 "要, 成也"라 함. '成'은 노래에 和答하여 마무리를 짓는
樂節을 뜻함. 陳奐 〈傳疏〉에 "成, 亦和也. ……凡樂節一終, 謂之一成, 故要爲成也"
라 함.

┌─────────────────┐
│ 참고 및 관련 자료 │
└─────────────────┘

1. 孔穎達 〈正義〉

毛以爲落葉謂之蘀. 詩人謂此「蘀兮蘀兮, 汝雖將墜於地, 必待風其吹女, 然後乃
落」以興. 謂此「臣兮臣兮, 汝雖職當行政, 必待君言倡發, 然後乃和汝」. 鄭之諸臣, 何
故不待君倡而後和? 又以君意責羣臣「汝等叔兮伯兮, 羣臣長幼之等. 倡者當是我君
和者, 當是汝臣汝, 何不待我君倡而和乎?

086(鄭-12) 교동(狡童)

＊〈狡童〉: 교활한 녀석. 얄미운 사람.
＊이 시는 鄭나라 공자 忽(昭公)이 권신 채중(祭仲)에게 눌려, 그를 통해 임금으로
응립되려다가 도리어 축출 당하고, 다시 그에 의해 임금 자리에 오르는 등, 숱
한 휘둘림을 당한 것을 질책한 것이라 함. 그러나 역시 일반적인 남녀간의 사랑
싸움을 읊은 것으로 보고 있음.

<序>: <狡童>, 刺忽也. 不能與賢人圖事, 權臣擅命也.

〈교동〉은 공자 홀을 질책한 것이다. 현인과 일을 도모하지 못하고, 권
신이 명령을 제멋대로 가로챈 것이다.

〈箋〉: '權臣擅命', 祭仲專也.

＊전체 3장. 매 장 4구씩(狡童: 二章. 章四句).

(1) 賦

彼狡童兮, 不我與言兮.

뎌 狡(교)흔 童(동)이, 날로 드려 言티 아니 ᄒᆞᄂᆞ다.

저 교활한 녀석이여, 나와 말도 하지 않네.

維子之故, 使我不能餐兮!

子의 故ㅣ, 날로 히여곰 能히 餐티 못ᄒᆞ게 ᄒᆞ랴!

그대를 위하느라, 나로 하여금 밥도 제대로 못 먹게 하네!

【與我言】나와 함께 이야기를 나눔. 〈毛傳〉에 "昭公有壯狡之志"라 하였고, 〈鄭
   箋〉에는 "不與我言者, 賢者欲與忽圖國之政事, 而忽不能受之, 故云然"이라 함.
【維】陳奐 〈傳疏〉에 "維, 爲也"라 함.
【子】狡童을 가리킴.
【餐】밥을 먹음. 〈毛傳〉에 "憂懼不遑餐也"라 하였고, 〈集傳〉에는 "此亦淫女是絶,

而戲其人之詞. 言「悅己者衆, 子雖見絶, 未至於使我不能餐也.」라 함.

(2) 賦

彼狡童兮, 不我與食兮.

뎌 狡한 童이, 날로 드려 食디 아니 ᄒᆞᄂᆞ다.

저 교활한 녀석이여, 나와 밥도 함께 먹으려 들지 않네.

維子之故, 使我不能息兮!

子의 故ㅣ, 날로 ᄒᆡ여곰 能히 息디 못ᄒᆞ게 ᄒᆞ랴!

그대를 위하느라, 나로 하여금 제대로 쉬지도 못하게 하네!

【食】祿, 食祿. 〈毛傳〉에 "不與賢人共食祿"이라 함.
【息】安息, 安眠의 뜻. 〈集傳〉에 "息, 安也"라 함. 〈毛傳〉에 "憂不能息也"라 함.

참고 및 관련 자료

1. 孔穎達 〈正義〉

權者, 稱也. 所以銓量輕重, 大臣專國之政, 輕重由之, 是之謂權臣也. 擅命, 謂專擅國之敎命, 有所號令, 自以己意行之, 不復諮白於君. 鄭忽之臣, 有如此者, 唯祭仲耳. 桓十一年《左傳》稱:「祭仲爲公, 娶鄧曼, 生昭公. 故祭仲立之.」是忽之前, 立祭仲, 專政也. 其年宋人誘祭仲而執之, 所立突. 祭仲逐忽, 立突. 又專突之政, 故十五年傳稱:「祭仲專, 鄭伯患之, 使其壻雍糾殺之. 祭仲殺雍糾, 厲公奔蔡. 祭仲又迎昭公而復立.」是忽之復立, 祭仲又專. 此當是忽復立時事也.

2.《左傳》桓公 11년 傳(B.C.701) 鄭 莊公(寤生) 43년

○鄭昭公之敗北戎也, 齊人將妻之. 昭公辭. 祭仲曰:「必取之. 君多內寵, 子無大援, 將不立. 三公子皆君也.」弗從.

○夏, 鄭莊公卒. 初, 祭封人仲足有寵於莊公, 莊公使爲卿. 爲公娶鄧曼, 生昭公. 故祭仲立之. 宋雍氏女於鄭莊公, 曰雍姞, 生厲公. 雍氏宗, 有寵於宋莊公, 故誘祭仲而執之, 曰:「不立突, 將死.」亦執厲公而求賂焉. 祭仲與宋人盟, 以厲公歸而立之.

○九月, 宋人執鄭祭仲, 突歸于鄭, 鄭忽出奔衛.

○秋九月丁亥, 昭公奔衛. 己亥, 厲公立.

3.《左傳》桓公 15년(B.C.697) 鄭 厲公(突) 4년

○(傳)祭仲專, 鄭伯患之, 使其壻雍糾殺之. 將享諸郊. 雍姬知之, 謂其母曰:「父與
夫孰親?」其母曰:「人盡夫也, 父一而已, 胡可比也?」遂告祭仲曰:「雍氏舍其室而將享
子於郊, 吾惑之, 以告.」祭仲殺雍糾, 尸諸周氏之汪. 公載以出, 曰:「謀及婦人, 宜其
死也.」夏, 厲公出奔蔡.

○(經)五月, 鄭伯突出奔蔡.

○(經)鄭世子忽復歸于鄭.

○(傳)六月乙亥, 昭公入.

○(經)秋九月, 鄭伯突入于櫟.

○(傳)鄭伯因櫟人殺檀伯, 而遂居櫟.

○(傳)冬, 會于袤, 謀伐鄭, 將納厲公也. 弗克而還.

4.《史記》鄭世家:〈有女同車〉(083)의 참고란을 볼 것.

087(鄭-13) 건상(褰裳)

＊〈褰裳〉: 치마를 걷어 올림.
＊이 시는 鄭나라 公子 突(厲公)과 太子 忽(昭公)이 나라를 두고 다투느라 둘 모두
쫓겨났다 다시 돌아와 군주가 되는 혼란함 속에 대국(齊)이 자신들을 바로잡아
주기를 기대한 것이라 함. 역사 배경은 〈有女同車〉(083)와 앞장(088)의 참고란을
볼 것. 그러나 이 역시 평범한 남녀 사랑의 노래로 보고 있음. 이에 따라 〈毛傳〉
과 〈鄭箋〉에는 모두 정나라 정치 상황에 맞추어 풀이하였고, 朱熹는 일반 남녀
의 사랑으로 보아 풀이하였음.

〈序〉: 〈褰裳〉, 思見正也. 狂童恣行, 國人思大國之正己也.

〈건상〉은 바르게 잡아주기를 생각한 것이다. 미친 녀석들(돌과 홀)이 마
구 행동하자, 나라 사람들이 대국(齊)이 자신들을 바로잡아 줄 것을 생각
한 것이다.

〈箋〉: 狂童恣行, 謂突與忽爭國, 更出更入, 而無大國正之.

※鄭 莊公(寤生)은 鄧女와의 사이에 태자 忽을 낳았으며, 뒤에 宋나라 雍氏의 딸
을 취하여 突을 낳았음. 뒤에 장공이 죽어 채중(祭仲)이 태자 홀을 옹립하려 하
자, 宋나라 莊公이 채중을 사로잡아 옹씨녀 소생의 突을 임금으로 삼을 것을 협
박, 이에 채중이 돌아와 돌을 임금으로 세움. 이가 鄭 厲公(B.C.700-B.C.697. 복위:B.
C.679-B.C.673년 합11년 재위)임. 이에 홀은 해외로 피하였음. 그러나 4년 뒤 채중
이 그 공로를 업고 국정을 농단하자 여공이 몰래 (壻)雍糾로 하여금 채중을 암살
하도록 하였는데, 마침 옹규의 처가 채중의 딸이었음. 딸이 이를 아버지에게 알
리자 채중은 옹규를 죽여 棄市하였음. 여공은 두려워 변방 櫟邑을 거쳐 蔡나라
로 달아났고, 채중은 衛나라에 피해 있던 태자 홀을 불러들여 군주로 세움. 이
가 昭公(B.C.696-B.C.695. 2간년 재위)임. 그런데 소공(홀)이 태자 시절 미워했던 高
渠彌가 소공이 즉위하자 두려움을 느껴 함께 사냥을 나갔을 때 소공을 射殺하
여 소공은 2년 만에 죽었고, 채중과 고거미는 여공을 두려워하여 불러들이지 못
하고, 대신 소공의 아우 子亹를 옹립함. 한편 자미는 공자 시절 齊 襄公과 다툰

일이 있었는데 마침 대국이었던 제나라가 제후들을 首止라는 곳으로 소집하자, 위험을 감지한 채중과 고거미는 수행하지 않았고, 자미는 그곳에 갔다가 제 양공에게 죽임을 당함. 그러자 채중과 고거미는 다시 자미의 아우 子嬰을 陳나라에서 불러 옹립함. 자미(재위 B.C.694. 1년)와 자영(B.C.693-B.C.680. 14년)은 시호가 없음. 그런데 櫟邑에 망명 중이던 厲公(突)이 甫假를 시켜 자영을 죽이도록 하고 다시 돌아와 복위하였으며, 그가 죽고 아들 文公(踕, 捷)이 들어서 정나라의 內紛은 일단락이 됨.

＊전체 2장. 매 장 5구씩(襄裳:二章. 章五句).

　(1) 賦
　子惠思我, 褰裳涉溱.
　子ㅣ 惠ᄒ야 나를 思ᄒᆞᆯ 딘댄, 裳을 褰(건)ᄒ고 溱(진)을 涉ᄒ려니와,
　그대 날 사랑한다면, 치마 걷고 溱水라도 건너련만,

　子不我思, 豈無他人?
　子ㅣ 나를 思티 아니ᄒᆞᆯ 딘댄, 엇디 他人이 업스리오?
　그대 나를 사랑하지 않는다면, 어찌 다른 사람 없겠는가?

　狂童之狂也且!
　狂童이 狂ᄒ도다!
　바보 중의 바보 같은 미친 사람아!

【子】〈鄭箋〉에 "子者, 斥大國之正卿子. 若愛而思我, 我國有突簒國之事, 而可征而正之, 我則揭衣渡溱水, 往告難也"라 함.
【惠】愛의 뜻. 〈毛傳〉과 〈集傳〉에 "惠, 愛也"라 함.
【溱】鄭나라의 江이름. 〈毛傳〉에 "溱, 水名也"라 하였고, 〈集傳〉에도 "溱, 鄭水名"이라 함.
【豈無他人】'어찌 다른 사람이 없겠는가?'의 뜻. 그러나 〈鄭箋〉에 "言他人者, 先鄕齊晉宋衛, 後之荊楚"라 함.
【狂童】미친 사람. 〈集傳〉에는 "狂童, 猶狂且狡童也"라 함. 그러나 〈毛傳〉에 "狂行, 童昏所化也"라 하였고, 〈鄭箋〉에는 "狂童之人, 曰爲狂行, 故使我言此也"라 함. 余

冠英 〈選譯〉에 "等於說癡狂中的癡狂"이라 함.

【也且】둘 모두 助字. 〈集傳〉에 "且, 語辭也"라 함.

＊〈集傳〉에 "○淫女語其所私者曰:「子惠然而思我, 則將褰裳而涉溱以從子. 子不我思, 則豈無他人之可從而必於子哉?」狂童之狂也, 且亦謔之之辭"라 함.

(2) 賦

子惠思我, 褰裳涉洧.

子ㅣ 惠ᄒ야 나를 思홀 딘댄, 裳을 褰ᄒ고 洧(유)를 涉ᄒ려니와,

그대 나를 사랑한다면, 치마 걷고 洧水라도 건너련만,

子不我思, 豈無他士?

子ㅣ 나를 思티 아니홀 딘댄, 엇디 他士ㅣ 업스리오?

그대 나를 사랑하지 않는다면, 어찌 다른 사(士)가 없겠는가?

狂童之狂也且!

狂童이 狂ᄒ도다!

바보 중의 바보 같은 미친 사람아!

【洧】鄭나라의 江이름. 〈毛傳〉에 "洧, 水名也"라 하였고, 〈集傳〉에 "洧, 亦鄭水名"이라 함. 지금의 河南 双洎河.

【他士】다른 미혼자. 〈集傳〉에 "士, 未娶者之稱"이라 함. 그러나 〈毛傳〉에는 "士, 事也"라 하였고, 〈鄭箋〉에는 "他士, 猶他人也. 大國之卿, 當天子之上士"라 함.

참고 및 관련 자료

1. 孔穎達 〈正義〉

作〈褰裳〉詩者, 言思見正也. 所以思見正者, '見'者, 自彼加己之辭, 以國內有狂悖幼童之人, 恣極惡行, 身是庶子而與正適爭國, 禍亂不已, 無可奈何. 是故鄭國之人, 思得大國之正己. 欲大國以兵征鄭, 正其爭者之是非, 欲令去突而定忽也.

088(鄭-14) 봉(丰)

*〈丰〉 '丰'은 남자의 풍채가 좋은 모습을 뜻함. 〈毛傳〉과 〈集傳〉에 "丰, 豐滿也"라 함.
*이 시는 남자를 따라가지 않은 여자가 후회하면서, 그가 다시 와서 자신을 수레에 태워 데려가기를 바라는 내용으로 보고 있음.

> 〈序〉: 〈丰〉, 刺亂也. 昏姻之道缺, 陽倡而陰不和, 男行而女不隨.

　〈봉〉은 혼란함을 질책한 것이다. 혼인의 도가 결핍되어, 陽이 앞서 선창을 해도 陰이 화답하지 않으며, 남자가 행동에 나서도 여자가 따르지 않았다.

　〈箋〉: 昏姻之道, 謂嫁娶之禮.

*전체 4장. 2장은 3구씩, 2장은 4구씩(丰:四章. 二章章三句, 二章章四句).

(1) 賦
子之丰兮, 俟我乎巷兮,
　子의 丰(방)홈이, 나를 巷의셔 俟(亽)ᄒ더니,
　그대의 풍채 의젓함이여, 나를 길에서 기다리고 있었지.

悔予不送兮!
　내 送티 아니 홈을 悔ᄒ노라!
　내 그대를 따라가지 않은 것 후회스럽네!

【俟】기다림.
【巷】〈毛傳〉과 〈集傳〉에 "巷, 門外也"라 함. 〈鄭箋〉에는 "子, 謂親迎者; 我, 我將嫁者. 有親迎我者, 面貌丰丰然, 豐滿善人也. 出門而待我於巷中"이라 함. 馬瑞辰

〈通釋〉에는 王引之 설을 인용하여 "古謂里道爲巷, 亦謂所居之宅爲巷"이라 함.

【送】전송함과 아울러 따라감. 〈毛傳〉에 "時有違而不至者"라 하였고, 〈鄭箋〉에는 "悔乎我不送, 是子而去也. 時不送, 則爲異人之色, 後不得耦而思之"라 함. 胡承珙 〈後箋〉에 "送, 致女, 亦親迎也. 春秋言致女者, 卽以女授婿之謂, ……非自謂其不送 男子也"라 함.

＊〈集傳〉에 "○婦人所期之男子, 已俟乎巷, 而婦人以有異志不從, 旣則悔之而作是 詩也"라 함.

(2) 賦

子之昌兮, 俟我乎堂兮,

子의 昌홈이, 나를 堂의셔 俟ᄒ더니,

그대의 씩씩한 모습이여, 그대가 방 안에서 날 기다렸었지.

悔予不將兮!

내 將티 아니 홈을 悔ᄒ노라!

내 그대 따라가지 않은 것 후회스럽네!

【昌】〈毛傳〉과 〈集傳〉에 "昌, 盛壯貌"라 함.

【堂】〈鄭箋〉에는 "堂, 當爲棖. 棖, 門梱上木近邊者"라 하여 '棖'이어야 한다고 보 았음.

【將】出嫁할 때 迎送함을 뜻함. 〈毛傳〉에는 "將, 行也"라 하였고, 〈鄭箋〉과 〈集 傳〉에는 "將, 亦送也"라 함.

(3) 賦

衣錦褧衣, 裳錦褧裳.

錦을 衣ᄒ고 褧衣(경의)를 ᄒ고, 錦을 裳ᄒ고 褧裳을 ᄒ니,

저고리에 비단 덧옷 걸쳐 입고, 비단 치마에 덧치마까지 입었으니,

叔兮伯兮, 駕予與行!

叔이며 伯이 駕ᄒ야, 나를 드려 行(힝)ᄒ리라!

그대여, 그대여, 나를 수레에 태워 데려가면 나도 따라가리!

【衣錦】衣는 저고리. 여기서는 動詞.

【褧】〈集傳〉에 "褧, 禪也"라 하여 홑저고리. 저고리 위에 입는 엷게 비치는 옷. 〈毛傳〉에 "衣錦褧裳, 嫁者之服"이라 하였고, 〈鄭箋〉에는 "褧, 禪也. 蓋以禪縠爲 之中衣, 裳用錦而上加禪縠焉, 爲其文之大著也. 庶人之妻, 嫁服也. 士妻紖衣纁袡" 이라 함.

【叔伯】叔은 三男 以下, 伯은 長男을 부르는 말. 여기서는 愛人을 부르는 애칭. 〈集傳〉에 "叔·伯, 或人之字也"라 함. 그러나 〈毛傳〉에는 "叔伯, 迎己者"라 하였고, 〈鄭箋〉에는 "言此者, 以前之悔, 今則叔也伯也. 來迎己者, 從之. 志又易也"라 함.

【駕】馬車를 몰아 데리러 옴.

＊〈集傳〉에 "○婦人旣悔, 其始之不送, 而失此人也, 則曰「我之服飾, 旣盛備矣. 豈 無駕車以迎我, 而偕行者乎?」"라 함.

(4) 賦

裳錦褧裳, 衣錦褧衣.

錦을 裳ᄒ고 褧裳을 ᄒ고, 錦을 衣ᄒ고 褧衣를 ᄒ니,

비단 치마 덧치마 입고, 비단 저고리에 덧옷 걸쳐 입었으니,

叔兮伯兮, 駕予與歸!

叔이며 伯이 駕ᄒ야, 나를 ᄃ려 歸ᄒ리라!

그대여, 그대여, 수레에 나를 태워 데려가면 그대에게 시집가리!

【歸】시집감. 男子를 따라감. 〈集傳〉에 "婦人謂嫁曰歸"라 함.

참고 및 관련 자료

1. 孔穎達〈正義〉
陽倡陰和, 男行女隨, 一事耳. 以夫婦之道, 是陰陽之義, 故相配言之.

089(鄭-15) 동문지선(東門之墠)

*〈東門之墠〉: '墠'은 〈毛傳〉과 〈集傳〉에 "墠, 除地町町者"라 하여, 땅을 닦아 평평하게 만든 곳이라 하였음.
*이 시는 자신과 결혼해 주지 않는 상대 남자를 원망하는 시라 함.

〈序〉: 〈東門之墠〉, 刺亂也. 男女有不待禮而相奔者也.

〈동문지선〉은 난잡함을 풍자한 것이다. 남녀가 예를 기다리지 않고 서로 淫奔하는 자들이 있었다.

*전체 2장. 매 장 4구씩(東門之墠: 二章. 章四句).

(1) 賦
東門之墠, 茹藘在阪.

東門入 墠(선)에, 茹藘(여려)ㅣ 阪에 잇도다.

동문 밖의 닦은 터, 꼭두서니풀은 그 언덕에 있지.

其室則邇, 其人甚遠!

그 室은 곧 邇(이)ᄒ나, 그 人이 甚히 遠ᄒ도다!

그의 집이야 가깝지만, 그 사람과는 아주 멀기만 하네!

【東門】城의 동쪽 門. 〈毛傳〉과 〈集傳〉에 "東門, 城東門也"라 함.
【墠】《韓詩》에는 "墠, 猶坦也"라 함.
【茹藘】꼭두서니를 뜻하는 疊韻連綿語의 草名. 일명 '茜草'라고도 하며 즙은 붉은 물감으로도 사용함. 〈諺解〉 物名에 "茹藘, 곡도손"이라 함. 〈毛傳〉에 "茹藘, 茅蒐也"라 하였고, 〈集傳〉에도 "茹藘, 茅蒐也. 一名茜, 可以染絳"이라 함.
【阪】언덕. 비스듬한 경사길. 〈毛傳〉에 "男女之際, 近而易, 則如東門之墠; 遠而難, 則茹藘在阪"이라 하였고, 〈鄭箋〉에는 "城東門之外有墠, 墠邊有阪, 茅蒐生焉. 茅蒐之爲難淺矣. 易越而出此女, 欲奔男之辭"라 함. 〈集傳〉에는 "陂者曰阪, 門之旁有墠, 墠之外有阪, 阪之上有草. 識其所與淫者之居也"라 함.

【邇】가까움. 〈集傳〉에 "室·邇, 人遠者思之, 而未得見之辭"라 함. 〈毛傳〉에는 "邇,
近也. 得禮, 則近; 不得禮, 則遠"이라 하였고, 〈鄭箋〉에는 "其室則近, 謂所欲奔男
之家, 望其來迎己, 而不來, 則爲遠"이라 함.

(2) 賦

東門之栗, 有踐家室.

東門 栗에, 踐흔 家室이 잇도다.

동문 밖에 밤나무, 얕게 늘어선 집들 있네.

豈不爾思? 子不我卽!

엇디 너를 思티 아니 ᄒ리오 마ᄂ, 子ㅣ 내게 卽디 아닐 ᄉ니라!

어찌 그대를 생각지 않으리오? 그래도 그대 나를 데리러 오지 않네!

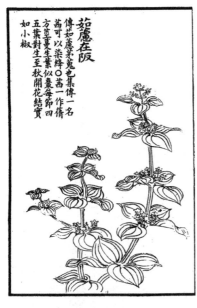

【栗】〈毛傳〉에 "栗, 行上栗也"라 하여 '가
는 길에 있는 밤나무'라 하였으나, 〈集傳〉
에는 "門之旁有栗"이라 하여 서로 다름.
【踐】〈毛傳〉에 "踐, 淺也"라 하여 '얕다'라
하였으나, 〈集傳〉에는 "踐, 行列貌"라 하
여 '줄지어 늘어선 모습'이라 함.
【家室】〈集傳〉에 "門之旁有栗, 栗之下有成
行列之家室, 亦識其處也"라 함. 〈鄭箋〉에
"栗而在淺, 家室之內, 言「易竊取栗人所啗
食, 而甘者」, 故女以自喻也"라 함.
【卽】就와 통하여, 남자가 여인을 찾아오
는 것. 〈集傳〉에 "卽, 就也"라 함. 〈毛傳〉에
"卽, 就也"라 하였고, 〈鄭箋〉에는 "我豈不
思望女乎? 女不就迎我而俱去耳"라 함.

참고 및 관련 자료

1. 孔穎達 〈正義〉

　經二章, 皆女奔男之事也. 上篇以禮親迎, 女尙違而不至. 此復得有不待禮而相奔
者. 私自姦通, 則越禮; 相就志留他色, 則依禮. 不行二者, 俱是淫風, 故名曰爲刺也.

090(鄭-16) 풍우(風雨)

*〈風雨〉: 비바람.
*이 시는 군자의 꿋꿋한 절도를 생각하여 읊은 것이라 함. 그러나 여자가 애인이 찾아옴을 기뻐하는 노래로 보고 있음.

<序>: <風雨>, 思君子也. 亂世, 則思君子不改其度焉.

〈풍우〉는 군자를 그리워한 것이다. 난세라면 군자가 그 절도를 바꾸지 않기를 생각하게 마련이다.

*전체 3장. 매 장 4구씩(風雨: 三章. 章四句).

(1) 賦
風雨淒淒, 雞鳴喈喈.

風雨ㅣ 淒淒ᄒ거늘, 雞ㅣ 鳴홈을 喈喈(기기)ᄒ놋다.
비바람 춥고 썰렁한데, 닭 우는 소리 꾹꾹하네.

旣見君子, 云胡不夷!

임의 君子를 보니, 엇디 夷티 아니리오!
이윽고 그리운 임 만나고 나니, 어이 아니 기쁘리!

【淒淒】쌀쌀한 기운. 〈集傳〉에 "淒淒, 寒涼之氣"라 함.
【喈喈】擬聲語. 닭 우는 소리. 〈集傳〉에 "喈喈, 雞鳴之聲. 風雨晦冥, 蓋淫奔之時"
  라 함. 〈毛傳〉에 "興也. 風且雨, 淒淒然; 雞猶守時而鳴, 喈喈然"이라 함.
【君子】〈集傳〉에 "君子, 指所期之男子也"라 하였고, 〈鄭箋〉에 "興者, 喻君子雖居
  亂世, 不變改其節度"라 함.
【云胡】如何의 뜻.
【夷】기뻐함. '怡', '說(悅)'의 뜻. 그러나 〈集傳〉에 "夷, 平也"라 하여 마음이 평정해
  짐. 〈毛傳〉에 "胡, 何; 夷, 說也"라 하였고, 〈鄭箋〉에도 "思而見之, 云何而心不說?"

이라 함.

*〈集傳〉에 "○淫奔之女言:「當此之時, 見其所期之人, 而心悅也」"라 함.

(2) 賦

風雨瀟瀟, 雞鳴膠膠.

風雨ㅣ 瀟瀟ᄒ거늘, 雞ㅣ 鳴호믈 膠膠(교교)ᄒ놋다.

비바람 휘몰아치는데, 닭들 우는 소리 꾹꾹하네.

旣見君子, 云胡不瘳!

임의 君子를 보니, 엇디 瘳(츄)티 아니리오!

이윽고 그리운 임 만나고 나니, 앓던 가슴 어찌 풀리지 않으랴!

【瀟瀟】〈毛傳〉에는 "瀟瀟, 暴疾也"라 하였고, 〈集傳〉에는 "瀟瀟, 風雨之聲"이라
하여 뜻을 달리 보았음.

【膠膠】닭이 무리를 지어 가볍게 내는 소리. 〈毛傳〉과 〈集傳〉에 "膠膠, 猶喈喈也"
라 함.

【瘳】병이 낫거나 근심이 사라짐. 〈毛傳〉에 "瘳, 愈也"라 하였고, 〈集傳〉에도 "瘳,
病愈也. 言「積思之病, 至此而愈也」"라 함.

(3) 賦

風雨如晦, 雞鳴不已.

風雨ㅣ 晦ᄒᆫ 듯ᄒ거늘, 雞ㅣ 鳴홈을 已티 아니 ᄒ놋다.

비바람 어두운 밤과 같은데, 닭 우는 소리 끊이지 않네.

旣見君子, 云胡不喜!

임의 君子를 보니, 엇디 喜티 아니리오!

이윽고 그리운 임 만나고 나니, 어찌 아니 기쁘랴!

【晦】어두움. 〈毛傳〉과 〈集傳〉에 "晦, 昏也"라 함.

【已】그침. 〈集傳〉에 "已, 止也"라 하였고, 〈鄭箋〉에도 "已, 止也. 雞不爲如晦而止

不鳴"이라 함.

참고 및 관련 자료

1. 孔穎達〈正義〉

言「風而且雨, 寒涼淒淒然. 雞以守時而鳴, 音聲喈喈然」. 此雞雖逢風雨, 不變其鳴, 喻君子雖居亂世, 不改其節. 今日時世無復有此人, 若既得見此不改其度之君子, 云何而得不悅, 言其必大悅也.

091(鄭-17) 자금(子衿)

＊〈子衿〉: '子'는 그대, '衿'은 목 부분의 옷깃(領).
＊이 시는 당시 정나라 사람들이 배움을 포기하는 이들이 많아짐을 안타깝게
여긴 것이라 함. 그러나 역시 아내가 남편을 기다리는 조급한 심정을 읊은 순수
한 애정시로 보는 편이 일반적임. 이에 따라 풀이하였음.

<序>: <子衿>, 刺學校廢也. 亂世, 則學校不修焉.

〈자금〉은 학교에서의 배움이 폐지됨을 풍자한 것이다. 난세여서 학교
에서의 배움이 제대로 修行되지 못하였다.

〈箋〉: 鄭國謂學爲校, 言可以校正道藝.

＊전체 3장. 매 장 4구씩(子衿: 三章. 章四句).

(1) 賦
青青子衿, 悠悠我心.

青青흔 子의 衿(금)이여, 내 心이 悠悠ᄒ도다.

푸르고 푸른 그대 목 깃 옷, 내 마음 아득하도다.

縱我不往, 子寧不嗣音?

비록 내 徃티 아니ᄒ나, 子ㅣ 엇디 音을 嗣(ᄉ)티 아니 ᄒ는고?

비록 내가 못가기로소니, 그대 어찌 소식 하나 전해주지 않나요?

【青青】순청색. 〈毛傳〉에 "青衿, 青領也. 學子之所服"이라 하였고, 〈鄭箋〉에는 "學
子而俱在學校之中, 己留彼去, 故隨而思之耳. 禮父母在, 衣純以青"이라 함. 〈集傳〉
에는 "青青, 純緣之色具, 父母衣純以青"이라 함.
【子】〈集傳〉에 "子, 男子也"라 함.
【衿】목 부분의 옷깃. 〈集傳〉에 "衿, 領也"라 함.
【悠悠】생각이 아득함. 〈集傳〉에 "悠悠, 思之長也"라 함.

【我】〈集傳〉에 "我, 女子自我也"라 함.

【縱】'雖'와 같음. 비록, 설령 등의 뜻. 혹 假定을 나타내는 말.

【寧】'胡', '何'와 같음. 疑問詞.

【嗣音】그 聲問을 계속함. 소식이 끊이지 않음. 〈毛傳〉에 "嗣, 習也. 古者, 敎以詩樂, 誦之歌之絃之舞之"라 하였고, 〈鄭箋〉에는 "嗣, 續也. 女曾不傳聲問, 我以恩責其忘己"라 하였음. 그러나 〈集傳〉에는 "嗣音, 繼續其聲問也. 此亦淫奔之詩"라 함. 그러나 《韓詩》에는 '詒'로 되어 있으며, "詒, 寄也. 曾不寄問也"라 함.

(2) 賦

靑靑子佩, 悠悠我思.

靑靑흔 子의 佩여, 내 思ㅣ 悠悠ᄒ도다.

푸르고 푸른 그대의 패옥, 아스라한 나의 그리움.

縱我不往, 子寧不來?

비록 내 徃티 아니ᄒ나, 子ㅣ 엇디 來티 아니 ᄒᄂ고?

비록 내가 못가기로소니, 그 어찌 한 번 와주지도 않나요?

【靑靑】〈集傳〉에 "靑靑, 組綬之色"이라 하여, 구슬을 꿰는 끈의 빛깔이 푸름.

【佩】佩玉. 〈集傳〉에 "佩, 佩玉也"라 함. 〈毛傳〉에 "士佩瓀珉而靑組綬"라 함.

【不來】〈毛傳〉에 "不來, 言不一來也"라 함.

(3) 賦

挑兮達兮, 在城闕兮.

挑(도)ᄒ며 達ᄒ니, 城闕(셩궐)에 잇도다.

이리 뛰고 저리 뛰며, 성루에 올라 본다오.

一日不見, 如三月兮!

一日을 보디 몯홈이, 三月 ᄀᆞᆺ도다!

하루만 보지 못해도, 마치 석 달이나 지난 것 같다오!

【挑兮達兮】〈集傳〉에 "挑, 輕儇跳躍之貌; 達, 放恣也"라 함.

【城闕】성문 위에 있는 望樓. 聞一多 〈通義〉에 "蓋城墻, 當門兩旁築臺, 臺上設樓, 是謂觀, 亦謂之闕. ……城闕爲城正面夾門兩旁之樓"라 함.〈毛傳〉에 "挑·達, 往來相見貌. 乘城而見闕"이라 하였고, 〈鄭箋〉에는 "國亂, 人廢學業, 但好登高見於城闕, 以候望爲樂"이라 하여 전혀 다른 뜻으로 보았음.

【三月】〈毛傳〉에 "言禮樂不可一日而廢"라 하였고, 〈鄭箋〉에는 "君子之學, 以文會友, 以友輔仁. 獨學而無友, 則孤陋而寡聞. 故思之甚"이라 함.

참고 및 관련 자료

1. 孔穎達 〈正義〉

鄭國衰亂. 不修學校. 學者分散, 或去或留, 故陳其留者, 恨責去者之辭, 以刺學校之廢也. 經三章, 皆陳留者, 責去者之辭也. 定本云 "刺學廢也", 無'校'字.〈箋〉〈正義〉曰: 襄三十一年《左傳》云: 「鄭人游於鄕校, 然明謂子産『毁鄕校』, 是鄭國謂學爲校, 校是學之別名. 故序連言之. 又稱其名校之意, 言於其中可以校正道藝, 故稱校也. 此序非鄭人言之. 箋見《左傳》有鄭人稱校之言, 故引以爲證耳. 非謂鄭國獨稱校也.《漢書》公孫弘奏云: 「三代之道, 鄕里有敎. 夏曰校, 殷曰庠, 周曰序.」 是古亦名學爲校也.《禮》「人君立大學·小學」, 言學校廢者, 謂鄭國之人廢於學問耳, 非謂廢毁學宮也.

2.《左傳》襄公 31年 傳

鄭人游于鄕校, 以論執政. 然明謂子産曰: 「毁鄕校如何?」 子産曰: 「何爲? 夫人朝夕退而游焉, 以議執政之善否. 其所善者, 吾則行之; 其所惡者, 吾則改之, 是吾師也. 若之何毁之? 我聞: 忠善以損怨, 不聞作威以防怨. 豈不遽止? 然猶防川. 大決所犯, 傷人必多, 吾不克救也. 不如小決使道, 不如吾聞而藥之也.」 然明曰: 「蔑也今而後知吾子之信可事也. 小人實不才, 若果行此, 其鄭國實賴之, 豈唯二三臣?」 仲尼聞是語也, 曰: 「以是觀之, 人謂子産不仁, 吾不信也.」

3.《孔子家語》正論解

鄭有鄕校, 鄕校之士, 非論執政, 鬷命欲毁鄕校, 子産曰: 「何以毁爲也? 夫人朝夕退而遊焉, 以議執政之善否. 其所善者, 吾則行之; 其所否者, 吾則改之, 若之何其毁也? 我聞忠言以損怨, 不聞立威以防怨. 防怨, 猶防水也. 大決所犯, 傷人必多, 吾弗克救也; 不如小決使導之, 不如吾所聞而藥之.」 孔子聞是言也, 曰: 「吾以是觀之, 人謂子産不仁, 吾不信也.」

4.《新序》雜事(4)

鄭人游於鄕校, 以議執政之善否. 然明謂子産曰: 「何不毁鄕校?」 子産曰: 「胡爲? 夫人朝夕游焉, 以議執政之善否. 其所善者, 吾將行之; 其所惡者, 吾將改之. 是吾師也,如之何毁之? 吾聞爲國忠信以損怨, 不聞作威以防怨. 譬之若防川也, 大決所犯, 傷人必多, 吾不能救也, 不如小決之使導, 吾聞而藥之也.」 然明曰: 「蔑也, 乃今知吾子之信可事也. 小人實不材, 若果行, 此其鄭國實賴之, 豈惟二三臣?」 仲尼聞是語也, 曰: 「以是觀之, 人謂子産不仁, 吾不信也.」

5.《漢書》(88) 儒林傳 公孫弘傳

(公孫弘 奏)曰: 「聞三代之道, 鄉里有教, 夏曰校, 殷曰庠, 周曰序. 其勸善也, 顯之朝廷; 其懲惡也, 加之刑罰. 故敎化之行也, 建首善自京師始, 由內及外. 今陛下昭至德, 開大明, 配天地, 本人倫, 勸學興禮, 崇化厲賢, 以風四方, 太平之原也. 古者, 政敎未洽, 不備其禮, 請因舊官而興焉.」

092(鄭-18) 양지수(揚之水)

*〈揚之水〉: 콸콸 솟구쳐 오르는 물. 〈揚之水〉 제목의 시는 〈王風〉(068), 〈唐風〉(116) 등 모두 3곳임.
*이 시는 衛나라 공자 忽(昭公)에게 충량한 신하가 없어 끝내 죽음을 당하고 말았음을 불쌍히 여긴 것이라 함. 그러나 아무리 솟구쳐 콸콸 세차게 흐르는 물이라 해도 가시나무나 섶을 묶은 단은 휩쓸고 가지 못하듯, 형제가 적다 해도 그대와 나 두 사람만 있으면 살아갈 수 있다는 애정시로 여겨짐.

<序>: <揚之水>, 閔無臣也. 君子閔忽之無忠臣良士, 終以死亡, 而作是詩也.
〈양지수〉는 신하가 없음을 불쌍히 여긴 것이다. 군자는 공자 홀에게 충신과 良士가 없어, 끝내 죽음을 당함을 불쌍히 여겨 이 시를 지은 것이다.

*전체 3장. 매 장 6구씩(揚之水: 二章. 章六句).

(1) 興
揚之水, 不流束楚.
揚흔 水ㅣ여, 束흔 楚도 流티 몯ᄒ놋다.
솟구치는 물이라 해도, 가시나무 묶은 단은 쓸려가지 않네.

終鮮兄弟, 維予與女.
ᄆᆞᄎᆞᆷ내 兄弟 鮮흔 디라, 나와 다뭇 네로니,
끝내 형제가 적지만, 그래도 나와 너는 있지.

無信人之言, 人實迋女!
人의 言을 信티 말올 디어다. 人이 진실로 너를 迋(광)ᄒᄂ니라!
남의 말을 믿지 말라. 그는 실로 너를 속이고 있는 것이니라!

【揚之水】'揚'은 激揚시킴. 〈毛傳〉에 "揚, 激揚也, 激揚之水, 可謂不能流漂束楚乎!"라 하였고, 〈鄭箋〉에는 "激揚之水, 喻忽政敎亂促, 不流束楚. 言「其政不行於臣下」"라 함.

【束楚】묶어 놓은 가시나무 다발.

【終】旣의 뜻.

【鮮兄弟】형제가 적음. '鮮'은 '드물다, 적다'의 뜻. 〈鄭箋〉에는 "鮮, 寡也. 忽兄弟爭國, 親戚相疑, 後竟寡於兄弟之恩, 獨我與女有耳. 作此詩者, 同姓臣也"라 함. '兄弟'는 〈集傳〉에 "兄弟, 婚姻之稱.《禮》所謂「不得嗣爲兄弟」, 是也"라 함.

【予·女】너. 汝와 뜻이 같음. 〈集傳〉에 "予·女, 男女自相謂也"라 함.

【人】남. 他人. 〈集傳〉에 "人, 他人也"라 함.

【迂】속임. '誑'과 같음. 〈毛傳〉에 "迂, 誑也"라 하였고, 〈集傳〉에도 "迂, 與誑同"이라 함.

＊〈集傳〉에 "○淫者相謂言「揚之水, 則不流束楚矣. 終鮮兄弟, 則維予與女矣. 豈可以他人離閒之言, 而疑之哉? 彼人之言特誑女耳.」"라 함.

(2) 興

揚之水, 不流束薪.

揚ᄒᆞᆫ 水ㅣ여, 束ᄒᆞᆫ 薪도 流티 몯ᄒᆞ놋다.

솟구치는 물이라 해도, 땔나무 묶은 섶은 쓸어내지 못하지.

終鮮兄弟, 維予二人.

ᄆᆞᄎᆞᆷ내 兄弟 鮮ᄒᆞᆫ 디라, 우리 二人이로니,

끝내 형제 적으니, 오직 나 그대와 두 사람.

無信人之言, 人實不信!

人의 言을 信티 말올 디이다. 人이 진실로 너를 信티 몯ᄒᆞ니라!

남의 말을 믿지 말라, 그 사람 실로 믿을 사람 못되나니!

【束薪】묶어 놓은 땔나무 다발.

【二人】〈毛傳〉에 "二人, 同心也"라 하였고, 〈鄭箋〉에는 "二人者, 我身與女忽"이라 함.

1. 孔穎達 〈正義〉

經二章, 皆閔忽無臣之辭忠臣良士一也, 言其事君, 則爲忠臣; 指其德行一 則爲良士, 所從言之異耳. 終以死亡, 謂忽爲其臣高渠彌所弑也. 作詩之時, 忽實未死. 序以由無忠臣意, 以此死, 故閔之. 〈有女同車〉序云「卒以無大國之助, 至於見逐」, 意亦與此同.

093(鄭-19) 출기동문(出其東門)

*〈出其東門〉: 성 동문을 나섬.
*이 시는 衛나라 다섯 공자의 다툼에, 그들 전투에 동원됨으로 인해 가족이 흩어지고 가정이 깨어짐을 슬퍼하여 읊은 시라 함. 그러나 동문을 나서서 아름다운 많은 여인들을 보았지만 오직 자신이 사랑하는 사람과 함께 삶을 향유하기를 원하는 순수한 애정시로 보임.

<序>: <出其東門>, 閔亂也. 公子五爭, 兵革不息, 男女相棄, 民人思保其室家焉.

〈출기동문〉은 혼란함을 안타깝게 여긴 것이다. 공자 다섯이 다투어 전투가 그칠 날이 없었으며, 남녀는 서로를 버렸지만 백성들은 자신의 집안을 지키고 싶어하였다.

〈箋〉: 公子五爭者, 謂突再也. 忽·子亹·子儀, 各一也.

※公子 五人: 子突(昭公), 子忽(厲公), 子亹, 子儀와 그 외 子嬰 등 공자 다섯이 군주의 지위를 놓고 복잡하게 다툼. 〈有女同車〉(083), 〈褰裳〉(087), 〈淇奧〉(055) 등을 참조할 것.

*전체 2장. 매 장 6구씩(出其東門: 二章. 章六句).

(1) 賦
出其東門, 有女如雲.
그 東門에 出ᄒ니, 女ㅣ 雲ᄀ도다.
동문을 나섰더니, 여인들은 구름처럼 많도다.

雖則如雲, 匪我思存.
비록 雲ᄀᄐ나, 내 思의 存홈이 아니로다.
비록 구름처럼 많다지만, 내 마음에 둔 이들은 아니로다.

縞衣綦巾, 聊樂我員!

縞衣(고의)와 綦巾(긔건)ᄒ니여, 내게 樂(락)ᄒ도다!

흰 옷 쑥빛 수건 모습의 내 사람, 애오라지 나는 그와 즐겁게 살리라!

【東門】城의 동쪽 문.

【如雲】〈毛傳〉에 "如雲, 衆多也"라 하였고, 〈鄭箋〉에는 "有女, 謂諸見棄者也; 如雲者, 如其從風東西南北, 心無有定"이라 하였으며, 〈集傳〉에는 "如雲, 美且衆也"라 함.

【則】助字.

【匪】非의 뜻. 〈毛傳〉에 "思不存乎相救急"이라 하였고, 〈鄭箋〉에는 "匪, 非也. 此如雲者, 皆非我思所存也"라 함.

【縞】흰 빛깔. 염색하지 않은 비단. 〈集傳〉에 "縞, 白色"이라 함.

【綦】푸른 쑥빛. 〈毛傳〉에 "縞, 衣白色, 男服也; 綦巾, 蒼艾色, 女服也. 願室家得相樂也"라 하였고, 〈鄭箋〉에는 "縞衣·綦巾, 所爲作者之妻服也. 時亦棄之, 迫兵革之難, 不能相畜心, 不忍絶. 故言「且留樂我員」, 此思保其室家, 窮困不得有其妻, 而以衣巾言之, 思不忍斥之綦. 綦, 文也"라 하였으며, 〈集傳〉에 "綦, 蒼艾色. 縞衣·綦巾, 女服之貧陋者. 此人自目其室家也"라 함.

【聊】語助詞. 且의 뜻. 부사로 '애오라지'의 뜻.

【員】云과 같음. 助詞. 〈集傳〉에 "員, 與云同. 語辭也"라 함. 孔穎達 〈正義〉에는 "云, 員, 古今字. 語助詞也"라 하였고, 馬瑞辰 〈通釋〉에는 "當讀爲「婚姻孔云」之云, 彼〈箋〉: 「云, 猶友也」. 有與友同"이라 함.

＊〈集傳〉에 "○人見淫奔之女, 而作此詩, 以爲「此女, 雖美且衆, 而非我思之所存, 不如已之室家. 雖貧且陋, 而聊可以自樂」也. 是時淫風大行, 而其間乃有如此之人, 亦可謂能自好, 而不爲習俗所移矣. 羞惡之心, 人皆有之, 豈不信哉!"라 함.

(2) 賦

出其闉闍, 有女如荼.

그 闉闍(인도)애 出ᄒ니, 女ㅣ 荼(도)ᄀ도다.

그 인도(闉闍)를 나섰더니, 여인들 띠꽃처럼 예쁘네.

雖則如荼, 匪我思且.

비록 荼ᄀ트나, 나의 思홀 거시 아니로다.

비록 띠꽃처럼 예쁘지만, 내가 생각하는 사람 아니라네.

縞衣茹藘, 聊可與娛!

縞衣와 茹藘(여려)하니여, 可히 드려 娛하리로다!

흰옷에 꼭두서니 물들인 붉은 수건, 그런 내 님 찾아 애오라지 함께 즐기려네.

【闉闍】'闉'은 曲城. 城門 밖에 다시 성벽을 둥글게 쌓아 城門을 막은 것. '闍'는 城門의 樓臺. 〈毛傳〉과 〈集傳〉에 "闉, 曲城也;闍, 城臺也"라 함. 馬瑞辰 〈通釋〉에는 "出其闉闍, 謂出此曲城重門"이라 함.

【茶】원래는 '씀바귀'이나 여기서는 다른 꽃임. 〈諺解〉物名에 "茶. 뛰이삭"이라 함. 띠 이삭, 띠꽃. 茅花. 〈集傳〉에 "茶, 茅華. 輕白可愛者也"라 함. 〈毛傳〉에 "茶, 英茶也. 言皆喪服也"라 하였고, 〈鄭箋〉에는 "闍, 讀當如彼都人士之都, 謂國外曲城之中市里也. 茶, 茅秀物之輕者. 飛行無常"이라 함.

【且】助詞. 〈集傳〉에 "且, 語助辭"라 함. 〈鄭箋〉에는 "匪我思且」, 猶非我思存也"라 함.

【茹藘】꼭두서니. 여기서는 꼭두서니풀로 물들인 빨간 수건. 〈集傳〉에 "茹藘, 可以染絳. 故以名衣服之色"이라 함.

【娛】〈集傳〉에 "娛, 樂也"라 함. 〈毛傳〉에는 "茹藘, 茅蒐之染女服也. 娛, 樂也"라 하였고, 〈鄭箋〉에는 "茅蒐, 染巾也. 「聊可與娛」, 且可留與我爲樂心, 欲留之言也"라 함.

참고 및 관련 자료

1. 孔穎達 〈正義〉

作〈出其東門〉詩者, 閔亂也. 以忽立之後, 公子五度爭國, 兵革不得休息, 下民窮困, 男女相棄, 民人迫於兵革, 室家相離, 思得保其室家也.

094(鄭-20) 야유만초(野有蔓草)

*〈野有蔓草〉: 들에 풀이 벋어나감. 〈毛傳〉에 "野, 四郊之外; 蔓, 延也"라 함.
*이 시는 기약을 하지 않았으나 좋은 상대를 만나 사랑을 나누고 싶어하는 심정을 읊은 것이라 함.

<序>: 〈野有蔓草〉, 思遇時也. 君之澤不下流, 民窮於兵革. 男女失時, 思不期而會焉.

〈야유만초〉는 때를 만나기를 그리워한 것이다. 임금의 은택이 아래로 흐르지 못하고, 백성은 전쟁에 고통을 받고 있었다. 남녀는 한창 좋은 때를 놓쳐 생각지 않던 기회에 상대를 만났으면 한 것이다.

〈箋〉: 不期而會, 謂不相與期而自俱會.

*전체 2장. 매 장 6구씩(野有蔓草: 二章. 章六句).

(1) 賦而興
野有蔓草, 零露漙兮.

野의 蔓草(만초)ㅣ 이시니, 零흔 露ㅣ 漙(단)ᄒ도다.

들에는 벋어나간 많은 풀들, 떨어지는 이슬 많이도 맺혔네.

有美一人, 清揚婉兮.

美흔 一人이여, 清揚이 婉ᄒ도다.

예쁜 사람 하나, 그 눈매 미간이 아름답구나.

邂逅相遇, 適我願兮!

邂逅(히후)히 서ᄅᆞ 遇ᄒ오니, 내 願에 맛도다!

기약하지 않았으나 만났으니, 내 바라던 바에 딱 맛도다!

【野有蔓草】〈毛傳〉에 "野, 四郊之外; 蔓, 延也"라 하였고, 〈集傳〉에도 "蔓, 延也"라 함.

【零露】떨어지는 이슬.

【漙】〈毛傳〉에 "漙, 漙然, 盛多也"라 하였고, 〈鄭箋〉에는 "零, 落也. 蔓草而有露, 謂仲春之時, 草始生, 霜爲露也.《周禮》:「仲春之月, 令會男女之無夫家者」"라 함. 〈集傳〉에는 "漙, 露多貌"라 함.

【淸揚婉兮】'淸揚'은 눈매. 눈과 눈썹 사이. 〈毛傳〉과 〈集傳〉에 "淸揚, 眉目之間. 婉然, 美也"라 함. 馬瑞辰은 "蓋目以淸明爲美; 揚, 亦明也"라 함.

【邂逅】기약을 하지 않았으나 만나게 됨을 뜻하는 雙聲連綿語. 〈毛傳〉과 〈集傳〉에 "邂逅, 不期而會也"라 함.

【適】원하던 때에 딱 맞음. 〈毛傳〉에 "適, 其時願"이라 함.

＊〈集傳〉에 "○男女相遇於野田草露之間, 故賦其所在以起興. 言「野有蔓草, 則零露漙矣. 有美一人, 則淸揚婉矣. 邂逅相遇, 則得以適我願矣.」"라 함.

(2) 賦而興

野有蔓草, 零露瀼瀼.

野의 蔓草ㅣ 이시니, 零흔 露ㅣ 瀼瀼(양양)ᄒ도다.

들에는 벋어나간 많은 풀들, 떨어지는 이슬 많기도 하네.

有美一人, 婉如淸揚.

美흔 一人이여, 婉흔 淸揚이로다.

예쁜 미인 하나, 아름다운 그 눈매,

邂逅相遇, 與子偕臧!

邂逅히 서르 遇ᄒ니, 子로 드려 다 臧ᄒ도다!

기약하지 않았는데 서로 만나니, 그대와 함께하여 좋기도 하네!

【瀼瀼】역시 이슬의 많은 모양. 〈毛傳〉에 "瀼瀼, 盛貌"라 하였고, 〈集傳〉에도 "瀼瀼, 亦露多貌"라 함.

【婉如】婉然과 같음.

【偕】함께.

【臧】〈毛傳〉에 "臧, 善也"라 하였고, 〈集傳〉에는 "臧, 美也.「與子偕臧」, 言各得其所欲也"라 함.

1. 孔穎達〈正義〉

作〈野有蔓草〉詩者, 言「思得逢遇男女合會之時. 由君之恩德潤澤, 不流及於下, 又征伐不休. 國內之民, 皆窮困於兵革之事, 男女失其時節, 不得早相配耦, 思得不與期約而相會遇焉」. 是下民窮困之至, 故述其事以刺時也. 男女失時, 謂失年盛之時, 非謂婚之時月也. 毛以爲君之潤澤, 不下流下, 章首二句是也. 思不期而會, 下四句是也. 鄭以經皆是思不期而會之辭, 言君之潤澤不流下, 敘男女失時之意, 於經無所當也.

095(鄭-21) 진유(溱洧)

＊〈溱洧〉: 溱水와 洧水. 둘 모두 鄭나라 경내를 흐르는 물.
＊이 시는 전쟁으로 나라가 혼란에 빠져, 그에 따라 남녀 사이도 음풍이 유행
함을 질책한 것이라 함. 주희는 鄭나라의 삼월 上巳日 물가에서 행하는 采蘭祓
除의 풍습을 구경가자는 핑계로 여인이 남자를 유혹하여 음행을 요구하는 시
라 하였음.

<序>: <溱洧>, 刺亂也. 兵革不息, 男女相棄, 淫風大行,
莫之能救焉.

〈진유〉는 혼란함을 풍자한 것이다. 전투가 쉼이 없었고, 남녀들은 서로
를 버렸으며 淫風이 크게 유행하였으나 능히 구제할 수 없었다.

〈箋〉: 救, 猶止也. 亂者, 士與女合會溱洧之上.

＊전체 3장. 매 장 12구씩(溱洧: 三章. 章十二句).

(1) 賦而興

溱與洧, 方渙渙兮.

溱(진)과 다뭇 洧(유)ㅣ, 보야흐로 渙渙(환환)ᄒ거늘,

진수와 유수, 바야흐로 봄물이 출렁출렁,

士與女, 方秉蘭兮.

士와 다뭇 女ㅣ, 보야흐로 蘭(간)을 秉ᄒ얏ᄯ다.

남자와 여자가, 난초 꽃을 손에 들었네.

女曰:「觀乎?」

女ㅣ ᄀᆞᆯ오듸 "觀홀 딘뎌?"

여자 말하기를 "가 보셨나요?"

士曰:「旣且.」「且往觀乎?

士ㅣ 글오듸 "旣호라" "쏘 가 觀홀 딘뎌?

사내의 대답 "벌써 보았지!" "그래도 다시 가실래요?

洧之外, 洵訏且樂!」

洧ㅅ 外는, 진실로 訏ᄒᆞ고 쏘 樂다!" ᄒᆞ야,

유수 물가 밖은 정말로 넓고도 즐길 만한 곳이지요" 하면서,

維士與女, 伊其相謔, 贈之以勺藥!

士와 다못 女ㅣ, 그 서르 謔ᄒᆞ야, 勺藥(쟉약)으로 뻐 贈ᄒᆞ놋다!

사내와 여인, 이로 인해 서로 관계를 즐기고 나서, 작약 꽃을 징표로
주었다네!

【溱, 洧】鄭나라의 두 물 이름.
【渙渙】봄이 되어 물이 녹아 출렁임. 〈毛傳〉에 "溱洧, 鄭兩水名. 渙渙, 盛也"라 하
였고, 〈鄭箋〉에는 "仲春之時, 冰以釋, 水則渙渙然"이라 함. 〈集傳〉에는 "渙渙, 春
水盛貌. 蓋冰解而水散之時也"라 함.
【蕑】'蕳'으로도 표기하며 난초. '간'(古顔反)으로 읽음. 〈諺解〉 物名에 "蕑:난"이라
함. 〈毛傳〉에 "蕑, 蘭也"라 하였고, 〈集傳〉에도 "蕑, 蘭也. 其莖葉似澤蘭, 廣而長
節, 節中赤, 高四五尺"이라 함. 〈鄭箋〉에는 "男女相棄, 各無匹偶, 感春氣並出, 託采
芬香之草, 以爲淫泆之行"이라 함.
【旣且】'旣'는 이미 가 보았음. 여자의 유혹을 拒否함. '따라가지 않겠다'의 뜻. '且'
(저)는 語助詞. 〈集傳〉에 "且, 語辭"라 함. '且往觀乎' 이하는 여인이 다시 유혹하
는 말이며, 여기의 '且'는 實辭로 '그래도, 또한'의 뜻임. 〈鄭箋〉에 "女曰觀乎? 欲
與士觀於寬閒之處. 旣, 已也. 士曰已觀矣. 未從之也"라 함.
【洵】'참으로'. 〈集傳〉에 "洵, 信"이라 함.
【訏】〈毛傳〉에 "訏, 大也"라 하였고, 〈鄭箋〉에는 "洵, 信也. 女情急, 故勸男使往觀
於洧之外. 言其土地, 信寬大, 又樂也. 於是男, 則往也"라 하여 여자의 유혹을 허
락함. 〈集傳〉에도 "訏, 大也"라 함. 大는 광대하여 가볼 만한 곳임을 뜻함. 〈鄭
箋〉에 "伊, 因也"라 함.
【相謔】서로 즐김. 남녀관계를 뜻함.
【勺藥】향초. '蘼蕪', '川芎', '芎藭'의 여린 싹. 〈毛傳〉에 "勺藥, 香草"라 하였고, 〈鄭

箋)에는 "士與女往觀, 因相與戲謔, 行夫婦之事. 其別, 則送女以勺藥, 結恩情也"
라 함. 〈集傳〉에도 "勺藥, 亦香草也. 三月開花, 芳色可愛"라 함. 〈諺解〉物名에
"勺藥:샤약"이라 함. 馬瑞辰 〈通釋〉에는 오늘날의 芍藥과는 다르다 하여 "古之
勺藥, 非今之所云芍藥, 蓋蘼蕪之類. 故〈傳〉以爲香草"라 함. 한편 '蘼蕪'는 雙聲
連綿語의 草名으로 李時珍《本草綱目》에 "未結根時之芎藭, 川芎嫩苗"라 하였음.
＊〈集傳〉에 "○鄭國之俗, 三月上巳之辰, 采蘭, 水上以祓除不祥. 故其女問於士曰:
「盍往觀乎?」士曰:「吾旣往矣.」女復要之曰:「且往觀乎? 蓋洧水之外, 其地信寬大而
可樂也.」於是士女相與戲謔, 且以勺藥爲贈, 而結恩情之厚也. 此詩淫奔者, 自叙之
辭"라 함.

(2) 賦而興

溱與洧, 瀏其淸矣.

溱과 다믓 洧ㅣ, 瀏(류)히 그 淸ᄒ거늘,

진수와 유수, 깊고도 맑도다.

士與女, 殷其盈矣.

士와 다믓 女ㅣ, 殷히 그 盈ᄒ도다.

사내와 여인들, 많이도 모여들어 물가를 메웠네.

女曰:「觀乎?」

女ㅣ 글오듸 "觀홀 딘뎌?"

계집 말하기를 "가 보셨나요?"

士曰:「旣且.」「且往觀乎?

士ㅣ 글오듸 "旣호라." "또 가 觀홀 딘뎌?"

사내 대답 "벌써 보았지!" "그래도 다시 가실래요?"

洧之外, 洵訏且樂!」

洧ㅅ 外는, 진실로 訏ᄒ고 또 樂다!" ᄒ야,

유수 밖은 정말로 넓고도 즐길 만한 곳이라오!" 하면서,

維士與女, 伊其將謔, 贈之以勺藥!

士와 다못 女ㅣ, 그 서르 謔ᄒᆞ야, 勺藥으로 뻐 贈ᄒᆞ놋다!

사내 계집, 이로 인해 실컷 관계를 즐기고 나서, 작약 꽃을 정표로 주었다네!

【瀏】〈毛傳〉과 〈集傳〉에 "瀏, 深貌"라 함. 〈韓詩〉에는 '漻'로 되어 있었다 함.

【殷】〈毛傳〉과 〈集傳〉에 "殷, 衆也"라 함.

【將】〈鄭箋〉에는 "將, 大也"라 하였으나, 朱熹 〈集傳〉에 "將, 當作相, 聲之誤也"라 함.

참고 및 관련 자료

1. 孔穎達 〈正義〉

鄭國淫風大行, 述其爲淫之事. 言「溱水與洧水, 春冰旣泮, 方欲渙渙然流盛兮. 於此之時, 有士與女, 方適野田執芳香之蘭草兮. 旣感春氣, 託采香草, 期於田野, 共爲淫洗. 士旣與女相見, 女謂士曰:『觀於寬間之處乎?』意願與男俱行. 士曰:『已觀乎!』止其欲觀之事, 未從女言. 女情急, 又勸男云:『且復更往觀乎? 我聞洧水之外, 信寬大而且樂, 可相與觀之.』士於是從之. 維士與女, 因卽其相與戲謔行夫婦之事. 及其別

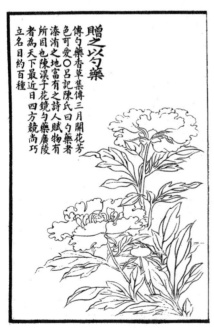

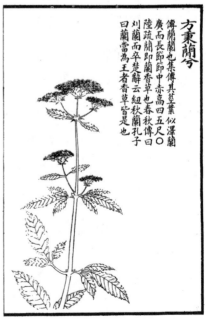

也, 士愛此女, 贈送之以勺藥之草, 結其恩情以爲信約. 男女當以禮相配, 今淫泆如
是, 故陳之以刺亂.〈正義〉曰: 陸璣《疏》云:「蕑, 卽蘭. 香草也.」《春秋傳》曰:「刈蘭而
卒,」《楚辭》云:「紉秋蘭.」孔子云:「蘭當爲王者.」香草, 皆是也. 其莖葉似藥草, 澤蘭廣
而長節, 節中赤, 高四五尺. 漢諸池苑及許昌宮中, 皆種之, 可著粉, 中藏衣著書中.
辟白魚訏大.〈釋詁〉文.〈正義〉曰:「洵, 信.」〈釋詁〉文. 以士曰旣且, 是男苔女也. 且
徃觀乎? 與上女曰觀乎? 文勢相副, 故以女勸男辭, 言其寬且樂. 於是男則徃也. 下
句是男徃之事, 傳〈正義〉曰: 陸璣《疏》云:「今藥草, 勺藥, 無香氣.」非是也. 未審今何
草.〈正義〉曰: 因觀寬間, 遂爲戱謔, 故以伊爲因也.

2. 朱熹〈集傳〉

이상 正風 21편에 대해 다음과 같이 총결을 맺고 있음.

鄭國, 二十一篇, 五十三章, 二百八十三句:

鄭衛之樂, 皆爲淫聲, 然以詩考之衛, 詩三十有九而淫奔之詩, 才四之一. 鄭詩二十
有一, 而淫奔之詩, 已不翅七之五. 衛猶爲男悅女之辭, 而鄭皆爲女惑男之語. 衛人
猶多刺譏懲創之意, 而鄭人幾於蕩然, 無復羞愧悔悟之萌, 是則鄭聲之淫, 有甚於衛
矣. 故夫子論爲邦獨以鄭聲爲戒, 而不及衛. 蓋擧重而言, 固自有次第也. 詩可以觀,
豈不信哉!

# 8. 제풍齊風
11편(096-106)

周武王이 殷의 紂를 滅한 뒤 功臣 姜太公(姜尙, 呂尙, 呂望, 子牙, 尙父)을 靑州(지금의 山東 일대)에 봉하여 異姓諸侯 齊나라가 되었다. 姜太公은 처음 營丘(지금의 山東省 昌樂縣 동남쪽)에 도읍하여, 東은 바다, 西는 黃河에 接하고, 南으로 穆陵, 北으로 無棣에 連하여 아주 富强한 나라로 발전하였다. 그 뒤 다시 도읍을 臨淄(지금의 山東 淄博市 臨淄鎭)로 옮겨 春秋五霸의 첫 首長 齊桓公(小白)을 출현시키기도 하였으나 春秋 말 卿大夫의 발호로, 田氏(陳氏)에 의해 나라가 易姓으로 혈통이 바뀐 채 戰國시대를 맞아 역시 戰國七雄의 하나가 되었다. 이에 춘추시대의 齊를 '姜氏齊'라 하며, 전국시대의 齊나라는 '田氏齊'라 불렸다. 그 뒤 B.C.221년에 秦始皇의 천하통일 때 망하고 말았다. '齊風' 11편은 주로 풍자, 연애, 수렵 등의 시가 많고, 처음 다섯은 哀公 시대, 나머지는 襄公과 관련된 시라 보기도 한다.

★ 관련 역사 사항은 《史記》齊太公世家 및 《國語》齊語, 《左傳》 등을
참고할 것.

○ 鄭玄《毛詩譜》<齊>

齊者, 古少皞之世, 爽鳩氏之墟. 周武王伐紂, 封太師呂望
於齊, 是謂齊太公. 地方百里, 都營丘. 周公致大平, 敷定九
畿, 復夏禹之舊制. 成王用周公之灃制, 廣大邦國之境, 而
齊受上公之地, 更方五百里. 其封域東至于海, 西至于河, 南
至于穆陵, 北至于無棣. 在<禹貢>青州·岱山之陰, 濰·淄之
野. 其子丁公, 嗣位於王官. 後五世哀公, 政衰荒淫怠慢, 紀
侯譖之. 於周懿王, 使烹焉. 齊人變風始作.

○ 朱熹 <集傳>

齊, 國名. 本少昊時爽鳩氏所居之地, 在禹貢爲青州之域.
周武王以封太公望, 東至于海, 西至于河南, 至于穆陵, 北至
于無棣.

太公姜姓, 本四岳之後. 旣封於齊, 通工商之業, 便魚鹽之
利, 民多歸之, 故爲大國. 今青齊淄濰德棣等州, 是其地也.

096(齊-1) 계명(雞鳴)

*〈雞鳴〉: 아침 닭이 욺. 일어나야 할 시간을 뜻함.
*이 시는 사랑의 잠자리에 빠져 일찍 일어나지 못하는 임금을 賢妃가 세 번이나 깨워, 나가 대부들과 조회를 하도록 재촉한 내용이라 함.

<序>: <雞鳴>, 思賢妃也. 哀公荒淫怠慢, 故陳賢妃貞女, 夙夜警戒相成之道焉.

〈계명〉은 賢妃를 생각한 것이다. 제 애공이 황음태만하여 그 때문에 현비와 정녀를 진술하여 서로 도를 성취하도록 숙야로 경계한 것이다.

※哀公: 齊 哀公(不辰). 西周 말(春秋 이전) 周 夷王 共和 때의 齊나라 군주. 그가 색에 빠져 정사를 소홀히 한 기록은 구체적으로 알 수 없으며, 다만《史記》齊太公世家에 "蓋太公之卒百有餘年, 子丁公呂伋立. 丁公卒, 子乙公得立. 乙公卒, 子癸公慈母立. 癸公卒, 子哀公不辰立. 哀公時, 紀侯譖之周, 周烹哀公而立其弟靜, 是爲胡公. 胡公徙都薄姑, 而當周夷王之時"라 하였음.

*전체 3장. 매 장 4구씩(雞鳴: 三章. 章四句).

(1) 賦
「雞旣鳴矣, 朝旣盈矣!」

"雞ㅣ 임의 鳴흔 디라, 朝ㅎᄂ니 임의 盈ㅎ얏ᄂ가!" ㅎ니,

"닭이 이미 울었어요, 조정에 조회하러 모인 대부들이 가득 찼어요!"

「匪雞則鳴, 蒼蠅之聲!」

"雞ㅣ 곧 鳴흔 주리 아니라, 蒼蠅(창승)의 소리로다!"

"닭 우는 소리가 아니야, 파리 소리구만!"

【朝旣盈矣】조정에 신하들이 조회하고자 모여들어 이미 찼음. 〈毛傳〉에 "雞鳴而

夫人作, 朝盈而君作"이라 하였고, 〈鄭箋〉에는 "雞鳴朝盈, 夫人也, 君也, 可以起之常禮"라 함.

【匪】非와 같음.

【蒼蠅】파리. 쉬파리. 〈諺解〉物名에 "蠅:파리"라 함. 〈毛傳〉에 "蒼蠅之聲, 有似遠雞之鳴"이라 하였고, 〈鄭箋〉에는 "夫人以蠅聲爲雞鳴, 則起早於常禮敬也"라 함. 〈集傳〉에 "言『古之賢妃, 御於君所至, 於將旦之時, 必告君曰『雞旣鳴矣, 會朝之臣, 旣已盈矣。』欲令君早起而視朝也. 然其實非雞之鳴也. 乃蒼蠅之聲也.』蓋賢妃當夙興之時, 心常恐晚, 故聞其似者, 而以爲眞, 非其心存警畏, 而不留於逸, 欲何以能此? 故詩人叙其事而美之也"라 함.

(2) 賦

「東方明矣, 朝旣昌矣!」

"東方이 明흔 디라, 朝흐느니 임의 昌흐얏느가!" 흐니,

"동이 벌써 텄어요. 조정에서 한창 조회할 때예요!"

「匪東則明, 月出之光!」

"東方이 곧 明흔 주리 아니라, 月이 出흔 光이로다!"

"동이 튼 것이 아니야, 달이 떠서 훤한 것이지!"

【東方明】〈毛傳〉에 "東方明, 則夫人纚笄而朝; 朝已昌盛, 則君聽朝"라 하였고, 〈鄭箋〉에는 "東方明, 朝旣昌, 亦夫人也, 君也. 可以朝之常禮, 君日出而視朝"라 함. 〈集傳〉에는 "東方明, 則日將出矣"라 함.

【昌】조정에 신하들이 많이 모여 있음. 임금의 기상을 두 번째로 재촉함. 〈集傳〉에 "昌, 盛也. 此再告也"라 함.

【月出】〈毛傳〉에 "見月出之光, 以爲東方明"이라 하였고, 〈鄭箋〉에는 "夫人以月光

爲東方明, 則朝亦敬也"라 함.

(3) 賦

「蟲飛薨薨, 甘與子同夢.

"蟲이 飛ᄒᆞ야 薨薨(훙훙)ᄒᆞ거든, 子로ᄃᆞ려 ᄒᆞᆫ 가지로 夢호믈 甘ᄒᆞ건마ᄂᆞᆫ,

"벌레 소리가 훙훙하네요. 그래도 그대와 달콤한 꿈에 젖고 싶지만,

會且歸矣, 無庶予子憎?」

會ᄒᆞ얏ᄯᅡ가 ᄯᅩ 歸ᄒᆞ야란, 거의 날로 ᄒᆞ야 子조차 憎홈이 업슬가?"

조회 끝내고 귀가하고 싶어하는 대부들, 나 때문에 그대가 미움받지나 않을까요?"

【蟲飛】〈集傳〉에 "蟲飛, 夜將旦而百蟲作也"라 함.
【薨薨】파리 소리.
【甘】즐김. 일어나기 싫음. 〈毛傳〉에 "古之夫人配其君子, 亦不忘其敬"이라 하였고, 〈鄭箋〉에는 "蟲飛薨薨, 東方早明之時. 我猶樂與子臥, 而同夢. 言親愛之無已"라 함. 〈集傳〉에 "甘, 樂"이라 함.
【會】모인 사람들. 〈毛傳〉에 "會, 會於朝也"라 하였고, 〈集傳〉에 "會, 朝也"라 함.
【歸】대부들이 조회를 마치고 귀가함. 《左傳》成公 12년에 "百官承事, 朝而不夕"이라 하여 대부들은 곧 귀가하여 집안일을 하도록 되어 있었음.
【無庶予子憎】'庶'는 많음. 많은 衆臣들을 가리킴. 〈毛傳〉에 "卿大夫朝會於君朝, 聽政. 夕歸治其家事, 無庶予子憎, 無見惡於夫人"이라 하였고, 〈鄭箋〉에는 "庶, 衆也. 蟲飛薨薨, 所以當起者. 卿大夫朝者, 且罷歸故也. 無使衆臣以我故, 憎惡於子. 戒之也"라 함. 서둘러 조회를 마치고 집으로 돌아가고 싶어하는 많은 대부들이 나(현비)로 인해 그대(임금)를 미워하는 일이 없어야 함을 말한 것. 〈正義〉에 "上言欲君早起, 此又述其欲早起之意. 夫人告君云:「東方欲明, 蟲之薨薨之時, 我甘樂與君臥而同夢, 心非願欲早起也. 所以必欲令君早起. 朝者, 以卿大夫會聚我君之朝, 此欲得早罷歸矣. 無使衆臣以我之故, 於子之身, 加憎惡也.」"라 함.
＊〈集傳〉에 "○此三告也. 言「當此時, 我豈不樂與子同寢而夢哉! 然羣臣之會於朝者, 俟君不出. 將散而歸矣, 無乃以我之故, 而并以子爲憎乎?」"라 함.

참고 및 관련 자료

1. 孔穎達〈正義〉

作〈雞鳴〉詩者, 思賢妃也. 所以思之者, 以哀公荒淫女色, 怠慢朝政. 此由內無賢妃以相警戒故也. 君子見其如此, 故作此詩, 陳古之賢妃貞女, 夙夜警戒於夫, 以相成益之道焉. 二章章首上二句, 陳夫婦可起之禮;下二句, 述諸侯夫人之言;卒章, 皆陳夫人之辭. 以哀公荒淫, 故夫人興戒君子, 使不留色怠慢, 故陳人君早朝戒君子, 使不惰於政事, 皆陳與夫相警相成之事也. 云'荒淫'者, 謂廢其政事, 淫於女色, 由淫而荒, 故言荒淫也. 賢妃, 卽貞女也. 論其配夫, 則爲賢妃;指其行事, 則爲貞女, 所從言之異耳. '相成'者, 以夫妻爲耦, 義在交益, 妻能成矣, 則妻亦成矣. 故以相成言之. 〈車牽〉思得賢女, 乃思得其人, 以配王. 此思賢妃, 直思其相成之道, 不言思得其人, 作者之意異也.

097(齊-2) 선(還)

*〈還〉: '還, 音旋'이라 하여 '선'으로 읽으며, '몰입하다, 지나치게 좋아하다' 등의 뜻. 《韓詩》에는 '嫙'으로 되어 있으며, "嫙, 好貌"라 하였음. '好'는 '呼報反'(去聲)으로 '좋아하다'의 뜻임. 그러나 〈毛傳〉과 〈集傳〉에는 "還, 便捷之貌"라 하여 '날쌔다'의 뜻으로 보았음.

*이 시는 齊 哀公이 사냥에 빠져 국사가 황폐해짐을 비난한 것이라 함.

<序>: <還>, 刺荒也. 哀公好田獵, 從禽獸而無厭. 國人化之, 遂成風俗. 習於田獵謂之賢(儇), 閑於馳逐謂之好焉.

〈선〉은 황폐함을 질책한 것이다. 애공이 사냥을 좋아하여 사냥감을 따라다니기에 지칠 줄을 모를 정도였다. 나라 사람들이 이를 흉내내어 드디어 풍속이 되고 말았다. 전렵에 습성이 된 것을 일러 '賢'(儇)이라 하고, 짐승 쫓기에 익숙한 것을 일러 '好'라 한다.

〈箋〉: 荒, 謂政事廢亂.

*전체 3장. 매 장 4구씩(還:三章. 章四句).

(1) 賦

子之還兮, 遭我乎猺之間兮.

子의 還(선)홈이, 나를 猺(노)ㅅ 間애 만난 디라,

그대는 날쌨지, 노산 골짜기서 나를 만났었지.

幷驅從兩肩兮, 揖我謂我儇兮!

골와 驅ㅎ야 兩肩(량견)을 從ㅎ소니, 나를 揖ㅎ야 나를 닐오디 儇(현)타 ㅎ누다!

나란히 말을 몰아 세 살짜리 사냥감 두 마리 쫓으며, 나에게 읍을 하며 나를 보고 대단한 솜씨라 추켜 세워주었지!

【還】'날쌔다'의 뜻. 〈毛傳〉과 〈集傳〉에 "還, 便捷之貌"라 함. 혹 몰입하여 빠져 헤어날 줄 모르는 상황을 뜻함.

【遭我】나를 만남. 〈鄭箋〉에 "子也我也, 皆士大夫也. 俱出田獵而相遭也"라 함.

【猫】齊나라 山 이름. 〈毛傳〉과 〈集傳〉에 "猫, 山名也"라 함.

【間】골짜기.

【幷驅】사냥용 馬車를 나란히 하여 달림.

【從】쫓음. 〈毛傳〉과 〈集傳〉에 "從, 逐也"라 함.

【肩】세 살짜리 짐승. 〈毛傳〉과 〈集傳〉에 "獸三歲曰肩"이라 함.

【揖】禮를 표함. 손을 가슴까지 올려 인사함.

【儇】날카로움. 영리함. 사냥 솜씨가 아주 뛰어남. 〈毛傳〉과 〈集傳〉에 "儇, 利也"라 함. 《韓詩》에는 '婘'으로 되어 있었다 함. 〈鄭箋〉에는 "婘, 幷也. 子也我也, 幷驅而逐禽獸. 子則揖耦我謂'我儇', 譽之也. 譽之者, 以報前言還也"라 함.

＊〈集傳〉에 "○獵者交錯於道路. 且以便捷輕利, 相稱譽如此, 而不自知其非也. 則其俗之不美可見, 而其來亦必有所自矣"라 함.

(2) 賦

子之茂兮, 遭我乎猫之道兮.

子의 茂홈이, 나를 猫ㅅ 道애 만난 디라,

그대는 멋졌었지, 나를 노산의 한 길에서 만났었지.

幷驅從兩牡兮, 揖我謂我好兮!

글와 驅ᄒ야 兩牡(량모)를 從ᄒ소니, 나를 揖ᄒ야 나를 닐오딕 好타 ᄒᄂ다!

말을 나란히 몰아 수컷 두 마리를 함께 몰아갈 때, 나에게 읍을 하며 나를 훌륭하다 칭찬해 주었지!

【茂】〈毛傳〉과 〈集傳〉에 "茂, 美也"라 하여 솜씨기 훌륭함을 칭찬한 것. 〈鄭箋〉에 "譽之言好者, 以報前言茂也"라 함.

【牡】짐승의 수컷.

(3) 賦

子之昌兮, 遭我乎猺之陽兮.

子의 昌홈이, 나를 猺ㅅ 陽애 만난 디라,

그대는 대단했지, 노산 남쪽에서 나를 만나,

幷驅從兩狼兮, 揖我謂我臧兮!

골와 驅ᄒ야 兩狼(량랑)을 從ᄒ소니, 나를 揖ᄒ야 나를 닐오듸 臧타 ᄒᄂ
다!

말을 몰아 두 마리 이리를 쫓으며, 나에게 읍을 하며 나를 두고 잘한
다고 해 주었지!

【昌】〈毛傳〉과 〈集傳〉에 "昌, 盛也"라 하
였고, 〈鄭箋〉에는 "昌佼好貌"라 함.
【陽】山의 남쪽 기슭. 〈集傳〉에 "山南曰
陽"이라 함.
【狼】이리. 〈諺解〉物名에 "狼:일히"라
함. 〈毛傳〉에 "狼, 獸名"이라 하였고,
〈集傳〉에는 "狼, 似犬, 銳頭白頰, 高前
廣後"라 함.
【臧】〈毛傳〉과 〈集傳〉에 "臧, 善也"라
함.

참고 및 관련 자료

1. 孔穎達 〈正義〉

作〈還〉詩者, 刺荒也. 所以刺之者, 以
哀公好田獵, 從逐禽獸而無厭, 是在上旣
好, 下亦化之, 遂成其國之風俗. 其有慣
習於田獵之事者, 則謂之爲賢;閑於馳逐之事者, 則謂之爲好. 君上以善田獵爲賢好,
則下民皆慕之. 政事荒廢, 化之使然, 故作此詩以刺之. 經三章, 皆士大夫相答之辭,
是遂成風俗謂之賢好之事.

098(齊-3) 저(著)

*〈著〉:'著'는 '宁'와 같으며, 대문과 중문 사이. 고대 혼례에서 親迎의 예를 치르는 위치.
*이 시는 신부가 친영을 할 때의 모습을 노래하여 당시 제대로 지켜지지 않던 친영의 예를 치르도록 권장한 것이라 함.

〈序〉: 〈著〉, 刺時也. 時不親迎也.

〈저〉는 시속을 풍자한 것이다. 당시 풍속은 혼례에서 親迎을 하지 않았다.

〈箋〉: 時不親迎, 故陳親迎之禮, 以刺之.

※親迎: 고대 혼례에서 六禮의 하나. 六禮는 納采, 問名, 納吉, 納徵, 請期, 親迎으로서, 그 중 친영은 신랑이 검은 칠을 한 수레를 타고 신부 집에 이르러 合졸의 예를 치르면서 신부가 신랑될 사람을 직접 영접하는 것.

*전체 3장. 매 장 3구씩(著: 三章. 章三句).

(1) 賦
俟我於著乎而,

나를 著(저)애셔 俟(ᄉ)ᄒᄂ니,

신부될 그 사람 나를 저(著)에서 기다리네,

充耳以素乎而, 尚之以瓊華乎而!

充耳를 素로 뼈 ᄒ고, 尚호ᄃᆡ 瓊華(경화)로 뼈 ᄒ얏도다!

하얀 상아 귀걸이 하였는데, 경화(瓊華)로 된 것이구나!

【俟】기다림. 〈毛傳〉과 〈集傳〉에 "俟, 待也"라 함.
【我】〈集傳〉에 "我, 嫁者自謂也"라 함.

【著】〈毛傳〉에 "門屛之間曰著"라 하였고, 〈集傳〉에는 "著, 門屛之閒也"라 함. '屛'
　은 대문 안쪽의 칸막이.

【乎而】句末의 助字.

【充耳】실에 구슬을 꿰어 귀에 드리운 것. 귀걸이, 혹 담(紞)의 일종. 〈集傳〉에
　"充耳, 以纊懸瑱, 所謂紞也"라 함.

【素】흰 구슬. 〈毛傳〉에 "素, 象瑱"이라 하여 象牙로 만든 充耳. 〈鄭箋〉에는 "我,
　嫁者自謂也. 待我於著, 謂從君子而出至於著, 君子揖之時也. 我視君子, 則以素爲
　充耳, 謂所以懸瑱者. 或名爲紞. 織之人君五色, 臣則三色而已. 此言素者, 目所先
　見而云"이라 함.

【尙】'加', 혹 '飾'의 뜻. 〈集傳〉에 "尙, 加也"라 함.

【瓊華】〈毛傳〉에 "瓊華, 美石. 士之服也"라 함. 〈集傳〉에는 "瓊華, 美石似玉者, 卽
　所以爲瑱也"라 함. 〈鄭箋〉에는 "尙, 猶飾也. 飾之以瓊華者, 謂懸紞之末, 所謂瑱
　也. 人君以玉爲瓊華, 石色似瓊也"라 함. 嚴粲《詩緝》에 "見其充耳, 以素絲爲紞也.
　其紞之末, 加以美石如瓊之華, 謂瑱也"라 함.

＊〈集傳〉에 "○東萊呂氏曰: 昏禮, 壻往婦家親迎, 旣奠鴈御輪, 而先歸俟於門外, 婦
　至, 則揖以入. 時齊俗不親迎, 故女至壻門, 始見其俟己也"라 함.

(2) 賦

俟我於庭乎而,

나를 庭애셔 俟ᄒᆞᄂᆞ니,

신부될 그 사람 나를 뜰에서 기다리네,

充耳以靑乎而, 尙之以瓊瑩乎而!

充耳를 靑으로 뻐 ᄒᆞ고, 尙ᄒᆞ디 瓊瑩(경영)으로 뻐 ᄒᆞ얏도다!

파란 귀걸이 하였는데, 경영(瓊瑩)으로 장식된 것이구나!

【庭】〈集傳〉에 "庭, 在大門之內; 寢, 門之外"라 함.

【靑】푸른 구슬. 〈毛傳〉에 "靑, 靑玉"이라 하였고, 〈鄭箋〉에는 "待我於庭, 謂揖我
　於庭時. 靑, 紞之靑"이라 함.

【瓊瑩】구슬과 비슷한 돌. 疊韻連綿語의 물명. 大夫의 장식. 〈毛傳〉에 "瓊瑩, 石
　似玉. 卿大夫之服也"라 하였고, 〈鄭箋〉에는 "石色似瓊, 似瑩也"라 함. 〈集傳〉에
　는 "瓊瑩, 亦美石似玉者"라 함. 그러나 瓊華, 瓊瑩, 瓊英 등의 華, 瑩, 英은 모두

경의 빛깔을 표현한 것으로 봄이 마땅할 듯함.

＊〈集傳〉에 "○呂氏曰: 此昏禮所謂壻道. 婦及寢門, 揖入之時也"라 함.

(3) 賦

俟我於堂乎而,

나를 堂애셔 俟ᄒᄂ니,

신부될 그 사람 나를 당(堂)에서 기다리네,

充耳以黃乎而, 尚之以瓊英乎而!

充耳를 黃으로 써 ᄒ고, 尚호ᄃᆡ 瓊英으로 써 ᄒ얏도다!

노란 귀걸이 하였는데, 경영(瓊英)으로 장식된 것이구나!

【堂】房.

【黃】〈毛傳〉에 "黃, 黃玉"이라 하였고, 〈鄭箋〉에는 "黃, 紞之黃"이라 함.

【瓊英】〈毛傳〉에 "瓊英, 美石, 似玉者. 人君之服也"라 하였고, 〈鄭箋〉에는 "瓊英, 猶瓊華也"라 함. 〈集傳〉에는 "瓊英, 亦美石, 似玉者"라 함.

＊〈集傳〉에 "○呂氏曰: 升階而後至堂, 此昏禮所謂升自西階之時也"라 함.

참고 및 관련 자료

1. 孔穎達〈正義〉

作〈著〉詩者, 刺時也. 所以刺之者, 以時不親迎, 故陳親迎之禮, 以刺之也. 毛以爲
首章, 言士親迎; 二章, 言卿大夫親迎; 卒章, 言人君親迎. 俱是受女於堂出而至庭,
至著, 各擧其一, 以相互見. 鄭以爲三章, 共述人臣親迎之禮. 雖所據有異, 俱是陳
親迎之禮, 以刺今之不親迎也.

099(齊-4) 동방지일(東方之日)

*〈東方之日〉: 동쪽에 솟아오르는 해.
*이 시는 齊 哀公이 군신 사이의 도를 잃어, 남녀가 음분하는 풍속이 만연했으나 도로써 교화하지 못함을 질책한 것이라 함. 그러나 신혼부부의 사랑이 마치 형체와 그림자처럼 붙어다녀 분리될 수 없음을 비유한 것임.

〈序〉: 〈東方之日〉, 刺衰也. 君臣失道, 男女淫奔, 不能以禮化也.

〈동방지일〉은 쇠미해감을 풍자한 것이다. 임금과 신하가 도를 잃고, 남녀가 淫奔하여 능히 예로써 교화시킬 수 없었다.

*전체 2장. 매 장 5구씩(東方之日:二章. 章五句).

(1) 興
東方之日兮!
東方애 日이여!
동쪽 하늘 해가 솟네!

彼姝者子, 在我室兮.
뎌 姝(슈)흔 子ㅣ, 내 室애 잇도다.
저 어여쁜 그대, 내 방에 와 있네.

在我室兮, 履我卽兮!
내 室애 이시니, 나를 履(리)ᄒ야 卽(즉)ᄒ놋다!
내 방에 와 계시며, 나를 예로 대하니 따라가려네!

【東方之日】〈毛傳〉에 "日出東方, 人君明盛, 無不照察也"라 하였고, 〈鄭箋〉에는 "言東方之日者, 愬之乎耳"라 함.

【姝者子】아름다운 여인. 〈毛傳〉에 "姝者, 初昏之貌"라 하였고, 〈鄭箋〉에는 "有姝
然, 美好之子, 來在我室, 欲與我爲室家. 我無如之何也. 日在東方, 其明未融, 興者
喩君不明"이라 함.
【履】발자국을 밟고 뒤에 그림자처럼 붙어 다님. 〈集傳〉에 "履, 躡"이라 함. 그러
나 〈毛傳〉에 "履禮也"라 하였고, 〈鄭箋〉에는 "卽, 就也. 在我室者, 以禮來我, 則
就之與之去也. 言今者之子, 不以禮來也"라 하여 '禮'로 보았음. 雙聲互訓.
【卽】가는 것. 〈集傳〉에 "卽, 就也. 言「此女躡, 我之跡而相就也.」"라 함.

(2) 興
東方之月兮!
東方애 月이여!
동쪽에 달이 뜨네!

彼姝者子, 在我闥兮.
뎌 姝흔 子ㅣ, 내 闥(달)애 잇도다.
저 어여쁜 우리 임은 문 안에 와 있네.

在我闥兮, 履我發兮!
내 闥애 이시니, 나를 履ᄒᆞ야 發ᄒᆞ놋다!
문 안에 와 계시며, 나를 예로 대하니 어디든 따라가리라!

【東方之月】〈毛傳〉에 "月盛於東方, 君明於上, 若日也;臣察於下, 若月也"라 하였고,
〈鄭箋〉에는 "月以興臣. 月在東方, 亦言不明"이라 함.
【闥】대문 안. 〈毛傳〉과 〈集傳〉에 "闥, 門內也"라 함.
【發】함께 따라감. 〈毛傳〉에 "發, 行也"라 하였고, 〈鄭箋〉에는 "以禮來, 則我行而
與之去"라 함. 〈集傳〉에는 "發, 行去也. 言「躡我而行去也.」"라 함. 馬瑞辰 〈通釋〉
에는 "發, 當爲跋之假借. ……凡行亦通謂之跋, 跋借作發. ……《廣雅》:「發, 擧也.」
擧足卽爲行, 行, 發之本義, 亦得訓行"이라 함.

参고 및 관련 자료

1. 孔穎達 〈正義〉

作〈東方之日〉詩者, 刺衰也. 哀公君臣失道, 至使男女淫奔, 謂男女不待以禮配合, 君臣皆失其道, 不能以禮化之. 是其時政之衰, 故刺之也. 毛以爲陳君臣盛明, 化民以禮之事, 以刺當時之衰; 鄭則指陳當時君臣, 不能化民以禮. 雖屬意異, 皆以章首一句, 東方之日爲君失道, 東方之月爲臣失道. 下四句爲男女淫奔, 不能以禮化之之事.

100(齊-5) 동방미명(東方未明)

*〈東方未明〉: 동쪽이 아직 밝지 않음. 여명의 때.
*이 시는 齊 哀公이 조정에서 자신의 흥에 도취되어 시도 때도 없이 불러내어, 백성들이 일상생활을 제대로 할 수 없음을 비판한 것이라 함.

〈序〉: 〈東方未明〉, 刺無節也. 朝廷興居無節, 號令不時, 挈壺氏不能掌其職焉.

〈동방미명〉은 절제가 없음을 비판한 것이다. 조정에는 흥에 겨워 절제 없이 처하면서, 때도 없이 불러내고 있었으나 설호씨(挈壺氏)는 능히 그 직책을 제대로 관장하지 못하고 있었다.

〈箋〉: 號令, 猶召呼也. 挈壺氏, 掌漏刻者.

※挈壺氏: 물시계를 관리하며 시각을 알려주는 임무를 맡은 관리. 司晨.《周禮》夏官 司馬 挈壺氏의 부분을 참조할 것.

*전체 3장. 매 장 4구씩(東方未明: 三章. 章四句).

(1) 賦
東方未明, 顚倒衣裳.

東方이 明티 몯ᄒ얏거늘, 衣裳을 顚(뎐)ᄒ며 倒(도)호롸.
아직 동이 트기 전인데, 저고리와 하의를 거꾸로 입었구나.

顚之倒之, 自公召之!

顚ᄒ며 倒 ᄒ거늘, 公으로브터 召ᄒ놋다!
거꾸로 입은 채 허둥지둥하는 것은 임금이 부르고부터로다!

【顚倒衣裳】새벽에 임금의 부름이 너무 급해서 옷을 거꾸로 입은 것도 모른 채 나감. '顚倒'는 '거꾸로', 혹은 '뒤집힘'을 뜻하는 雙聲連綿語. '衣裳'은 上下衣를 함

께 지칭한 것. 〈毛傳〉에 "上曰衣, 下曰裳"이라 하였고, 〈鄭箋〉에는 "挈壺氏失漏刻之節, 東方未明, 而以爲明. 故羣臣促遽, 顚倒衣裳, 羣臣之朝, 別色始入"이라 함.

【自】'~로부터'의 뜻.

【公】君主. 哀公. 〈集傳〉에 "自, 從也. 羣臣之朝, 別色始入"이라 함.

*〈集傳〉에 "○此詩人刺其君興居無節, 號令不時. 言「東方未明, 而顚倒其衣裳, 則旣早矣, 而又已有從君所而來召之者焉. 蓋猶以爲晩也, 或曰所以然者, 以有自公所而召之者故也.」"라 함.

(2) 賦

東方未晞, 顚倒裳衣.

東方이 晞(희)티 몯ᄒᆞ얏거늘, 裳衣를 顚倒호롸.

아직 동쪽이 밝지도 않았는데, 바지와 웃옷을 거꾸로 입었구나.

倒之顚之, 自公令之!

倒ᄒᆞ며 顚ᄒᆞ거늘, 공으로 브터 슈ᄒᆞ놋다!

거꾸로 입은 채 허둥지둥대는 것은, 임금의 명령이 있고부터지!

【晞】희미한 빛이 처음으로 생김. 曉, 昕과 같음. 雙聲互訓. 〈毛傳〉과 〈集傳〉에 "晞, 明之始升也"라 함.

【令】命令의 뜻. 〈集傳〉에 "令, 號令也"라 함.

(3) 比

折柳樊圃, 狂夫瞿瞿.

柳를 折(졀)ᄒᆞ야 圃를 樊(번)혼 거슬, 狂夫ㅣ 瞿瞿ᄒᆞ거늘,

버들 꺾어 채마밭 울타리를 삼아도, 무지한 자는 넘보지 않을 것이라 여기고 있으니.

不能辰夜, 不夙則莫!

晨(신)과 夜를 能히 몯ᄒᆞ야, 夙(슉)애 아니면 곧 莫(모)애 ᄒᆞ놋다!

능히 때도 몰라 한밤중인데, 새벽이 아니면 늦은 저녁에도 불러대누나!

【折柳】버들을 꺾음. 〈諺解〉物名에 "柳:버들"이라 함. 〈集傳〉에 "柳, 楊之下垂者, 柔脆之木也"라 함.

【樊】울타리. 여기서는 '울타리를 치다'의 動詞. 〈集傳〉에 "樊, 藩也"라 함.

【圃】채소밭, 채마밭. 〈集傳〉에 "圃, 菜園也"라 함.

【瞿瞿】두리번거림. 〈集傳〉에 "瞿瞿, 驚顧之貌"라 함. 王先謙 〈集疏〉에 "瞿瞿者, '䁀'之借字.《說文》䁀下云:「左右視也.」"라 함.

【狂夫】미치광이 같은 자. 혹 無知하여 시도 때도 모르는 자. 〈毛傳〉에 "柳, 柔脆之木. 樊, 藩也; 圃, 菜園也. 折柳以爲藩園, 無益於禁矣. 瞿瞿, 無守之貌. 古者, 有挈壺氏以水火分日夜, 以告時於

朝"라 하였고, 〈鄭箋〉에는 "柳木之不可以爲藩, 猶是狂夫不任挈壺氏之事"라 함.

'辰'은 때. 그러나 〈諺解〉에는 '晨'자로 표기하여 '이른 새벽'이라 하였음.

【夙】早. 이른 아침. 〈集傳〉에 "夙, 早也"라 하였고, 陳奐 〈傳疏〉에는 "不早則晚, 承夜字而言, 夜, 謂未明, 未晞也. 通章皆言太早, 章末始言晚, 蓋有失之早者, 卽有失之晚者"라 함.

【莫】늦은 저녁. '暮', '晚'과 같음. 〈毛傳〉에 "辰, 時; 夙, 早; 莫, 晚也"라 하였고, 〈鄭箋〉에는 "此言「不任其事者, 恒失節數」也"라 함.

＊〈集傳〉에 "○折柳樊圃, 雖不足恃. 然狂夫見之, 猶驚顧而不敢越. 以比辰夜之限, 甚明人所易知. 今乃不能知而不失之早, 則失之莫也"라 함.

> 참고 및 관련 자료

1. 孔穎達 〈正義〉

作〈東方未明〉詩者, 刺無節也. 所以刺之者, 哀公之時, 朝廷起居, 或早或晚, 而無常節度. 號令召呼, 不以其時. 人君置挈壺氏之官, 使主掌漏刻, 以昏明告君. 今朝廷無節, 由挈壺氏不能掌其職事焉. 故刺君之無節, 且言置挈壺氏之官, 不得其人也. 朝廷是君臣之總辭, 此則非斥言其君也. 興, 起也; 居, 安坐也. 言君之坐起, 無時節也. 由起居無節, 故號令不時, 卽經上二章是也. 挈壺氏, 不能掌其職, 卒章是也.

101(齊-6) 남산(南山)

*〈南山〉: 齊나라 南山.
*이 시는 齊 襄公이 자신의 누이이며 魯 桓公의 부인이 된 文姜과 계속하여 사
통하고, 아울러 그 일이 발각되자 노 환공을 죽이기까지 한 사건을 비난한 것임.

〈序〉: 〈南山〉, 刺襄公也. 鳥獸之行, 淫乎其妹. 大夫遇是惡, 作詩而去之.

〈남산〉은 제 양공을 비난한 것이다. 새나 짐승과 같은 행동으로, 그 여
동생과 음행을 저질렀다. 대부들이 이러한 악행을 만나자 시를 짓고 떠
나버렸다.

〈箋〉: 襄公之妹, 魯桓公夫人文姜也. 襄公素與淫通, 及嫁公謫之, 公與夫人
如齊. 夫人愬之襄公, 襄公使公子彭生乘公而搤殺之. 夫人久留於齊, 莊公卽位,
後乃來. 猶復會齊侯于禚于祝邱, 又如齊師, 齊大夫見襄公行惡如是, 作詩以刺
之. 又非魯桓公不能禁制夫人而去之.

※齊 襄公: 이름은 諸兒. 釐公(祿父)의 아들로 B.C.697-B.C.686년까지 12년간 재
위하였으며 그 뒤를 春秋五霸의 首長 桓公(小白)이 이음. 文姜은 齊 襄公의 여동
생으로 혼전에 오빠와 정을 통하고 있었음. 그 뒤 魯 桓公(軌. B.C.711-B.C.694년까
지 18년간 재위)에게 시집을 가서 文姜이라 불렸음. 노 환공이 쫓겨난 鄭 厲公을
복위시킬 계획을 세우고 정나라를 치러 나섰음. 출발하면서 환공은 부인 문강
과 함께 우선 제나라로 가고자 하였으나 신하 申繻가 말렸음. 그럼에도 환공이
문강과 함께 제나라로 가자, 문강은 음란한 버릇을 버리지 못하고 예전대로 오
라비 양공과 사통하고 있었음. 문강이 오빠 양공에게 자신들의 음행을 환공이
알고 있음을 고하자, 양공은 환공에게 주연을 베풀어 취하도록 한 다음 公子 彭
生으로 하여금 수레에 양공을 안아 태우는 척하면서 갈비뼈를 부러뜨려 죽여
버렸음. 노나라 사람들이 팽생을 찾아 그 치욕을 씻겠다고 나서자 제나라는 팽
생을 죽여 버리는 것으로 사과를 대신하였음. 그 뒤에도 문강은 양공이 가는 곳
마다 찾아 따라가 음행을 그치지 않았음. 관련 사항은 《左傳》, 《公羊傳》, 《史記》,
《列女傳》 등에 널리 실려 있음. 참고란을 볼 것.

*전체 4장. 매 장 6구씩(南山:四章. 章六句).

(1) 比

南山崔崔, 雄狐綏綏.

南山이 崔崔ᄒ거늘, 雄狐ㅣ 綏綏(유유)ᄒ놋다.

남산은 높고 높은데, 숫여우가 어슬렁어슬렁.

魯道有蕩, 齊子由歸.

魯道ㅣ 蕩(탕)ᄒ거늘, 齊子ㅣ 由ᄒ야 歸ᄒ두다.

魯나라 가는 평탄한 길로, 齊나라 공주 문강이 그 길로 시집갔네.

旣曰歸止, 曷又懷止?

임의 歸ᄒ얏거시니, 엇디 또 懷ᄒ느뇨?

이미 시집가고 말았는데, 양공은 어찌 또 그를 그리워할 수 있는가?

【南山】齊나라 南山. 〈集傳〉에 "南山, 齊南山也"라 함.

【崔崔】높고 큰 모양. 〈集傳〉에 "崔崔, 高大貌"라 함.

【雄狐綏綏】'雄狐'는 숫여우. 〈集傳〉에 "狐, 邪媚之獸"라 함. 齊 襄公을 비유함. '綏綏'는 짝을 찾을까 하고 어슬렁대는 모습. 〈集傳〉에 "綏綏, 求匹之貌"라 함. 〈毛傳〉에 "南山, 齊南山也. 崔崔, 高大也. 國君尊嚴如南山崔崔然, 雄狐相隨綏綏然, 無別失陰陽之匹"이라 함. 〈鄭箋〉에는 "雄狐行求匹耦於南山之上, 形貌綏綏然. 興者喩襄公居人君之尊, 而爲淫洪之行, 其威儀可恥惡如狐"라 함.

【魯道】〈集傳〉에 "魯道, 適魯之道也"라 함.

【有蕩】〈毛傳〉과 〈集傳〉에 "蕩, 平易也"라 함.

【齊子】齊의 女人. 文姜을 가리킴. 〈毛傳〉에 "齊子, 文姜也"라 함. 〈集傳〉에도 "齊子, 襄公之妹, 魯桓公夫人文姜. 襄公通焉者也"라 함.

【由】'經由하다'의 뜻. 〈集傳〉에 "由, 從也"라 함.

【歸】시집감. 〈鄭箋〉에는 "婦人謂嫁曰歸. 言文姜旣以禮從此道嫁于魯侯也"라 하였고, 〈集傳〉에도 "婦人謂嫁曰歸"라 함.

【歸止】'止'는 〈集傳〉에 "止, 語辭"라 함.

【懷】〈毛傳〉과 〈集傳〉에 "懷, 思也"라 함. 그러나 〈鄭箋〉에는 "懷, 來也. 言「文姜旣曰嫁于魯侯矣, 何復來爲乎? 非其來也.」"라 함.

*〈集傳〉에 "○言「南山有狐, 以比襄公居高位, 而行邪行. 且文姜既從此道歸於魯矣, 襄公何爲而復思之乎?」"라 함.

(2) 比

葛屨五兩, 冠綏雙止.

葛屨(갈구)ㅣ 다슷 兩이며, 冠애 綏(유)ㅣ 雙이니라.

칡신 다섯 켤레, 관끈은 두 줄이었지.

魯道有蕩, 齊子庸止.

魯道ㅣ 蕩ᄒ거늘, 齊子ㅣ 庸ᄒ두다.

노나라 가는 평탄한 길로, 제나라 공주 그 길 따라 시집갔네.

旣曰庸止, 曷又從止?

임의 庸ᄒ얏거시니, 엇디 쏘 從ᄒᄂ뇨?

이미 그 길 따라 간 사람을, 어찌 다시 뒤쫓을 수 있겠는가?

【葛屨】칡의 섬유를 꼬아 만든 신. 천한 자의 신발.

【五兩】다섯 켤레. 〈集傳〉에 "兩, 二屨也"라 함.

【冠綏】관에 달린 끈. 귀한 신분의 복식. '綏'(유)는 갓끈의 일종. 〈諺解〉에는 '綏' 자로 잘못 표기되어 있음. 〈毛傳〉에 "葛屨, 服之賤者; 冠綏, 服之尊者" 〈鄭箋〉에 는 "葛屨五兩, 喩文姜與姪娣及傅姆同處; 冠綏, 喩襄公也. 五人爲奇, 而襄公往從 而雙之. 冠屨不宜同處, 猶襄公·文姜不宜爲夫婦之道"라 함. 〈集傳〉에 "綏, 冠上 飾也. 屨必兩綏必雙, 物各有耦, 不可亂也"라 함. 그러나 王夫之〈稗疏〉에는 "按 此'五'字, 當與'伍'通, 行列也. 言陳屨者, 必以兩爲一列也. 乃與冠綏必雙, 男女有 匹之義合"이라 하였고, 馬瑞辰〈通釋〉에는 "兩者, 緉之省借. 《說文》:「緉, 屨兩枚 也.」"라 함.

【庸止】'庸'은 〈毛傳〉에 "庸, 用也"라 하였고, 〈集傳〉에 "庸, 用也. 用此道以嫁於魯 也"라 함. '止'는 助辭.

【從】뒤쫓음. 〈集傳〉에 "從, 相從也"라 함. 〈鄭箋〉에는 "此言「文姜既用此道, 嫁於魯 侯. 襄公何復送而從之爲淫泆之行?」"이라 함.

(3) 興

蓺麻如之何? 衡從其畝.

麻를 蓺호디 엇디ᄒ느뇨? 그 畝(모)를 衡ᄒ며 從ᄒ느니라.

삼을 심을 때 어찌 하나? 가로세로 이랑을 내어야지.

取妻如之何? 必告父母.

妻를 取호디 엇디 ᄒ느뇨? 반드시 父母쯰 告(곡)ᄒ느니라.

장가들 때 어찌 하나? 반드시 부모에게 아뢰어야지.

旣曰告止, 曷又鞫止?

임의 告ᄒ얏거시니, 엇디 쏘 鞫(국)ᄒ느뇨?

이미 아뢰고서 얻은 아내, 어째 제멋대로 하게 버려두는고?

【蓺麻】삼을 심음. 〈毛傳〉과 〈集傳〉에 "蓺, 樹"라 함. '蓺'는 藝와 같음. 〈諺解〉에
는 '藝'자로 되어 있음.

【衡從】衡은 橫, 橫從, 즉 縱橫과 같음. '가로세로로 이랑을 내다'의 뜻.

【取妻】아내를 구할 때의 도리와 방법. 〈毛傳〉에 "衡獵之, 從獵之, 種之然後得麻"
라 하였고, 〈鄭箋〉에는 "樹麻者, 必先耕治其田, 然後樹之. 以言人君取妻, 必先議
於父母"라 함.

【必告父母】반드시 부모에게 고함. '告'은 '곡'으로 읽음. 〈毛傳〉에 "必告父母廟"라
하였고, 〈鄭箋〉에는 "取妻之禮, 議於生者, 卜於死者, 此之謂告"이라 함.

【鞫】〈毛傳〉과 〈集傳〉에 "鞫, 窮也"라 하여 '문강이 욕정을 끝까지 채우도록 해줌'
이라 하였으나, 〈鄭箋〉에는 "鞫, 盈也. 魯侯女旣告父母而取, 何復盈從令至于齊
乎? 又非魯桓"이라 하여 魯 桓公을 비판한 것이라 하였음.

＊〈集傳〉에 "○欲樹麻者, 必先縱橫耕治其田畝; 欲娶妻者, 必先告其父母. 今魯桓
公, 旣告父母而娶矣. 又曷爲使之得窮其欲, 而至此哉!"라 함.

(4) 興

析薪如之何? 匪斧不克.

薪을 析호디 엇디 ᄒ느뇨? 斧ㅣ 아니면 克디 몯ᄒ느니라.

장작 팰 때 어찌 하나? 도끼 아니면 할 수 없지.

取妻如之何? 匪媒不得.

妻를 取호디 엇디 ᄒᆞᄂᆞ뇨? 媒(미)ㅣ 아니면 得디 몯ᄒᆞᄂᆞ니라.

장가들 때 어찌 하나? 중매 없이는 아니 되지.

旣曰得止, 曷又極止?

임의 得ᄒᆞ얏거시니, 엇디 ᄯᅩ 極ᄒᆞᄂᆞ뇨?

중매 세워 얻은 아내, 어째 다시 음행을 끝까지 하도록 버려두나?

【析薪】장작을 팸.

【克】〈毛傳〉과 〈集傳〉에 "克, 能也"라 함. 〈鄭箋〉에 "此言「析薪, 必待斧乃能也.」"라 함.

【媒】중매쟁이. 媒婆. 〈鄭箋〉에 "此言「取妻, 必待媒乃得也.」"라 함.

【極】〈毛傳〉에 "極, 至也"라 하였고, 〈鄭箋〉에는 "女旣以媒得之矣. 何不禁制而恣極其邪? 意令至齊乎? 又非魯桓"이라 함. 〈集傳〉에는 "極, 亦窮也"라 함.

참고 및 관련 자료

1. 孔穎達 〈正義〉

作〈南山詩〉者, 刺襄公也. 以襄公爲鳥獸之行, 鳥獸淫不避親, 襄公行如之, 乃淫於己之親妹, 人行之惡莫甚於此. 齊國大夫逢遇君, 有如是之惡, 故作詩以刺君, 其人恥事無道之主, 旣作此詩, 遂棄而去之. 此妹旣嫁於魯, 襄公猶尙淫之, 亦由魯桓不禁, 使之至齊, 故作者旣刺襄公, 又非魯桓. 經上二章, 刺襄公淫乎其妹; 下二章, 責魯桓縱恣文姜. 序以主刺襄公, 故不言魯桓, 故大夫遇是惡, 作詩而去之. 言作詩之意, 以見君惡之甚於經, 無所當也. 〈正義〉曰: 以〈敝笱〉〈猗嗟〉之序, 知襄公所淫之妹文姜, 是也. 桓十八年《左傳》云:「公與夫人姜氏如齊, 齊侯通焉. 公謫之, 以告. 夏四月丙子, 享公. 使公子彭生乘公, 公薨於車.」莊元年《公羊傳》云:「夫人譖公於齊. 侯公曰:『同非吾子, 齊侯之子也.』齊侯怒, 與之飮酒, 於其出焉. 使公子彭生送之, 於其乘焉. 拉幹而殺之. 是公謫文姜, 彭生搚殺公之事也.」《春秋》經:「桓三年秋, 公子翬如齊, 逆女. 九月夫人姜氏至自齊, 是文妻.」以桓三年歸魯也.《左傳》於桓十八年「如齊」之下, 始云「齊侯通焉」, 箋知素與淫通者, 以姦淫之事, 生於聚居不宜, 旣嫁始然, 故知未嫁之前, 素與淫通也. 且桓六年九月經: 書「丁卯, 子同生」, 卽莊公也. 〈猗嗟〉序稱人, 以莊公爲齊侯之子.《公羊傳》稱桓公云同, 非吾子, 明非如齊之後, 始與齊侯通也. 但《左傳》爲公謫張本, 故於如齊之下, 始言'齊侯通'耳.《公羊》拉幹而殺之,《史記》稱「使公子彭生, 抱魯桓公上車, 摺其脇, 公死於車」, 摺與拉音義同, 彼皆言拉殺, 此言'搚殺'者.《說文》云:「搚, 捉也.」

2. 朱熹〈集傳〉

〈南山〉, 四章, 章六句:

《春秋》桓公十八年

「公與夫人姜氏如齊, 公薨於齊.」

傳曰:公將有行, 遂與姜氏如齊. 申繻曰:「女有家, 男有室, 無相瀆也. 謂之有禮. 逆此, 必敗.」公會齊侯于濼, 遂及文姜如齊. 齊侯通焉, 公讁之, 以告. 夏四月, 享公. 使公子彭生乘公, 公薨於車.

此詩前二章, 刺齊襄;後二章, 刺魯桓也.

3.《左傳》桓公 18年

○經:公與夫人姜氏遂如齊.

○傳:十八年春, 公將有行, 遂與姜氏如齊. 申繻曰:「女有家, 男有室, 無相瀆也. 謂之有禮. 逆此, 必敗.」公會齊侯于濼, 遂及文姜如齊. 齊侯通焉, 公讁之, 以告. 夏四月丙子, 享公. 使公子彭生乘公, 公薨于車. 魯人告于齊曰:「寡君畏君之威, 不敢寧居, 來修舊好. 禮成而不反, 無所歸咎, 惡於諸侯. 請以彭生除之.」齊人殺彭生.

4.《列女傳》(7) 孼嬖傳「魯桓文姜」

文姜者, 齊侯之女, 魯桓公之夫人也. 內亂其兄齊襄公. 桓公將伐鄭, 納厲公. 既行, 與夫人俱, 將如齊也. 申繻曰:「不可, 女有家, 男有室, 無相瀆也, 謂之有禮, 易此必敗. 且禮:婦人無大故, 則不歸.」桓公不聽, 遂與如齊. 文姜與襄公通, 桓公怒, 禁之不止. 文姜以告襄公, 襄公享桓公酒, 醉之, 使公子彭生抱而乘之, 因拉其脅而殺之, 遂死於車. 魯人求彭生以除恥, 齊人殺彭生. 詩云:『亂匪降自天, 生自婦人.』此之謂也. 頌曰:『文姜淫亂, 配魯桓公. 與俱歸齊, 齊襄淫通. 俾厥彭生, 摧幹拉胸. 維女爲亂, 卒成禍凶.』

5.《史記》齊太公世家

四年, 魯桓公與夫人如齊. 齊襄公故嘗私通魯夫人. 魯夫人者, 襄公女弟也, 自公時嫁爲魯桓公婦, 及桓公來而襄公復通焉. 魯桓公知之, 怒夫人, 夫人以告齊襄公. 齊襄公與魯君飲, 醉之, 使力士彭生抱上魯君車, 因拉殺魯桓公, 桓公下車則死矣. 魯人以爲讓, 而齊襄公殺彭生以謝魯.

6.《史記》魯周公世家

十一月, 隱公祭鍾巫, 齊于社圃, 館于蔿氏. 揮使人殺隱公于蔿氏, 而立子允爲君, 是爲桓公. 桓公元年, 鄭以璧易天子之許田. 二年, 以宋之賂鼎入於太廟, 君子譏之. 三年, 使揮迎婦于齊爲夫人. 六年, 夫人生子, 與桓公同日, 故名曰同. 同長, 爲太子. 十六年, 會于曹, 伐鄭, 入厲公. 十八年春, 公將有行, 遂與夫人如齊. 申繻諫止, 公不

聽, 遂如齊. 齊襄公通桓公夫人. 公怒夫人, 夫人以告齊侯. 夏四月丙子, 齊襄公饗公,
公醉, 使公子彭生抱魯桓公, 因命彭生摺其脅, 公死于車. 魯人告于齊曰:「寡君畏君
之威, 不敢寧居, 來脩好禮. 禮成而不反, 無所歸咎, 請得彭生以除醜於諸侯.」齊人
殺彭生以說魯. 立太子同, 是爲莊公. 莊公母夫人因留齊, 不敢歸魯.

102(齊-7) 보전(甫田)

＊〈甫田〉: 넓은 밭. 〈毛傳〉과 〈集傳〉에 "甫, 大也"라 함.
＊이 시는 齊 襄公이 예의와 덕이 없으면서 큰 공을 세워 霸者가 되고자 함을 비난한 것이라 함.

　〈序〉: 〈甫田〉, 大夫刺襄公也. 無禮義而求大功, 不修德而求諸侯. 志大心勞, 所以求者非其道也.

　〈보전〉은 제나라 대부가 양공을 비난한 것이다. 예의도 없이 큰 공을 요구하고, 덕은 닦지 않은 채 제후들에게 자신만을 따르도록 강요하였다. 뜻만 크고 마음만 힘드는 것은, 요구하는 것이 그 도리에 맞지 않기 때문이었다.

＊전체 3장. 매 장 4구씩(甫田: 三章. 章四句).

(1) 比

無田甫田, 維莠驕驕.

甫田을 田티 말올 찌어다. 莠(유)ㅣ 驕驕ᄒ리라.

큰 밭을 갈지 마라. 강아지풀만 우거지리.

無思遠人, 勞心忉忉!

遠人을 思티 말올 찌어다. 心 勞홈을 忉忉(도도)히 ᄒ리라!

멀리 있는 사람 생각하지 마라. 마음만 안타깝고 괴로우리!

【無田】'無'는 禁止辭. '勿'과 같음. '田'은 '밭농사하다'의 動詞. 〈集傳〉에 "田, 謂耕治之也"라 함.
【甫田】큰 밭. 넓은 농지. '甫'는 大의 뜻.
【莠】강아지풀. 〈集傳〉에 "莠, 害苗之草也"라 함.

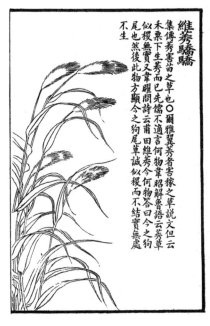

【驕驕】왕성하게 자라는 모습. 〈集傳〉에 "驕驕, 張王之意"라 함. 〈毛傳〉에 "大田過度而無人功, 終不能獲"이라 하였고, 〈鄭箋〉에는 "興者, 喩人君欲立功致治, 必勤身脩德, 積小以成高大"라 함.
【忉忉】〈毛傳〉에 "忉忉, 憂勞也. 言無德而求諸侯, 徒勞其心忉忉耳"라 함. 〈集傳〉에도 "忉忉, 憂勞也"라 함.
*〈集傳〉에 "○言「無田甫田也. 田甫田而力不給, 則草盛矣. 無思遠人也, 思遠人而人不至, 則心勞矣. 以戒時人厭小而務大, 忽近而圖遠. 將徒勞而無功也"라 함.

(2) 比
無田甫田, 維莠桀桀.

甫田을 田티 말올 씨어다. 莠ㅣ 桀桀(걸걸)ᄒ리라.

큰 밭을 갈지 마라. 강아지풀 무성하리.

無思遠人, 勞心怛怛!

遠人을 思티 말을 씨어다. 心 勞홈을 怛怛(달달)히 ᄒ리라!

멀리 있는 사람 생각하지 마라. 마음만 괴롭고 애달프리!

【桀桀】驕驕와 같음. 〈毛傳〉과 〈集傳〉에 "桀桀, 猶驕驕也"라 함.
【怛怛】안달함. 〈毛傳〉과 〈集傳〉에 "怛怛, 猶忉忉也"라 함.

(3) 比
婉兮孌兮, 總角丱兮.

婉ᄒ며 孌(련)히, 總角이 丱(관)ᄒ 거슬,

귀엽고 예쁜 소년, 뿔처럼 묶어 올린 총각 앳되더니,

未幾見兮, 突而弁兮!

未幾에 보면, 突(돌)히 弁(변)ㅎㄴ니라!

얼마 안 되어 보았더니, 돌연히 관을 쓴 어른이 되었네!

【婉兮孌兮】'婉孌'의 連綿語를 풀어서 표현한 것. 〈毛傳〉과 〈集傳〉에 "婉·孌, 少好貌"라 함.

【總角】머리를 묶어 뿔처럼 솟은 모습. 원래 미혼의 남녀 모두의 머리 모습을 뜻하였으나 뒤에 소년, 총각에 한정됨. 〈毛傳〉에 "總角, 聚兩髦也"라 함. 少年의 머리 따는 方式.

【丱】머리묶음이 양쪽으로 솟은 모습. '앳되다'의 뜻으로 轉義됨. 〈毛傳〉에 "丱, 幼穉也"라 하였고, 〈集傳〉에는 "丱, 兩角貌"라 함.

【未幾】오래 되지 않음. 〈集傳〉에 "未幾, 未多時也"라 함.

【突而】突然의 뜻. 〈集傳〉에 "突, 忽然高出之貌"라 함.

【弁】〈毛傳〉에 "弁, 冠也"함. '冠을 쓰다'의 動詞. 〈集傳〉에 "弁, 冠名"이라 함. 〈鄭箋〉에는 "人君內善其身, 外脩其德, 居無幾何, 可以立功. 猶是婉孌之童子, 少自脩飾丱然而稚, 見之無幾, 何突耳, 加冠爲成人也?"라 함.

＊〈集傳〉에 "○言「總角之童, 見之, 未久而忽然戴弁以出者, 非其躐等而強求之也. 蓋循其序而勢, 有必至耳. 此又以明小之可大邇之, 可遠能循其序而脩之, 則可以忽然而至其極, 若躐等而欲速, 則反有所不達矣.」라 함.

> **참고 및 관련 자료**

1. 孔穎達 〈正義〉

〈甫田〉詩者, 齊之大夫所作, 以刺襄公也. 所以刺之者, 以襄公身無禮義, 而求己有大功; 不能自修其德, 而求諸侯從己. 有義而後功立, 惟德可以來人. 今襄公無禮義無德, 諸侯必不從之. 其志望大, 徒使心勞, 而公之所求者, 非其道也. 大夫以公求非其道, 故作詩以刺之. 求大功與求諸侯, 一也. 若諸侯從之, 則大功克立. 所從言之異耳, 求大功者, 欲求爲霸主也. 天子衰諸侯興, 故曰霸. 中侯霸免, 注云:「霸, 猶把也. 把天子之事.」於時王室微弱, 諸侯無主. 齊是大國, 故欲求之. 鄭以《國語》云「齊莊僖於是乎小伯」, 韋昭曰:「小伯主諸侯, 盟會.」襄卽莊孫僖子, 以父祖已作盟會之長, 可以爲霸業之基. 又自以國大民衆, 負恃強力, 故欲求爲霸也. 至其弟桓公, 卽求而得之, 是齊國可以爲霸. 但襄公無德, 而不可求耳. 上二章, 刺其求大功; 卒章, 刺其不能脩德. 皆言其所求非道之事, 勞心忉忉, 是志大心勞.

103(齊-8) 노령(盧令)

＊〈盧令〉: '盧'는 사냥개. '獹'로도 표기하며 고대 이름난 사냥개. 《戰國策》秦策
(3)과 《史記》范雎傳에 "范雎曰:「以秦卒之勇, 車騎之多, 以當諸侯, 譬若馳韓盧而
逐蹇兎也, 霸王之業可致.」"라 하여 '韓盧'라는 사냥개를 비유로 들고 있음. 한편
《漢書》王莽傳 注에 "韓盧, 古韓國之名犬也, 黑色曰盧"라 하였음. '令'은 '鈴'과 같
으며 '令令'은 방울소리를 音寫한 것. 〈諺解〉物名에 "盧: 산영개"라 함.
＊이 시는 제 양공이 사냥에 빠져 백성 다스리는 일을 제대로 하지 않자, 옛 군
왕들은 사냥을 때에 맞게 실시하여 백성과 함께 즐겼음을 진술하여 풍자한 것
이라 함.

<序>: <盧令>, 刺荒也. 襄公好田獵畢弋, 而不脩民事. 百姓苦之, 故陳古以風焉.

〈노령〉은 황폐함을 질책한 것이다. 齊 襄公이 田獵畢弋의 사냥만을 좋
아하여, 백성들 다스리는 일은 닦지 않았다. 백성들이 고통스럽게 여겨
그 때문에 옛일을 진술하여 풍자한 것이다.

〈箋〉: 畢, 噣也; 弋, 繳射也.

＊전체 3장. 매 장 2구씩(盧令: 三章. 章二句).

(1) 賦
盧令令, 其人美且仁!

盧ㅣ 令令ᄒ노소니, 그 人이 美ᄒ고 ᄯᅩ 仁ᄒ두다!

사냥개 방울소리 딸랑딸랑. 그 주인은 아름답고도 어지신 분!

【盧】田犬(畋犬), 獵犬, 사냥개. 〈毛傳〉과 〈集傳〉에 "盧, 田犬也"라 함.
【令令】방울소리. 〈毛傳〉에 "令令, 纓環聲"이라 하였고, 〈集傳〉에 "令令, 犬頷下環
聲"이라 함. 〈毛傳〉에 "言「人君能有美德, 盡其仁愛, 百姓欣而奉之, 愛而樂之. 順
時遊田, 與百姓共其樂, 同其獲, 故百姓聞而說之, 其聲令令然"이라 함.

*〈集傳〉에 "○此詩大意, 與〈還〉(097)略同"이라 함.

(2) 賦
盧重環, 其人美且鬈!
盧ㅣ 重훈 環이로소니, 그 人이 美ᄒ고 쏘 鬈(권)ᄒ두다!
사냥개 목에는 겹친 두 개 목걸이. 그 주인은 아름답고 멋진 수염!

【重環】큰 목걸이와 작은 목걸이가 함께 달려 있음. 〈集傳〉에 "重環, 子母環也"라
함.
【鬈】〈毛傳〉에 "鬈, 好貌"라 하였고, 〈鄭箋〉에는 "鬈, 讀當爲權. 權, 勇壯也"라 하
여, 〈毛傳〉에는 '잘생긴 모습'이라 하였고, 정전에는 용장한 모습이라 함. 그러나
〈集傳〉에는 "鬈, 鬚鬢好貌"라 하여 멋진 수염을 뜻한다 하였음.

(3) 賦
盧重鋂, 其人美且偲!
盧ㅣ 重훈 鋂(미)로소니, 그 人이 美ᄒ고 쏘 偲(싀)ᄒ두다!
사냥개는 한 고리에 두 개 사슬 꿴 것, 그 주인은 아름답고 수염 많으
신 분!

【鋂】〈毛傳〉과 〈集傳〉에 "鋂, 一環貫二也"라 하여, 한 고리가 두 개의 고리를 꿰
고 있는 것이라 함.
【偲】〈毛傳〉에 "偲, 才也"라 하였고, 〈鄭箋〉에는 "才, 多才也"라 함. 그러나 〈集傳〉
에는 "偲, 多鬚之貌.《春秋傳》所謂'于思', 卽此字, 古通用耳"라 하여, 수염이 많은
모습이라 하였음. 한편 朱熹가 근거로 삼은 《左傳》宣公 2년 傳에 "城者謳曰:「睅
其目, 皤其腹, 弃甲而復. 于思于思, 棄甲復來.」"(성 쌓는 사람들이 노래하였다. "눈알
은 툭 솟았고 배는 불룩하기도 한데 갑옷 버리고 돌아왔다네. 털보 수염 그 자가 갑
옷을 내던지고 되돌아왔다네.)라 하였고, '于思'에 대해 杜預 注에는 "于思, 多鬚之
貌"라 함. 그러나 孔穎達 疏에는 賈達의 말을 인용하여 "于思, 白頭貌"라 하여
흰 머리를 뜻하는 것으로 보았음.

1. 孔穎達 〈正義〉

作〈盧令〉詩者, 刺荒也. 所以刺之者, 以襄公性好田獵, 用畢以掩兎;用弋以射鴈. 好此遊田逐禽, 而不脩治民之事, 國內百姓, 皆患苦之, 故作是詩. 陳古者, 田獵之事, 以風刺襄公焉. 經三章, 皆言有德之君, 順時田獵, 與百姓共樂之事.

104(齊-9) 폐구(敝笱)

＊〈敝笱〉: 다 낡아 해어진 통발.
＊이 시는 文姜이 자신의 고국 齊나라로 돌아와 오빠 襄公과 계속 후안무치한
음행을 저지르는 것을 비난한 시라 함. 《左傳》의 기록에 의하면 文姜은 齊나라
에 귀국해서도 오빠 襄公을 작(禚), 祝丘, 防, 穀 등지에서 만나 계속 음행을 저지
르러 쫓아다녔음.

　〈序〉: 〈敝笱〉, 刺文姜也. 齊人惡魯桓公微弱, 不能防閑文
姜, 使至淫亂, 爲二國患焉.

　〈폐구〉는 문강을 비난한 것이다. 齊나라 사람들이 魯 桓公이 미약하
여, 능히 문강을 방비하여 막지 못한 채 그로 하여금 음란함에 이르도
록 함으로써 두 나라의 환난이 되었음을 증오한 것이다.

＊전체 3장. 매 장 4구씩(敝笱: 三章. 章四句).

(1) 比
敝笱在梁, 其魚魴鰥.

　敝(폐)흔 笱(구)ㅣ 梁애 이시니, 그 魚ㅣ 魴이며 鰥(환)이로다.
　낡아 해어진 통발 어살에 있는데, 거기에 방어와 환어가 노니네.

齊子歸止, 其從如雲!

　齊子(졔주)ㅣ 歸ᄒ니, 그 從이 雲ᄀ두다!
　제나라 공주 문강이 귀국하니, 그 시종들 구름처럼 따르네!

【敝笱】해어진 통발, 혹 그물. 오래되어 낡거나 틀어진 그물. 〈集傳〉에 "敝, 壞; 笱,
罟也"라 함.
【梁】어살. 고기를 잡기 위해 돌을 쌓아 물을 막아 놓은 곳.
【魴鰥】'魴'은 〈諺解〉 物名에 "魴:방어; 鰥: 未詳"이라 함. 〈毛傳〉과 〈集傳〉에 "魴

其魚魴鰥
傳鰥大魚〇箋魚子也〇鰥
未詳蓋魴鰥之類毛以為
大魚釋故苟不可制之義
耳非謂至大之魚也註家為
必引盈車之鰥成說非是

其魚魴鱮
傳鱮魴鰥大魚〇箋似魴而弱
鱗集傳鱮似魴厚而頭大
或謂之鰱爾雅謂之鰱魚性
旅行故字從與亦謂之鰱其
也失水即死弱魚也謂之鱮頭
尤大而肥者或謂之鱅

鰥, 大魚也"라 함. 〈鄭箋〉에는 "鰥, 魚子也; 魴也鰥也, 魚之易制者, 然而敝敗之笱, 不能制. 興者, 喩魯桓微弱, 不能防閑文姜, 終其初時之婉順"이라 하여 매우 쉽게 잡을 수 있는 물고기를 비유한 것이라 하였음. 한편 李時珍《本草綱目》에 "鰥, 其性獨行, 故曰鰥"이라 하며, 뒤에 '鰥'자는 '홀애비'의 뜻으로 轉義되기도 하였음.

【齊子】齊의 공주. 文姜을 가리킴.

【歸止】'歸'는 돌아감. 文姜이 고국 제나라로 귀국하여 음행을 계속함. '止'는 助子. 〈集傳〉에 "歸, 歸齊也"라 함.

【如雲】〈毛傳〉에 "如雲, 言盛也"라 하였고, 〈集傳〉에는 "如雲, 言衆也"라 함. 〈鄭箋〉에는 "其從姪娣之屬. 言「文姜初嫁于魯桓之時, 其從者之心意如雲然. 雲之行, 順風耳. 後知魯桓微弱, 文姜遂淫恣, 從者亦隨之爲惡.」"이라 함.

＊〈集傳〉에 "〇齊人以敝笱不能制大魚, 比魯莊公不能防閑文姜. 故歸齊而從之者衆也"라 함.

(2) 比

敝笱在梁, 其魚魴鰥.

敝흔 笱ㅣ 梁애 이시니, 그 魚ㅣ 魴이며 鰥(셰)ㅣ로다.

낡아 해어진 통발이 어살에 있는데, 거기에 방어와 서어가 노니네.

齊子歸止, 其從如雨!

齊子ㅣ 歸ㅎ니, 그 從이 雨ㄹ둗다!

제나라 공주 귀국하는데, 그 시종들 비처럼 따르네!

【鱮】連魚(鰱魚). 〈諺解〉物名에 "鱮:련어"라 함. 〈毛傳〉에 "魴鱮, 大魚"라 하였고, 〈鄭箋〉에는 "鱮, 似魴而弱鱗"이라 함. 〈集傳〉에 "鱮, 似魴. 厚而頭大, 或謂之鰱"

이라 함. 李時珍《本草綱目》에 "陸佃云: 鰥, 好羣行相與也, 故曰鰥; 相連也, 故曰鰱"이라 함.

【如雨】〈毛傳〉에 "如雨, 言多也"라 하였고, 〈集傳〉에도 "如雨, 亦多也"라 함. 〈鄭箋〉에는 "如雨, 言無常天下之, 則下; 天不下, 則止. 以言「姪娣之善惡, 亦文姜所使止.」"라 함.

(3) 比

敝笱在梁, 其魚唯唯.

敝흔 笱ㅣ 梁애 이시니, 그 魚ㅣ 唯唯ᄒ놋다.

낡아 해어진 통발 어살에 있는데, 거기에 고기들 드나드네.

齊子歸止, 其從如水!

齊子ㅣ 歸ᄒ니, 그 從이 水ᄀ듯두다!

제나라 공주 귀국하는데, 그 시종들 물결처럼 따르네!

【唯唯】〈毛傳〉에 "唯唯, 出入不制"라 하였고, 〈鄭箋〉에는 "唯唯, 行相隨順之貌"라 함. 〈集傳〉에는 "唯唯, 行出入之貌"라 함. 물고기들이 해어진 통발 속을 제멋대로 드나듦.

【如水】〈毛傳〉에 "水, 喩衆也"라 하였고, 〈鄭箋〉에는 "水之性可停可行, 亦言「姪娣之善惡, 在文姜」也"라 함. 〈集傳〉에는 "如水, 亦多也"라 함.

참고 및 관련 자료

1. 孔穎達 〈正義〉

作〈敝笱〉詩者, 刺文姜也. 所以刺之者, 文姜是魯桓夫人. 齊人惡魯桓公爲夫微弱, 不能防閑文姜, 使至於齊與兄淫亂, 爲二國之患焉. 故刺之也. 文姜淫亂, 由魯桓微弱使然. 經三章. 皆是惡魯桓, 以刺文姜之辭. 〈夏官〉虎賁氏云: 「舍則守王閑」, 注云: 「舍, 王出所止宿處也; 閑, 椯枑也.」 天官掌舍掌王之會同之舍, 設椯枑再重. 杜子春云: 「椯枑, 謂行馬.」 玄謂行馬再重者, 以周衛. 有外內列周, 衛防守之物名之曰閑, 則閑亦防禁之名, 故此及〈猗嗟〉之序, 皆防閑, 竝言之也. 齊則襄公通妹, 魯則夫人外淫. 桓公見殺於齊, 襄公惡名不滅, 是爲二國患也. 文姜既嫁於魯, 齊人不當刺之, 由其兄與妹淫, 齊人惡君而復惡, 文姜亦所以刺君, 故編之爲襄公詩也.

2. 朱熹〈集傳〉

〈敝笱〉, 三章, 章四句:

按《春秋》魯莊公二年: 夫人姜氏會齊侯于禚. 四年夫人姜氏享齊侯于祝丘. 五年夫人姜氏如齊師七年. 夫人姜氏會齊侯于防, 又會齊侯于穀.

105(齊-10) 재구(載驅)

*〈載驅〉 '載驅'는 馬車를 달림. '載'는 發語詞.
*이 시는 齊 襄公이 예의도 없이 사치를 부리며 文姜과 음행을 계속함을 질책
한 것이라 함.

> 〈序〉: 〈載驅〉, 齊人刺襄公也. 無禮義, 故盛其車服, 疾
> 驅於通道大都, 與文姜淫, 播其惡於萬民焉.

　　〈재구〉는 齊나라 사람들이 襄公을 비난한 것이다. 예와 의가 없으면서,
단지 수레와 복장을 풍성히 하여 큰 도읍 通道를 마구 몰아 질주하면서
文姜과 음행을 즐겨, 만민에게 악을 퍼뜨렸다.

　　〈箋〉: 故, 猶端也.

*전체 4장. 매 장 4구씩(載驅:四章. 章四句).

(1) 賦
載驅薄薄, 簟茀朱鞹.

　　곧 驅홈을 薄薄(박박)히 ᄒ니, 簟(뎜)으로 흔 茀(블)이며 朱흔 鞹(곽)이
로다.

　　신나게 내달리는 수레 소리, 무늬 방석에 덮개는 붉은 장식이로다.

魯道有蕩, 齊子發夕!

　　魯道ㅣ 蕩ᄒ거늘, 齊子ㅣ 夕애셔 發ᄒ놋다!

　　노나라 길은 평탄한데, 齊나라 문강이 이른 새벽 출발했네!

【薄薄】〈毛傳〉과 〈集傳〉에 "薄薄, 疾驅聲"이라 함. 擬聲語.
【簟茀】〈毛傳〉에 "簟, 方文蓆也. 車之蔽曰茀"이라 하였고, 〈集傳〉에는 "簟, 方文席
　　也; 茀, 車後戶也"라 함.【朱鞹】〈毛傳〉에 "諸侯之路車, 有朱革之質而羽飾"이라 하

였고, 〈集傳〉에는 "朱, 朱漆也; 鞹, 獸皮之去毛者. 蓋車革質而朱漆也"라 함. 〈鄭箋〉에는 "此車襄公乃乘焉而來與文姜會"라 함.

【魯道】魯나라로 향하는 길.

【有蕩】蕩然으로 平坦한 것. '蕩'은 坦과 같음.

【齊子】齊나라 공주 文姜.

【發夕】저녁에 떠남. 〈毛傳〉에 "發夕, 自夕發至旦"이라 하였고, 〈集傳〉에는 "夕, 猶宿也. 發夕, 謂離於所宿之舍"라 함. 그러나 馬瑞辰 〈通釋〉에는 "已其天已將明, 而日尙未出, 謂之發夕"이라 하였고, 陸德明 《釋文》에는 "發夕, 《韓詩》云:「發, 旦也.」"라 하여 해뜨기 전의 때라 함. 〈鄭箋〉에는 "襄公旣無禮義, 乃疾驅其乘車, 以入魯境, 魯之道路平易. 文姜發夕, 由之往會焉, 曾無慙恥之色"이라 함.

*〈集傳〉에 "○齊人刺文姜乘此車, 而來會襄公也"라 함.

(2) 賦

四驪濟濟, 垂轡濔濔.

四驪(수리)ㅣ 濟濟ᄒ니, 垂흔 轡ㅣ 濔濔(네네)ᄒ두다.

검은 네 필 말 아름답고, 드리운 고삐 주렁주렁.

魯道有蕩, 齊子豈弟!

魯道ㅣ 蕩ᄒ거늘, 齊子ㅣ 豈弟ᄒ두다!

노나라 길 평탄한데, 제나라 문강 즐거워 어쩔 줄 모르네!

【驪】말의 검은 빛. 혹 검은 말. 〈諺解〉 物名에 "驪:쳥가라"라 함. 〈毛傳〉에 "四驪, 言物色盛也"라 하였고, 〈集傳〉에는 "驪, 馬黑色也"라 함.

【濟濟】아름다운 모습. 〈毛傳〉과 〈集傳〉에 "濟濟, 美貌"라 함.

【垂轡】아래로 늘어진 고삐. 〈毛傳〉에 "垂轡, 轡之垂者"라 함.

【濔濔】〈毛傳〉에 "濔濔, 衆也"라 하였으나, 〈集傳〉에는 "濔濔, 柔貌"라 함. 〈鄭箋〉에는 "此又刺襄公乘是四驪, 而來徒爲淫亂之行"이라 함.

【豈弟】즐거워함. '愷悌'로도 표기하며 즐거움을 표현하는 疊韻連綿語. 〈毛傳〉에 "言文姜於是樂易然"이라 하였고, 〈鄭箋〉에는 "此豈弟, 猶言發夕也. '豈', 讀當爲'闓'; '弟', 《古文尙書》(洪範)以'弟'爲'圛'. '圛', 明也"라 함. 〈集傳〉에는 "豈弟, 樂易也. 言「無忌憚羞恥之意也.」"라 함. 嚴粲은 "樂易安舒, 恬然無慙恥之色"이라 함.

(3) 賦

汶水湯湯, 行人彭彭.

汶水ㅣ 湯湯(샹샹)ᄒ거늘, 行人이 彭彭(방방)ᄒ두다.

汶水의 물결 출렁이고, 행인은 많기도 하네.

魯道有蕩, 齊子翱翔!

魯道ㅣ 蕩ᄒ거늘, 齊子ㅣ 翱翔(고샹)ᄒ놋다!

노나라 벋은 길 평탄한데, 제나라 문강 신나게 노니네!

【汶水】제나라와 노나라 경계를 이루는 물 이름. 〈集傳〉에 "汶, 水名. 在齊南魯北二國之境"이라 함.

【湯湯】〈毛傳〉에 "湯湯, 大貌"라 하였고, 〈集傳〉에는 "湯湯, 水盛貌"라 함.

【彭彭】〈毛傳〉에 "彭彭, 多貌"라 하였고, 〈集傳〉에도 "彭彭, 多貌. 言「行人之多, 亦以見其無恥也.」"라 함. 〈鄭箋〉에는 "汶水之上, 蓋有都焉. 襄公與文姜, 時所會"라 함.

【翱翔】마음대로 신나게 行動함을 뜻하는 連綿語. 〈毛傳〉에 "翱翔, 猶彷徉也"라 함.

(4) 賦

汶水滔滔, 行人儦儦.

汶水ㅣ 滔滔ᄒ거늘, 行人이 儦儦(표표)ᄒ두다.

문수 물결 도도하게 흐르는데, 행인은 많기도 하네.

魯道有蕩, 齊子遊敖!

魯道ㅣ 蕩ᄒ거늘, 齊子ㅣ 遊敖ᄒ놋다!

노나라 벋은 길 시훤하니, 제나라 문강 마음놓고 쏘다니네!

【滔滔】〈毛傳〉과 〈集傳〉에 "滔滔, 流貌"라 함.

【儦儦】많은 모습. 〈毛傳〉과 〈集傳〉에 "儦儦, 衆貌"라 함.

【遊敖】'遊遨'로도 표기하며, 즐겁게 노니는 의미의 雙聲連綿語. 翱翔과 같은 뜻. 〈集傳〉에 "遊敖, 猶翱翔也"라 함.

1. 孔穎達 〈正義〉

〈載驅〉詩者, 齊人所作, 以刺襄公也. 刺之者, 襄公身無禮義之故, 乃盛飾其所乘之車與所衣之服, 疾行驅馳於通達之道, 廣大之都, 與其妹文姜淫通, 播揚其惡於萬民焉. 使萬民盡知情無慙恥, 故刺之也. 國人刺君, 乃是常事. 諸序未有擧國之名, 言其民刺君. 此獨云‘齊人刺襄公’者, 以文姜魯之夫人, 襄公往入魯境, 以其齊魯交錯, 須言齊以辨嫌無禮義. ‘盛其車服’者, 首章次句與次章上二句是也. ‘疾驅’, 首章上句是也. ‘於通道大都’, 下二章上二句是也. 經因驅車, 而言車飾, 故先言〈載驅〉序, 以美其車服, 然後驅之. 且欲見其驅車, 所往之處, 故令疾驅與通道大都爲句, 而後言之經有車馬之飾而已. 無盛服之事, 旣美其車明, 亦美其服, 故協句言之. 四章下二句皆言文姜來會齊侯, 是與文姜淫之事, 大都通道人, 皆見之. 是播其惡於萬民也.

106(齊-11) 의차(猗嗟)

＊〈猗嗟〉 '猗'는 歎와 같으며 歎美詞. '嗟' 역시 감탄사. 한탄하는 소리.
＊이 시는 魯 莊公(환공과 문강 사이에 난 아들)이 위의와 재능을 가졌으나 어머니 문강의 음행을 저지하지 못한 것을 비난한 것이라 함.

> **〈序〉: 〈猗嗟〉, 刺魯莊公也. 齊人傷魯莊公有威儀技藝, 然而不能以禮防閑其母, 失子之道, 人以爲齊侯之子焉.**
>
> 〈의차〉는 노 장공을 비난한 것이다. 제나라 사람들이 노 장공이 위의와 기예는 있으나 능히 그 어머니 문강을 제대로 막지 못하여 아들로서의 도리를 잃은 것을 안타깝게 여겼으며, 사람들은 장공을 齊侯의 아들일 것이라 여겼다.

※魯 莊公(同: 693-662년까지 32년간 재위): 노 환공(軌)과 文姜 사이에 난 맏이. 태어날 때 아버지 환공과 생일이 같아 이름을 同이라 하였음. 환공이 文姜을 데리고 齊나라에 들어갔다가 齊 襄公(諸兒)의 계략에 의해 彭生에게 죽자, 뒤를 이어 노나라 군주가 됨. 마침 그는 齊 桓公(小白)이 일어설 때와 같은 시기로 많은 고통을 겪었으며, 안으로는 복잡한 여자관계로 혼란을 초래하였음. 그 뒤를 愍公(開)이 이었으나 2년 만에 다시 釐公(僖公, 申)에게 넘어가는 등 노나라는 내우외환에 시달렸음. 아울러 慶父, 叔牙, 季友 등 세 아우들에게 휘둘리기도 하였으며, 이들 세 아우의 후손들이 노나라 三桓(모두 환공의 아들이어서 삼환으로 칭함)이 되어 공자 시대 노나라의 실력자들이 됨. 그는 어머니 文姜의 음행을 제지하지 못했으며 禮에 어머니가 늙으면 아들에게 의지함이 마땅한데 아들로서 그렇게 하지 못한 것에 비난을 받았으며, 심지어 문강은 시집오기 전 자신의 오빠 제 양공과 사통을 그치지 않다가 노 환공에게 시집을 와서 낳은 아들인만큼 사람들은 그가 환공의 아들이 아니라 제 양공의 아들일 것이라 여겼음. 《左傳》과 《史記》 등을 참조할 것.

＊전체 3장. 매 장 6구씩(猗嗟: 三章. 章六句).

(1) 賦

猗嗟昌兮, 頎而長兮.

猗嗟(의챠)홉다 昌홈이여, 頎(긔)히 長ᄒ며,

아, 한탄스러워라 흥성한 모습이여, 키도 크고 훤칠하셔라.

抑若揚兮, 美目揚兮.

抑호디 揚ᄒᄂᆫ 둧ᄒ며, 美흔 目이 揚ᄒ며,

아름답고 넓고 잘 생긴 모습, 아름다운 눈매 솟구치도다.

巧趨蹌兮, 射則臧兮!

巧흔 趨(츄)ㅣ 蹌ᄒ노소니, 射(샤)ㅣ 곳 臧ᄒ두다!

활을 쏘려 나서는 걸음 아름답고, 쏘면 멋지게 맞추시네!

【猗嗟】〈毛傳〉과 〈集傳〉에 "猗嗟, 歎辭"라 함.
【昌】盛한 모습. 〈毛傳〉과 〈集傳〉에 "昌, 盛也"라 함.
【頎】키가 큼, 장대함. 훤출함. 〈毛傳〉과 〈集傳〉에 "頎, 長貌"라 하였고, 〈鄭箋〉에
　는 "昌, 佼好貌"라 함.
【抑·揚】〈毛傳〉에 "抑, 美色; 揚, 廣揚"이라 하였고, 〈集傳〉에는 "抑而若揚, 美之
　盛也"라 함. 陳奐 〈傳疏〉에 "懿, 美也. 抑·懿, 古同聲"이라 함. '若'은 助字, 而와
　같음.
【美目揚兮】〈毛傳〉에 "好目揚眉"라 하였고, 〈集傳〉에는 "揚, 目之動也"라 함.
【趨】활을 쏘기 위해 앞으로 쫓아 나옴. 〈諺解〉에는 '趨'자로 표기하였음.
【蹌】〈毛傳〉에 "蹌, 巧趨貌"라 하였고, 〈集傳〉에 "蹌蹌, 翼如也"라 함.
【臧】홀륭함. 〈鄭箋〉과 〈集傳〉에 "臧, 善也"라 함.
＊〈集傳〉에 "○齊人極道魯莊公威儀技藝之美如此. 所以刺其不能以禮防閑其母,
　若曰「惜乎! 其獨少此耳.」"라 함.

(2) 賦

猗嗟名兮, 美目清兮.

猗嗟홉다 名홈이여, 美흔 目이 清ᄒ고,

한탄스러워라 그 창성함이여, 아름다운 눈 맑기도 해라.

518 시경

儀旣成兮, 終日射侯.

儀 임의 成ㅎ도소니, 日이 終토록 侯를 射(셕)호딕,

활 쏘는 예법 갖추셨으니, 종일 활을 쏘셔도,

不出正兮. 展我甥兮!

正에 나디 아니 ㅎㄴ니, 진실로 우리 甥이로다!

과녁에 빗나감이 없으니, 진실로 나는 제 양공의 조카로다!

【名】〈毛傳〉에 "目上爲名"이라 하였고, 〈集傳〉에 "名, 猶稱也. 言「其威儀技藝之可名也.」"라 함. 馬瑞辰〈通釋〉에는 "名, 明, 古通用, 明, 當讀爲明. 明, 亦昌盛之義"라 함.

【目淸】눈이 맑고 반짝임. 〈毛傳〉에 "目下爲淸"이라 하였고, 〈集傳〉에 "淸, 目淸明也"라 함.

【儀】활을 쏘는 禮法. 〈鄭箋〉에 "成, 猶備也"라 하였고, 〈集傳〉에 "儀旣成」, 言「其終事而禮無違」也"라 함.

【射侯】侯는 가죽으로 만든 과녁. 靶. 〈集傳〉에 "侯, 張布而射之者也"라 함. '射'은 '셕'으로 읽음.

【正】侯의 中央. 〈毛傳〉에 "二尺曰正"이라 하였고, 〈鄭箋〉에는 "正, 所以射於侯中者. 天子五正, 諸侯三正, 大夫二正, 士一正. 外皆居其侯中參分之一焉"이라 함. 〈集傳〉에 "正, 設的於侯中而射之者也. 大射則張皮侯而設鵠, 賓射則張布侯而設正"이라 함.

【展】진실로. 〈鄭箋〉과 〈集傳〉에 "展, 誠也"라 함.

【甥】자신이 齊侯(齊 襄公, 즉 文姜의 오빠)의 조카이지 그의 아들이 아니라고 강변한 것. 〈毛傳〉에 "外孫曰甥"이라 함. 〈鄭箋〉에는 "姊妹之子曰甥. 容貌技藝如此, 誠我齊之甥, 言誠者, 拒時人言'齊侯之子'"라 하였고, 〈集傳〉에 "姊妹之子曰甥. 言「稱其爲齊之甥, 而又以明非齊侯之子.」 此詩人之微辭也. 按《春秋》桓公三年:「夫人姜氏至自齊, 六年九月子同生, 卽莊公也. 十八年:桓公乃與夫人如齊, 則莊公誠非齊侯之子矣.」"라 하여 莊公은 魯 桓公의 아들이 아닐 것이라 함.

(3) 賦

猗嗟孌兮, 淸揚婉兮.

猗嗟홉다 孌(련)홈이여, 淸이며 揚이 婉ᄒ두다.

한탄스러워라 아름답도다, 맑은 눈매며 눈썹 아름답도다.

舞則選兮, 射則貫兮.

舞] 곧 選ᄒ며, 射(샤)] 곧 貫ᄒ며,

춤추면 반듯하고, 활을 쏘면 과녁을 뚫도다.

四矢反兮, 以禦亂兮!

四矢] 反ᄒ노소니, 뼈 亂을 禦ᄒ리로다!

네 발 화살은, 이로써 사방 혼란을 막아내리라!

【孌】잘생긴 모습. 〈集傳〉에 "孌, 好貌"라 함.

【淸】〈集傳〉에 "淸, 目之美也; 揚, 眉之美也"라 함.

【婉】예쁜 모양. 〈毛傳〉에 "婉, 好眉目也"라 하였고, 〈集傳〉에 "婉, 亦好貌"라 함.

【選】〈毛傳〉에 "選, 齊"라 하였고, 〈鄭箋〉에는 "選者, 謂於倫等, 最上貫習也"라 함. 〈集傳〉에는 "選, 異於衆也. 或曰齊於樂節也"라 함. 陳奐 〈傳疏〉에 "選者, 篡之假 借字. ……選者, 正其舞位之謂. 齊者, 正也. 舞位正, 則與樂節相應"이라 함.

【貫】〈毛傳〉에 "貫, 中也"라 하였고, 〈集傳〉에는 "貫, 中而貫革也"라 함.

【四矢】〈毛傳〉에 "四矢, 乘矢"라 함. 〈鄭箋〉에는 《禮》:「射三而止, 每射四矢.」(《禮》 에 '세 번 쏘고 그치고 한 차례마다 화살 넷을 쏜다.')라 하였고, 〈集傳〉에는 "四矢, 禮射每發四矢反復也. 中皆得其故處也. 言「莊公射藝之精, 可以禦亂, 如以金僕姑 射, 南宮長萬可見"이라 함.

【反】다시 맞춤. 〈鄭箋〉에는 "反, 復也. 禮射三而止, 每射四矢, 皆得其故處. 此之 謂'復'. 射必四矢者, 象其能禦四方之亂也"라 함.

[참고 및 관련 자료]

1. 孔穎達 〈正義〉

見其母與齊淫, 謂爲齊侯種胤, 是其可恥之甚. 故齊人作此詩以刺之也. 禮婦人夫 死從子, 子當防母姦淫. 莊公不能防禁, 是失爲人子之道. 經言〈猗嗟〉, 是歎傷之言也. 言其形貌之長, 面目之美, 善於趨步, 是有威儀也. 言其善舞善射, 是有技藝也. 言「展我甥兮, 拒時人」, 以爲齊侯之子也. 以其齊人所作, 故繫之於齊. 襄公淫之, 故爲襄公之詩也.

2. 朱熹〈集傳〉

〈猗嗟〉, 三章, 章六句:

或曰:「子可以制母乎?」趙子曰:「夫死從子, 通乎其下, 況國君乎? 君者, 人神之主, 風教之本也. 不能正家, 如正國何若? 莊公者, 哀痛以思父, 誠敬以事母, 威刑以馭下, 車馬僕從, 莫不俟命, 夫人徒往乎? 夫人之往也, 則公哀敬之不至, 威命之不行耳.」

東萊呂氏曰:「此詩三章, 譏刺之意, 皆在言外. 嗟歎再三, 則莊公所大闕者, 不言可見矣.」

3.《左傳》莊公 32年 傳

初, 公築臺, 臨黨氏, 見孟任, 從之. 閟. 而以夫人言, 許之, 割臂盟公. 生子般焉. 雩, 講于梁氏, 女公子觀之. 圉人犖自墻外與之戲. 子般怒, 使鞭之. 公曰:「不如殺之, 是不可鞭. 犖有力焉, 能投蓋于稷門.」公疾, 問後於叔牙. 對曰:「慶父材.」問於季友, 對曰:「臣以死奉般.」公曰:「鄉者牙曰『慶父材.』」成季使以君命, 命僖叔, 待于鍼巫氏, 使鍼季酖之. 曰:「飮此, 則有後於魯國;不然, 死且無後.」飮之, 歸, 及逵泉而卒. 立叔孫氏.

4.《史記》魯周公世家

十一月, 隱公祭鍾巫, 齊于社圃, 館于蒍氏. 揮使人殺隱公于蒍氏, 而立子允爲君, 是爲桓公. 桓公元年, 鄭以璧易天子之許田. 二年, 以宋之賂鼎入於太廟, 君子譏之. 三年, 使揮迎婦于齊爲夫人. 六年, 夫人生子, 與桓公同日, 故名曰同. 同長, 爲太子. 十六年, 會于曹, 伐鄭, 入厲公. 十八年春, 公將有行, 遂與夫人如齊. 申繻諫止, 公不聽, 遂如齊. 齊襄公通桓公夫人. 公怒夫人, 夫人以告齊侯. 夏四月丙子, 齊襄公饗公, 公醉, 使公子彭生抱魯桓公, 因命彭生摺其脅, 公死于車. 魯人告于齊曰:「寡君畏君之威, 不敢寧居, 來脩好禮. 禮成而不反, 無所歸咎, 請得彭生以除醜於諸侯.」齊人殺彭生以說魯. 立太子同, 是爲莊公. 莊公母夫人因留齊, 不敢歸魯.

莊公五年冬, 伐衛, 內衛惠公.

八年, 齊公子糾來奔. 九年, 魯欲內子糾於齊, 後桓公, 桓公發兵擊魯, 魯急, 殺子糾. 召忽死. 齊告魯生致管仲. 魯人施伯曰:「齊欲得管仲, 非殺之也, 將用之, 用之則爲魯患. 不如殺, 以其屍與之.」莊公不聽, 遂囚管仲與齊. 齊人相管仲.

十三年, 魯莊公與曹沫會齊桓公於柯, 曹沫劫齊桓公, 求魯侵地, 已盟而釋桓公. 桓公欲背約, 管仲諫, 卒歸魯侵地. 十五年, 齊桓公始霸. 二十三年, 莊公如齊觀社.

三十二年, 初, 莊公築臺臨黨氏, 見孟女, 說而愛之, 許立爲夫人, 割臂以盟. 孟女生子斑. 斑長, 說梁氏女, 往觀. 圉人犖自牆外與梁氏女戲. 斑怒, 鞭犖. 莊公聞之,曰:「牽有力焉, 遂殺之, 是未可鞭而置也.」斑未得殺. 會莊公有疾. 莊公有三弟, 長曰慶父, 次曰叔牙, 次曰季友. 莊公取齊女爲夫人曰哀姜. 哀姜無子. 哀姜娣曰叔姜, 生子開. 莊公無適嗣, 愛孟女, 欲立其子斑. 莊公病, 而問嗣於弟叔牙. 叔牙曰:「一繼一及, 魯之常也. 慶父在, 可爲嗣, 君何憂?」莊公患叔牙欲立慶父, 退而問季友. 季友曰:「請以死立斑也.」莊公曰:「曩者叔牙欲立慶父, 奈何?」季友以莊公命命牙待於鍼巫氏, 使鍼季劫飲叔牙以鴆, 曰:「飲此則有後奉祀; 不然, 死且無後.」牙遂飲鴆而死, 魯立其子爲叔孫氏. 八月癸亥, 莊公卒, 季友竟立子斑爲君, 如莊公命. 侍喪, 舍于黨氏. 先時慶父與哀姜私通, 欲立哀姜娣子開. 及莊公卒而季友立斑, 十月己未, 慶父使圉人犖殺魯公子斑於黨氏. 季友奔陳. 慶父竟立莊公子開, 是爲湣公.

9. 위풍魏風

7편(107-113)

魏나라는 周初에 옛 舜과 禹가 도읍으로 삼았던 故址(지금의 山西 芮城)에 세워진 同姓諸侯였으며, 畢公(姬高)이 처음 봉지로 받았으나 庶人으로 강등되었고, 결국 春秋 중기 B.C.661년 晉 獻公(姬詭諸)에 의해 멸망하였다가 獻公의 대부 畢萬이 그 땅을 다시 받아 魏氏라 하였으며, 晉나라 六卿(知氏, 韓氏, 魏氏, 趙氏, 范氏, 中行氏)의 하나로 성장하였다. 춘추 말 六卿의 발호에 참여하여 知氏를 멸하고 晉나라를 瓜分(三分)하여 戰國七雄의 하나가 되었다. 梁(魏) 惠王 때 大梁(지금의 河南 開封)을 도읍으로 옮겨 梁나라로도 불렸다. 그 뒤 B.C.225년 진시황 천하 통일 때 나라가 망하였다. '위풍' 시 7편은 초기 열악한 환경과 잦은 被侵으로 諷刺와 憂憤의 시가 비교적 많다.

★ 관련 사항은《史記》魏世家 앞부분을 참조할 것.

○ 鄭玄《毛詩譜》<魏>

魏者, 虞舜夏禹, 所都之地. 在<禹貢>冀州·雷首之北, 析城之西. 周以封同姓焉. 其封域, 南枕河曲, 北涉汾水. 昔舜耕於歷山, 陶於河濱. 禹菲飲食, 而致孝乎鬼神; 惡衣服, 而

致美乎黻冕; 卑宮室, 而盡力乎溝洫. 此一帝一王, 儉約之
化, 於時猶存, 及今魏君, 嗇且褊急, 不務廣脩德於民, 敎以
義方. 其與秦·晉鄰國, 日見侵削, 國人憂之. 當周平·桓之世,
魏之變風始作. 至春秋魯閔公元年, 晉獻公竟滅之, 以其地
賜大夫畢萬, 自爾而後, 晉有魏氏.

○ 朱熹 <集傳>
魏, 國名. 本舜禹故都, 在禹貢冀州, 雷首之北, 析城之西.
南枕河曲, 北涉汾水. 其地陿隘, 而民貧俗儉, 蓋有聖賢之
遺風焉.
周初以封同姓, 後爲晉獻公所滅, 而取其地. 今河中府解
州, 卽其地也.
蘇氏曰:「魏地入晉久矣, 其詩疑皆爲晉而作, 故列於唐風
之前, 猶邶鄘之於衛也. 今按: 篇中 '公行' '公路' '公族', 皆晉
官. 疑實晉詩, 又恐魏亦嘗有此官, 蓋不可考矣.

107(魏-1) 갈구(葛屨)

*〈葛屨〉: 칡 섬유를 꼬아 만든 신.
*이 시는 魏나라는 땅이 좁고 환경이 열악하여, 사람들이 그 때문에 편협하고
이익만을 좇아가며, 임금도 인색하고 급할 뿐 덕으로 이들을 이끌지 못함을 풍
자한 것이라 함. 혹 이는 옷(신)을 짓는 여인이 지었을 것이라고도 함.

<序>: <葛屨>, 刺褊也. 魏地陋隘, 其民機巧趨利, 其君儉
嗇褊急, 而無德以將之.

〈갈구〉는 편협함을 질책한 것이다. 위나라 땅은 좁고 막혀 그 백성들
이 機心과 巧僞를 일삼고 이익을 좇았으며, 그 임금은 인색하고 편협하
며 급해, 덕으로 이끌지 못하였다.

〈箋〉: 儉嗇而無德, 是其所以見侵削.

*전체 2장. 1장 6구, 1장은 5구(葛屨: 二章. 一章章六句, 一章章五句).

(1) 興
糾糾葛屨, 可以履霜.

糾糾흔 葛屨ㅣ여, 可히 뻐 霜을 履ㅎ리로다.

꽁꽁 엮어 칡 신을 삼으면, 서리를 밟을 수도 있으리라.

摻摻女手, 可以縫裳.

摻摻(삼삼)흔 女의 手ㅣ여, 可히 뻐 裳을 縫ㅎ리로다.

여리고 여린 새댁의 손이지만, 남자의 옷을 지을 수 있으리라.

要之襋之, 好人服之!

要ㅎ며 襋(극)ㅎ야, 好人이 服ㅎ놋다!

허리에 대고 동정을 달아, 좋으신 분께 입혀드리리!

【糾糾】꽁꽁 동여매어 칡 신을 삼음. 〈毛傳〉에 "糾糾, 猶繚繚也"라 하였고, 〈集傳〉에 "糾糾, 繚戾寒涼之意"라 함. 《說文》에 "繚, 纏也"라 함.

【葛屨】칡 껍질을 꼬아 삼은 신. 〈毛傳〉에 "夏葛屨, 冬皮屨. 葛屨, 非所以履霜"이라 하였고, 〈集傳〉에 "夏葛屨, 冬皮屨"라 하였으며, 〈鄭箋〉에는 "葛屨賤, 皮屨貴. 魏俗至冬, 猶謂葛屨, 可以履霜, 利其賤也"라 하여 葛屨는 천하며 여름용 신발이라 함.

【摻摻】〈毛傳〉과 〈集傳〉에 "摻摻, 猶纖纖也"라 하여 가냘프고 약한 여자의 손. 《韓詩》에는 '纖纖'으로 되어 있었다 함.

【女】〈毛傳〉에 "婦人, 三月廟見, 然後執婦功"이라 하였고, 〈集傳〉에도 "女, 婦未廟見之稱也. 娶婦三月廟見, 然後執婦功"이라 하여, 시집온 여자는 석 달 지난 다음 사당에 인사를 드린 후에야 정식으로 부인으로서의 일을 하는 것인 데도 위나라에서는 그 이전에 일을 시킴을 뜻하는 것이라 하였음. 〈鄭箋〉에도 "言女手者, 未三月, 未成爲婦"라 함.

【裳】下衣, 衣服. 〈鄭箋〉에 "裳, 男子之下服. 賤又未可使縫, 魏俗使未三月, 婦縫裳者, 利其事也"라 함.

【要】허리에 참. 〈毛傳〉에 "要, 䙅也"라 하였고, 〈集傳〉에는 "要, 裳要"라 함.

【襋】저고리의 동정. 動詞. 〈毛傳〉에 "襋, 領也"라 하였고, 〈集傳〉에 "襋, 衣領"이라 함.

【好人】〈毛傳〉에 "好人, 好女手之人"이라 하였으나, 〈集傳〉에는 "好人, 猶大人也"라 함. '大人'은 시아버지. 혹 身分이 높은 사람.

【服之】입음. 著과 같음. 〈鄭箋〉에는 "服, 整也. 䙅也領也, 在上好人, 尙可使整治之. 謂屬著之"라 함.

＊〈集傳〉에 "○魏地陜隘, 其俗儉嗇而褊急, 故以葛屨履霜, 起興而刺其使女縫裳. 又使治其要襋, 而遂服之也. 此詩疑卽縫裳之女所作"이라 함.

(2) 賦

好人提提, 宛然左辟,

好人이 提提ᄒ야, 宛然히 左로 辟(피)ᄒᄂ니,

좋으신 분 편히 여기시도록, 겸양을 다해 왼쪽으로 피하나니,

佩其象揥.

그 象으로 ᄒᆫ 揥(뎨)를 佩ᄒ엿도다.

그 상아로 만든 빗치개를 차셨네.

維是褊心, 是以爲刺!

이 心이 褊(편)혼 디라, 일로 써 刺(ᄌ)ᄒ노라!

다만 소견이 좁아, 이 때문에 풍자하여 노래로 삼노라!

【提提】〈毛傳〉에 "提提, 安諦也"라 하였고, 〈集傳〉에는 "提提, 安舒之意"라 함.

【宛然左辟】〈毛傳〉에 "宛, 辟貌. 婦至門, 夫揖而入, 不敢當尊. 宛然而左辟"라 하였고, 〈集傳〉에 "宛然, 讓之貌也. 讓而辟者, 必左"라 함. '辟'는 避와 같음. 右를 높이기 위해 겸손을 표시하는 예법.

【象揥】象牙로 만든 빗치개. '象'은 〈諺解〉物名에 "象: 코키리"라 함. 〈毛傳〉에 "象揥, 所以爲飾"이라 하였고, 〈鄭箋〉에는 "婦新至愼於威儀, 如是. 使之非禮"라 하였으며, 〈集傳〉에는 "揥. 所以摘髮用象爲之, 貴者之飾也. 其人如此, 若無有可刺矣. 所以刺之者, 以其褊迫急促, 如前章之云耳"라 함.

【褊】마음이 좁음. 褊狹함, 褊急함.

【刺】풍자함. 질책함. 〈鄭箋〉에 "魏俗所以然者, 是君心褊急, 無德敎使之耳. 我是以刺之"라 함.

참고 및 관련 자료

1. 孔穎達〈正義〉

作〈葛屨〉詩者, 刺褊也. 所以刺之者, 魏之土地, 旣以陜隘, 故其民機心巧僞, 以趨於利; 其君又儉嗇且褊急, 而無德敎以將撫之, 今魏俗彌趨於利. 故刺之也. 言魏地陜隘者, 若地廣民稀, 則情不趨利; 地陜民稠, 耕稼無所, 衣食不給, 機巧易生. 人君不知其非, 反覆儉嗇褊急, 德敎不加於民, 所以日見侵削. 故擧其民俗君情, 以刺之. 機巧趨利者, 章上四句, 是也; 儉嗇, 言愛物褊急, 言性躁二者大同, 故直云刺褊, 卒章下二句, 是也. 上章下二句, 下章上三句, 皆申說. '未三月之婦, 不可縫裳', 亦是趨利之事也. 箋正義曰以下〈園有桃〉及〈陟岵〉序, 皆云國小而迫, 日以侵削. 故箋探下章而言其刺之意.

2. 朱熹〈集傳〉

〈葛屨〉, 二章, 一章六句, 一章五句:

廣漢張氏曰:「夫子謂「與其奢也, 寧儉.」(《論語》八佾篇), 則儉雖失中, 本非惡德. 然而儉之過, 則至於吝嗇, 迫隘計較, 分毫之閒, 而謀利之心, 始急矣. 〈葛屨〉·〈汾沮洳〉·〈園有桃〉三詩, 皆言其急迫瑣碎之意.」

108(魏-2) 분저여(汾沮洳)

＊〈汾沮洳〉'汾'은 江이름, 汾水는 汾河. 太原의 晉陽山에서 나와 西南으로 흘러 黃河로 들어감. 〈集傳〉에 "汾, 水名. 出太原晉陽山, 西南入河"라 함. '沮洳'는 물에 잠기는 濕地. 〈毛傳〉에 "汾, 水也. 沮洳, 其漸洳者"라 하였고, 〈集傳〉에는 "沮洳, 水浸處, 下濕之地"라 하였으며, 《廣詁》에 "沮洳, 泉泥相和貌"라 하여, 疊韻連綿語로 여겨짐.
＊이 시는 임금이 지나치게 검소하여 스스로 나물을 뜯는 등 근면하기는 하나 예에 맞지 않음을 풍자한 것이라 함.

<序>: 〈汾沮洳〉, 刺儉也. 其君儉以能勤, 刺不得禮也.

〈분저여〉는 檢嗇함을 풍자한 것이다. 그 임금은 검소하여 능히 근면하기는 하나 그 예를 얻지 못함을 풍자한 것이다.

＊전체 3장. 매 장 6구씩(汾沮洳: 三章. 章六句).

(1) 興

彼汾沮洳, 言采其莫.

뎌 汾(분)ㅅ 沮洳(져여)혼 뒤 그 莫(모)를 采ᄒ놋다.
저 분수의 질펀한 물가에서, 나는 나물을 뜯네.

彼其之子, 美勿度.

뎌 之子ㅣ여, 美홈을 度(도)티 몯ᄒ리로다.
저 그 사람이여, 아름답기 그지없어라.

美無度, 殊異乎公路!

美홈을 度티 몯ᄒ나, ᄌ믄 公路와 다ᄅ도다!
아름답기 그지없으나, 자못 공로(公路)와는 다르도다!

528 시경

【言】나. 〈鄭箋〉에 "言, 我也"라 함.

【莫】나물. 酸模라는 나물. 羊蹄와 비슷한 식물. 李時珍《本草綱目》에 "酸模, 根葉花形, 同羊蹄, 但葉小, 味酸爲異, 其根赤黃色"이라 함. 그러나 〈諺解〉物名에는 "莫: 未詳"이라 함. 〈毛傳〉에 "莫, 菜也"라 하였고, 〈集傳〉에도 "莫, 菜也. 似柳葉, 厚而長, 有毛刺, 可爲羹"이라 함. 〈鄭箋〉에는 "於彼汾水, 漸洳之中, 我采其莫, 以爲采是儉, 以能勤"이라 함.

【之子】이 사람. 〈鄭箋〉에는 "之子, 是子也. 是子之德"이라 함.

【美無度】〈鄭箋〉에는 "美無有度, 言不可尺寸"이라 하였고, 〈集傳〉에 "無度, 言「不可以尺寸量也.」"라 함. 寸尺으로 헤아릴 수 없음을 정도로 훌륭함.

【殊異】특히 다름. 그만도 못함. 低劣함. '殊'는 〈諺解〉에는 'ᄌᆞ믇'으로 풀었음. 그러나 일부 해석에는 '아주 출중하다'의 뜻으로 되어 있음.

【公路】임금의 路車를 管掌하는 직책. 晉나라는 卿大夫의 庶子를 이에 임명하였음. 〈毛傳〉에 "路, 車也"라 하였고, 〈集傳〉에는 "公路者, 掌公之路車, 晉以卿大夫之庶子爲之"라 함. 〈鄭箋〉에는 "是子之德美, 信無度矣. 雖然其采莫之事, 則非公路之禮也. 公路, 主君之軞車, 庶子爲之. 晉趙盾爲軞車之族, 是也"라 하여 晉나라 六卿의 하나인 조돈(趙盾)을 거론하고 있음. 趙盾은 趙宣子, 조최(趙衰, 趙成子)의 아들이며 晉나라의 실력자, 그 후손이 뒤에 戰國七雄의 하나인 趙나라를 일으킴.

＊〈集傳〉에 "○此亦刺儉不中禮之詩, 言「若此人者, 美則美矣, 然其儉嗇褊急之態, 殊不似貴人也.」"라 함.

(2) 興

彼汾一方, 言采其桑.

뎌 汾ㅅ 一方애, 그 桑을 采ᄒᆞ놋다.

저 분수의 한 쪽에서, 내 뽕잎을 따노라.

彼其之子, 美如英.

뎌 之子ㅣ여, 美홈이 英ᄀᆞᆮ도다.

저 그 사람이여, 아름답기 꽃과 같도다.

美如英, 殊異乎公行!

美홈이 英ᄀᆞᆮ트나, 즈믄 公行(공항)과 다ᄅᆞᆮ도다!

아름다기 꽃과 같으나, 자못 공항(公行)과는 다르도다!

【一方】〈集傳〉에 "一方, 彼一方也.《史記》扁鵲視見垣一方人"이라 함.
【采桑】직접 뽕잎을 따서 누에를 침. 〈鄭箋〉에 "采桑, 親蠶事也"라 함.
【英】華. 즉 꽃. 〈集傳〉에 "英, 華也"라 함.
【公行】임금의 兵車를 管掌하는 직책. '行'은 '항'으로 읽으며, 行伍, 行列의 뜻. 〈毛傳〉에 "公行, 從公之行也"라 하였고, 〈鄭箋〉에는 "從公之行者, 主君兵車之行列"이라 함. 〈集傳〉에는 "公行, 卽公路也. 以其主兵車之行列, 故謂之公行也"라 함. 兵車의 行列을 主管하여 그 때문에 公行이라 함.

(3) 興

彼汾一曲, 言采其藚.

뎌 汾ㅅ 一曲애, 그 藚(쇽)을 采ᄒᆞᆫ놋다.

저 분수의 한 구비에서, 내 소귀나물을 뜯노라.

彼其之子, 美如玉.

뎌 之子ㅣ여, 美홈이 玉ᄀᆞᆮ도다.

저 그 사람이여, 아름답기 옥과 같네.

美如玉, 殊異乎公族!

美홈이 玉ᄀᆞᆮ트나, 즈믄 公族과 다ᄅᆞᆮ도다!

아름답기 옥과 같으나, 자못 공족(公族)과는 다르도다!

【一曲】굽이진 곳. 〈集傳〉에 "一曲, 謂水曲流處"라 함.

【藚】소귀나물. 水舃. 澤舃. 약용식물의 일종. 잎이 車前草(질경이)와 비슷한 나물
이라 함. 〈諺解〉物名에 "藚: 쇠귀ᄂ물"이라 함. 〈毛傳〉에 "藚水舃也"라 하였고,
〈集傳〉에도 "藚, 水舃也. 葉如車前"이라 함.

【公族】〈毛傳〉에 "公族, 公屬"이라 하였고, 〈鄭箋〉에는 "公族, 主君同姓昭穆也"라
하여, 임금 同姓 昭穆을 관장하는 직책. 昭穆은 종묘의 위패 위치를 뜻함. 고대
宗法制度로써 宗廟에 위패를 배열하는 규정. 始祖는 중앙에, 二世 이후 짝수 선
조는 왼쪽에 배치하며 이를 '昭'라 함. 그리고 三世 이후 홀수의 선조는 오른쪽
에 배치하며 이를 '穆'이라 함. 〈集傳〉에는 "公族, 掌公之宗族. 晉以卿大夫之適子
爲之"라 함. 君公의 宗族을 주관하며, 晉나라는 卿大夫의 嫡子로 任命했음.

> ### 참고 및 관련 자료

1. 孔穎達 〈正義〉

作〈汾沮洳〉詩者, 刺儉也. 其君好儉而能勤, 躬自采菜, 刺其不得禮也.

109(魏-3) 원유도(園有桃)

*〈園有桃〉: 정원에 있는 복숭아나무.
*이 시는 당시 나라가 점점 쇠퇴하고 있음에도 대부들이 인색하기만 하여 나라가 날로 침삭을 당함을 안타깝게 여긴 것이라 함.

〈序〉: 〈園有桃〉, 刺時也. 大夫憂其君, 國小而迫, 而儉以嗇. 不能用其民, 而無德教, 日以侵削, 故作是詩也.

〈원유도〉는 당시 시속을 질책한 것이다. 대부들이 그 임금이 나라는 작고 압박을 받아 검소하여 인색함을 걱정하였다. 그리하여 그 백성을 능히 등용하지도 못하고, 덕으로 교화함도 없어, 날로 侵削을 당하여 그 때문에 이 시를 지은 것이다.

*전체 2장. 매 장 12구씩(園有桃: 二章. 章十二句).

(1) 興

園有桃, 其實之殽.

園애 桃ㅣ 이시니, 實을 殽(효)ᄒ리로다.

정원에 복숭아 있어, 그 열매를 따서 먹었네.

心之憂矣, 我歌且謠.

心애 憂ᄒ논 디라, 내 歌ᄒ고 ᄯᅩ 謠호롸.

근심이 있기에, 노래하며 흥얼거렸네.

不我知者, 謂我「士也驕」.

나를 아디 몯ᄒᄂ니ᄂ, 나를 닐오ᄃᆡ "士ㅣ 驕라" ᄒ놋다.

나를 알지 못하는 자는 나에게 "士라면서 교만토다"라 하네.

彼人是哉, 子曰「何其?」

뎌 사름이 是ᄒ거늘, 子의 닐옴은 "엇디오?" ᄒᄂ니,

저 사람이 옳기는 하니, 그 자 나에게 "어찌 그러고 있는가?"라 하네.

心之憂矣, 其誰知之?

心의 憂홈이여, 그 뉘 알리오?

내 마음의 근심함이여, 누가 이를 알겠는가?

其誰知之? 蓋亦勿思!

그 뉘 알리오? ᄯᅩ 思티 몯홈이로다!

그 누가 이를 알겠는가? 그러니 더 이상 생각을 말자!

【實之殽】임금이 겨우 정원에 있는 복숭아를 먹음. 〈毛傳〉에 "園有桃, 其實之殽, 國有民得其力"이라 하였고, 〈鄭箋〉에는 "魏君薄公稅, 省國用, 不取於民, 食園桃 而已. 不施德教, 民無以戰, 其侵削之由, 由是也"라 함. '殽'는 〈集傳〉에 "殽, 食也" 라 하였고, 陳奐 〈傳疏〉에 "殽, 古作肴"라 함.

【歌·謠】曲을 樂器에 맞춤을 歌라 하고, 노래만 부르는 것을 謠라 한다 함. 〈毛 傳〉과 〈集傳〉에 "曲合樂曰歌, 徒歌曰謠"라 하였고, 〈鄭箋〉에는 "我心憂君之行, 如此, 故歌謠以寫我憂矣"라 함.

【士】〈鄭箋〉에 "士, 事也"하여 임금의 일.

【驕】〈鄭箋〉에는 "士事也 不知我所爲歌謠之, 意者, 反謂我, 於君事驕逸故"라 함.

【彼人】군주를 가리킴. 〈鄭箋〉에 "彼人, 謂君也"라 함.

【子曰】'曰'은 '於'와 같음. 〈鄭箋〉에 "曰, 於也"라 함.

【何其】〈毛傳〉에 "夫人謂我欲何爲乎?"라 하였고, 〈鄭箋〉에는 "不知我所爲憂者, 旣非責我. 又曰君儉而嗇, 所行是其道哉? 子於此憂之, 何乎?"라 함. '其'는 〈集傳〉 에 "其, 語辭"라 함.

【其誰知之】〈鄭箋〉에는 "知是, 則衆臣無知, 我憂所爲也"라 함.

【蓋亦勿思】'蓋'은 陳奐 〈傳疏〉에는 "蓋, 與盍同. 盍, 何也"라 하여 反語疑問詞 '盍' (何不)으로 보았음.

【勿】'不'과 같음. 〈鄭箋〉에 "無知我憂所爲者, 則宜無復思念之, 以自止也. 衆不信 我或時謂我謗君, 使我得罪也"라 함.

＊〈集傳〉에 "○詩人憂其國小而無政, 故作是詩. 言「園有桃, 則其實之殽矣; 心有憂,

則我歌且謠矣. 然不知我之心者, 見其歌謠, 而反以爲驕. 且曰‘彼之所爲己是矣, 而子之言獨何爲哉?’ 蓋擧國之人, 莫覺其非, 而反以憂之者, 爲驕也. 於是憂者, 重嗟歎之, 以爲此之可憂. 初不難知彼之非, 我特未之思耳. 誠思之, 則將不暇非我, 而自憂矣.」라 함.

(2) 興
園有棘, 其實之食.
園애 棘이 이시니, 그 實을 食ㅎ리로다.

정원에 대추 있어, 그 열매나 먹고 있네.

心之憂矣, 聊以行國.
心의 憂ㅎ논 디라, 애아라이 뼈 國애 行호롸.

마음에 근심이 있기에, 애오라지 나라 안을 떠도네.

不我知者, 謂我「士也罔極」.
나를 아디 몯ㅎᄂᆞ 니는, 나를 닐오디 “士ㅣ 極이 업다” ㅎ놋다.

나를 알지 못하는 자는 나를 “士라면서 중심을 바로잡지 못하누나”라 하네.

彼人是哉, 子曰「何其?」
뎌 사름이 是ㅎ거늘, 子의 닐옴은 “엇디오?” ㅎᄂᆞ니,

저 사람 옳기는 하여, 그 자 나에게 “어찌 그러냐?”고 하네.

心之憂矣, 其誰知之?
心의 憂홈이여, 그 뉘 알리오?

내 마음의 이 근심, 그 누가 알겠는가?

其誰知之? 蓋亦勿思!
그 뉘 알리오? 쏘 思티 몯홈이로다!

그 누가 알아주겠는가? 그러니 더 생각도 말자!

【棘】대추. 〈毛傳〉에 “棘, 棗也”라 하였고, 〈集傳〉에 “棘, 棗之短者”라 함.

【聊以行國】'聊'는 애오라지. 〈鄭箋〉과 〈集傳〉에 "聊, 且略之辭"라 함. '行國'은 〈鄭箋〉에 "聊出行於國中, 觀民事以寫憂"라 하였고, 〈集傳〉에도 "歌謠之不足, 則出遊於國中而寫憂也"라 함.

【罔極】〈毛傳〉에 "極, 中也"이라 하여 '罔極'은 행동에 中心이 없음을 말함. 〈鄭箋〉에도 "見我聊出行於國中, 謂我於君事, 無中正"이라 함. 〈集傳〉에는 "極, 至也. 罔極, 言其心縱恣, 無所至極"이라 함. 王先謙 〈集疏〉에도 "罔極, 失其中正之心"이라 함.

참고 및 관련 자료

1. 孔穎達 〈正義〉

儉嗇不用其民, 章首二句是也. 大夫憂之, 下十句是也由, 無德敎, 數被攻伐, 故連言'國小而迫, 日以侵削', 於經無所當也.

110(魏-4) 척호(陟岵)

*〈陟岵〉: '陟'은 '오르다'의 뜻. '岵'는 민둥산. 〈毛傳〉과 〈集傳〉에 "山無草木日岵"라 함. 그러나 《爾雅》(釋山)에는 "山多草木日岵"라 하여 잘못 풀이한 것임. 뒤의 '屺'자와 도치된 것임. 이에 孔穎達은 "〈釋山〉云:「多草木日岵, 無草木日屺.」〈傳〉言「無草木日岵」, 下云「有草木日屺」, 《爾雅》正反, 當是轉寫誤也"라 함.
*이 시는 약한 魏나라가 대국에게 침삭을 당하여, 그 대국에게 징발되어 멀리 행역을 나가게 되자 고국에 있는 부모를 염려하면서 읊은 것이라 함.

〈序〉: 〈陟岵〉, 孝子行役思念父母也. 國迫而數侵削, 役乎大國, 父母兄弟離散, 而作是詩也.

〈척호〉는 효자가 행역에 나가 그 부모를 생각함이다. 나라가 압박을 받아 자주 침삭을 당하여, 대국에 노역을 당하자, 부모 형제가 이산하여, 이 시를 지은 것이다.

〈箋〉: 役乎大國者, 爲大國所徵發.

*전체 3장. 매 장 6구씩(陟岵:三章. 章六句).

(1) 賦
陟彼岵兮, 瞻望父兮.

뎌 岵(호)애 陟(쳑)ᄒᆞ야, 父를 瞻望호라.

저 나무 있는 산에 올라, 아버지 계신 쪽 바라보도다.

父曰:「嗟, 予子行役, 夙夜無已.

父ㅣ 닐오디 "嗟홉다, 내 子ㅣ 行役ᄒᆞ야, 夙夜애 已티 몯ᄒᆞ놋다.

아버님 말씀하셨지. "아, 내 아들아, 행역에 나가, 밤낮 게을리 하지 말고,

上愼旃哉, 猶來無止!」

거의 愼홀 디어다, 오히려 來ᄒ야 止홈이 업슬 디니라!"

부디 거기에서 조심하여, 거기에 머물러 있지 않고 돌아오기를!"

【瞻望】아버지가 계신 먼 조국 방향을 바라봄. 〈鄭箋〉에는 "孝子行役, 思其父之 戒, 乃登彼岵山, 以遙瞻望其父所在之處"라 함.

【父曰】자신이 떠날 때 아버지의 말.

【嗟】감탄사.

【予】나. 〈鄭箋〉에 "予, 我"라 함.

【役】행역.

【夙夜】이른 아침과 밤. 〈鄭箋〉에 "夙早, 夜莫也"라 함.

【無已】나태하거나 싫증을 느끼지 말도록 권유한 것. 〈鄭箋〉에 "無已, 無解倦"이 라 함.

【上】尙과 같은 뜻. '오히려', '그래도', '부디' 등의 뜻. 〈毛傳〉에 "父, 尙義"라 함. 〈集 傳〉에 "上, 猶尙也"라 함. 〈鄭箋〉에는 "上者, 謂在軍事作部列時"라 함.

【旃】'之焉'의 合音字. 〈毛傳〉에 "旃, 之"라 함.

【猶】'可'의 뜻. 〈毛傳〉에 "猶, 可也"라 함.

【止】멈춤. 實辭로 쓰였음. '그곳에 머물러 돌아오지 못하는 경우가 없기를 바라 다'의 뜻. 方玉潤은 "無止, 謂無止于彼, 而不來也"라 함.

＊〈集傳〉에 "○孝子行役, 不忘其親, 故登山以望其父之所在. 因想像其父念已之, 言曰:「嗟乎! 我之子行役. 夙夜勤勞, 不得止息.」 又祝之曰:「庶幾愼之哉! 猶可以來 歸, 無止於彼, 而不來也.」 蓋生則必歸, 死則止而不來矣. 或曰:「止, 獲也. 言無爲人 所獲也.」"라 함.

(2) 賦

陟彼屺兮, 瞻望母兮.

뎌 屺애 陟ᄒ야, 母를 瞻望호라.

저 나무 없는 민둥산에 올라, 어머니 계신 쪽 바라보도다.

母曰:「嗟, 予季行役, 夙夜無寐.

母ㅣ 닐오디 "嗟홉다, 내 季ㅣ 行役ᄒ야, 夙夜애 寐티 몯ᄒ놋다.

어머니 그 말씀. "아, 내 막내야, 행역에 밤낮 잠에 빠지지 말고,

上愼旃哉, 猶來無棄!」

거의 愼홀 디어다, 오히려 來ᄒ야 棄홈이 업슬 디니라!」

부디 조심하여, 버림받지 말고 다시 돌아오너라!」

【屺】草木이 많은 산. 〈毛傳〉과 〈集傳〉에 "山有草木曰屺"라 하였으나 이는 '岵'자
　와 거꾸로 풀이한 것임.
【瞻望母】〈毛傳〉에 "母, 尙恩也"라 하였고, 〈鄭箋〉에 "此又思母之戒, 而登屺山而
　望之也"라 함.
【季】막내아들. 〈毛傳〉에 "季, 少子也"라 하였고, 〈集傳〉에는 "季, 少子也. 尤憐愛
　少子者, 婦人之情也"라 함.
【無寐】〈毛傳〉에 "無寐, 無耆寐也"라 하였고, 〈集傳〉에 "無寐, 亦言其勞之甚也"라
　함.
【棄】〈集傳〉에 "棄, 謂死而棄其尸也"라 함.

(3) 賦

陟彼岡兮, 瞻望兄兮.

뎌 岡애 陟ᄒ야, 兄을 瞻望호라.

저 산 등성이에 올라, 형이 계신 쪽을 바라보노라.

兄曰:「嗟, 予弟行役, 夙夜必偕.

兄이 닐오ᄃᆡ "嗟홉다, 내 弟ㅣ 行役ᄒ야, 夙夜애 반ᄃ시 偕ᄒ놋다.

형의 그 말씀., "아, 내 아우야, 행역에 나가 반드시 함께하는 이를 두어,

上愼旃哉, 猶來無死!」

거의 愼홀 디어다, 오히려 來ᄒ야 死홈이 업슬 디니라!」

부디 조심하여, 죽지 말고 돌아와야지!」

【岡】〈集傳〉에 "山脊曰岡"이라 함.
【瞻望兄】〈毛傳〉에 "兄, 尙親也"라 함.
【必偕】반드시 함께 함. 〈毛傳〉에 "偕, 俱也"라 하였고, 〈集傳〉에 "必偕, 言「與其儕
　同作同止, 不得自如也.」"라 함.

1. 孔穎達 〈正義〉

首章, 望父; 二章, 望母; 卒章, 望兄. 敍言其思念之, 由經陳思念之事, 經無弟而序言之者, 經以父母與兄, 已所尊敬, 故思其戒. 其實弟亦離散, 故序言之, 以恊句. 今定本云'國迫而數侵削', 義亦通也.

111(魏-5) 십무지간(十畝之間)

*〈十畝之間〉: 아주 좁은 농지를 뜻함. '畝'는 '莫后反'(무)로 읽어야 하나 '묘'로도 읽으며, 〈諺解〉에는 '모'로 읽었음. 古字는 '畮'. '間'은 〈毛詩〉에는 '間'으로, 〈集傳〉에는 '閒'으로 표기되어 있음.
*이 시는 魏나라가 자꾸 깎여 작아지자 백성들이 분배받은 토지가 적어 생활고에 시달림을 읊은 것이라 함.

> ### 〈序〉: 〈十畝之間〉, 刺時也. 言其國削小, 民無所居焉.
> 〈십무지간〉은 당시 세속을 풍자한 것이다. 그 나라가 깎이고 작아져서 백성들이 거처할 곳이 없음을 말한 것이다.

*전체 2장. 매 장 3구씩(十畝之間: 二章. 章三句).

(1) 賦
十畝之間兮, 桑者閑閑兮,

十畝(십모)ㅅ 間애, 桑ᄒᆞᄂᆞᆫ 者ㅣ 閑閑(한한)ᄒᆞ니,

십 무 넓이 좁은 밭 사이로, 뽕을 가꾸는 사람 한가하구나.

行與子還兮!

장ᄎᆞᆺ 子로 ᄃᆞ려 還(환)호리라.

장차 그대와 더불어 함께 돌아가리라!

【十畝】나라로부터 경작권을 얻어 농사짓고 있는 아주 작은 농지를 뜻함. '畝'는 토지 넓이의 單位. 一畝는 約 대략 1百 坪 정도라 함. 〈集傳〉에 "十畝之閒, 郊外所受場圃之地也"라 함.
【桑者】뽕을 가꾸는 사람.
【閑閑】한가히 즐기는 모양. 〈毛傳〉에 "閑閑然, 男女無別往來之貌"라 하였고, 〈鄭箋〉에는 "古者, 一夫百畝. 今十畝之間, 往來者閑閑然, 削小之甚"이라 함. 〈集

傳〉에도 "閑閑, 往來者自得之貌"라 함.

【行】 '將'의 뜻. 〈集傳〉에 "行, 猶將也"라 함. 그러나 '且'의 뜻으로도 봄. 馬瑞辰 〈通釋〉에 "顔師古注《漢書》揚雄傳曰:「行, 且也.」李善《文選》注亦曰:「行, 猶且也.」"라 함.

【還】 〈毛傳〉에 "或行來者, 或來還者"라 하였고, 〈集傳〉에는 "還, 猶歸也"라 함.

＊〈集傳〉에 "○政亂國危, 賢者不樂仕於其朝, 而思與其友歸於農圃, 故其辭如此"라 함.

(2) 賦

十畝之間兮, 桑者泄泄兮,

十畝ㅅ 外애, 桑ᄒᆞ는 者ㅣ 泄泄(예예)ᄒᆞ니,

심 무 넓이 좁은 밭 가운데, 뽕 가꾸는 사람 한가롭구나.

行與子逝兮!

쟝ᄎᆞᆺ 子로 ᄃᆞ려 逝(셔)호리라.

장차 그대와 더불어 어디라도 가리라!

【十畝之間】 〈集傳〉에 "十畝之外, 鄰圃也"라 함.

【泄泄】 '泄'는 '예'(以世反)로 읽음. 〈毛傳〉에 "泄泄, 多人之貌"라 하였으나, 〈集傳〉에는 "泄泄, 猶閑閑也"라 함. 弛緩散舒의 뜻.

【逝】 〈鄭箋〉에는 "逝, 逮也"라 하였으나, 〈集傳〉에는 "逝, 往也"라 함.

┌─────────────────┐
│ 참고 및 관련 자료 │
└─────────────────┘

1. 孔穎達 〈正義〉

經二章, 皆言十畝一夫之分, 不能百畝, 是爲削小; 無所居, 謂土田陜隘, 不足耕墾以居生, 非謂無居宅也.

112(魏-6) 벌단(伐檀)

*〈伐檀〉: 박달나무를 벌목함.
*이 시는 관직을 차지하고 있는 자가 탐욕과 비루함에 가득 차, 군자가 벼슬길에 나설 수 없음을 비난한 것이라 함.

<序>: <伐檀>, 刺貪也. 在位貪鄙, 無功而受祿. 君子不得進仕爾.

〈벌단〉은 탐욕스러움을 비난한 것이다. 지위에 있는 자가 탐욕스럽고 비루하여, 공도 없으면서 녹을 받고 있었다. 군자들은 벼슬길에 나아갈 수가 없었다.

*전체 3장. 매 장 9구씩(伐檀: 三章. 章九句).

(1) 賦
坎坎伐檀兮, 寘之河之干兮, 河水清且漣猗.

坎坎(감감)히 檀을 伐ㅎ야, 河ㅅ 干애 寘(치)ㅎ니, 河水ㅣ 清ㅎ고 또 漣(련)ㅎ도다.

영차영차 박달나무 찍어, 하수가에 놓으니, 하수의 물은 맑고 또 물결이 이네.

不稼不穡, 胡取禾三百廛兮?

稼(가)티 아니 ㅎ며 穡(쇡)디 아니 ㅎ면, 엇디 禾(화) 三百廛(삼빅뎐)을 取ㅎ며,

심지도 않고 거두지도 않았으면서, 어찌 곡식 3백 전(廛)을 얻을 수 있겠는가?

不狩不獵, 胡瞻爾庭有縣貆兮?

狩티 아니 ᄒᆞ며 獵디 아니 ᄒᆞ면, 엇디 네 庭애 縣(縣)흔 貆(환)을 瞻ᄒᆞ리

오 ᄒᆞᄂᆞ니,

겨울 사냥도 아니 하고, 밤 사냥도 아니 하고서, 어찌 너의 뜰에 너구

리 새끼 매달아 놓은 것을 쳐다볼 수 있겠는가?

彼君子兮, 不素餐兮!

뎌 君子ㅣ여, 素餐을 아니 ᄒᆞᆺ다!

저 군자여, 밥만 축낼 그러한 분들 아니로다!

【坎坎】온 힘을 다해 나무를 찍어 베는 소리. 〈毛傳〉에 "坎坎, 伐檀聲"이라 하였

고, 〈集傳〉에는 "坎坎, 用力之聲"이라 하여, 나무가 베어지는 소리가 아니라 사

람이 힘쓰는 소리라 함.

【檀】박달나무. 수레를 만드는데 적합한 材質이라 함. 〈集傳〉에 "檀, 木可爲車者"

라 함.

【寘】'置'와 같음. 쌓아 놓음. 〈毛傳〉에 "寘, 置也"라 하였고, 〈集傳〉에 "寘, 與置同"

이라 함.

【河】河水, 黃河.

【干】언덕, 벼랑, 물가. 〈毛傳〉과 〈集傳〉에 "干, 厓也"라 함.

【漣】물결의 너울. 波紋. 〈毛傳〉에 "風行水成文曰漣. 伐檀以俟世用, 若俟河水清且

漣"이라 하였고, 〈鄭箋〉에는 "是謂君子之人, 不得進仕也"라 함. 〈集傳〉에도 "漣,

風行水成文也"라 함.

【猗】'兮'와 같은 助字. 〈集傳〉에 "猗, 與兮同. 語辭也.《書》「斷斷猗」,《大學》作'兮',

《莊子》亦云而「我猶爲人猗」, 是也"라 함.

【稼穡】심고 거둠. 농사일을 뜻함. 〈毛傳〉과 〈集傳〉에 "種之曰稼, 斂之曰穡"이라

함.

【胡】의문사. 어찌. 〈鄭箋〉과 〈集傳〉에 "胡, 何也"라 함.

【禾】곡물의 총칭.

【廛】〈毛傳〉과 〈集傳〉에 "一夫之居曰廛"이라 하여 농부 한 집이 百畝의 땅을 分

配받아 수확할 수 있는 양. 그러나 '廛'은 '纏', 즉 '束'으로 봄. 묶음. 다발.《廣雅》

에 "稇, 縉, 纏, 幷訓束"이라 하여 아래의 囷(稇), 億(繶) 등도 모두 곡물 묶음 등

의 단위.

【狩獵】사냥함. 〈集傳〉에 "狩, 亦獵也"라 하였고, 〈鄭箋〉에는 "冬獵曰狩, 宵田曰獵"
이라 함.

【縣】'懸'과 같음. 매닮. 걺. 〈諺解〉에는 '懸'자로 되어 있음.

【狟】〈諺解〉 物名에 "狟:너구리삿기"라 함. 〈毛傳〉에 "狟, 獸名"이라 하였고, 〈鄭
箋〉에는 "貉子曰狟"이라 함. 〈集傳〉에는 "狟, 貉類"라 함. 〈鄭箋〉에는 "是謂在位
貪鄙, 無功而受祿也"라 함.

【素粲】놀고먹음. 하는 일 없이 밥만 축냄. 〈毛傳〉에 "素, 空也"라 하였고, 〈鄭箋〉
에는 "彼君子者, 斥伐檀之人, 仕有功, 乃肯受祿"이라 함. 〈集傳〉에도 "素, 空; 餐,
食也"라 함.

＊〈集傳〉에 "○詩人言「有人於此, 用力伐檀將, 以爲車而行陸也. 今乃寘之河干, 則河
水淸漣而無所用. 雖欲自食其力, 而不可得矣. 然其志, 則自以爲不耕, 則不可以得
禾; 不獵, 則不可以得獸. 是以甘心窮餓而不悔也.」詩人述其事, 而歎之, 以爲是眞
能不空食者, 後世若徐穉之流, 非其力不食, 其厲志蓋如此"라 함.

(2) 賦

坎坎伐輻兮, 寘之河之側兮, 河水淸且直猗.

坎坎히 輻홀 꺼슬 伐ᄒ야, 河ㅅ 側애 寘ᄒ니, 河水ㅣ 淸ᄒ고 ᄯᅩ 直ᄒ
두다.

영차영차 바퀴살 만들 나무를 베어, 이를 하수 곁에 던져두니, 하수는
맑고도 파도 솟구치네.

不稼不穡, 胡取禾三百億兮?

稼티 아니 ᄒ며 穡디 아니 ᄒ면, 엇디 禾 三百億을 取ᄒ며,

심지도 아니 하고 거두지도 아니 하면서, 어찌 곡물 삼백 억(億)을 얻
을 수 있겠는가?

不狩不獵, 胡瞻爾庭有縣特兮?

狩티 아니 ᄒ며 獵디 아니 ᄒ면, 엇디 네 庭애 縣ᄒᆫ 特을 瞻ᄒ리오 ᄒ
ᄂ니,

겨울 사냥도 아니 하고, 밤 사냥도 아니 하면서, 어찌 너의 뜰에 세 살
짜리 짐승이 걸려 있는 것을 볼 수 있겠는가?

彼君子兮, 不素食兮!

뎌 君子ㅣ여, 素食을 아니 ᄒᆞᄂᆞᆺ다!

저 군자들이여, 공짜로 밥 먹는 이들이 아니로다!

【輻】수레 바퀴살. 〈毛傳〉에 "輻, 檀輻也"라 하였고, 〈集傳〉에 "輻, 車輻也. 伐木以爲輻也"라 함.
【側】앞의 '厓'와 같음. 〈毛傳〉에 "側, 猶厓也"라 함.
【直】곧은 물결. 〈毛傳〉에 "直, 直波也"라 하였고, 〈集傳〉에는 "直, 波文之直也"라 함.
【億】묶음. 繶의 가차. 〈毛傳〉에 "萬萬曰億"이라 함. 〈鄭箋〉에는 "十萬曰億, '三百億', 禾秉之數"라 함. 〈集傳〉에도 "十萬曰億. 蓋言禾秉之數也"라 함.
【特】〈毛傳〉과 〈集傳〉에 "獸三歲曰特"이라 함.
【素食】素餐과 같음.

(3) 賦

坎坎伐輪兮, 寘之河之漘兮, 河水淸且淪猗.

坎坎히 輪ᄒᆞᆯ 거슬 伐ᄒᆞ야, 河ㅅ 漘(슌)애 寘ᄒᆞ니, 河水ㅣ 淸ᄒᆞ고 ᄯᅩ 淪ᄒᆞ두다.

영차영차 바퀴 만들 나무를 베어, 이를 하수의 물가에 놓아두니, 하수는 맑고도 잔물결이 일도다.

不稼不穡, 胡取禾三百囷兮?

稼티 아니 ᄒᆞ며 穡디 아니 ᄒᆞ면, 엇디 禾 三百囷을 取ᄒᆞ며,

심지도 아니 하고 거두지도 않아놓고, 어찌 곡식 삼백 균(囷)을 얻을 수 있겠는가?

不狩不獵, 胡瞻爾庭有縣鶉兮?

狩티 아니 ᄒᆞ며 獵디 아니 ᄒᆞ면, 엇디 네 庭애 縣ᄒᆞᆫ 鶉(슌)을 瞻ᄒᆞ리오 ᄒᆞᄂᆞ니,

겨울 사냥도 아니 하고 밤 사냥도 아니 하고, 어찌 너의 뜻에 메추리

가 걸려 있는 것을 볼 수 있겠는가?

彼君子兮, 不素飱兮!

뎌 君子ㅣ여, 素飱(소손)을 아니 ᄒᆞ놋다!

저 군자들이여, 공밥 먹는 이들이 아니로다!

【輪】수레 바퀴. 〈毛傳〉에 "檀, 可以爲輪"이라 하였고, 〈集傳〉에 "輪, 車輪也. 伐
　木以爲輪也"라 함.

【漘】〈毛傳〉에 "漘, 厓也"라 함.

【淪】〈毛傳〉과 〈集傳〉에 "淪, 小風水成文轉, 如輪也"라 함. 《爾雅》에 "小波爲淪"이
　라 함.

【囷】곡물을 저장하는 둥근 곳집. 그러나 곡물 들이 등의 단위. 稛의 가차. 〈毛
　傳〉에 "圓者爲囷"이라 하였고, 〈集傳〉에는 "囷, 圓倉也"라 함.

【鶉】메추라기. 〈毛傳〉에 "鶉, 鳥也"라 하였고, 〈集傳〉에 "鶉, 鷂屬"이라 함.

【素飱】素餐과 같음. '飱'은 '飧'으로도 표기함. 〈毛傳〉과 〈集傳〉에 "熟食曰飱"이라
　하였고, 〈鄭箋〉에는 "飱, 讀如魚飱之飱"이라 함.

참고 및 관련 자료

1. 孔穎達 〈正義〉

　在位貪鄙者, 經三章皆次四句, 是也; 君子不得進仕者, 首章三句, 是也. 經序倒者,
序見由在位貪鄙, 令君子不得仕, 如其次以逑之. 經先言君子不仕, 乃責在位之貪鄙,
故章卒二句, 皆言君子不素飱, 以責小人之貪. 是終始相結也. 此言在位, 則刺臣明,
是君貪而臣效之, 雖責臣亦所以刺君也.

113(魏-7) 석서(碩鼠)

＊〈碩鼠〉: '碩鼠'는 큰 쥐. 土耗子, 田鼠라고도 함. 여기서는 백성에게 과중한 세금을 부과하여 자신만 살이 찐 임금을 비유함.
＊이 시는 부렴이 과중하여 백성은 고통을 받고 있음에도 위정자는 큰 쥐처럼 더욱 못된 짓을 함을 질책한 것이라 함.

〈序〉: 〈碩鼠〉, 刺重斂也. 國人刺其君重斂, 蠶食於民, 不修其政, 貪而畏人若大鼠也.

〈석서〉는 賦斂의 과중함을 비난한 것이다. 그 임금이 세금을 과중히 하여 백성을 잠식하면서, 그 정치는 닦지 아니 하고 탐욕을 부리면서 백성을 두려워하기를 마치 큰 쥐처럼 하고 있음을 나라 사람들이 비난한 것이다.

＊전체 3장. 매 장 8구씩(碩鼠: 三章. 章八句).

(1) 比
碩鼠碩鼠! 無食我黍.
碩흔 鼠아, 碩흔 鼠아! 내 黍를 食디 말올 디어다.
큰 쥐야, 큰 쥐야! 나의 기장 먹지 마라.

三歲貫女, 莫我肯顧.
三歲를 너를 貫호늘, 나를 즐겨 顧티 아니ᄒ란ᄃᆡ,
세 해를 두고 너를 섬겼건만, 나를 돌보려 하지도 않는구나.

逝將去女, 適彼樂土.
逝ᄒ야 쟝춧 너를 去코, 뎌 樂土애 適호리라.
떠나가리, 장차 너를 두고, 저 낙토(樂土)를 찾아가리.

樂土樂土! 爰得我所!

樂土ㅣ여, 樂土ㅣ여! 이에 내 所를 得ᄒ리로다!

낙토여, 낙토여! 이에 나는 그곳에 가서 살리라!

【碩鼠】 큰 쥐. 임금을 비유함. 〈集傳〉에 "碩, 大也"라 하였고, 〈鄭箋〉에는 "碩, 大
也. 大鼠大鼠者, 斥其君也"라 함.

【無】 '勿'과 같음.

【黍】 기장. 〈鄭箋〉에 "女無復食我黍, 疾其稅斂之多也"라 함.

【三歲】 〈集傳〉에 "三歲, 言其久也"라 함.

【貫】 섬김. 〈毛傳〉 "貫, 事也"라 함. 버릇이 되게 그대로 둠. 〈集傳〉에 "貫, 習"이라
함. 《韓詩》에는 '宦'으로 되어 있으며, 馬瑞辰 〈通釋〉에 "卽宦之假借. ……《說文》:
「宦, 仕也.」"라 함.

【女】 汝.

【顧】 〈集傳〉에 "顧, 念"이라 함. 〈鄭箋〉에 "我事女三歲矣, 曾無教令恩德, 來顧眷我.
又疾其不修政也. 古者, 三年大比民, 或於是徙"라 함.

【逝】 감. 〈集傳〉에 "逝, 往也"라 함. 〈鄭箋〉에 "逝, 往也. 往矣將去女, 與之訣別之
辭"라 함.

【適】 버리고 떠남.

【樂土】 낙원. 〈鄭箋〉에 "樂土, 有德之國"이라 하였고, 〈集傳〉에는 "樂土, 有道之
國也"라 함.

【爰】 〈鄭箋〉에 "爰, 曰也"라 하였고, 〈集傳〉에는 "爰, 於也"라 함.

＊〈集傳〉에 "○民困於貪殘之政, 故託言大鼠害己, 而去之也"라 함.

(2) 比

碩鼠碩鼠! 無食我麥.

碩흔 鼠아, 碩흔 鼠아! 내 麥을 食디 말올 디어다.

큰 쥐야 큰 쥐야! 나의 보리 먹지 마라.

三歲貫女, 莫我肯德.

三歲를 너를 貫호늘, 나를 즐겨 德디 아니 ᄒ란듸,

세 해를 두고 너를 섬겼건만, 나에게 덕을 베풀려 하지도 않는구나.

逝將去女, 適彼樂國.

逝ᄒ야 쟝츠 너를 去코, 뎌 樂國애 適호리라.

떠나가리, 장차 너를 두고, 저 낙국(樂國)을 찾아가리.

樂國樂國! 爰得我直!

樂國이여, 樂國이여! 이에 내 直을 得ᄒ리로다!

낙국이여, 낙국이여! 나는 올바른 그곳을 찾아가 살리라!

【肯德】〈鄭箋〉에 "不肯施德於我"라 하였고, 〈集傳〉에 "德, 歸恩也"라 함.
【直】〈毛傳〉에 "直, 得其直道"라 하였고, 〈鄭箋〉에는 "直, 猶正也"라 함. 〈集傳〉에
는 "直, 猶宜也"라 함.

(3) 比

碩鼠碩鼠! 無食我苗.

碩ᄒᆫ 鼠아, 碩ᄒᆫ 鼠아! 내 苗를 食디 말올 디어다.

큰 쥐야, 큰 쥐야! 나의 싹을 먹지 마라.

三歲貫女, 莫我肯勞.

三歲를 너를 貫호늘, 나를 즐겨 勞티 아니 ᄒ란듸,

세 해를 두고 너를 섬겼건만, 나를 위로해 주려 하지도 않는구나.

逝將去女, 適彼樂郊.

逝ᄒ야 쟝츠 너를 去ᄒ고, 뎌 樂郊애 適호리라.

떠나가리, 장차 너를 두고, 저 낙교(樂郊)를 찾아가리.

樂郊樂郊! 誰之永號!

樂郊ㅣ여, 樂郊ㅣ여! 눌로 기리 號ᄒ리오!

낙교여, 낙교여, 누가 그런 곳에 가서 살면서 긴 탄식을 하겠는가!

【苗】곡물의 싹. 그러나 〈毛傳〉에 "苗, 嘉穀也"라 하여, 좋은 곡물을 대신하여 쓴 말.

【肯勞】〈鄭箋〉에 "不肯勞來我"라 하였고, 〈集傳〉에는 "勞, 勤苦也. 謂「不以我爲勤勞」也"라 함.

【樂郊】樂園과 같음. 〈鄭箋〉에는 "郭外曰郊"라 함.

【誰之】'之'는 實辭. 〈鄭箋〉에 "之, 徃也"라 함.

【永號】咏號, 詠號와 같음. 노래하며 환호함. 그러나 〈毛傳〉에 "號, 呼也"라 하였고, 〈鄭箋〉에는 "永, 歌也. 樂郊之地, 誰獨當徃而歌號者? 言皆喜說無憂苦"라 함. 〈集傳〉에 "永號, 長呼也. 言「旣往樂郊, 則無復有害己者, 當復爲誰而永號乎?」"라 함. 馬瑞辰 〈通釋〉에는 "永號, 猶永嘆也"라 함. '누가 그런 낙원에 가서 살면서 한탄의 노래를 부르겠는가?'의 뜻.

참고 및 관련 자료

1. 孔穎達 〈正義〉

蠶食者, 蠶之食桑, 漸漸以食, 使桑盡也. 猶君重斂, 漸漸以稅, 使民困也. 言貪而畏人若大鼠然, 解本以碩鼠爲喩之. 意取其貪且畏人, 故序因倒述其事. 經三章皆上二句, 言重斂; 次二句, 言不修其政. 由君重斂, 不脩其政, 故下四句言將棄君而去也.

10. 당풍唐風
12편(114-125)

唐은 晉의 다른 이름이다. 옛 五帝 堯(陶唐氏)의 땅이었으며, 周初 成王이 어릴 때 놀이로 그의 아우 叔虞를 桐葉을 笏로 삼아 唐侯의 이름으로 지금의 山西 翼城縣 서쪽 太原 일대에 봉했는데, 후세에 晉이라 고쳐 불렀다. 도읍을 絳으로, 晉陽으로 옮겼으며, 昭侯 때 아버지 文侯의 아우 成師를 舊都 新田(曲沃)에 封하여 桓叔이라 했는데, 그 뒤로 桓叔의 손자인 武公이 晉侯 緡을 물리치고 晉을 차지했으며, 晉 景公 때 新田(山西 曲沃)으로 옮겼다. 魏나라와 같은 지역이었으나 獻公때 魏를 멸하고 더욱 세력을 키워 春秋五霸의 文公(重耳)이 등장하기도 했다. 춘추 말 六卿의 발호로 나라가 사라졌으며, 그 땅은 韓(新鄭), 魏(大梁), 趙(邯鄲) 세 나라가 瓜分하여 三晉으로 재편성되었고, 이들은 모두 戰國七雄의 반열에 오르기도 하였다. '唐風' 12편은 초기 진나라의 노래이며, 晉을 唐이라 칭한 것은 옛 唐堯를 사모하였기 때문이라고도 한다. 지리 환경이 瘠薄해서 生活苦를 반영한 色彩가 짙은 내용이 많다.

★ 관련 사항은 《史記》 晉世家 및 《國語》 晉語, 《左傳》 등을 참고할 것.

○ 鄭玄 《毛詩譜》 <唐>

唐者, 帝堯舊都之地, 今曰太原晉陽, 是堯始居, 此後乃遷河東平陽. 成王封母弟叔虞, 於堯之故墟, 曰唐侯. 南有晉水, 至子燮改爲晉侯. 其封域, 在<禹貢>冀州·太行·恒山之西, 太原·太岳之野. 至曾孫成侯, 南徙居曲沃, 近平陽焉.

昔堯之末, 洪水九年, 下民其咨, 萬國不粒, 於時殺禮, 以救艱厄, 其流乃被於今. 當周公·召公·共和之時, 成侯曾孫僖侯, 甚嗇愛物, 儉不中禮, 國人閔之, 唐之變風始作. 其孫穆侯, 又徙於絳云.

○ 朱熹 <集傳>

唐, 國名. 本帝堯舊都, 在禹貢冀州之域, 大行·恒山之西, 大原·大岳之野.

周成王以封弟叔虞爲唐侯, 南有晉水. 至子燮乃改國號曰晉. 後徙曲沃, 又徙居絳. 其地土瘠, 民貧勤儉質朴, 憂深思遠, 有堯之遺風焉.

其詩不謂之晉, 而謂之唐, 蓋仍其始封之舊號耳.

唐叔所都, 在今大原府曲沃及絳, 皆在今絳州.

114(唐-1) 실솔(蟋蟀)

*〈蟋蟀〉: 귀뚜라미. 雙聲連綿語의 충명. 蟗. 그러나 〈諺解〉 物名에는 "蟋蟀: 귓도
람이. 뵙짱이"라 하여 '귀뚜라미', 혹 '베짱이'(促織)를 함께 들고 있음. 〈毛傳〉에
"蟋蟀, 蟗也. 九月在堂"이라 하였고, 〈集傳〉에는 "蟋蟀, 蟲名. 似蝗而小, 正黑有光
澤如漆, 有角翅, 或謂之促織. 九月在堂"이라 함.
*이 시는 晉나라는 애초 堯임금의 唐나라였던 곳으로 그 유풍이 있었음에도
僖公이 예에 맞지 않은 행동을 함을 비난한 것이라 함.

> **〈序〉: 〈蟋蟀〉, 刺晉僖公也. 儉不中禮, 故作是詩以閔之,**
> **欲其及時以禮自虞樂也. 此晉也, 而謂之唐. 本其風俗, 憂深**
> **思遠, 儉而用禮, 乃有堯之遺風焉.**

〈실솔〉은 晉 僖公을 비난한 것이다. 그는 검소하기는 하나 예에 맞지
않아 그 때문에 이 시를 지어 불쌍히 여기면서, 때에 맞게 예로써 자신
의 즐거움을 삼기를 바란 것이다. 여기에서 晉나라를 唐이라 한 것은 본
래 그 풍속이 憂深思遠하여, 검소하면서 예로써 하였으니, 바로 堯임금
의 유풍이 있었던 곳이기 때문이다.

〈箋〉: 憂深思遠, 謂宛其死矣. '百歲之後'之類也. '憂深思遠'은 죽음을 완곡
히 표현한 것임.

※晉 僖公: 西周 말 共和 시기의 釐侯를 가리킴. 靖侯(宜臼)의 아들로 이름은 司
徒. 前 840-823년까지 18년간 재위하고 아들 獻侯(籍)가 뒤를 이음. 그가 검약하
면서 예에는 맞지 않는 모습이었다는 기록에 찾을 수 없어 구체적으로는 알 수
없음.

*전체 3장. 매 장 8구씩(蟋蟀: 三章. 章八句).

(1) 賦

蟋蟀在堂, 歲聿其莫.

蟋蟀이 堂애 이시니, 歲(세) 드듸여 그 莫(모)ᄒᆞᆯ것다.

귀뚜라미가 방 안에 와 있으니, 이 해도 저물어 가는구나.

今我不樂, 日月其除.

이제 우리 樂디 아니면, 日月이 그 除(져)ᄒᆞ리라.

지금 내가 즐기지 않으면, 세월은 흘러가 버리리라.

無已大康, 職思其居.

아니 너모 康ᄒᆞᆫ가, 職의 그 居를 思ᄒᆞ야,

이미 너무 즐겼던 적도 없고, 그 생업도 주로 생각하여,

好樂無荒, 良士瞿瞿!

樂을 好호듸 荒티 아니 홈이, 良士의 瞿瞿(구구)ᄐᆞᆺ ᄒᆞᆯ 디니라!

즐기되 너무함이 없어야 함은, 양사(良士)라면 예의도 돌아보아야 하는 것!

【在堂】귀뚜라미가 방에까지 들어와 있음.

【聿】〈毛傳〉과 〈集傳〉에 "聿, 遂"라 함.

【莫】暮. 晩과 같음. 〈集傳〉에 "莫, 晩"이라 함.

【我】僖公 자신. 〈鄭箋〉에는 "我, 我僖公也"라 함.

【除】〈集傳〉에 "除, 去也"라 함. 〈鄭箋〉에 "蟋在堂, 歲時之候, 是時農功畢, 君可以自樂矣. 今不自樂, 日月且過去, 不復暇爲之. 謂十二月, 當復命農計耦耕事"라 함.

【已】〈毛傳〉에 "已, 甚"이라 함.

【大康】大는 '太'와 같으며, '너무, 지나치게' 등의 뜻. '康'은 樂의 뜻. 〈毛傳〉에

"康, 樂"이라 하였고, 〈集傳〉에는 "大康, 過於樂也"라 함.

【職】副詞로서의 主의 뜻. 〈毛傳〉과 〈集傳〉에 "職, 主也"라 함.

【居】居業, 生業 등의 뜻. 〈鄭箋〉에는 "君雖當自樂, 亦無甚大樂, 欲其用禮爲節也. 又當主思於所居之事, 謂國中政令"이라 함.

【荒】〈毛傳〉에 "荒, 大也"라 하였고, 〈鄭箋〉에는 "荒, 廢亂也"라 함.

【良】〈鄭箋〉에 "良, 善也"라 함.

【瞿瞿】〈毛傳〉에 "瞿瞿然, 顧禮義也"라 하였고, 〈集傳〉에는 "瞿瞿, 却顧之貌"라 함. 〈鄭箋〉에는 "君之好樂, 不當至於廢亂, 政事當如善士, 瞿瞿然顧禮義也"라 함.

＊〈集傳〉에 "○唐俗勤儉, 故其民閒終歲勞苦, 不敢少休, 及其歲晚, 務閒之時, 乃敢相與燕飲爲樂, 而言今蟋蟀在堂, 而歲忽已晚矣. 當此之時, 而不爲樂, 則日月將舍我而去矣. 然其憂深而思遠也. 故方燕樂, 而又遽相戒曰:「今雖不可以不爲樂, 然不已過於樂乎? 盍亦顧念其職之所居者? 使其雖好樂而無荒, 若彼良士之長慮, 而却顧焉. 則可以不至於危亡也.」蓋其民俗之厚, 而前聖遺風之遠, 如此"라 함.

(2) 賦

蟋蟀在堂, 歲聿其逝.

蟋蟀이 堂애 이시니, 歲 드듸여 그 逝ᄒ것다.

귀뚜라미가 방 안에 와 있으니, 이 해도 곧 가려 하는구나.

今我不樂, 日月其邁.

이제 우리 樂디 아니면, 日月이 그 邁ᄒ리라.

지금 내가 즐기지 않는다면, 세월은 훌쩍 가버리리라.

無已大康, 職思其外.

아니 너모 康ᄒᆫ가, 職의 그 外를 思ᄒ야,

이미 너무 즐긴 것도 아니며, 나라 밖의 일도 주로 생각하고 있으니,

好樂無荒, 良士蹶蹶!

樂을 好호ᄃᆡ 荒티 아니 홈이, 良士의 蹶蹶(궤궤)ᄐᆺ 홀 디니라!

좋아하고 즐기되 지나침 없이 함은, 양사라면 행동에 민첩해야 하는 것!

【逝·邁】〈毛傳〉에 "邁, 行也"라 하였고, 〈集傳〉에도 "逝·邁, 皆去也"라 함.
【外】〈毛傳〉에 "外, 禮樂之外"라 하였고, 〈集傳〉에는 "外, 餘也. 其所治之事, 固當思之而所治之餘, 亦不敢忽. 蓋其事變, 或出於平常, 思慮之所不及, 故當過而備之也"라 함. 그러나 〈鄭箋〉에는 "外, 謂國外至四境"이라 함.
【蹶蹶】〈毛傳〉과 〈集傳〉에 "蹶蹶, 動而敏於事也"라 함.

(3) 賦

蟋蟀在堂, 役車其休.

蟋蟀이 堂애 이시니, 役ᄒᆞᄂᆞᆫ 車ㅣ 그 休ᄒᆞᆯ것다.

귀뚜라미 방에 들어와 있으니, 농사 수레도 쉬고 있구나.

今我不樂, 日月其慆.

이제 내 樂디 아니면, 日月이 그 慆(도)ᄒᆞ리라.

지금 내가 즐기지 아니하면, 세월은 그만 지나가고 말리라.

無已大康, 職思其憂.

아니 너모 康ᄒᆞᆫ가, 職의 그 憂를 思ᄒᆞ야,

이미 너무 즐긴 것도 아니며, 근심해야 할 일 근심하고 있으니,

好樂無荒, 良士休休!

樂을 好ᄒᆞ되 荒티 아니 홈이, 良士의 休休ᄐᆞᆺ 홀 디니라!

좋아하고 즐기되 지나침이 없어야 함은, 양사라면 도를 즐기는 마음으로 하는 것!

【役車】농사에 쓰는 수레. 〈鄭箋〉에 "庶人乘役車, '役車休', 農功畢, 無事也"라 하였고, 〈集傳〉에도 "庶人乘役車, 歲晚則百工皆休矣"라 함.
【慆】〈毛傳〉과 〈集傳〉에 "慆, 過也"라 함. 지나감.
【憂】〈毛傳〉에 "憂, 可憂也"라 하였고, 〈鄭箋〉에는 "憂者, 謂鄰國侵伐之憂"라 함.
【休休】〈毛傳〉에 "休休, 樂道之心"이라 하였고, 〈集傳〉에는 "休休, 安閑之貌. 樂而有節, 不至於淫所以安也"라 함.

1. 孔穎達〈正義〉

作〈蟋蟀〉詩者, 刺晉僖公也. 由僖公太儉偪下, 不中禮度, 故作是〈蟋蟀〉之詩, 以閔傷之. 欲其及歲暮閒暇之時, 以禮自娛樂也. 以其太儉, 故欲其自樂; 樂失於盈, 又恐過禮, 欲令節之以禮, 故云以禮自娛樂也. 欲其及時者, 三章上四句, 是也; 以禮自娛樂者, 下四句, 是也. 旣序一篇之義, 又序名晉爲唐之義, 此實晉也, 而謂之唐者, 太師察其詩之音旨, 本其國之風俗, 見其所憂之事深, 所思之事遠, 儉約而能用禮, 有唐堯之遺風, 故名之曰唐也. 故季札見歌唐曰: 「思深哉! 其有陶唐氏之遺風乎? 不然, 何其憂之遠也?」 是憂思深遠之事情見於詩, 詩爲樂章樂音之中, 有堯之風俗也.

115(唐-2) 산유추(山有樞)

*〈山有樞〉: '樞'는 스무나무. 〈諺解〉 物名에 "樞: 스믜나무"라 함.
*이 시는 晉 昭公을 질책한 것으로, 자신의 힘을 가늠하지 않고 사방 이웃나라를 쳐서 영토를 넓히겠다는 야심을 부려, 결국 백성이 고통만 당하는 지경에 이르렀음을 질책한 것이라 함.

〈序〉: 〈山有樞〉, 刺晉昭公也. 不能脩道以正其國, 有財不能用, 有鐘鼓不能以自樂, 有朝廷不能洒埽. 政荒民散, 將以危亡. 四鄰謀取其國家而不知, 國人作詩以刺之也.

〈산유추〉는 晉 昭公을 질책한 것이다. 능히 도를 닦아 나라를 바로잡지 못하고 재물이 있어도 사용할 줄 모르며, 종고가 있어도 능히 스스로 즐길 줄 모르며, 조정을 가지고 있으면서도 능히 소쇄하지 못하였다. 정치는 황폐하고 백성은 흩어져 장차 위망의 지경에 이르고 말았다. 사방 이웃나라들이 그런 나라를 취하겠다고 모책을 세우고 있는데도 알지 못하고 있어, 나라 사람들이 시를 지어 이를 질책한 것이다.

※晉 昭公: 晉 昭侯. 晉 文侯(仇)의 아들. 이름은 伯. 前745-740년까지 6년간 재위하고 아들 孝侯(平)가 뒤를 이음. 당시 桓叔(昭侯의 삼촌이며 文侯의 아우 成師)이 晉나라 조정을 탈취하고자 하였음. 참고란을 볼 것.

*전체 3장. 매 장 8구씩(山有樞: 三章. 章八句).

(1) 興

山有樞, 隰有楡.

山애 樞(츄)ㅣ 이시며, 隰애 楡(유)ㅣ 인느니라.

산에는 스무나무, 진펄에는 느릅나무 있도다.

子有衣裳, 弗曳弗婁.

子ㅣ 衣裳을 두딕, 曳(예)티 아니며 婁(루)티 아니며,

그대는 옷이 있어도, 끌지도 아니하고 끌리도록 입지도 아니하며,

子有車馬, 弗馳弗驅.

子ㅣ 車馬를 두딕, 馳티 아니며 驅티 아니면,

그대는 수레와 말이 있어도, 타지도 아니하고 몰지도 아니하면,

宛其死矣, 他人是愉!

宛히 그 死커든, 他人이 이에 愉ᄒ리라!

멀쩡히 죽고 나면, 남이 차지하고 즐거워 할 뿐!

【樞】스무나무.〈毛傳〉에 "樞, 莖也"라 하였고, 〈集傳〉에는 "樞, 莖也. 今刺楡也"라
함.〈諺解〉物名에 "樞:스믜나무"라 함.

【隰】低濕한 땅.

【楡】느릅나무.〈集傳〉에 "楡, 白枌也"라 함.〈諺解〉物名에 "楡:느릅"이라 함.〈毛

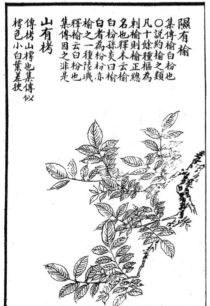

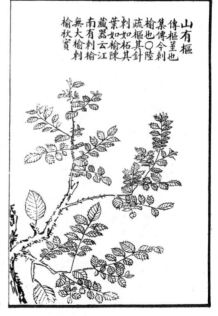

傳〉에 "國君有財貨, 而不能用, 如山隰不能自用其財"라 함.

【曳】옷을 끎. 옷이 끌리도록 충분히 누림.

【婁】曳와 같음. 〈毛傳〉과 〈集傳〉에 "婁, 亦曳也"라 함. 《韓詩》와 《魯詩》에는 '摟'로 되어 있음.

【馳】〈集傳〉에 "馳, 走"라 함.

【驅】〈集傳〉에 "驅, 策也"라 함.

【宛】〈毛傳〉에 "宛, 死貌"라 하였으나, 〈集傳〉에 "宛, 坐見貌"라 함.

【愉】〈毛傳〉과 〈集傳〉에 "愉, 樂也"라 함.

＊〈集傳〉에 "○此詩蓋亦答前篇之意, 而解其憂. 故言「山則有樞矣, 隰則有楡矣. 子有衣裳車馬, 而不服不乘, 則一旦宛然以死, 而他人取之, 以爲己樂矣.」蓋言「不可不及時爲樂, 然其憂愈深, 而意愈蹙矣.」"라 함.

(2) 興

山有栲, 隰有杻.

山애 栲(고)ㅣ 이시며, 隰애 杻(뉴)ㅣ 인ᄂ니라.

산에는 참나무, 진펄에는 댑싸리 있도다.

子有廷內, 弗洒弗埽.

子ㅣ 廷內를 두딕, 洒(쇄)티 아니며 埽(소)티 아니며,

그대는 좋은 정원과 내실을 두고도, 깨끗이 청소해서 즐기지도 아니하며,

子有鐘鼓, 弗鼓弗考.

子ㅣ 鐘鼓를 두딕, 鼓티 아니며 考티 아니면,

그대는 종과 북 있어도, 치지도 않고 연주하지도 아니하면,

宛其死矣, 他人是保!

宛히 그 死커든, 他人이 이에 保ᄒ리라!

멀쩡히 죽고 나면, 남이 이를 가질 텐데!

【栲】붉나무. 그러나 〈諺解〉 物名에는 "栲: 춤나무"라 함. 〈毛傳〉에 "栲, 山樗"라 하였고, 〈集傳〉에도 "栲, 山樗也. 似樗, 色小白, 葉差狹"이라 함.

【杻】댑싸리. 〈諺解〉物名에는 "杻:대빗리"라 함. 그러나 '댑싸리'는 草本植物로 맞지 않음. 〈毛傳〉에 "杻, 檍也"라 하였고, 〈集傳〉에도 "杻, 檍也. 葉似杏而尖, 白色, 皮正赤, 其理多曲少直, 材可爲弓弩榦者也"라 함.

【廷內】王引之〈述聞〉에 "廷, 與庭通. 庭爲中庭, 內爲堂與室也"라 함.

【洒】〈毛傳〉이 "洒, 灑也"라 함. 灑와 같음.

【埽】'掃'와 같음. '掃灑'의 쌍성연면어를 풀어서 표현한 것. 시원스럽게 처리함을 뜻함.

【弗鼓】여기서의 '鼓'는 動詞. 〈諺解〉에는 '皷'자로 표기되어 있음.

【弗考】〈毛傳〉과 〈集傳〉에 "考, 擊也"라 함.

【保】〈毛傳〉에 "保, 安也"라 하였고, 〈鄭箋〉에는 "保, 居也"라 함. 〈集傳〉에는 "保, 居有也"라 함. '占有하다'의 뜻.

(3) 興

山有漆, 隰有栗.

山애 漆이 이시며, 隰애 栗이 인ᄂ니라.

산에는 옻나무, 진펄에는 밤나무 있도다.

子有酒食, 何不日鼓瑟,

子ㅣ 酒食을 두듸, 엇디 날로 瑟을 鼓ᄒ야,

그대는 술과 안주 있는데, 어찌 하루도 슬을 연주하여,

且以喜樂, 且以永日?

ᄯ 뻐 喜樂ᄒ며, ᄯ 뻐 日을 永케 아닌ᄂ뇨?

또 그로써 신나게 즐기면서, 이런 날이 또 있으랴 하지 않는가?

宛其死以, 他人入室!

宛히 그 死커든, 他人이 室애 入하리라!

멀쩡히 죽고 나면, 남이 내 방에 들어앉고 말 텐데!

【漆】옻나무.

【酒食】술과 안주. 〈毛傳〉과 〈集傳〉에 "君子無故, 琴瑟不離於側"이라 함.

【永日】〈毛傳〉에 "永, 引也"라 하였으나, 〈集傳〉에는 "永, 長也. 人多憂則覺日短, 飮食作樂, 可以永長此日也"라 함.

【他人入室】남이 내 방을 차지함.

참고 및 관련 자료

1. 孔穎達 〈正義〉

有財不能用者, 三章章首二句, 是也. 此二句總言「昭公不能用財耳.」其經之所陳言 「昭公有衣裳·車馬·鐘鼓·酒食, 不用之.」是分別說其不能用財之事也. 有鐘鼓不能以 自樂者, 二章云「子有鐘鼓, 弗鼓弗考」, 是也. 有朝廷不能洒埽者, 二章云「子有廷內, 弗洒弗埽」, 是也. 經先言廷內, 序先言鐘鼓者, 廷內人君治政之處, 其事大鐘鼓者, 娛樂己身其事小. 經責昭公先重後輕, 故先言廷內. 序旣言'有財不能用', 鐘鼓亦貨 財之事, 故因卽先言之衣裳車馬, 亦是有財. 序獨言鐘鼓者, 據娛樂之大者, 言之也. 經先言衣裳, 後車馬者, 衣裳附於身, 車馬則差遠, 故先言衣裳也. 四鄰謀取其國家 者, 三章下二句, 是也. 四鄰卽'桓叔謀伐晉', 是也. 故下篇刺昭公, 皆言沃所幷沃, 雖 一國, 卽四鄰之一, 故以四鄰言之.

2. 《史記》晉世家

三十五年, 文侯仇卒, 子昭侯伯立. 昭侯元年, 封文侯弟成師于曲沃. 曲沃邑大於 翼. 翼, 晉君都邑也. 成師封曲沃, 號爲桓叔. 靖侯庶孫欒賓相桓叔. 桓叔是時年 五十八矣, 好德, 晉國之衆皆附焉. 君子曰:「晉之亂其在曲沃矣. 末大於本而得民心, 不亂何待!」七年, 晉大臣潘父弑其君昭侯而迎曲沃桓叔. 桓叔欲入晉, 晉人發兵攻桓 叔. 桓叔敗, 還歸曲沃. 晉人共立昭侯子平爲君, 是爲孝侯. 誅潘父.

116(唐-3) 양지수(揚之水)

*〈揚之水〉: 콸콸 솟는 물줄기. 〈揚之水〉 제목의 시는 〈王風〉(068), 〈鄭風〉(092) 등 모두 3곳임.
*이 시는 晉 昭公(昭侯)이 나라를 나누어 숙부 成師(桓叔)를 曲沃에 봉해줌으로 써, 백성들이 환숙에게 의지하여, 자신은 약해지고 말아 결국 나라를 혼란에 휩쓸리도록 하였음을 질책한 것이라 함. 따라서 이 시는 환숙의 멋지고 덕있는 모습을 찬양한 것임.

<序>: <揚之水>, 刺晉昭公也. 昭公分國以封沃, 沃盛强, 昭公微弱, 國人將叛而歸沃焉.

〈양지수〉는 晉 昭公(昭侯)을 풍자한 것이다. 소공은 나라를 나누어 桓叔을 曲沃에 봉하여, 곡옥은 강성해지고 소공 자신은 미약해졌으며, 나라 사람들이 장차 반란을 일으켜 환숙에게 歸附하려 하였다.

〈箋〉: 封沃者, 封叔父桓叔于沃也. 沃, 曲沃. 晉之邑也.

※昭公分國: 《左傳》桓公 2年과 《史記》와 晉世家에 의하면, 昭侯(昭公)가 군주에 올라 文侯의 아우이며 자신의 숙부인 成師(桓叔)를 曲沃에 봉하였는데, 桓叔이 덕을 베풀어 백성들이 그에게 부귀함. 7년 뒤 대신 반보(潘父)가 소후를 시해하고 곡옥의 환숙을 맞아 옹립하려 하자, 환숙이 이에 응하고자 도읍 翼으로 들어갔으나, 이번에는 진나라 사람들이 환숙을 반대하여 그를 공격함. 환숙이 패하여 곡옥으로 되돌아갔고 소후의 아들 平을 군주로 세웠으며, 이가 孝侯임. 앞장(115)과 본장의 참고란을 볼 것.

*전체 3장. 2장은 6구씩, 1장은 4구(揚之水: 三章. 二章章六句, 一章章四句).

(1) 比
揚之水, 白石鑿鑿.

揚혼 水ㅣ여, 白石이 鑿鑿(착착)ᄒ두다.

콸콸대는 물결 속에, 흰 돌이 우뚝하고 깨끗하도다.

素衣朱襮, 從子于沃.

素흔 衣와 朱흔 襮(박)으로, 子를 沃(옥)애 從호리라.

흰 저고리에 붉은 동정을 달고, 그대 따르려 曲沃으로 가네.

旣見君子, 云何不樂!

임의 君子를 보니, 엇디 樂디 아니리오!

이미 그대 환숙을 뵈오니, 어찌 즐겁지 않으리오!

【鑿鑿】鮮明한 모습. 〈毛傳〉에 "興也. 鑿鑿, 鮮明貌"라 하였으나 〈集傳〉에는 "鑿鑿, 巉巖貌"라 함. 〈鄭箋〉에는 "激揚之水, 激流湍疾, 洗去垢濁, 使白石鑿鑿然. 興者喩桓叔盛强, 除民所惡, 民得以有禮義也"라 함.

【素衣】흰 옷.

【朱襮】붉은 색 옷깃. 〈毛傳〉에 "襮, 領也. 諸侯繡黼, 丹朱中衣"라 하였고, 〈集傳〉에도 "襮, 領也. 諸侯之服, 繡黼領而丹朱純也"라 함. 〈鄭箋〉에는 "繡當爲綃, 綃黼丹朱中衣, 中衣以綃黼爲領, 丹朱爲純也. 國人欲進此服, 去從桓叔"이라 함. 《爾雅》에 "黼領謂之襮"이라 함.

【子】〈集傳〉에 "子, 指桓叔也"라 함. 桓叔은 晉 文侯의 아들이며 昭侯의 숙부. 〈鄭箋〉에 "君子謂桓叔"이라 함.

【沃】曲沃. 〈毛傳〉과 〈集傳〉에 "沃, 曲沃也"라 함. 지금의 山西 聞喜縣. 《漢書》地理志에 "河東聞喜縣, 故曲沃也. 武帝元鼎六年, 行過更名. 應劭曰:「武帝於此聞南越破, 改曰聞喜.」"라 함.

【云】發語辭.

＊〈集傳〉에 "○晉昭侯封其叔父成師于曲沃, 是爲桓叔. 其後沃盛强而晉微弱, 國人將叛而歸之. 故作此詩. 言「水緩弱而石巉巖, 以比晉衰而沃盛. 故欲以諸侯之服, 從桓叔于曲沃. 且自喜其見君子而無不樂也.」"라 함.

(2) 比

揚之水, 白石皓皓.

揚흔 水ㅣ여, 白石이 皓皓ᄒ두다.

콸콸대는 물결 속에, 흰 돌이 희고 희도다.

素衣朱繡, 從子于鵠.

素흔 衣와 朱흔 繡로, 子를 鵠(곡)애 從호리라.

흰 저고리에 붉은 수를 놓은 옷 입고, 그대 따라 鵠으로 가네.

旣見君子, 云何其憂!

임의 君子를 보니, 엇디 그 憂ᄒ리오!

이미 그대 환숙을 뵈오니, 어찌 다른 근심 있으리오!

【皓皓】潔白함. 희고 깨끗함. 〈毛傳〉에 "皓皓, 潔白也"라 함.
【繡】수를 놓음. 〈毛傳〉에 "繡, 黼也"라 하였고, 〈集傳〉에는 "朱繡, 卽朱襮也"라
   함. 聞一多 〈類鈔〉에는 "讀袖. 王念孫《廣雅疏證》:「《漢書》十三王傳:『刺方領繡.』
   晉灼注云:『今之婦人直領也.』"라 함.
【鵠】曲沃의 邑. 〈毛傳〉과 〈集傳〉에 "鵠, 曲沃邑也"라 함.
【云何其憂】〈毛傳〉에 "言無憂也"라 함.

(3) 比

揚之水, 白石粼粼.

揚흔 水ㅣ여, 白石이 粼粼(린린)ᄒ두다.

콸콸대는 물결 속에, 하얀 바위 투명하도다.

我聞有命, 不敢以告人!

내 命 이쇼믈 듣고, 敢히 뼈 人의게 告티 몯호라!

나 그의 명령을 들었지만, 남에게 감히 그 말 일러줄 수 없네!

【粼粼】투명함. 〈毛傳〉에 "粼粼, 淸徹也"라 하였고, 〈集傳〉에 "粼粼, 水淸石見之
   貌"라 함.
【命】政令. 〈毛傳〉에 "聞曲沃有善政命, 不敢以告人"이라 하였고, 〈鄭箋〉에는 "不
   敢以告人而去"者, 畏昭公, 謂已動民心"이라 함. 〈集傳〉에도 "聞其命而不敢以告
   人"者, 爲之隱也. 桓叔將以傾晉, 而民爲之隱. 蓋欲其成矣"라 함.
*〈集傳〉에 "○李氏曰:「古者, 不軌之臣, 欲行其志, 必先施小惠, 以收衆情. 然後民
   翕然從之. 田氏之於齊, 亦猶是也. 故其召公子陽生於魯, 國人皆知其已至而不言,

所謂我聞有命, 不敢以告人也.」라 함.

1. 孔穎達 〈正義〉

作〈揚之水〉詩者. 刺晉昭公也. 昭公分其國地, 以封沃國, 謂封叔父桓叔於曲沃之
邑也. 桓叔有德, 沃是大都. 沃國日以盛强, 昭公國旣削小, 身又無德, 其國日以微弱.
故晉國之人, 皆將叛而歸於沃國焉. 昭公分國封沃己爲不可, 國人將叛, 又不能撫之
也. 故刺之此刺昭公. 經皆陳桓叔之德者, 由昭公無德而微弱;桓叔有德而盛强. 國
人叛從桓叔, 昭公之國危矣, 而昭公不知. 故陳桓叔有德, 民樂從之, 所以刺昭公也.
封沃者, 使專有之, 別爲沃國, 不復屬晉. 故云以封沃也. 桓二年《左傳》云:「初, 晉穆
侯之夫人姜氏, 以條之役, 生太子, 命之曰仇. 其弟以千畝之戰生, 命曰成師. 師服
曰:『異哉, 君之名子也! 嘉耦曰妃, 怨耦曰仇, 古之命也. 今君命太子曰仇, 弟曰成師,
始兆亂矣. 兄其替乎!」惠之二十四年, 晉始亂, 故封桓叔于曲沃. 師服曰:『吾聞國家
之立也, 本大而末小, 是以能固. 故天子建國, 諸侯立家. 今晉, 甸侯也;而建國, 本旣
弱矣, 其能久乎?』惠之三十年, 晉潘公弑昭侯而納桓叔, 不克.」是封桓叔於沃之事
也. 此邑本名曲沃, 序單言沃, 則旣封之後謂之沃國, 故云. '沃', 曲沃也. 〈地理志〉
云:「河東聞喜縣, 故曲沃也. 武帝元鼎六年, 行過更名.」應劭曰:「武帝於此聞南越破,
改曰聞喜.」

2. 《左傳》桓公 2年 傳

初, 晉穆侯之夫人姜氏以條之役生大子, 命之曰仇;其弟以千畝之戰生, 命之曰成
師. 師服曰:「異哉, 君之名子也! 夫名以制義, 義以出禮, 禮以體政, 政以正民, 是以
政成而民聽. 易則生亂. 嘉耦曰妃, 怨耦曰仇, 古之命也. 今君命大子曰仇, 弟曰成師,
始兆亂矣. 兄其替乎!」惠之二十四年, 晉始亂, 故封桓叔于曲沃. 靖侯之孫欒賓傅之.
師服曰:「吾聞國家之立也, 本大而末小, 是以能固. 故天子建國, 諸侯立家, 卿置側
室, 大夫有貳宗, 士有隷子弟, 庶人·工商, 各有分親, 皆有等衰. 是以民服事其上, 而
下無覬覦. 今晉, 甸侯也;而建國, 本旣弱矣, 其能久乎?」惠之三十年, 晉潘父弑昭侯
而納桓叔, 不克. 晉人立孝侯. 惠之四十五年, 曲沃莊伯伐翼, 弑孝侯. 翼人立其弟鄂
侯. 鄂侯生哀侯. 哀侯侵陘庭之田. 陘庭南鄙啓曲沃伐翼.

3. 《史記》晉世家

穆侯四年, 取齊女姜氏爲夫人. 七年, 伐條. 生太子仇. 十年, 伐千畝, 有功. 生少子,
名曰成師. 晉人師服曰:「異哉, 君之命子也! 太子曰仇, 仇者讎也. 少子曰成師, 成師
大號, 成之者也. 名, 自命也;物, 自定也. 今適庶名反逆, 此後晉其能毋亂乎?」
二十七年, 穆侯卒, 弟殤叔自立, 太子仇出奔. 殤叔三年, 周宣王崩. 四年, 穆侯太子

仇率其徒襲殤叔而立, 是爲文侯. 文侯十年, 周幽王無道, 犬戎殺幽王, 周東徙. 而秦襄公始列爲諸侯. 三十五年, 文侯仇卒, 子昭侯伯立. 昭侯元年, 封文侯弟成師于曲沃. 曲沃邑大於翼. 翼, 晉君都邑也. 成師封曲沃, 號爲桓叔. 靖侯庶孫欒賓相桓叔. 桓叔是時年五十八矣, 好德, 晉國之衆皆附焉. 君子曰:「晉之亂其在曲沃矣. 末大於本而得民心, 不亂何待!」七年, 晉大臣潘父弑其君昭侯而迎曲沃桓叔. 桓叔欲入晉, 晉人發兵攻桓叔. 桓叔敗, 還歸曲沃. 晉人共立昭侯子平爲君, 是爲孝侯. 誅潘父. 孝侯八年, 曲沃桓叔卒, 子鱓代桓叔, 是爲曲沃莊伯. 孝侯十五年, 曲沃莊伯弑其君晉孝侯于翼. 晉人攻曲沃莊伯, 莊伯復入曲沃. 晉人復立孝侯子郄爲君, 是位鄂侯.

117(唐-4) 초료(椒聊)

*〈椒聊〉: '椒'는 산초나무, 혹 제피나무. '聊'는 어조사. 그러나 〈毛傳〉에 "椒聊, 椒也"라 하였으며, '椒聊'는 疊韻連綿語임을 통해 묶어서 하나의 木名, 혹 草名으로 쓰인 것으로 여겨짐. 현대어로는 씨가 많아 '嘟嚕'의 疊韻連綿語로 부른다 함. 〈諺解〉 物名에는 "椒: 젼쵸"라 함.
*이 시는 桓叔(成師)이 곡옥을 잘 다스림을 보고, 더욱 번성할 것이며, 아울러 그 자손이 결국 진나라를 차지하게 될 것임을 알게 되었다는 내용이라 함.

〈序〉: 〈椒聊〉, 刺晉昭公也. 君子見沃之盛彊能脩其政, 知其蕃衍盛大, 子孫將有晉國焉.

〈초료〉는 진 소공을 풍자한 것이다. 군자가 곡옥의 풍성하고 강하며 그 정치가 잘 이루어짐을 보고, 그가 번성하게 벋어나가 성대해질 것이며, 자손이 장차 진나라를 차지하게 될 것임을 알았다.

*전체 2장. 매 장 6구씩(椒聊: 二章. 章六句).

(1) 興而比
椒聊之實, 蕃衍盈升.
椒(쵸)의 實이여, 蕃衍(번연)ᄒ야 升애 盈ᄒ두다.
산초나무의 씨, 잘 벋어 자라 한 되 가득 차도다.

彼其之子, 碩大無朋.
뎌 之子ㅣ여, 碩大ᄒ야 朋이 업두다.
저 환숙이시여, 크고 원대함을 견줄 곳이 없도다.

椒聊且, 遠條且!
椒ㅣ여, 條ㅣ 遠홉도다!
산초나무여, 멀리 길게 이어졌구나!

【椒聊】'椒'는 산초나무. '聊'는 어조사. 〈集傳〉에 "椒, 樹. 似茱萸. 有針刺, 其實味辛而香烈. 聊, 語助也"라 함.

【蕃衍】열매가 알알이 많이 맺힘. 疊韻連綿語로 표현한 것. 〈鄭箋〉에는 "椒之性芬香而少實, 今一捄之實, 蕃衍滿升, 非其常也. 興者, 喩桓叔, 晉君之支別耳. 今其子孫衆多, 將日以盛也"라 함.

【彼其之子】桓叔을 가리킴. 〈鄭箋〉에는 "之子, 是子也. 謂桓叔也"라 함.

【碩大】크고 위대함. 〈鄭箋〉에 "碩, 謂壯貌, 佼好也; 大, 謂德美, 廣博也"라 함.

【無朋】無比의 뜻. 비교할 데가 없을 정도임. 〈毛傳〉과 〈集傳〉에 "朋, 比也"라 함. 古音 雙聲互訓. 〈鄭箋〉에는 "無朋, 平均, 不朋黨"이라 함.

【且】'저'로 읽으며 句末 感歎詞. 〈集傳〉에 "且, 歎辭"라 함.

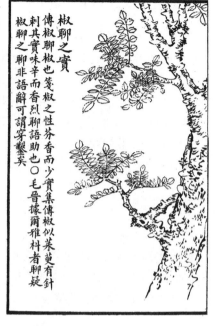

【遠條】긴 가지. 〈毛傳〉에 "條, 長也"라 함. 〈集傳〉에 "遠條, 長枝也"라 함. 〈鄭箋〉에는 "椒之氣, 日益遠長, 似桓叔之德, 彌廣博"이라 함.

＊〈集傳〉에 "○椒之蕃盛, 則采之盈升矣. 彼其之子, 則碩大而無朋矣. 椒聊且遠條, 且歎其枝遠而實益蕃也. 此不知其所指, 序亦以爲沃也"라 함.

(2) 興而比

椒聊之實, 蕃衍盈匊.

椒의 實이여, 蕃衍ᄒ야 匊(국)애 盈ᄒ두다.

산초나무의 씨, 잘 맺어, 두 손 가득 따도다.

彼其之子, 碩大且篤.

뎌 之子ㅣ여, 碩大코 또 篤ᄒ두다.

저 환숙이시여, 크고 원대하며 게다가 후덕하시도다.

椒聊且, 遠條且!

椒ㅣ여, 條ㅣ 遠홉도다!

산초나무여, 원대하고 길게 이어지리라!

【匊】두 손으로 가득 딸 만큼의 양. 〈毛傳〉과 〈集傳〉에 "兩手曰匊이"라 함. '掬'과 같음. 陳奐 〈傳疏〉에 "匊, 俗作掬"이라 함.
【篤】〈毛傳〉과 〈集傳〉에 "篤, 厚也"라 함.
【遠條】〈毛傳〉에 "言聲之遠聞也"라 함.

> ## 참고 및 관련 자료

1. 孔穎達 〈正義〉

作〈椒聊〉詩者, 刺晉昭公也. 君子之人, 見沃國之盛彊, 桓叔能脩其政教, 知其後世稍復蕃衍盛大, 子孫將并有晉國焉. 昭公不知, 故刺之. 此序, 序其見刺之, 由經二章, 皆陳桓叔有美德, 子孫蕃衍之事.

118(唐-5) 주무(綢繆)

＊〈綢繆〉: '綢繆'는 '直留反'(주), '亡侯反'(무)으로 '주무'로 읽으며 잘 묶어 주도면
밀히 함을 뜻하는 疊韻連綿語. 〈毛傳〉과 〈集傳〉에 "綢繆, 猶纏綿也"라 함.
＊이 시는 晉나라가 혼란에 빠져 젊은 남녀들이 제 때에 결혼도 하지 못함을 질
책한 것이라 함.

〈序〉: 〈綢繆〉, 刺晉亂也. 國亂則婚姻不得其時焉.

〈주무〉는 진나라의 혼란을 질책한 것이다. 나라가 혼란스러우면, 혼인
이 그 때를 맞추지 못한다.

〈箋〉: 不得其時, 謂不及仲春之月.

＊전체 3장. 매 장 6구씩(綢繆: 三章. 章六句).

(1) 興
綢繆束薪, 三星在天.

綢繆(쥬규)히 薪을 束홀 식, 三星이 天애 잇두다.

나뭇단을 단단히 묶고 보니, 三星의 心星이 東쪽에 보이네.

今夕何夕? 見此良人.

今夕이 엇던 夕고? 이 良人을 보라.

오늘 저녁이 어떤 저녁인고? 이리 좋은 사람을 보게 되다니.

子兮子兮, 如此良人何?

子ㅣ여 子ㅣ여, 이 良人애 엇디 호료?

그대여, 그대여, 이처럼 좋은 분을 어찌 할 거나?

【束薪】나뭇단을 묶음. 夫婦同心을 뜻함.
【三星】〈毛傳〉에는 "三星, 參也"라 하였고, 〈鄭箋〉에는 "三星, 謂心星也. 心有尊卑·

夫婦·父子之象. 又爲二月之合宿, 故嫁娶者, 以爲候焉. 昏而火星不見, 嫁娶之時也. 今我束薪於野, 乃見其在天, 則三月之末四月之中, 見於東方矣. 故云不得其時"라 함.

【在天】〈毛傳〉에 "在天, 謂始見東方也. 男女待禮而成, 若薪芻待人事而後束也. 三星在天, 可以嫁娶矣"라 하였고, 〈集傳〉에 "三星, 心也. 在天昏始見於東方, 建辰之月也"라 함. 二十八宿의 東方 參星이 하늘에 보일 때는 3월 말부터 4월 중순까지로 이때는 婚姻의 시기라 함.

【良人】좋은 사람. 新婚의 노래로 보는 〈毛傳〉에는 "良人, 美室也"라 하여, '아름다운 신부'로, 〈集傳〉에 남편 될 사람으로 보아 "良人, 夫稱也"라 함. 〈鄭箋〉에는 "今夕何夕者, 言「此夕何月之夕乎? 而女以見良人」, 言非其時"라 함.

【子兮子兮】〈毛傳〉에 "「子兮」者, 嗟玆也"라 하였고, 〈鄭箋〉에는 "「子兮子兮」者, 斥嫁取者子, 取後陰陽交會之月, 當如此良人何?"라 함.

＊〈集傳〉에 "〇國亂民貧, 男女有失其時, 而後得遂其婚姻之禮者. 詩人叙其婦語夫之辭曰:「方綢繆以束薪也. 而仰見三星之在天, 今夕不知其何夕也. 而忽見良人之在.」此旣又自謂曰:「子兮子兮, 其將奈此良人何哉?」喜之甚而自慶之辭也"라 함.

(2) 興

綢繆束芻, 三星在隅.

綢繆히 芻(추)를 束홀 싀, 三星이 隅애 잇두다.

꼴단을 단단히 묶고 나서 보니, 삼성이 東南쪽 귀퉁이에 보이네.

今夕何夕? 見此邂逅.

今夕이 엇던 夕고? 이 邂逅를 見호라.

오늘 저녁이 어떤 저녁인고? 이런 사람을 반나게 되다니.

子兮子兮, 如此邂逅何?

子ㅣ여 子ㅣ여, 이 邂逅애 엇디 ᄒᆞ료?

그대여, 그대여, 이러한 만남을 어찌 할 거나?

【芻】꼴.

【隅】〈毛傳〉에 "〈毛傳〉에 "隅, 東南隅也"라 하였고, 〈鄭箋〉에는 "心星在隅, 謂四月之末五月之中"이라 함. 〈集傳〉에는 "隅, 東南隅也. 昏見之星至此, 則夜久矣"라 함.

【邂逅】만남을 뜻하는 雙聲連綿語. 여기서는 '만나서 좋은 사람'이라는 뜻으로 쓰였음. 〈集傳〉에 "邂逅, 相遇之意. 此爲夫婦相語之辭也"라 함.

(3) 興

綢繆束楚, 三星在戶.

綢繆히 楚를 束홀 시, 三星이 戶애 잇두다.

가시나무 단을 단단히 묶고 보니, 삼성이 南쪽에 보이네.

今夕何夕? 見此粲者.

今夕이 엇던 夕고? 이 粲흔 者를 見호라.

오늘 저녁은 어떤 저녁인고? 이렇게 고운 세 여인을 만나게 되다니.

子兮子兮, 如此粲者何?

子ㅣ여 子ㅣ여, 이 粲흔 者애 엇디호료?

그대여, 그대여, 이 세 여인을 어찌 할 거나?

【楚】가시나무의 일종.
【戶】남쪽으로 낸 문. 〈毛傳〉에 "參星, 正月中直戶也"라 하였고, 〈鄭箋〉에는 "心星在戶, 謂之五月之末六月之中"이라 함. 〈集傳〉에는 "戶, 室戶也. 戶必南, 出昏見之星, 至此則夜分矣"라 함.
【粲】여자들이 셋이 모여 있어 아름다운 모습을 뜻함. 〈毛傳〉에 "三女爲粲, 大夫一妻二妾"이라 함. 〈集傳〉에는 "粲, 美也. 此爲夫語婦之辭也. 或曰女三爲粲, 一妻二妾也"라 함. 〈正義〉에 "〈周語〉云:「密康公遊於涇, 有三女奔之, 其母曰:「必致之王女. 三爲粲, 粲, 美物也. 汝則小醜, 何以堪之? 然粲者, 衆女之美稱也.」〈曲禮〉(下)云:「大夫不名姪娣.」大夫有妻有妾, 有一妻二妾也. 此刺婚姻失時, 當是民之婚姻, 而以大夫之法爲辭者. 此時貴者, 亦婚姻失時. 故王肅云:「言在位者, 亦不能及禮也.」"라 함. 참고란을 볼 것.

> 참고 및 관련 자료

1. 孔穎達 〈正義〉
毛以爲不得初冬, 冬末開春之時, 故陳婚姻之正時, 以刺之. 鄭以爲不得仲春之正時, 四月五月乃成婚, 故直擧失時之事, 以刺之. 毛以爲婚之月, 自季秋盡於孟春, 皆可以成婚. 三十之男, 二十之女, 乃得以仲春行嫁. 自是以外, 餘月皆不得爲婚也. 今此晉國之亂, 婚姻失於正時, 三章皆擧婚姻正時, 以刺之. 三星者, 參也. 首章言在天謂始見東方, 十月之時, 故王肅述毛云「三星在天, 謂十月也.」在天旣據十月, 二章在隅, 謂在東南隅, 又在十月之後也. 謂十一月十二月也. 卒章在戶, 言參星正中;直戶, 謂正月中也. 故月令孟春之月昏. 參中, 是參星, 直戶在正月中也. 此三章者, 皆婚姻之正時, 晉國婚姻, 失此三者之時, 故三章各擧一時, 以刺之. 毛以季秋之月, 亦是爲婚之時. 今此篇不陳季秋之月者, 以不得其時, 謂失於過晚. 作者據其失晚, 追陳正時, 故近擧十月以來, 不復遠, 言季秋也. 鄭以爲婚姻之禮, 必在仲春, 過涉後月, 則爲不可. 今晉國之亂, 婚姻皆後於仲春之月. 賢者見其失時, 指天候以責娶者, 三星者, 心也. 一名火星. 凡嫁娶者, 以二月之昏, 火星未見之時. 爲之首章, 言在天, 謂昏而火星始見東方, 三月之末四月之中也. 二章言在隅, 又晚於在天, 謂四月之末五月之中也. 卒章言在戶, 又晚於在隅, 謂五月之末六月之中. 故月令季夏之月, 昏火中, 是六月之中心星直戶也. 此三者, 皆晚矣, 失仲春之月. 三章歷言其失以刺之.

2. 《國語》周語(上)

恭王遊於涇上, 密康公從. 有三女奔之. 其母曰:「必致之於王. 夫獸三爲羣, 人三爲衆, 女三爲粲. 王田不取羣, 公行下衆, 王御不參一族. 夫粲, 美之物也. 衆以美物歸女, 而何德以堪之? 王猶不堪, 況爾小醜乎? 小醜備物, 終必亡.」康公不獻. 一年, 王滅密.

3. 《禮記》曲禮(下)

國君不名卿老世婦, 大夫不名世臣姪娣, 士不名家相長妾. 君大夫之子, 不敢自稱曰余小子;大夫士之子, 不敢自稱曰嗣子某, 不敢與世子同名.

119(唐-6) 체두(杕杜)

＊〈杕杜〉:'杕'는 홀로 우뚝한 모습. '杜'는 아가위나무. 〈毛傳〉과 〈集傳〉에 "杜, 赤棠也"라 함. 〈諺解〉物名에는 "杜:아가외"라 하여 '아가위나무'로 풀이하였음.
＊이 시는 晉나라 昭侯(昭公, 伯)가 친족을 제대로 챙기지 못하여, 결국 曲沃에 봉한 桓叔(成師)에게 병합을 당하고 마는 상황을 안타깝게 여겨 읊은 것이라 함. 같은 제목은 〈小雅〉(169)에도 있음.

<序>: <杕杜>, 刺時也. 君不能親其宗族, 骨肉離散, 獨居而無兄弟, 將爲沃所并爾.

〈체두〉는 당시 시속을 풍자한 것이다. 임금이 능히 그 종족을 친히 하지 못하여 골육이 이산하여, 홀로 살면서 형제가 없어 장차 곡옥의 환숙에게 병합될 판이었다.

＊전체 2장. 매 장 9구씩(杕杜:二章. 章九句).

(1) 興
有杕之杜, 其葉湑湑.
杕(톄)혼 杜(두)ㅣ여, 그 葉이 湑湑(셔셔)ᄒᆞ두다.
홀로 우뚝 선 아가위나무, 그 잎이 외롭고 무성하도다.

獨行踽踽, 豈無他人?
홀로 行(ᄒᆡᆼ)홈을 踽踽(우우)히 ᄒᆞ니, 엇디 他人이 업스리오마ᄂᆞᆫ,
홀로 살아감이 외로운데, 어찌 세상에 다른 사람 없으리오마는,

不如我同父!
내 同父ᄒᆞ니만 ᄀᆞᆮ디 몯ᄒᆞ니라!
같은 아버지 내 형제만한 이 없으리라!

嗟行之人, 胡不比焉?

嗟홉다, 行ᄒᄂ 人은, 엇디 比티 아닌ᄂ고?

아, 길 가는 사람이여, 어찌 도움을 주지 않는가?

人無兄弟, 胡不佽焉?

人이 兄弟 업거늘, 엇디 佽(ᄎ)티 아닌ᄂ고?

사람으로서 형제도 없는데, 어찌 도와주지 않는가?

【杕】〈毛傳〉에 "杕, 特貌"라 하였고, 〈集傳〉에 "杕, 特也"라 함.

【湑湑】〈毛傳〉에 "湑湑, 枝葉不相比也"라 하였으나, 〈集傳〉에는 "湑湑, 盛貌"라 하여 이를 따라 풀이함.

【踽踽】〈毛傳〉:"踽踽, 無所親也"라 하였고, 〈集傳〉에 "踽踽, 無所親之貌"라 함. 친한 사람이 없어 홀로 쓸쓸한 모습.《說文》에 "踽踽, 疏行貌"라 함.

【他人】남.

【同父】兄弟. 昭侯(昭公)의 아버지 文侯(仇)와 숙부 桓叔(成師)은 형제였음. 〈集傳〉에 "同父, 兄弟也"라 함. 〈鄭箋〉에는 "他人, 謂異姓也. 言昭公遠其宗族, 獨行於國中, 踽踽然. 此豈無異姓之臣乎? 顧恩不如同姓親親也"라 함.

【行之人】〈鄭箋〉에 "君所與行之人, 謂異姓卿大夫也"라 함.

【比】〈鄭箋〉에는 "比, 輔也. 此人, 女何不輔君爲政令?"이라 하였고, 〈集傳〉에도 "比, 輔"라 함.

【佽】〈毛傳〉과 〈集傳〉에 "佽, 助也"라 함. 〈鄭箋〉에는 "異姓卿大夫, 女見君無兄弟之親, 親者, 何不相推佽而助之?"라 함.

＊〈集傳〉에 "○此無兄弟者, 自傷其孤特, 而求助於人之辭. 言「杕然之杜, 其葉猶湑湑然. 人無兄弟, 則獨行踽踽, 曾杜之不如矣. 然豈無他人之可與同行也哉! 特以其不如我兄弟, 是以不免於踽踽耳. 於是嗟歎行路之人, 何不閔我之獨行, 而見親憐我之無兄弟, 而見助乎?」"라 함.

(2) 興

有杕之杜, 其葉菁菁.

杕흔 杜ㅣ여, 그 葉이 菁菁(청청)ᄒ두다.

한 그루 우뚝 외롭게 서 있는 아가위나무, 그 잎이 무성하도다.

獨行睘睘, 豈無他人?

홀로 行홈을 睘睘(경경)히 호니, 엇디 他人이 업스리오 마는,

홀로 외롭게 살고 있는데, 어찌 세상에 사람 없으랴만,

不如我同姓!

내 同姓호니만 근디 몯호니라!

내 같은 할아버지 핏줄만 못하리라!

嗟行之人, 胡不比焉?

嗟홉다, 行호는 人은, 엇디 比티 아닌는고?

아, 길 가는 사람들이여, 어찌 나를 도와주지 않는고?

人無兄弟, 胡不佽焉?

人이 兄弟 업거늘, 엇디 佽티 아닌는고?

사람으로서 형제도 없는데, 어찌 나를 도와주지 않는고?

【菁菁】〈毛傳〉에 "菁菁, 葉盛也"라 하였고, 〈鄭箋〉에는 "菁菁, 稀少之貌"라 하여 달리 풀이함. 〈集傳〉에는 "菁菁, 亦盛貌"라 함.

【睘睘】'睘'은 '音瓊'이라 하여 '경'으로 읽음. '睘'의 異體字. '煢煢'과 같음. 〈毛傳〉에 "睘睘, 無所依也"라 하였고, 〈集傳〉에도 "睘睘, 無所依貌"라 함.

【同姓】〈毛傳〉에 "同姓, 同祖也"라 함.

참고 및 관련 자료

1. 孔穎達 〈正義〉

不親宗族者, 章首二句, 是也; 獨居而無兄弟者, 次三句, 是也. 下四句戒異姓之人, 令輔君爲治, 亦是不親宗族之言, 故序略之.

120(唐-7) 고구(羔裘)

*〈羔裘〉: 검은 염소 가죽으로 만든 외투. 大夫들이 입는 正服. 같은 제목의 시는
〈鄭風〉(080), 〈檜風〉(146) 등 세 작품이 있음.
*이 시는 진나라 조정에 있는 경대부들이 백성을 불쌍히 여기지 않고 친히 대하
려 하지도 않음을 비판한 것이라 함. 그러나 내용으로 보아 자신에게 거만하게
구는 연인에게 정 때문에 헤어지지 못하는 심정으로 투정을 부리는 것으로 여김.

〈序〉: 〈羔裘〉, 刺時也. 晉人刺其在位, 不恤其民也.

〈고구〉는 당시 時俗을 풍자한 것이다. 진나라 사람들이 지위에 있는 이
들이 백성을 불쌍히 여기지 않음을 질책한 것이다.

〈箋〉: 恤, 憂也.

*전체 2장. 매 장 4구씩(羔裘: 二章. 章四句).

(1) 賦
羔裘豹袪! 自我人居居.

羔(고)로 흔 裘(구)에 豹로 袪(거)ᄒ얏도소니, 우리 人의 居居로브테로다.

염소 갖옷 표범 가죽으로 수식한 소매, 우리들에게 악한 마음 품고부
터로다.

豈無他人? 維子之故!

엇디 他人이 업스리오 마ᄂᆞᆫ, 子의 故ㅣ니라!

어찌 다른 사람 없겠는가? 그대와 옛정 때문에 못 떠나는 것일 뿐!

【羔裘】염소 가죽으로 만든 외투. 대부들이 표범 무늬를 장식하여 입는 정복.
〈集傳〉에 "羔裘, 君純羔; 大夫以豹飾"이라 함.
【豹袪】표범 가죽으로 소매를 장식한 것. 〈毛傳〉에 "袪, 袂也. 本末不同, 在位與
民, 異心自用也라 하였고, 〈鄭箋〉에는 "羔裘豹袪, 在位卿大夫之服也"라 함. 〈集

578 시경

傳〉에도 "袪, 袂也"라 함.

【自】자신의 뜻대로 부려먹음. 그러나 〈諺解〉에는 허사로 풀이하였음.

【居居】악한 마음을 품고 친하게 굴지 않음. 〈毛傳〉에 "居居, 懷惡不相親比之貌"라 하였고, 〈鄭箋〉에는 "其役使我之民人, 其意居居然, 有悖惡之心, 不恤我之困苦"라 함. 〈集傳〉에 "居居, 未詳"이라 함.

【維子之故】'維'는 發語辭. '故'는 故舊. 옛정. 〈鄭箋〉에는 "此民, 卿大夫采邑之民也. 故云「豈無他人, 可歸往者乎? 我不去者, 乃念子故舊之人"이라 함.

(2) 賦

羔裘豹褎! 自我人究究.

羔로 혼 裘애 豹로 褎(유)ᄒᆞ얏도소니, 우리 人의 究究브테로다.

염소 갖옷 표범 가죽 수식한 소매, 우리들에게 너무 멋대로 악하게 하면서부터로다.

豈無他人? 維子之好!

엇디 他人이 업스리오 마ᄂᆞᆫ, 子의 好홈이니라!

어찌 다른 사람 없겠는가? 다만 그대의 호의 때문에 떠나지 못할 뿐!

【褎】袪와 같음. 소매. '袖'의 뜻. 〈集傳〉에 '音袖'라 하였고, 〈音義〉에도 '徐究反'이라 하여 음이 '수'이나 〈諺解〉에는 '유'로 읽었음. 〈毛傳〉과 〈集傳〉에 "褎, 猶袪也"라 함.

【我人】우리 백성.

【究究】〈毛傳〉에 "究究, 猶居居也"라 함. 《爾雅》에는 "居居·究究, 惡也"라 함. 〈集傳〉에 "究究, 亦未詳"이라 함.

【好】情. 〈鄭箋〉에는 "我不去而歸往他人者, 乃念子而愛好之也. 民之厚如此, 亦唐之遺風"이라 함.

참고 및 관련 자료

1. 孔穎達 〈正義〉

刺其在位, 不恤其民者, 謂刺朝廷卿大夫也. 以在位之臣, 輔君爲政, 當助君憂民, 而懷惡於民, 不憂其民, 不與相親比, 故刺之. 經二章, 皆刺在位懷惡, 不恤下民之辭. 俗本或其下有'君'衍字, 定本無'君'字, 是也.

2. 朱熹〈集傳〉

〈羔裘〉, 二章, 章四句:

此詩不知所謂, 不敢强解.

121(唐-8) 보우(鴇羽)

*〈鴇羽〉: '鴇'는 너새. 〈諺解〉物名에는 "鴇:너시"라 함. 〈集傳〉에 "鴇, 鳥名. 似鴈
而大, 無後趾"라 하여, 기러기와 닮았으나 그보다 크며 뒤의 발가락이 없는 새라
하였음. 나무에 앉기를 좋아하지 않는 새. 그럼에도 나무에 모여 앉은 것은 사람
이 苦役을 원치 않음에도 나라의 명령에 의해 할 수 없이 노역을 당함을 비유함.
*이 시는 昭侯 이후 5대에 걸친 혼란으로 군자들조차 노역에 나서서 부모를 봉
양할 겨를이 없음을 한탄한 것이라 함.

〈序〉: 〈鴇羽〉, 刺時也. 昭公之後, 大亂五世. 君子下從征役, 不得養其父母, 而作是詩也.

〈보우〉는 당시 시속을 풍자한 것이다. 소공 이후로 5대에 걸쳐 대란이
일어났다. 군자들이 아랫것들과 함께 征役에 종사하느라 그 부모를 봉양
할 수 없어 이 시를 지은 것이다.

〈箋〉: 大亂五世者, 昭公, 孝侯, 鄂侯, 哀侯, 小子侯.

※大亂五世: 晉나라는 昭侯(昭公, 伯) 이후 孝侯(平), 鄂侯(郤), 哀侯(光), 小子 侯를
거쳐 緡에 이르도록 끝없이 내란과 시해가 일어났음. 《左傳》 및 《史記》를 참조
할 것. 참고란을 볼 것.

*전체 장. 매 장 7구씩(鴇羽: 三章. 章七句).

(1) 比
肅肅鴇羽, 集于苞栩.

肅肅(숙숙)흔 鴇(보)의 羽ㅣ여, 苞(포)흔 栩(우)애 集ᄒ얏두다.

휙휙 하며 나는 너새의 날개소리, 빽빽한 떡갈나무에 모여 앉았네.

王事靡盬, 不能蓺稷黍;

王事를 盬(고)티 몯홀 꺼시라, 能히 稷과 黍를 蓺(예)티 몯ᄒ오니,

나라의 일이라 대충할 수가 없어, 피와 기장을 심을 틈이 없으니,

父母何怙!

父母ㅣ 므어슬 怙(호)홀고?

우리 부모 무엇을 기대어 사실까!

悠悠蒼天! 曷其有所?

悠悠흔 蒼天아! 언제 그 所ㅣ 이실고?

아득한 푸른 하늘이여! 언제 내 일상으로 돌아갈 수 있을꼬?

【肅肅】새가 날개 치는 소리. 〈毛傳〉에 "肅肅, 鴇羽聲也"라 하였고, 〈集傳〉에도 "肅肅, 羽聲"이라 함.

【集】〈毛傳〉과 〈集傳〉에 "集, 止也"라 함.

【苞】〈毛傳〉에 "苞, 稹"이라 하였고, 〈鄭箋〉에 "稹者, 根相迫迮梱致也"라 여 密生한 모습을 뜻하며, 〈集傳〉에도 "苞, 叢生也"라 함.

【栩】〈音義〉에 '栩, 況羽反'이라 하였고, 〈集傳〉에 '音許'라 하여, '허'로 읽어야 하나 〈諺解〉에는 '우'로 읽었음. 〈毛傳〉에 "栩, 杼也. 鴇之性, 不樹止"라 하였고, 〈集

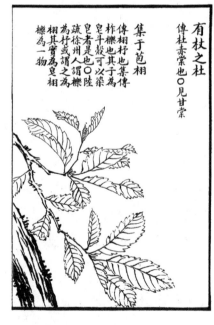

傳〉에는 "栩, 柞櫟也. 其子爲皁斗, 殼可以染皁者, 是也"라 함. 〈諺解〉物名에는
"栩:덥갈나무"라 함. 麻櫟樹라고도 함. 〈鄭箋〉에는 "興者, 喩君子當居安平之處.
今下從征役, 其爲危苦如鴇之樹止然"이라 함.

【王事】國事. 나라에서 시키는 일.

【鹽】〈毛傳〉과 〈集傳〉에 "鹽, 不攻緻也"라 하여 치밀하게 하지 않음. 대충 함을
　뜻함. 그러나 王引之 〈述聞〉에는 "鹽者, 息也. ……《爾雅》曰:「棲·遲·憩·休·苦, 息
　也.」苦, 與靡鹽之鹽同"이라 함.

【蓺】'藝'와 같음. 〈鄭箋〉과 〈集傳〉에 "蓺, 樹"라 함.

【稷】피.

【黍】메기장.

【怙】〈毛傳〉과 〈集傳〉에 "怙, 恃也"라 함. 믿고 의지함. 〈鄭箋〉에는 "我迫王事, 無
　不攻致, 故盡力焉. 旣則罷倦, 不能播種五穀, 今我父母, 將何怙乎?"라 함.

【曷】언제. 疑問詞. 〈鄭箋〉에는 "曷, 何也"라 함.

【所】장소, 본래의 일상생활을 영위하던 자신의 위치. 〈鄭箋〉에는 "何時, 我得其所
　哉?"라 함.

＊〈集傳〉에 "○民從征役, 而不得養其父母, 故作此詩. 言「鴇之性不樹止, 而今乃飛
　集于苞栩之上, 如民之性, 本不便於勞苦, 今乃久從征役, 而不得耕田以供子職也.
　悠悠蒼天, 何時使我得其所乎?"라 함.

(2) 比

肅肅鴇翼, 集于苞棘.

肅肅ᄒᆞᆫ 鴇의 翼이여, 苞ᄒᆞᆫ 棘애 集ᄒᆞ얏두다.

휙휙 나는 너새의 날개 소리, 빽빽한 가시나무에 모여 앉았네.

王事靡鹽, 不能蓺黍稷;

王事를 鹽티 몯홀 꺼시라, 能히 黍와 稷을 蓺티 몯ᄒᆞ니,

나라의 일이라 대충 할 수 없어, 기장도 피도 심을 틈이 없으니,

父母何食!

父母ㅣ 므어슬 食홀고?

우리 부모 무엇을 잡술 게 있을까!

悠悠蒼天! 曷其有極?

悠悠흔 蒼天아! 언제 그 極이 이실고?

아득한 푸른 하늘이여! 언제 이 일이 끝날 것인가?

【棘】가시나무.

【極】끝냄, 그침. 〈鄭箋〉과 〈集傳〉에 "極, 已也"라 함.

(3) 比

肅肅鴇行, 集于苞桑.

肅肅흔 鴇의 行이여, 苞흔 桑애 集ᄒ얏두다.

휙휙 나는 너새의 행렬이여, 빽빽한 뽕나무에 모여 앉았네.

王事靡鹽, 不能蓺稻粱,

王事를 鹽티 몯홀 꺼시라, 能히 稻와 粱(량)을 蓺티 몯호니,

나라의 일이라 대충 할 수가 없어, 벼도 기장도 심지 못하니,

父母何嘗!

父母ㅣ 므어슬 嘗홀고?

우리 부모 무엇을 맛이라도 볼 수 있을까!

悠悠蒼天! 曷其有常?

悠悠흔 蒼天아! 언제 그 常이 이실고?

아득한 푸른 하늘이여! 언제 그 일상을 가질 수 있꼬?

【行】〈毛傳〉에 "行, 翮也"라 하여 날개 근육, 혹 翅의 의미라 하였으나, 〈集傳〉에는 "行, 列也"라 함. 혹 '胻'의 假借로 보아 새의 腿(다리)를 뜻하는 것이라고도 함.

【稻】벼. 〈諺解〉物名에는 "稻:벼"라 함. 〈集傳〉에 "稻, 即今南方所食稻米. 水生而色白者也"라 함.

【粱】기장. 〈集傳〉에 "粱, 粟類也. 有數色"이라 함. 〈諺解〉物名에는 "粱:기장"이라

함.

【嘗】'嚐'과 같음. 먹음. 맛봄. 〈集傳〉에 "嘗, 食也"라 함.

【常】〈集傳〉에 "常, 復其常也"라 함. 일상생활.

不能藝稻粱

集傳稻即今南方所食稻米水
生而色白者也粱粟類也有數
色○稻一名稌杭糯之通稱粱
統粟之名古者無粟名後世粟
顯而粱隱矣

참고 및 관련 자료

1. 孔穎達 〈正義〉

言'下從征役'者, 君子之人, 當居平安之處, 不有征役之勞. 今乃退與無知之人, 共從征役, 故言'下'也. 定本作下從征役, 經三章皆. 上二句言君子從征役之苦;下五句恨不得供養父母之辭. 〈正義〉曰:案《左傳》桓二年稱「魯惠公三十年, 晉潘父弒昭侯而納桓叔, 不克. 晉人立孝侯. 惠之四十五年, 曲沃莊伯, 伐翼, 弒孝侯. 翼人立其弟鄂侯.」隱五年傳稱「曲沃莊伯, 伐翼, 翼侯奔隨. 秋王命虢公伐曲沃, 而立哀侯于翼.」隱六年傳稱「翼人逆晉侯于隨, 納諸鄂. 晉人謂之鄂侯.」桓二年傳「鄂侯生哀侯, 哀侯侵陘庭之田, 陘庭南鄙, 啓曲沃伐翼.」桓三年「曲沃武公伐翼, 逐翼侯于汾隰, 夜獲之.」桓七年傳「冬曲沃伯, 誘晉小子侯, 殺之.」八年春「滅翼」是大亂五世之事. 案桓八年傳云「冬, 王命虢仲, 立晉哀侯之弟緡於晉」, 則小子侯之後, 復有緡爲晉君. 此大亂五世不數, 緡者, 以此言'昭公之後', 則是昭公之詩, 自昭公數之至小子而滿五, 故數不及緡也. 此言'大亂五世', 則亂後始作, 但亂從昭起, 追刺昭公, 故爲昭公詩也.

2. 《左傳》

① 桓公 2년 傳

惠之三十年, 晉潘父弒昭侯而納桓叔, 不克. 晉人立孝侯. 惠之四十五年, 曲沃莊伯伐翼, 弒孝侯. 翼人立其弟鄂侯. 鄂侯生哀侯. 哀侯侵陘庭之田. 陘庭南鄙啓曲沃伐翼.

② 桓公 3년 傳

三年春, 曲沃武公伐翼, 次于陘庭. 韓萬御戎, 梁弘爲右. 逐翼侯于汾隰, 驂絓而止, 夜獲之, 及欒共叔.

③ 桓公 8년 傳

八年春, 滅翼.

④ 桓公 8년 傳

冬, 王命虢仲立晉哀侯之弟緡于晉.

⑤ 隱公 5년 傳

曲沃莊伯以鄭人·荊人伐翼, 王使尹氏·武氏助之. 翼侯奔隨.

⑥ 隱公 6년 傳

翼九宗五正頃父之子嘉父逆晉侯于隨, 納諸鄂, 晉人謂之鄂侯.

3.《史記》晉世家

三十五年, 文侯仇卒, 子昭侯伯立. 昭侯元年, 封文侯弟成師于曲沃. 曲沃邑大於翼. 翼, 晉君都邑也. 成師封曲沃, 號爲桓叔. 靖侯庶孫欒賓相桓叔. 桓叔是時年五十八矣, 好德, 晉國之衆皆附焉. 君子曰:「晉之亂其在曲沃矣. 末大於本而得民心, 不亂何待!」

七年, 晉大臣潘父弑其君昭侯而迎曲沃桓叔. 桓叔欲入晉, 晉人發兵攻桓叔. 桓叔敗, 還歸曲沃. 晉人共立昭侯子平爲君, 是爲孝侯. 誅潘父.

孝侯八年, 曲沃桓叔卒, 子鱓代桓叔, 是爲曲沃莊伯. 孝侯十五年, 曲沃莊伯弑其君晉孝侯于翼. 晉人攻曲沃莊伯, 莊伯復入曲沃. 晉人復立孝侯子郄爲君, 是位鄂侯.

鄂侯二年, 魯隱公初立.

鄂侯六年卒. 曲沃莊伯聞晉鄂侯卒, 乃興兵伐晉. 周平王使虢公將兵伐曲沃莊伯, 莊伯走保曲沃. 晉人共立鄂侯子光, 是爲哀侯.

哀侯二年曲沃莊伯卒, 子稱代莊伯立, 是爲曲沃武公. 哀侯六年, 魯弑其君隱公. 哀侯八年, 晉侯陘廷. 陘廷與曲沃武公謀, 九年, 伐晉于汾旁, 虜哀侯. 晉人乃立哀侯子小子爲君, 是爲小子侯.

小子元年, 曲沃武公使韓萬殺所虜晉哀侯. 曲沃益彊, 晉無如之何.

晉小子之四年, 曲沃武公誘召晉小子殺之. 周桓王使虢仲伐曲沃武公, 武公入于曲沃, 乃立晉哀侯弟緡爲晉侯.

晉侯緡四年, 宋執鄭祭仲而立突爲鄭君. 晉侯十九年, 齊人管至父弑其君襄公.

晉侯二十八年, 齊桓公始霸. 曲沃武公伐晉侯緡, 滅之, 盡以其寶器賂獻于周釐王. 釐王命曲沃武公爲晉君, 列爲諸侯, 於是盡幷晉地而有之.

曲沃武公已卽位三十七年矣, 更號曰晉武公. 晉武公始都晉國, 前卽位曲沃, 通年三十八年.

武公稱者, 先晉穆侯曾孫也, 曲沃桓叔孫也. 桓叔者, 始封曲沃. 武公, 莊伯子也. 自桓叔初封曲沃以至武公滅晉也, 凡六十七歲, 而卒代晉爲諸侯. 武公代晉二歲, 卒, 與曲沃通年, 卽位凡三十九年而卒. 子獻公詭諸立.

122(唐-9) 무의(無衣)

＊〈無衣〉: 옷이 없음. 같은 제목은 〈秦風〉(133)에도 있음.
＊이 시는 晉 武公(曲沃武公)이 翼의 緡을 멸하고 晉나라를 통일하자, 대부들이
천자에게 청하여 周 釐王(僖王)으로부터 정식으로 공인을 받아 제후의 반열에
서게 된 내용을 압축, 비유하여 읊은 것이라 함.

〈序〉: 〈無衣〉, 美晉武公也. 武公始并晉國, 其大夫爲之 請命乎天子之使, 而作是詩也.

〈무의〉는 晉 武公을 찬미한 것이다. 무공은 비로소 진나라를 병합하
자, 그 대부들이 그를 위해 천자에게 사신을 보내어 명령을 내려줄 것을
청하면서 이 시를 지은 것이다.

〈箋〉: 天子之使, 是時使來者.

※晉 武公: 曲沃武公을 가리킴. 이름은 칭. 莊伯(鱓)의 아들. 애초 晉 昭侯(昭公)가
들어서면서 숙부 成師(桓叔)를 曲沃에 봉하였는데, 이 때문에 진나라는 翼의 本
派와 曲沃의 支派로 나뉘어 분쟁을 일으키게 됨. 曲沃桓叔이 죽고 그 아들 曲沃
莊伯(鱓)을 거쳐, 다시 그 뒤를 曲沃武公(稱)으로 이어짐. 曲沃武公이 翼의 哀侯
를 사로잡자, 翼에서는 小子侯를 세웠으나 곡옥무공은 애후를 시살하고 다시
소자후를 유인하여 죽임. 이에 周 桓王의 사신 虢仲이 곡옥무공을 치러나서자,
익에서는 애후의 아우 緡을 군주로 세움. 그 뒤 齊桓公(小白)이 패자가 되자, 그
틈에 곡옥무공은 익을 공격하여 임금 緡을 죽이고 寶器를 모두 거두어 周 釐王
(僖王)에게 바쳐, 진나라 정통 군주로 공인을 받아 제후의 반열에 오르게 됨. 이
에 곡옥무공은 진나라 땅을 모두 병합하여 통일을 이룸. 그는 즉위 37년(周 僖王
4년. B.C.678년) 만에 호를 '晉武公'으로 고침. 2년 뒤 그가 죽고 아들 獻公(詭諸)이
그 뒤를 이음. 무공의 재위 기간은 翼의 緡과 겹쳐 前706-677년까지 39년간임.
《左傳》및《史記》晉世家를 참조할 것.

＊전체 2장. 매 장 3구씩(無衣: 二章. 章三句).

(1) 賦

豈曰無衣七兮?

엇디 衣ㅣ 七이 업다 ᄒ리오?

어찌 옷에 '七'이 없다 하겠는가?

不如子之衣, 安且吉兮!

子의 衣ㅣ, 安ᄒ고 또 吉홈만 ᄀ디 몯홀 시니라!

천자께서 입으신 옷처럼, 편안하고 좋으심만 못해서 그렇지!

【衣七, 衣六】〈毛傳〉에 "侯伯之禮七命, 冕服七章"이라 하였고, 〈鄭箋〉에는 "我豈無是七章之衣乎? 晉舊有之非新命之服"이라 함. 〈集傳〉에는 "侯伯七命, 其車旗衣服, 皆以七爲節"이라 함. 즉 諸侯의 禮服은 무늬에 七의 數를 쓰고, 天子의 卿은 六의 數를 씀. 聞一多는 "在十爲足數的系統中, 五是半數, 五減二得三, 是少數; 五加二得七, 是多數. 古書中說到三或七, 往往是在這種意義下, 作爲代表少數或多數的象徵數字的"이라 함.

【子】〈集傳〉에 "子, 天子也"라 함.

【安且吉】편안하고 또한 길함. 〈毛傳〉에 "諸侯不命於天子, 則不成爲君"이라 하였고, 〈鄭箋〉에는 "武公初幷晉國, 心未自安, 故以得命服爲安"이라 함.

＊〈集傳〉에 "○《史記》:「曲沃桓叔之孫武公, 伐晉滅之, 盡以其寶器賂周釐王, 王以武公爲晉君, 列於諸侯.」此詩蓋述其請命之意, 言「我非無是七章之衣也, 而必請命者, 蓋以不如天子之命服之爲安且吉也.」蓋當是時, 周室雖衰典刑, 猶在武公, 旣負弒君簒國之罪, 則人得討之, 而無以自立於天地之間, 故賂王請命而爲說如此. 然其倨慢無禮, 亦已甚矣. 釐王貪其寶玩, 而不思天理民彝之不可廢, 是以誅討不加, 而爵命行焉, 則王綱於是乎不振, 而人紀, 或幾乎絶矣. 嗚呼痛哉!"라 함.

(2) 賦

豈曰無衣六兮?

엇디 衣ㅣ 六이 업다 ᄒ리오?

어찌 옷에 '六'이 없다 말하겠는가?

不如子之衣, 安且燠兮!

子의 衣ㅣ, 安ᄒᆞ고 ᄯᅩ 燠(욱)홈만 ᄀᆞᆮ디 몯홀 ᄉᆞ니라!

천자께 입으신 옷처럼, 편안하고 따스함만 못해서 그렇지!

【衣六】〈毛傳〉에 "天子之卿六命, 車旗衣服, 以六爲節"이라 하였고, 〈鄭箋〉에는
"變七言六者, 謙也. 不敢必當侯伯得受六命之服, 列於天子之卿, 猶愈乎不?"라 함.
〈集傳〉에는 "天子之卿, 六命變七, 言六者, 謙也. 不敢以當侯伯之命, 得受六命之
服, 比於天子之卿, 亦幸矣"라 함.

【燠】따스함. 〈毛傳〉에 "燠, 煖也"라 하였고, 〈集傳〉에는 "燠, 煖也. 言其可以久也"
라 함.

참고 및 관련 자료

1. 孔穎達 〈正義〉

作〈無衣〉詩者, 美晉武公也. 所以美之者, 晉昭公封叔父成師於曲沃, 號爲桓叔.
桓叔生莊伯, 莊伯生武公, 繼世爲曲沃之君, 常與晉之正適, 戰爭不息. 及今武公始
滅晉而有之, 其大夫爲之請王, 賜命於天子之使, 而作〈無衣〉之詩, 以美之. 其大
夫者, 武公之下大夫也. 曲沃之大夫, 美其能并晉國, 故爲之請命. 此序其請命之事,
經二章皆請命之辭. ○〈正義〉曰:不言請命於天子, 而云請命於天子之使, 故云是時
使來, 使以他事適晉, 大夫就使求之, 欲得此使告王令, 王賜以命服也. 案《左傳》桓
八年「王使立緡於晉」, 至莊十六年乃云「王使虢公命曲沃伯爲晉侯」, 不言滅晉之事.
〈晉世家〉云「哀侯二年, 曲沃莊伯卒, 晉侯緡立. 二十八年曲沃武公伐晉侯緡, 滅之.
盡以其實器賂周僖王, 僖王命曲沃武公爲晉君, 列爲諸侯. 於是盡并晉地而有之. 曲
沃武公已卽位三十七年矣.」計緡以桓八年立, 至莊十六年, 乃得二十八年. 然則虢公
命晉侯之年, 始并晉也. 虢公未命, 晉之前, 有使適晉, 晉大夫就之請命, 其使名號書
傳無丈也. 或以爲使卽虢公, 當來賜命之時, 大夫就之請命, 斯不然矣. 傳稱王使虢
公, 命曲沃伯爲晉侯, 則虢公適晉之時, 齎命服來賜, 大夫不假請之, 豈虢公奉使適
晉, 藏其命服待請而與之哉? 若虢公於賜命之前, 別來適晉, 則非所知耳. 若當時以
命賜之, 卽命晉之時, 不須請也. 故箋直言'使來', 不知何使.

2.《左傳》

① 桓公 8년 傳

八年春, 滅翼. 冬, 王命虢仲立晉哀侯之弟緡于晉.

② 莊公 16년 傳

王使虢公命曲沃伯以一軍爲晉侯.

3.《史記》晉世家

哀侯二年曲沃莊伯卒, 子稱代莊伯立, 是爲曲沃武公. 哀侯六年, 魯弑其君隱公. 哀侯八年, 晉侵陘廷. 陘廷與曲沃武公謀, 九年, 伐晉于汾旁, 虜哀侯. 晉人乃立哀侯子小子爲君, 是爲小子侯.

小子元年, 曲沃武公使韓萬殺所虜晉哀侯. 曲沃益彊, 晉無如之何.

晉小子之四年, 曲沃武公誘召晉小子殺之. 周桓王使虢仲伐曲沃武公, 武公入于曲沃, 乃立晉哀侯弟緡爲晉侯.

晉侯緡四年, 宋執鄭祭仲而立突爲鄭君. 晉侯十九年, 齊人管至父弑其君襄公.

晉侯二十八年, 齊桓公始霸. 曲沃武公伐晉侯緡, 滅之, 盡以其寶器賂獻于周釐王. 釐王命曲沃武公爲晉君, 列爲諸侯, 於是盡併晉地而有之.

曲沃武公已卽位三十七年矣, 更號曰晉武公. 晉武公始都晉國, 前卽位曲沃, 通年三十八年.

武公稱者, 先晉穆侯曾孫也, 曲沃桓叔孫也. 桓叔者, 始封曲沃. 武公, 莊伯子也. 自桓叔初封曲沃以至武公滅晉也, 凡六十七歲, 而卒代晉爲諸侯. 武公代晉二歲, 卒. 與曲沃通年, 卽位凡三十九年而卒. 子獻公詭諸立.

123(唐-10) 유체지두(有杕之杜)

*〈有杕之杜〉: 제목은 '杕杜'(119, 169)를 풀어서 표현한 것임.
*이 시는 晉 武公이 나라를 통일하고 종족을 모두 병합하고 나서 자신만을 위하며 현명한 이를 찾아 일을 도모하지는 않았음을 질책한 것이라 함.

<序>: <有杕之杜>, 刺晉武公也. 武公寡特, 兼其宗族, 而不求賢以自輔焉.

〈유체지두〉는 진 무공을 풍자한 것이다. 무공은 뛰어난 점이 적으면서도 그 종족을 겸병하였고, 현명한 이를 구해 스스로 보필로 삼고자 하지 않았다.

*전체 2장. 매 장 6구씩(有杕之杜: 二章. 章六句).

(1) 比
有杕之杜, 生于道左.

杕흔 杜ㅣ여, 道左애 生ㅎ얏두다.
외롭게 서 있는 아가위나무, 길 가 동쪽에 자라고 있네.

彼君子兮, 噬肯適我?

뎌 君子ㅣ, 즐겨 내게 適홀가?
저 군자여, 즐겨 나에게 와 주실까?

中心好之, 曷飲食之?

中心에 好ㅎ나, 엇디 飲ㅎ며 食(ᄉ)홀고?
마음속에 좋아해 주시기만 하면야, 어찌 마시고 먹을 것 드리지 않을까?

【杕】홀로 있는 모습.

【杜】아가위나무. 〈唐風〉(119)을 참조할 것.

【道左】길의 동쪽. 〈毛傳〉에 "道左之陽, 人所宜休息也"라 하였고, 〈鄭箋〉에는 "道左, 道東也. 日之熱, 恒在日中之後, 道東之杜, 人所宜休息也. 今人不休息者, 以其特生陰, 寡也. 興者, 喻武公初兼其宗族, 不求賢者與之, 在位君子, 不歸似乎特生之杜然"이라 함. 〈集傳〉에는 "左, 東也"라 함.

【噬】〈毛傳〉에 "噬, 逮也"라 하였고, 〈集傳〉에 "噬, 發語辭"라 함.

【肯適】'肯'은 可의 뜻. '適'은 '가다'(往, 之)의 뜻. 〈鄭箋〉에 "肯, 可; 適, 之也. 彼君子之人, 至於此國, 皆可求之我君所君子之人, 義之與比, 其不來者, 君不求之"라 함.

【曷】〈集傳〉에 "曷, 何也"라 함. 〈鄭箋〉에는 "曷, 何也. 言「中心誠好之, 何但飲食之? 當盡禮極歡以待之"라 함. 그러나 '盍', 즉 '何不'로 풀이해야 뜻이 명확할 듯함.

＊〈集傳〉에 "○此人好賢, 而恐不足以致之. 故言「此杕然之杜, 生于道左, 其蔭不足以休息, 如己之寡弱, 不足恃賴, 則彼君子者, 亦安肯顧而適我哉? 然其中心好之, 則不已也. 但無自而得飲食之耳.」夫以好賢之心如此, 則賢者安有不至, 而何寡弱之足患哉?"라 함.

(2) 比

有杕之杜, 生于道周.

杕흔 杜ㅣ여, 道周애 生ᄒ얏두다.

외롭게 서 있는 아가위나무, 길 가 모퉁이에 자라고 있네.

彼君子兮, 噬肯來遊?

뎌 君子ㅣ, 즐겨 와 遊ᄒᆞᆯ가?

저 군자여, 즐겨 와서 구경해 주실까?

中心好之, 曷飲食之?

中心에 好ᄒ나, 엇디 飲ᄒ며 食ᄒ고?

마음속에 좋아해 주시기만 하면야, 어찌 마시고 먹을 것 드리지 않을까?

【周】길이 굽은 곳. 〈毛傳〉과 〈集傳〉에 "周, 曲也"라 함. 《韓詩》에는 '右'로 되어 있

음. 馬瑞辰 〈通釋〉에는 "右·周, 古音同部. 周卽右之假借. 右, 通作周"라 함. 〈正義〉에는 "道周遶之, 故爲曲也"라 함.

【遊】〈毛傳〉에 "遊觀也"라 함.

1. 孔穎達 〈正義〉

言'寡特'者, 言武公專在己身, 不與賢人圖事, 孤寡特立也. '兼其宗族'者, 昭侯以下, 爲君於晉國者, 是武公之宗族, 武公兼有之也. 武公初兼宗國, 宜須求賢, 而不求賢者, 故刺之. 經二章, 皆責君不求賢人之事也.

124(唐-11) 갈생(葛生)

*〈葛生〉: 칡이 번져나감.
*이 시는 晉 惠公이 전쟁을 좋아하여 장정들이 戍役에 견디다 못해 흩어져 도망하자, 집에서 기다림에 지친 여인들이 그리움과 원망을 토로하는 한을 읊은 것이라 함.

<序>: <葛生>, 刺晉獻公也. 好攻戰, 則國人多喪矣.

〈갈생〉은 진 헌공을 비난한 것이다. 전쟁을 좋아하여 나라 사람들이 많은 버리고 도망하였다.

〈箋〉: 喪, 棄亡也. 夫從征役, 棄亡不反, 則其妻居家, 而怨思.

※晉 獻公: 이름은 詭諸. 晉 武公(稱)의 아들. B.C.676-B.C.651년까지 26년간 재위함. 그는 재위기간 驪姬로 인한 내란과 국제 관계의 악화 등으로 큰 혼란을 겪음. 우선 驪戎을 공격, 驪姬 자매를 데리고 와서 미혹함에 빠졌으며, 도읍을 曲沃에서 絳으로 옮겼음. 한편 여희가 奚齊를 낳자 태자 申生을 폐위하고 혜제를 태자로 삼았으며, 여희가 온갖 모함과 참언을 써서 신생을 죽음으로 몰자 공자 重耳, 夷吾 등이 모두 국외로 망명, 뒤에 奚齊와 여희 동생이 낳은 悼子 등이 里克에게 살해되고, 공자 夷吾가 올라 惠公(B.C.650-B.C.637년까지 14년간 재위)이 됨. 그 뒤 19년간 국외 망명생활로 고통을 겪은 공자 重耳가 여러 과정을 거쳐 惠公을 축출하고 귀국하여 文公(B.C.636-B.C.628년까지 9년간 재위)이 되어 春秋五霸의 지위에 오름.《左傳》,《國語》,《史記》 등에 관련 기록이 자세히 실려 있음. 참고란을 볼 것.

*전체 5장. 매 장 4구씩(葛生:五章. 章四句).

(1) 興

葛生蒙楚, 蘝蔓于野.

葛이 生ᄒ야 楚애 蒙ᄒ며, 蘝(렴)이 野애 蔓(만)ᄒ얏두다.
칡은 자라 가시나무를 뒤덮고, 백렴은 들에 벋어나가네.

予美亡此, 誰與獨處?

내의 美ㅣ 이애 업스니, 눌로 더브러 혼자 處ㅎ얀는고?

내 곱게 여기던 그대 여기에 없으니, 홀로 남은 몸 누구와 함께 할꼬?

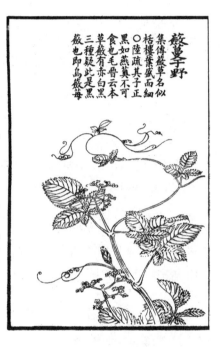

【蒙楚】가시나무를 뒤덮어 씌움. 기대고 의지할 것이 있음을 뜻함.

【蘞】거지풀. 白蘞. 攀緣性草本植物. 식용으로는 쓸 수 없으며, 뿌리만 약으로 쓰임. 《草木疏》에 "似栝樓, 葉盛而細子, 正黑如燕薁, 不可食"이라 함. 〈集傳〉에 "蘞, 草名. 似栝樓, 葉盛而細"라 함. 그러나 〈諺解〉 物名에는 "蘞: 未詳"이라 함.

【蔓】덩굴이 져서 번짐. 〈集傳〉에 "蔓, 延也"라 함. 〈毛傳〉에 "興也. 葛生延而蒙楚, 蘞生蔓於野. 喻婦人外成於他家"라 함.

【予美】내가 아름답게 여기는 사람. 즉 그 남편. 〈集傳〉에 "予美, 婦人指其夫也"라 함.

【亡此】여기에 없음.

【誰與獨處】"누구와 함께 하나? 나 홀로 집에 있을 뿐인데"의 뜻. 〈鄭箋〉에는 "予, 我; 亡, 無也. 言「我所美之人, 無於此.」謂「其君子也, 吾誰與居乎? 獨處家耳.」從軍未還, 未知死生, 其今無於此"라 함.

＊〈集傳〉에 "○婦人以其夫, 久從征役而不歸. 故言「葛生而蒙于楚, 蘞生而蔓于野. 各有所依託, 而予之所美者, 獨不在是, 則誰與而獨處於此乎?」"라 함.

(2) 興

葛生蒙棘, 蘞蔓于域.

葛이 生ㅎ야 棘애 蒙ㅎ며, 蘞이 域(역)애 蔓ㅎ얏두다.

칡은 자라 가시나무를 뒤덮고, 백렴은 무덤으로 벋어나가네.

予美亡此, 誰與獨息?

내의 美ㅣ 이애 업스니, 눌로 더브러 혼자 息ᄒ얀ᄂ고?

내 곱던 임은 여기에 없으니, 홀로 자는 밤 누구와 함께 할꼬?

【棘】가시나무.

【域】〈毛傳〉과 〈集傳〉에 "域, 塋域也"라 하여 墳墓를 뜻 함.

【息】休息함. 잠을 잠. 〈毛傳〉과 〈集傳〉에 "息, 止也"라 함.

(3) 賦

角枕粲兮, 錦衾爛兮.

角枕(각침)이 粲ᄒ며, 錦衾(금금)이 爛ᄒ두다.

뿔벼개라 빛이 나고, 비단 이불은 찬란하네.

予美亡此, 誰與獨旦?

내의 美ㅣ 이에 업스니, 눌로 더브러 혼자 旦(죠)ᄒᄂ고?

내 곱던 그님 여기에 안 계시니, 홀로 지새는 밤 누구와 함께 할꼬?

【角枕】쇠뿔로 만든 베개.

【錦衾】비단으로 만든 이불.

【粲·爛】燦爛함의 疊韻連綿語를 나누어 표현한 것. '粲'은 燦과 같음. 〈集傳〉에 "粲·爛, 華美鮮明之貌"라 함. 〈毛傳〉에 "齊, 則角枕錦衾.《禮》(內則篇):「夫不在, 斂枕篋衾席韣而藏之.」"라 하였고, 〈鄭箋〉에는 "夫雖不在, 不失其祭也. 攝主主婦, 猶自齊而行事"라 함.

【獨旦】아침이 올 때까지 홀로 밤을 지샘. 〈鄭箋〉에 "旦, 明也. 我君子無於此, 吾誰與齊乎? 獨自潔明"이라 함. 〈集傳〉에 "獨旦, 獨處至旦也"라 함.

(4) 賦

夏之日! 冬之夜!

夏의 日과, 冬의 夜ㅣ여!

여름의 긴 낮이여! 겨울의 긴 밤이여!

百歲之後, 歸于其居!

百歲ㅅ 後에나, 그 居의 歸호리라!

백년 뒤 죽은 후에나, 그 무덤 속으로 돌아가서나 만날까!

【夏之日, 冬之夜】〈毛傳〉에 "言長也"라 하였고, 〈鄭箋〉에는 "思者, 於晝夜之長, 時
   尤甚. 故極言之以盡情"이라 함. 〈集傳〉에 "夏日永, 冬夜永"이라 함.
【百歲之後】죽은 이후.
【居】〈鄭箋〉에 "居, 墳墓也. 言此者, 婦人專一義之至情之盡"이라 함. 〈集傳〉에도
   "居, 墳墓也"라 함.
＊〈集傳〉에 "○夏日冬夜, 獨居憂思, 於是爲切然. 君子之歸無期, 不可得而見矣, 要
   死而相從耳. 鄭氏曰:「言此者婦人專一義之至情之盡.」 蘇氏曰:「思之深而無異心. 此
   唐風之厚也.」"라 함.

(5) 賦
冬之夜! 夏之日!

冬의 夜와, 夏의 日이여!

겨울의 긴 밤이여! 여름의 긴 낮이여!

百歲之後, 歸于其室!

百歲ㅅ 後에나, 그 室에 歸호리라!

백년 뒤 죽은 후에나, 그 무덤으로 돌아가 만날 수 있을까!

【室】〈毛傳〉에 "室, 猶居也"라 하였고, 〈鄭箋〉에는 "室, 猶塚壙"이라 함. 〈集傳〉에
   도 "室, 壙也"라 하여 무덤 안을 뜻함.

참고 및 관련 자료

1. 孔穎達 〈正義〉
   數攻他國, 數與敵戰, 其國人或死行陳, 或見囚虜, 是以國人多喪, 其妻獨處於室,
故陳妻怨之辭, 以刺君也. 經五章, 皆妻怨之辭. 獻公以莊十八年立, 僖九年卒. 案
《左傳》莊二十八年傳稱「晉伐驪戎, 驪戎男女以驪姬」, 閔元年傳曰「晉侯作二軍以滅

耿滅霍滅魏」, 二年傳云「晉侯使太子申生, 伐東山皐落氏」, 僖二年「晉師滅下陽」, 五年傳曰「八月晉侯圍上陽. 冬滅虢, 又執虞公」, 八年傳稱「晉里克敗狄于采桑」, 見於傳者已如此, 是其好攻戰也.

2.《左傳》

① 莊公 28년 傳

晉獻公娶於賈, 無子. 烝於齊姜, 生秦穆夫人及大子申生. 又娶二女於戎, 大戎狐姬生重耳, 小戎子生夷吾. 晉伐驪戎, 驪戎男女以驪姬, 歸, 生奚齊, 其娣生卓子. 驪姬嬖, 欲立其子, 賂外嬖梁五與東關嬖五, 使言於公曰:「曲沃, 君之宗也; 蒲與二屈, 君之疆也; 不可以無主. 宗邑無主, 則民不威; 疆埸無主, 則啓戎心; 戎之生心, 民慢其政, 國之患也. 若使大子主曲沃, 而重耳·夷吾主蒲與屈, 則可以威民而懼戎, 且旌君伐.」 使俱曰:「狄之廣莫, 於晉爲都. 晉之啓土, 不亦宜乎!」 晉侯說之. 夏, 使大子居曲沃, 重耳居蒲城, 夷吾居屈. 羣公子皆鄙. 唯二姬之子在絳. 二五卒與驪姬譖羣公子而立奚齊. 晉人謂之「二五耦」.

② 閔公 元年 傳

晉侯作二軍, 公將上軍, 大子申生將下軍. 趙夙御戎, 畢萬爲右, 以滅耿·滅霍·滅魏. 還, 爲大子城曲沃, 賜趙夙耿, 賜畢萬魏, 以爲大夫. 士蔿曰:「大子不得立矣. 分之都城, 而位以卿, 先爲之極, 又焉得立? 不如逃之, 無使罪至. 爲吳大伯, 不亦可乎? 猶有令名, 與其及也. 且諺曰:『心苟無瑕, 何恤乎無家?』 天若祚大子, 其無晉乎?」 卜偃曰:「畢萬之後必大. 萬, 盈數也; 魏, 大名也, 以是始賞, 天啓之矣. 天子曰兆民, 諸侯曰萬民. 今名之大, 以從盈數, 其必有衆.」

③ 閔公 2년 傳

晉侯使大子申生伐東山皐落氏. 里克諫曰:「大子奉冢祀·社稷之粢盛, 以朝夕視君膳者也, 故曰冢子. 君行則守, 有守則從. 從曰撫軍, 守曰監國, 古之制也. 夫帥師, 專行謀, 誓軍旅, 君與國政之所圖也. 非大子之事也. 師在制命而已, 稟命則不威, 專命則不孝, 故君之嗣適不可以帥師. 君失其官, 帥師不威, 將焉用之? 且臣聞皐落氏將戰. 君其舍之!」 公曰:「寡人有子, 未知其誰立焉!」 不對而退. 見大子, 大子曰:「吾其廢乎?」 對曰:「告之以臨民, 教之以軍旅, 不共是懼, 何故廢乎? 且子懼不孝, 無懼弗得立. 修己而不責人, 則免於難.」 大子帥師, 公衣之偏衣, 佩之金玦. 狐突御戎, 先友爲右. 梁餘子養御罕夷, 先丹木爲右. 羊舌大夫爲尉. 先友曰:「衣身之偏, 握兵之要. 在此行也, 子其勉之! 偏躬無慝, 兵要遠災, 親以無災, 又何患焉?」 狐突歎曰:「時, 事之徵也; 衣, 身之章也; 佩, 衷之旗也. 故敬其事, 則命以始; 服其身, 則衣之純; 用其衷, 則佩之度. 今命以時卒, 閟其事也; 衣之尨服, 遠其躬也; 佩以金玦, 弃其衷也. 服以遠之, 時以閟之, 尨, 凉; 冬, 殺; 金, 寒; 玦, 離; 胡可恃也? 雖欲勉之, 狄可盡乎?」 梁餘子養曰:「帥師者, 受命於廟, 受脤於社, 有常服矣. 不獲而尨, 命可知也. 死而不孝,不如逃之.」罕夷曰:「彧奇無常, 金玦不復. 雖復何爲? 君有心矣.」先丹木曰:「是服也, 狂夫阻之. 曰『盡敵而反』, 敵可盡乎? 雖盡敵, 猶有內讒, 不如違之.」狐突欲行, 羊舌大夫曰:「不可. 違命不孝, 弃事不忠. 雖知其寒, 惡不可取. 子其死之!」大子將戰, 狐突諫曰:「不可. 昔辛伯諗周桓公云:『內寵並后, 外寵二政, 嬖子配適, 大都耦國, 亂之本也.』周公弗從, 故及於難. 今亂本成矣, 立可必乎? 孝而安民, 子其圖之! 與其危身以速罪也.」

④ 僖公 2년

(經) 虞師·晉師滅下陽.

(傳) 晉荀息請以屈産之乘與垂棘之璧假道於虞以伐虢. 公曰:「是吾寶也.」對曰:「若得道於虞, 猶外府也.」公曰:「宮之奇存焉.」對曰:「宮之奇之爲人也, 懦而不能強諫. 且少長於君, 君暱之; 雖諫, 將不聽.」乃使荀息假道於虞, 曰:「冀爲不道, 入自顚軨, 伐鄍三門. 冀之旣病, 則亦唯君故. 今虢爲不道, 保於逆旅, 以侵敝邑之南鄙. 敢請假道, 以請罪于虢.」虞公許之, 且請先伐虢. 宮之奇諫, 不聽, 遂起師. 夏, 晉里克·荀息帥師會虞師, 伐虢, 滅下陽. 先書虞, 賄故也.

⑤ 僖公 5년

(經) 五年春, 晉侯殺其世子申生.

(傳) 晉侯使以殺大子申生之故來告. 初, 晉侯使士蔿爲二公子築蒲與屈, 不愼, 寘薪焉. 夷吾訴之. 公使讓之. 士蔿稽首而對曰:「臣聞之:『無喪而慼, 憂必讎焉; 無戎而城, 讎必保焉.』寇讎之保, 又何愼焉? 守官廢命, 不敬; 固讎之保, 不忠. 失忠與敬, 何以事君?《詩》云:『懷德惟寧, 宗子惟城.』君其修德而固宗子, 何城如之? 三年將尋師焉, 焉用愼?」退而賦曰:「狐裘尨茸, 一國三公, 吾誰適從?」及難, 公使寺人披伐蒲. 重耳曰:「君父之命不校.」乃徇曰:「校者, 吾讎也.」踰垣而走. 披斬其袪. 遂出奔翟.

⑥ 僖公 5년

(經) 冬, 晉人執虞公.

(傳) 晉侯復假道於虞以伐虢. 宮之奇諫曰:「虢, 虞之表也; 虢亡, 虞必從之. 晉不可啓, 寇不可翫. 一之謂甚, 其可再乎? 諺所謂『輔車相依, 脣亡齒寒』者, 其虞·虢之謂也.」公曰:「晉, 吾宗也, 豈害我哉?」對曰:「大伯·虞仲, 大王之昭也; 大伯不從, 是以不嗣. 虢仲·虢叔, 王季之穆也, 爲文王卿士, 勳在王室, 藏於盟府. 將虢是滅, 何愛於虞? 且虞能親於桓·莊乎? 其愛之也, 桓·莊之族何罪? 而以爲戮, 不唯偪乎? 親以寵偪, 猶尙害之, 況以國乎?」公曰:「吾享祀豐絜, 神必據我.」對曰:「臣聞之:鬼神非人實親, 惟德是依. 故〈周書〉曰:『皇天無親, 惟德是輔.』又曰:『黍稷非馨, 明德惟馨.』又曰:『民不易物, 惟德繄物.』如是, 則非德, 民不和, 神不享矣. 神所馮依, 將在德矣. 若晉取虞, 而明德以薦馨香, 神其吐之乎?」弗聽, 許晉使. 宮之奇以其族行, 曰:「虞不臘矣. 在此行也, 晉不更舉矣.」八月甲午, 晉侯圍上陽. 問於卜偃曰:「吾其濟乎?」對

曰:「克之.」公曰:「何時?」對曰:「童謠云:『丙之晨, 龍尾伏辰; 均服振振, 取虢之旗. 鶉
之賁賁, 天策焞焞, 火中成軍, 虢公其奔.』其九月·十月之交乎! 丙子旦, 日在尾, 月在
策, 鶉火中, 必是時也.」冬十二月丙子, 朔, 晉滅虢. 虢公醜奔京師. 師還, 館于虞, 遂
襲虞, 滅之. 執虞公及其大夫井伯, 以媵秦穆姬, 而修虞祀, 且歸其職貢於王. 故書
曰:「晉人執虞公」, 罪虞, 且言易也.

⑦ 僖公 8년

(經) 夏, 狄伐晉.

(傳) 晉里克帥師, 梁由靡御, 虢射爲右, 以敗狄于采桑. 梁由靡曰:「狄無恥, 從之,
必大克.」里克曰:「懼之而已, 無速衆狄.」虢射曰:「期年狄必至, 示之弱矣.」夏, 狄伐
晉, 報采桑之役也, 復期月.

3.《史記》晉世家

武公代晉二歲, 卒. 與曲沃通年, 卽位凡三十九年而卒. 子獻公詭諸立.

獻公元年, 周惠王弟 攻惠王, 惠王出奔, 居鄭之櫟邑.

五年, 伐驪戎, 得驪姬·驪姬弟, 俱愛幸之.

八年, 士蔿說公曰:「故晉之群公子多, 不誅, 亂且起.」乃使盡殺諸公子; 而城聚都之,
命曰絳, 始都絳. 九年, 晉群公子旣亡奔虢, 虢以其故再伐晉, 弗克. 十年, 晉欲伐虢,
士蔿曰:「且待其亂.」

十二年, 驪姬生奚齊. 獻公有意廢太子, 乃曰:「曲沃吾先祖宗廟所在, 而蒲邊秦, 屈
邊翟, 不使諸子居之, 我懼焉.」於是使太子申生居曲沃, 公子重耳居蒲, 公子夷吾居
屈. 獻公與驪姬子奚齊居絳. 晉國以此知太子不立也. 太子申生, 其母齊桓公女也,
曰齊姜, 早死. 申生同母女弟爲秦穆公夫人. 重耳母, 翟之狐氏女也. 夷吾母, 重耳母
女弟也. 獻公子八人, 而太子申生·重耳·夷吾皆有賢行. 及得驪姬, 乃遠此三子.(下略)

125(唐-12) 채령(采苓)

*〈采苓〉: '苓'은 감초. 〈毛傳〉에 "苓, 大苦也"라 하였고, 〈音義〉에 "苓, 甘草. 葉似
地黃"이라 함.
*이 시는 晉 獻公이 참언을 듣기를 좋아함을 비난한 것이라 함.

<序>: <采苓>, 刺晉獻公也. 獻公好聽讒焉.

〈채령〉은 진 헌공을 비난한 것이다. 헌공은 참언을 듣기를 좋아하였다.

*전체 3장. 매 장 8구씩(采苓: 三章. 章八句).

(1) 比

采苓采苓, 首陽之巓?

苓(령)을 采하며 苓을 采홈을, 首陽ㅅ 巓(뎐)애 홀 것가?

감초를 캔다고, 감초를 캔다고, 수양산의 위에서?

人之爲言, 苟亦無信.

人의 言홈을, 진실로 또 信티 말올 디어다.

사람들이 지어낸 말, 진실로 역시 믿어서는 아니 되지.

舍旃舍旃, 苟亦無然.

舍하며 舍하야, 진실로 또 然히 녀기디 아니면,

버려두어라, 버려두어라, 진실로 역시 그렇다고 여기지 않으면,

人之爲言, 胡得焉?

人의 言홈이, 엇디 得하리오?

사람들이 지어낸 말, 무슨 얻을 것이 있겠는가?

【首陽】山이름. 〈集傳〉에 "首陽, 首山之南也"라 함.

【巓】산마루. 〈集傳〉에 "巓, 山頂也"라 함. 〈毛傳〉에 "興也. 首陽, 山名也. 采苓, 細事也. 首陽, 幽辟也; 細事, 喩小行也. 幽辟, 喩無徵也"라 하였고, 〈鄭箋〉에는 "采苓采苓者, 言「采苓之人衆多, 非一也. 皆云采此苓於首陽山之上, 首陽山之上, 信有苓矣. 然而今之采者, 未必於此山, 然而人必信之. 興者, 喩事有似而非"라 함.

【爲言】만들어낸 말. 지어낸 말. 거짓말. '僞言'과 같음.

【苟】〈毛傳〉에 "苟, 誠也"라 하였으나, 〈鄭箋〉에는 "苟, 且也"라 함.

【舍旃】'舍之焉'의 줄인 말. '舍'는 버려둠. '捨'와 같음. '旃'은 '之焉'의 合音字. 〈集傳〉에 "旃, 之也"라 함. 〈鄭箋〉에는 "旃之言焉也"라 함.

【無然】'그렇다고 여기지 말라'의 뜻. 〈鄭箋〉에 "爲言, 謂爲人爲善, 言以稱薦之, 欲使見進用也; 旃之言焉也. '舍之焉舍之焉', 謂謗訕人, 欲使見貶退也. 此二者, 且無信受之, 且無答然"이라 함.

【胡得焉】胡는 '어찌'. 焉은 '助字'. 〈鄭箋〉에 "人以此言來, 不信受之, 不答然之從, 後察之. 或時見罪, 何所得?"이라 함.

＊〈集傳〉에 "○此刺聽讒之詩, 言「子欲采苓於首陽之巓乎? 然人之爲是言以告子者, 未可遽以爲信也. 姑舍置之, 而無遽以爲然. 徐察而審聽之, 則造言者, 無所得而讒止矣.」 或曰興也, 下章放此"라 함.

(2) 比

采苦采苦, 首陽之下?

苦(고)를 采ᄒ며 苦를 采홈을, 首陽ㅅ 下애 홀 것가?

씀바귀를 캔다고, 씀바귀를 캔다고, 수양산의 밑에서?

人之爲言, 苟亦無與.

人의 言홈을, 진실로 與티 말올 디어다.

사람들이 지어낸 말, 진실로 역시 받아 주지 말게나.

舍旃舍旃, 苟亦無然.

舍ᄒ며 舍ᄒ야, 진실로 쏘 然히 녀기디 아니면,

버려두어라, 버려두어라, 진실로 역시 그렇다고 여기지 않는다면,

人之爲言, 胡得焉?

人의 言홈이, 엇디 得ᄒ리오?

사람들이 지어낸 말, 거기에서 무엇을 얻겠는가?

【苦】씀바귀. 苦菜. 〈諺解〉 物名에는 "苦:바곳"이라 함. 〈毛傳〉에 "苦, 苦菜也"라
함. 〈集傳〉에도 "苦, 苦菜也. 生山田及澤中, 得霜甛脆而美"라 함.
【與】'用'과 같음. 〈毛傳〉에 "無與, 勿用也"라 하였고, 〈集傳〉에는 "與, 許也"라 함.

(3) 比

采苓采苓, 首陽之東?

苓(령)을 采ᄒ며 苓을 采홈을, 首陽ㅅ 東애 홀 것가?

무를 뽑는다고, 무를 뽑는다고, 수양산 동쪽에서?

人之爲言, 苟亦無從.

人의 言홈을, 진실로 ᄯᅩ 從티 말올 찌어다.

사람들이 지어낸 말, 진실로 따르지 말게나.

舍旃舍旃, 苟亦無然.

舍ᄒ며 舍ᄒ야, 진실로 ᄯᅩ 然히 녀기디 아니면,

버려두어라, 버려두어라, 진실로 그렇다고 여기지 않는다면,

人之爲言, 胡得焉?

人의 言홈이, 엇디 得ᄒ리오?

사람들이 지어낸 말, 거기에서 무엇을 얻겠는가?

【苓】순무. 무의 일종. 〈毛傳〉에 "苓, 菜名也"라 함.
【從】〈集傳〉에 "從, 聽也"라 함. '들어줌'.

참고 및 관련 자료

1. 孔穎達 〈正義〉
以獻公好聽用讒人之言, 或見貶退賢者, 或進用惡人, 故刺之. 經三章皆, 上二句,
刺君用讒, 下六句敎君止讒皆, 是好聽讒之事.

11. 진풍秦風
10편(126-135)

옛날 顓頊의 먼 후손 伯翳라는 자가 夏禹의 治水를 도운 功으로 嬴이라는 姓을 받아 雍(지금의 山西 鳳翔)을 봉지로 받아 秦의 始祖가 되었다. 西戎과 이웃하여 늘 그들과 부딪쳤으며, 뒤에 襄公은 東周 平王이 東都 洛邑으로 천도할 때 군사를 내어 왕을 호송하여, 평왕이 岐山 서쪽, 지금의 陝西와 甘肅 일대를 주어 비로소 諸侯가 되었다. 점차 세력을 키워 춘추오패의 穆公(繆公)이 등장하기도 하였으며, 전국시대에 들어서서는 周나라 초기 근거지였던 鎬京의 咸陽(지금의 陝西 西安)으로 도읍을 옮겨, 戰國七雄 중에 가장 세력이 큰 나라가 되었고, 결국 始皇 때 이르러 六國을 멸하고 천하를 통일하는 대과업을 성취하였다. 이러한 발전 과장과 지리조건의 영향으로 '진풍' 시는 대체로 武勇과 尙武 정신에 뛰어난 기풍을 자랑하는 내용이 많다.

★ 관련 사항은 《史記》秦世家 및 《左傳》 등을 참고할 것.

○ 鄭玄《毛詩譜》<秦>

秦者, 隴西谷名, 於 <禹貢>近雍州鳥鼠之山. 堯時有伯翳者, 實皐陶之子, 佐禹治水, 水土旣平. 舜命作虞官, 掌上下草木鳥獸, 賜姓曰嬴. 歷夏商興衰, 亦世有人焉. 周孝王, 使其末孫非子, 養馬於汧渭之間, 孝王爲伯翳, 能知禽獸之言, 子孫不絶, 故封非子爲附庸邑之於秦谷. 至曾孫秦仲, 宣王又命作大夫, 始有車馬, 禮樂侍御之好, 國人美之, 秦之變風始作. 秦仲之孫襄公, 平王之初, 興兵討西戎, 以救周. 平王東遷王城, 乃以岐豐之地, 賜之. 始列爲諸侯. 遂橫有周西都宗周畿內, 八百里之地. 其封域, 東至迆山, 在荊岐·終南·惇物之野. 至玄孫德公, 又徙於雍云.

○ 朱熹 <集傳>

秦, 國名. 其地在禹貢雍州之域, 近鳥鼠山. 初伯益佐禹治水有功, 賜姓嬴氏. 其後中潏居西戎, 以保西垂. 六世孫大駱, 生成及非子. 非子事周孝王養馬於汧渭之間, 馬大繁息. 孝王封爲附庸, 而邑之秦. 至宣王時, 犬戎滅成之族, 宣王遂命非子曾孫秦仲爲大夫, 誅西戎, 不克見殺. 及幽王爲西戎犬戎所殺. 平王東遷, 秦仲孫襄公, 以兵送之. 王封襄公爲諸侯, 曰:「能逐犬戎!」卽有岐豐之地. 襄公遂有周西, 都畿內八百里之地. 至玄孫德公, 又徙於雍. 秦卽今之秦州. 雍, 今京兆府興平縣是也.

126(秦-1) 거린(車鄰)

＊〈車鄰〉：'鄰'은 '鄰鄰'을 줄인 말로, 많은 수레들이 한꺼번에 가는 소리를 뜻함.
＊이 시는 秦나라가 秦仲에 이르러 비로소 발전하기 시작하여 車馬와 禮樂, 侍御 등이 잘 갖추어져 나라다운 모습이 되었음을 찬미한 것이라 함.

〈序〉:〈車鄰〉, 美秦仲也. 秦仲始大, 有車馬禮樂侍御之好焉.

〈거린〉은 秦仲을 찬미한 것이다. 진나라는 진중 때 비로소 강대해지기 시작하였으며 거마와 예악, 시어들이 훌륭하였다.

※秦仲:西周 말 秦의 지도자. 秦나라는 아득한 옛날 顓頊의 苗裔로서 서쪽에 치우쳐 제대로 발전하지 못하다가 周 孝王 때 非子가 말을 잘 길러 周의 附庸國이 되었으며, 西周 말 厲王 때 秦侯의 아들 公伯을 거쳐 秦仲에 이르러 西戎을 막아준 공로로 宣王(姬靜)으로부터 大夫의 직위를 받음. B.C.832년까지 모두 23년간 재위함. 그 아들 莊公에 이르러서는 西垂大夫가 되어 발전하기 시작하게 됨. 참고란을 볼 것.

＊전체 3장. 1장은 4구, 2장은 6구씩(車鄰:三章. 一章章四句, 二章章六句).

(1) 賦
有車鄰鄰, 有馬白顚.

車ㅣ 鄰鄰(린린)ᄒ며, 馬ㅣ 顚(뎐)이 白ᄒ두다.

수레들 덜컹덜컹 소리를 내고, 말은 하얀 이마에 흰 털.

未見君子, 寺人之令.

君子를 見티 몯ᄒ니, 寺人(시인)을 슈ᄒ놋다.

우리 임금 행차를 아직 보지 못하였지만, 시인(寺人)들이 미리 알려주네.

【鄰鄰】〈毛傳〉에 "鄰鄰, 衆車聲也"라 하였고, 〈集傳〉에도 "鄰鄰, 衆車之聲"이라
함. '轔轔'과 같음. 杜甫 〈兵車行〉에 "車轔轔, 馬蕭蕭, 行人弓箭各在腰"라 함.
【白顚】'的顙'이라고도 하며 이마에 흰 털이 난 말. 戴星馬라고도 함. 〈毛傳〉에
"白顚, 的顙也"라 하였고, 〈集傳〉에도 "白顚, 額有白毛. 今謂之的顙"이라 함.
【君子】〈集傳〉에 "君子, 指秦君"이라 하여 秦仲을 가리킴.
【寺人】'시인'으로 읽으며, '寺'는 侍와 같은 뜻임. 〈毛傳〉과 〈集傳〉에 "寺人, 內小
臣也"라 함. 〈鄭箋〉에는 "欲見國君者, 必先令寺人使傳告之, 時秦仲又始有此臣"이
라 함.
【令】〈集傳〉에 "令, 使也"라 함.
＊〈集傳〉에 "○是時秦君, 始有車馬及此寺人之官. 將見者, 必先使寺人通之, 故國人
創見而誇美之也"라 함.

(2) 興
阪有漆, 隰有栗.

阪(반)애 漆이 이시며, 隰애 栗이 잇도다.

비탈 언덕에는 옻나무, 진펄에는 밤나무.

旣見君子, 並坐鼓瑟.

임의 君子를 見혼 디라, 글와 坐ᄒᆞ야 瑟을 鼓호라.

이윽고 우리 임금 뵈오니, 나란히 앉아 琴을 연주하네.

今者不樂, 逝者其耋!

이제 樂디 아니면, 逝홈이 그 耋(딜)ᄒᆞ리라!

지금 즐기지 않았다가는, 세월 가면 늙고 말 것을!

【阪】언덕, 비탈길.
【漆】옻나무.
【隰】아래 낮은 습지. 〈毛傳〉에 "興也. 陂者曰阪, 下濕曰隰"이라 하였고, 〈鄭箋〉에
는 "興者, 喻秦仲之君臣, 所有各得其宜"라 함.
【鼓琴】琴을 연주함. 음악이 갖추어졌음을 말함. 〈毛傳〉에 "又見其禮樂焉"이라
하였고, 〈鄭箋〉에는 "「旣見」, 旣見秦仲也. 「並坐鼓瑟」, 君臣以閒暇燕飲, 相安樂也"
라 함.

【逝者】흘러감. 歲月의 흐름.《論語》子罕篇에 "子在川上, 曰:「逝者如斯夫! 不舍晝夜.」"라 함.

【耋】80세의 나이. 늙음. 〈毛傳〉과 〈集傳〉에 "耋, 老也. 八十曰耋"이라 하였고, 〈鄭箋〉에는 "今者, 不於此君之朝自藥, 謂仕焉, 而去仕他國, 其徒自使老, 言將後寵祿也"라 함.

＊〈集傳〉에 "○阪則有漆矣, 隰則有栗矣. 旣見君子; 則並坐鼓瑟矣. 失今不樂, 則逝者其耋矣"라 함.

(3) 興

阪有桑, 隰有楊.

阪애 桑이 이시며, 隰애 楊이 잇도다.

비탈 언덕에는 뽕나무, 진펄에는 버드나무.

旣見君子, 並坐鼓簧.

임의 君子를 見ᄒᆞᆫ디라, 굴와 坐ᄒᆞ야 簧(황)을 鼓호라.

이윽고 우리 임금 뵈오니, 나란히 앉아 생황을 연주하네.

今者不樂, 逝者其亡!

이제 樂디 아니면, 逝ᄒᆞᆷ이 그 亡ᄒᆞ리라!

지금 즐기지 않았다가는, 세월 가고 나면 죽고 말 것을!

【楊】〈諺解〉物名에는 "楊:버들"이라 함.

【簧】笙簧. 〈毛傳〉에 "簧, 笙也"라 하였고, 〈集傳〉에는 "簧, 笙中金葉, 吹笙則鼓動之, 以出聲者也"라 함.

【亡】死亡. 〈毛傳〉에 "亡, 喪棄也"라 함.

참고 및 관련 자료

1. 孔穎達 〈正義〉

作〈車鄰〉詩者, 美秦仲也. 秦仲之國始大. 又有車馬禮樂侍御之好焉, 故美之也. 言「秦仲始大者, 秦自非子以來, 世爲附庸, 其國仍小, 至今秦仲而國土大矣. 由國始大, 而得有此車馬禮樂, 故言始大.」以冠之有車馬者, 首章上二句, 是也;侍御者, 下

二句是也. 二章卒章言「鼓瑟鼓簧, 並論
樂事, 用樂必有禮, 是禮樂也.」經先寺人
後鼓瑟, 序先禮樂後侍御者, 經以車馬
行於道路, 國人最先見之, 故先言車馬;
欲見秦仲先令寺人, 故次言寺人;既見秦
仲始見其禮樂, 故後言鼓瑟. 二章傳曰又
見其禮樂, 是從外而入, 以次見之. 序以
車馬附於身, 經又在先, 故先陳之禮樂;
又重於侍御, 故先禮樂而從侍御. 此三
者皆是君之容好, 故云之好焉. 必知斷
始大爲句者, 以〈駟鐵〉序云「始命, 謂始
命爲諸侯也.」即知此「始大, 謂國土始
大」也. 若連下爲文, 即車馬禮樂, 多少有
度, 不得言大有也. 王肅云:「秦爲附庸,
世處西戎, 秦仲脩德爲宣王大夫, 遂誅
西戎, 是以始大.」〈鄭語〉云:「秦仲齊侯
姜嬴之雋且大, 其將興乎?」韋昭注引〈詩
序〉曰:「秦仲始大, 是先儒斷始大爲句.」

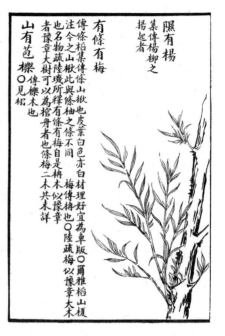

2.《史記》秦本紀

秦之先, 帝顓頊之苗裔孫曰女脩. 女脩織, 玄鳥隕卵, 女脩吞之, 生子大業. ……秦
嬴生秦侯. 秦侯立十年, 卒. 生公伯. 公伯立三年, 卒. 生秦仲.

秦仲立三年, 周厲王無道, 諸侯或叛之. 西戎反王室, 滅犬丘大駱之族. 周宣王卽
位, 乃以秦仲爲大夫, 誅西戎. 西戎殺秦仲. 秦仲立二十三年, 死於戎. 有子五人, 其
長者曰莊公. 周宣王乃召莊公昆弟五人, 與兵七千人, 使伐西戎, 破之. 於是復予秦
仲後, 及其先大駱地犬丘幷有之, 爲西垂大夫.

127(秦-2) 사철(駟驖)

*〈駟驖〉'駟'는 수레를 함께 끄는 네 마리 말. '驖'은 〈毛傳〉에 "驖, 驪"라 하였고, 〈集傳〉에는 "駟驖, 四馬皆黑色, 如鐵也"라 하여 쇠처럼 검은 색의 말을 뜻함.
*이 시는 秦 襄公을 찬미한 것으로, 약했던 진나라가 비로소 諸侯로 인정을 받았음을 기꺼워한 것이라 함.

〈序〉: 〈駟驖〉, 美襄公也. 始命有田狩之事, 園囿之樂焉.

〈사철〉은 襄公을 찬미한 것이다. 처음으로 제후로 인정을 받아 田狩의 일 마련하여 園囿의 즐거움을 갖게 되었다.

〈箋〉: 始命, 命爲諸侯也. 秦始附庸也.

※秦 襄公: 秦仲의 次子이며 莊公의 아우. B.C.777-B.C.766년까지 12년간 재위함. 西周 말 周 幽王이 褒姒에게 빠져 太子(宜臼)와 왕비 申后를 폐하자, 의구의 외가 군주 申侯가 犬戎과 연합하여 주를 공격, 유왕을 酈山 아래에서 살해함. 주나라는 이에 견융을 피해 雒邑(지금의 洛陽)으로 옮겼으며, 이런 과정에 襄公이 견융을 막아 周를 구원하였으며, 東周 平王(宜臼)의 東遷 때에도 군사를 보내어 보위함. 이 공로로 평왕은 그를 정식 제후로 봉하고 岐山 서쪽 일대를 주어 다스리도록 함. 이때부터 秦나라는 周의 附庸國의 지위를 벗고 諸侯의 반열에 오르게 되었으며 通使와 聘享의 예를 갖추고, 문물제도를 구비하게 되었음. 그 뒤를 文公이 이어 본격적인 발전을 거듭하게 됨. 《史記》秦本紀를 참조할 것.

*전체 3장. 매 장 4구씩(駟驖:三章. 章四句).

(1) 賦
駟驖孔阜, 六轡在手.

駟驖(스텰)이 孔히 阜(부)하니, 六轡(륙비)ㅣ 手애 잇도다.

네 필 검은 말 심히 크기도 한데, 여섯 고삐를 손에 잡았네.

公之媚子, 從公于狩.

公의 媚(미)ᄒᆞᆫ 子ㅣ, 公을 從ᄒᆞ야 狩ᄒᆞ놋다.

임금이 사랑하는 그대, 임금 따라 사냥에 나섰네.

【孔】대단히. 〈集傳〉에 "孔, 甚也"라 함.

【阜】〈毛傳〉에 "阜, 大也"라 하였고, 〈集傳〉에 "阜, 肥大也"라 함.

【六轡】〈鄭箋〉에는 "四馬六轡, '六轡在手', 言馬之良也"라 함. 〈集傳〉에는 "六轡者, 兩服兩驂各兩轡, 而驂馬內兩轡納之於觖, 故惟六轡在手也"라 함.

【媚子】사랑 받는 신하. 〈毛傳〉에 "能以道, 媚於上下者"라 하였고, 〈鄭箋〉에는 "媚于上下, 謂使君臣和合也"라 하였으며, 〈集傳〉에 "媚子, 所親愛之人也. 此亦前篇之意也"라 함.

【狩】〈毛傳〉에 "冬獵曰狩"라 하였고, 〈鄭箋〉에는 "此人從公往狩, 言襄公親賢也"라 함.

(2) 賦

奉時辰牡, 辰牡孔碩.

이 辰牡(신모)를 奉ᄒᆞ니, 辰牡ㅣ 孔히 碩ᄒᆞ두다.

몰이꾼이 이 암수 사슴을 몰아 쏘도록 기다리니, 암수 사슴들 아주 크기도 하네.

公曰左之, 舍拔則獲.

公이 닐ᄋᆞ샤ᄃᆡ 左ᄒᆞ라 ᄒᆞ시니, 拔을 舍홈애 곧 獲ᄒᆞ놋다.

임금께서 왼쪽으로 돌리라 하고, 살 끝을 쏘니 바로 잡히네.

【奉】虞人이 몰이하여 君主가 화살 쏘기를 기다림. 虞人은 狩獵場을 지키는 官使.

【時】〈毛傳〉과 〈集傳〉에 "時, 是也"라 하여, '是'와 같음. 此, 斯, 玆의 뜻. 指示代名詞. 雙聲互訓.

【辰】時. 계절. 〈毛傳〉과 〈集傳〉에 "辰, 時也"라 함. 그러나 馬瑞辰 〈通釋〉에는 "辰, 當讀爲麎. 《說文》:「麎, 牝鹿也.」"라 하여 '麎'의 假借字로 암사슴을 뜻한다고 하였음.

【牡】사냥감의 수컷. 〈毛傳〉에 "冬獻狼, 夏獻麋, 春秋獻鹿豕羣獸"라 하였고, 〈集傳〉에 "牡, 獸之牡者也. 辰牡者, 冬獻狼, 夏獻麋, 春秋獻鹿豕之類, 奉之者. 虞人翼以待射也"라 함.

【碩】肥大함. 〈集傳〉에 "碩, 肥大也"라 함. 〈鄭箋〉에 "奉是時牡者, 謂虞人也. 時牡甚肥大, 言禽獸得其所"라 함.

【公曰左之】〈集傳〉에 "公曰左之"者, 命御者, 使左其車以射獸之左也. 蓋射必中, 其左乃爲中殺五御, 所謂逐禽左者, 爲是故也"라 함. 公은 君公. 侍者에게 命하여 그 수레를 왼쪽으로 돌리도록 함. 〈鄭箋〉에는 "左之者, 從禽之左射之也"라 함.

【舍】놓음. 발사함. '捨'와 같음.

【拔】화살 끝. 오늬. 〈毛傳〉에 "拔, 矢末也"라 하였고, 〈集傳〉에는 "拔, 矢括也. 曰「左之而舍拔, 無不獲者.」言「獸之多, 而射御之善」也"라 함. 〈鄭箋〉에는 "拔, 括也. 舍拔, 則獲. 言公善射"라 함.

(3) 賦

遊于北園, 四馬旣閑.

北園애 遊ᄒ니, 四馬ㅣ 임의 閑ᄒ두다.

북원 사냥터에 노니심에, 네 필 말은 이미 익숙하고,

輶車鸞鑣, 載獫歇驕.

輶(유)ᄒᆫ 車애 鸞(란)ᄒᆫ 鑣(표)ㅣ로소니, 獫(험)과 歇驕(헐교)를 載ᄒ얏두다.

가벼운 수레 방울소리에, 험과 헐교 사냥개가 사냥을 시작하네

【閑】〈毛傳〉에 "閑, 習也"라 하여 '익숙하다, 숙련되다'의 뜻. 〈鄭箋〉에 "公所以田, 則克獲者, 乃遊于北園之時, 時則已習其四種之馬"라 하였고, 〈集傳〉에는 "田事已畢, 故遊于北園, 閑調習也"라 함.

【輶車】〈毛傳〉과 〈集傳〉에 "輶, 輕也"라 함. 〈鄭箋〉에는 "輕車, 驅逆之車也"라 하여, 몰이에 사용하는 수레라 함.

【載】사냥을 시작함. 혹 사냥개가 실려 있음. 〈鄭箋〉에 "載, 始也. 始田犬者, 謂達其搏噬, 始成之也. 此皆遊於北園時所爲也"라 함.

【鸞鑣】鸞은 방울, 鑣는 재갈. 〈鄭箋〉에 "置鸞於鑣, 異於乘車也"라 하였고, 〈集傳〉에 "鸞, 鈴也. 效鸞鳥之聲; 鑣, 馬銜也. 驅逆之車, 置鸞於馬銜之兩旁, 乘車則鸞在衡和在軾也"라 함.

【獫·歇驕】〈諺解〉物名에는 "獫:산영개; 歇驕:산영개"라 함.《爾雅》에는 '獢獢'라 하여 雙聲連綿語 하나의 어휘로 보았음. 〈毛傳〉에 "獫歇驕, 田犬也. 長喙曰獫, 短喙曰歇驕"라 하였고, 〈集傳〉에도 "獫歇驕, 皆田犬名. 長喙曰獫, 短喙曰歇, 驕以車載, 犬蓋以休其足力也. 韓愈〈畫記〉有「騎擁田犬」者, 亦此類"라 함.

참고 및 관련 자료

1. 孔穎達〈正義〉

作〈駟驖〉詩者, 美襄公也. 秦自非子以來, 世爲附庸, 未得王命. 今襄公始受王命爲諸侯, 有遊田狩獵之事, 園囿之樂焉. 故美之也. 諸侯之君, 乃得順時遊田, 治兵習武, 取禽祭廟, 附庸未成諸侯, 其禮則闕. 故今襄公始命爲諸侯, 乃得有此田狩之事, 故云始命也. 田狩之事, 三章皆是也. 言'園囿之樂'者, 還是田狩之事, 於園於囿皆有此樂, 故云園囿之樂焉. 獵則就於囿中, 上二章囿中事也. 調習, 則在園中, 下章園中事也. 有蕃曰園, 有牆曰囿. 園囿大同, 蕃牆異耳. 囿者, 域養禽獸之處, 其制諸侯四十里, 處在於郊靈臺. 云「王在靈囿」, 鄭駁《異義》引之云「三靈辟雍在郊明矣.」孟子對齊宣王云「臣聞郊關之內, 有囿方四十里」. 是在郊也. 園者, 種菜殖果之處, 因在其內調習車馬. 言遊於北園, 蓋近在國北. 〈地官〉載師云「以場圃任園地」, 明其去國近也. ○正義曰:〈本紀〉云:「平王封襄公爲諸侯, 賜之岐西之地.」然則始命之爲諸侯, 謂平王之世. 又解言始命之意, 秦始爲附庸, 謂非子至於襄公·莊公, 常爲附庸, 今始得命, 故言始也. 本或秦下有「仲」衍字, 定本直云秦始附庸也.

2.《史記》秦本紀

莊公居其故西犬丘, 生子三人, 其長男世父. 世父曰:「戎殺我大父仲, 我非殺戎王則不敢入邑.」遂將擊戎, 讓其弟襄公. 襄公爲太子. 莊公立四十四年, 卒, 太子襄公代立. 襄公元年, 以女弟繆嬴爲豐王妻. 襄公二年, 戎圍犬丘, (世父)世父擊之, 爲戎人所虜. 歲餘, 復歸世父. 七年春, 周幽王用褒姒廢太子, 立褒姒子爲適, 數欺諸侯, 諸侯叛之. 西戎犬戎與申侯伐周, 殺幽王酈山下. 而秦襄公將兵救周, 戰甚力, 有功. 周避犬戎難, 東徙雒邑, 襄公以兵送周平王. 平王封襄公爲諸侯, 賜之岐以西之地. 曰:「戎無道, 侵奪我岐·豐之地, 秦能攻逐戎, 即有其地.」與誓, 封爵之. 襄公於是始國, 與諸侯通使聘享之禮, 乃用騮駒·黃牛·羝羊各三, 祠上帝西畤. 十二年, 伐戎而至岐, 卒. 生文公.

128(秦-3) 소융(小戎)

＊〈小戎〉: '小戎'은 병사들이 타고 싸움에 나서는 작은 兵車. 君主의 兵車는 '元戎'이라 함.

＊이 시는 秦 襄公이 천자의 명을 받고 西戎 정벌에 나서는 모습을 두고 긍지를 느끼면서도, 한편 그 병사의 부인들은 남편에 대한 안타까움을 함께 토로한 것이라 함.

〈序〉: 〈小戎〉, 美襄公也. 備其兵甲以討西戎, 西戎方彊而征伐不休, 國人則矜其車甲, 婦人能閔其君子焉.

〈소융〉은 양공을 찬미한 것이다. 그가 兵甲을 갖추어 서융을 토벌하였는데, 당시 서융은 바야흐로 강성하여 정벌을 쉴 수가 없었다. 국인들은 그 車甲을 믿고 긍지를 가졌으며, 부녀들은 그 때문에 남편들을 그리워하며 안타깝게 여겼다.

〈箋〉: 矜, 夸大也. 國人夸大其車甲之盛, 有樂之意也. 婦人閔其君子, 恩義之至也. 作者敍內外之志, 所以美君政教之功.

＊전체 3장. 매 장 10구씩(小戎:三章, 章十句).

(1) 賦

小戎俴收, 五楘梁輈,

小戎이 俴(쳔)흔 收ㅣ로소니, 다솟 고대 楘(목)흔 梁굳튼 輈(쥬)ㅣ로다.

병거의 앞뒤는 낮게 감아 탄탄하고, 다섯 번씩 가죽 멍에로 묶은 수레로다.

游環脅驅. 陰靷鋈續,

遊ᄒᆞᄂᆞᆫ 環이며 脅에흔 驅ㅣ며, 陰애 靷(인)ᄒᆞ딕 續ᄒᆞ딕 鋈(옥)ᄒᆞ야시며,

가죽 고리 游環이며 옆막이 脅驅, 앞을 막은 널과 두 개 가죽 줄에 백

금 고리,

文茵暢轂, 駕我騏馵.

文茵(문인)이며 暢혼 轂(곡)이로소니, 우리 騏(긔)와 馵(쥬)를 駕호얏도다.

호피 깔개에 속 바퀴 길고, 기마(騏馬)와 주마(馵馬)를 타고 가도다.

言念君子, 溫其如玉.

君子를 念호니, 溫홈이 그 玉곧도다.

나의 남편 생각하니, 따뜻하기 옥과 같은 분이신데.

在其板屋, 亂我心曲!

그 板屋(판옥)애 在호야, 내 心曲을 亂케 호놋다!

서융의 板屋에 가 계시리, 내 마음은 깊은 곳 어지럽도다!

【小戎】〈毛傳〉과 〈集傳〉에 "小戎, 兵車也"라 함.
【俴收】네 주위를 묶어 고정한 수레 箱子. 〈毛傳〉에 "俴, 淺;收, 軫也"라 하였고, 〈集傳〉에도 "俴, 淺也;收, 軫也. 謂車前後兩端橫木, 所以收斂所載者也. 凡車之制:廣皆六尺六寸, 其平地任載者, 爲大車則軫深八尺;兵車則軫深四尺四寸. 故曰小戎"이라 함. 陳奐〈傳疏〉에 "其四面束與之木, 謂之軫.《詩》則謂之收. 收, 聚也. 謂聚衆材而收束之也"라 함.
【五楘】〈毛傳〉에 "五, 五束也;楘, 歷錄也"라 하였고, 〈集傳〉에도 "五, 五束也;楘, 歷錄然. 文章之貌也"라 하여, '五'는 다섯 번 묶어 맴. '楘'은 歷錄. 歷錄은 文彩를 낸 모양을 뜻하는 雙聲連綿語.
【梁輈】수레 앞이 다리처럼 구부정하게 만들어진 모양. 〈毛傳〉에 "梁輈, 輈上句衡也. 一輈五束, 束有歷錄"이라 하였고, 〈鄭箋〉에는 "此羣臣之兵車, 故曰小戎"이라 함. 〈集傳〉에는 "梁輈, 從前軫以前稍曲, 而上至衡, 則向下鉤之, 衡橫於輈下, 而輈形穹隆, 上曲如屋之梁. 又以皮革五處, 束之其文章歷錄然也"라 함.
【游環】복마의 등에 둥글게 만들어 맨 가죽 고리. 〈毛傳〉에 "游環, 靷環也. 游在背上, 所以禦出也"라 하였고, 〈集傳〉에는 "游環, 靷環也. 以皮爲環, 當兩服馬之背上. 游移前却無定處, 引兩驂馬之外, 轡貫其中而執之, 所以制驂馬, 使不得外出.《左傳》曰「如驂之有靳」, 是也"라 함. 陳奐〈傳疏〉에 "游, 猶流也. 設環流于服馬背上, 是謂之游環"이라 함. 〈諺解〉애는 '游'자를 '遊'자로 썼음.
【脅驅】말의 옆구리가 서로 얽히지 않도록 만든 가죽 마개. 〈毛傳〉에 "脅驅, 愼

駕具, 所以止入也"라 하였고, 〈集傳〉에는 "脅驅, 亦以皮爲之. 前係於衡之兩端, 後係於軫之兩端, 當服馬脅之外, 所以驅驂, 馬使不得內入也"라 함.

【陰】〈毛傳〉에 "陰, 揜軓也"라 하였고, 〈集傳〉에도 "陰, 揜軓也. 軓在軾前, 而以板橫側揜之, 以其陰暎此軓, 故謂之陰也"라 함. '揜軓'은 수레 앞틱 나무를 덮어 막은 널을 가리키는 疊韻連綿語의 物名.

【靷】〈毛傳〉에 "靷, 所以引也"라 하였고, 〈正義〉에는 "古之駕四馬者, 服馬夾轅, 其頸負軛, 兩驂在旁, 挽靷助之"라 함. 〈集傳〉에는 "靷, 以皮二條, 前係驂馬之頭, 後係陰版之上也"라 하여, 驂馬의 목에 맨 가죽 줄.

【鋈】흰 쇠로 만든 고리. 〈毛傳〉에 "鋈, 白金也"라 함.

【續】〈毛傳〉에 "續, 續靷也"라 하여, 靷을 끄는 부위. 〈集傳〉에는 "鋈續, 陰版之上有續靷之處, 消白金沃灌其環, 以爲飾也. 蓋車衡之長, 六尺六寸, 止容二服驂馬之頸, 不當於衡, 故別爲二靷以引車, 亦謂之靳.《左傳》曰「兩靷將絶」, 是也"라 함. 〈鄭箋〉에는 "游環在背, 上無常處, 貫驂之外轡, 以禁其出. 脅驅者, 著服馬之外脅, 以止驂之入, 揜軓在軾前, 垂軶上. 鋈續, 白金飾, 續, 靷之環"이라 함.

【文茵】虎皮 깔개. 〈毛傳〉에 "文茵, 虎皮也"라 하였고, 〈集傳〉에도 "文茵, 車中所坐虎皮褥也"라 함.

【暢轂】〈毛傳〉에 "暢轂, 長轂也"라 하였고, 〈集傳〉에는 "暢, 長也; 轂者, 車輪之中, 外持輻內受軸者也. 大車之轂, 一尺有半; 兵車之轂, 長三尺二寸, 故兵車曰暢轂"이라 함. 속 바퀴 가운데 도는 부분.

【駕】수레를 달림.

【騏】靑黑色 무늬 있는 말. 〈諺解〉物名에는 "騏: 털청총이"라 함. 〈毛傳〉과 〈集傳〉에 "騏, 騏文也"라 함.

【馵】왼쪽 발이 흰 말. 〈諺解〉物名에는 "馵: 자녁 발 흰(말)"이라 함. 〈毛傳〉과 〈集傳〉에 "馬左足白曰馵"라 함. 〈鄭箋〉에 "此上六句者, 國人所矜"이라 함.

【言】나. 〈鄭箋〉에 "言, 我也"라 함.

【君子】아내의 입장에서 부른 남편. 〈集傳〉에 "君子, 婦人目其夫也"라 함.

【溫其如玉】〈集傳〉에 "溫其如玉」, 美之之辭也"라 하였고, 〈鄭箋〉에는 "念君子之性, 溫然如玉. 玉有五德"이라 함.

【板屋】〈毛傳〉에 "西戎板屋"이라 하였고, 〈集傳〉에 "板屋者, 西戎之俗, 以版爲屋"이라 함.

【心曲】〈鄭箋〉에 "心曲, 心之委曲也. 憂則心亂也"라 함. 〈集傳〉에는 "心曲, 心中委曲之處也"라 함. 〈鄭箋〉에 "此上四句者, 婦人所用閔其君子"라 함.

＊〈集傳〉에 "○西戎者, 秦之臣子, 所與不共戴天之讎也. 襄公上承天子之命, 率其國人, 往而征之. 故其從役者之家人, 先誇車甲之盛如此, 而後及其私情, 蓋以義興

師, 則雖婦人, 亦知勇於赴敵, 而無所怨矣"라 함.

(2) 賦

四牡孔阜, 六轡在手.

四牡ㅣ 孔히 阜ᄒᆞ니, 六轡 手애 잇도다.

네 필 숫말 심히 크고, 여섯 고삐 손에 잡고 있도다.

騏駵是中, 騧驪是驂.

騏와 駵(류)ㅣ 이에 中ᄒᆞ고, 騧(와)와 驪(리)ㅣ 이에 驂ᄒᆞ얏도소니,

철총마와 월라말이 가운데 섰고, 공골마와 검은 말이 참마가 되어,

龍盾之合, 鋈以觼軜.

龍盾(룡슌)을 合ᄒᆞ고, 鋈ᄒᆞ야 뻐 觼(결)ᄒᆞ딕 軜(납)ᄒᆞ얏도다.

용무늬 방패를 합해서 싣고, 백금 고리 수레 앞에 달고 두 고삐 속에 매었네.

言念君子, 溫其在邑.

君子를 念ᄒᆞ니, 溫히 그 邑애 在ᄒᆞ얏도다.

그리운 나의 님 생각하니, 따뜻하신 그 모습 저 서융의 읍에 계시리.

方何爲期? 胡然我念之?

쟝츳 어닉 제로 期를 홀고? 엇디 날로 念케 ᄒᆞᄂᆞ뇨?

장차 어느 날을 기약할꼬? 어찌 이토록 그리움에 애타게 하는가?

【駵】〈諺解〉物名에는 "駵: 월라"라 함. 몸 색깔이 붉고 갈기가 검은 말. 〈鄭箋〉과 〈集傳〉에 "赤馬黑鬣曰駵"라 함.

【中】〈鄭箋〉에 "中, 中服也"라 하였고, 〈集傳〉에는 "中, 兩服馬也"라 하여 가운데 의 두 服馬.

【騧】공골마. 〈諺解〉物名에는 "騧: 공골"이라 함. 누런빛에 주둥이가 검은 말. 〈毛 傳〉과 〈集傳〉에 "黃馬黑喙曰騧"라 함.

【驪】검은 말. 〈集傳〉에 "驪, 黑色也"라 함.

【驂】네 필 중 양쪽에 있는 말. 〈鄭箋〉에 "驂, 兩騑也"라 함.
【龍盾】龍을 그린 방패. 〈諺解〉 物名에는 "龍:룡"이라 함. 〈毛傳〉에 "龍盾, 畫龍其盾也"라 하였고, 〈集傳〉에 "盾, 干也. 畫龍於盾, 合而載之, 以爲車上之衛, 必載二者, 備破毁也"라 함.
【合】〈毛傳〉에 "合, 合而載之"라 함.
【觼】〈集傳〉에 "觼, 環之有舌者"라 함. 수레의 앞에 달린 고리. 陳奐 〈傳疏〉에는 "觼者, 所以貫驂內轡之環也"라 함.
【軜】〈毛傳〉에 "軜, 驂內轡也"라 하였고, 〈集傳〉에는 "軜, 驂內轡也. 置觼於軾前, 以係軜, 故謂之觼軜. 亦消沃白金, 以爲飾也"라 함. 驂馬의 안쪽에 맨 두 고삐. 〈鄭箋〉에는 "鋈以觼; 軜, 軜之觼. 以白金爲飾也. 軜, 繫於軾前"이라 함.
【邑】〈毛傳〉에 "在敵邑也"라 하였고, 〈集傳〉에도 "邑, 西鄙之邑也"라 함.
【方】〈鄭箋〉에는 "方, 今以何時, 爲還期乎? 何以了然不來? 言望之也"라 하였고, 〈集傳〉에는 "方, 將也. 將以何時爲歸期乎? 何爲使我思念之極也?"라 함.

(3) 賦

俴駟孔群, 厹矛鋈錞.

俴한 駟ㅣ 孔히 羣커늘, 厹矛(구모)ㅅ 錞(되)애 鋈하얏도다.

낮게 갑옷 덮은 네 필 말 조화를 이루며 무리 짓고, 세모창 고달은 백금.

蒙伐有苑, 虎韔鏤膺.

蒙한 伐이 苑하거늘, 虎(호)한 韔(챵)이며 鏤(루)한 膺(응)이로다.

중간 크기 방패 무늬에, 호피로 만든 활집과 금으로 장식한 마대(馬帶).

交韔二弓, 竹閉緄縢.

韔에 二弓을 交하니, 竹으로 閉를 하고 緄(곤)으로 縢(등)하얏도다.

엇갈리게 활집에 넣은 두 활, 대나무 도지개는 단단히 끈으로 매었네.

言念君子, 載寢載興.

君子를 念하야, 곳 寢하며 곳 興호라.

내 남편 생각 그리움에, 자다가도 다시 일어나네.

厭厭良人, 秩秩德音!

厭厭(염염)한 良人이여, 德音이 秩秩(질질)ᄒ두다!

안온하신 우리 님의, 그 덕스러운 음성은 자상스럽기 그지없었지!

【俴駟】〈毛傳〉에 "俴駟, 四介馬也"라 하였고, 〈集傳〉에는 "俴駟, 四馬, 皆以淺薄之
金爲甲, 欲其輕而易於馬之旋習也"라 함. 〈鄭箋〉에는 "俴, 淺也. 謂以薄金爲介之
札. 介, 甲也"라 함.

【孔】〈毛傳〉과 〈集傳〉에 "孔, 甚也"라 함.

【羣】和睦함. 〈集傳〉에 "羣, 和也"라 함. 〈鄭箋〉에는 "甚羣者, 言和調也"라 함.

【厹矛】세모창. 〈毛傳〉과 〈集傳〉에 "厹矛, 三隅矛也"라 함.

【錞】창끝에 매단 金膺 고달. 〈毛傳〉에 "錞, 鐏也"라 하였고, 〈集傳〉에는 "鋈錞,
以白金沃矛之下端平底者也"라 함.

【蒙伐】〈毛傳〉에 "蒙, 討羽也;伐, 中干也"라 하였고, 〈鄭箋〉에는 "蒙, 厖也;討, 雜
也. 畫雜羽之文於伐, 故曰厖伐"이라 하여 '厖伐'로 불리는 雙聲連綿語의 방패 이
름이라 함. 〈集傳〉에는 "蒙, 雜也;伐, 中干也, 盾之別名"이라 함.

【苑】〈毛傳〉에 "苑, 文貌"라 하였고, 〈集傳〉에도 "苑, 文貌. 畫雜羽之文於盾上也"
라 함.

【虎韔】虎皮로 만든 활집. 〈毛傳〉에 "虎, 虎皮也;韔, 弓室也"라 하였고, 〈集傳〉에
"虎韔, 以虎皮爲弓室也"라 함.

【鏤膺】〈毛傳〉에 "膺, 馬帶也"라 하였고, 〈鄭箋〉에는 "鏤膺, 有刻金飾也"라 함.
〈集傳〉에도 "鏤膺, 鏤金以飾馬當胷帶也"라 함. 金膺으로 조각한 馬帶.

【交韔】〈毛傳〉에 "交韔, 交二弓於韔中也"라 하였고, 〈集傳〉에 "交韔, 交二弓於韔
中, 謂顚倒安置之, 必二弓以備壞也"라 함. 활집에 두 개의 활을 교차시켜 넣음.

【竹閉】'閉'는 柲과 같음. 弓檠. 활이 휘지 않도록 끼워놓는 도지개로, 주로 대나
무로 만듦. 〈毛傳〉에 "閉, 紲"이라 하여 오랏줄이라 하였고, 〈集傳〉에 "閉, 弓檠
也.《儀禮》作'柲'"이라 함.

【緄縢】〈毛傳〉에 "緄, 繩;縢, 約也"라 하였고, 〈集傳〉에도 "緄, 繩;縢, 約也. 以竹
爲閉而以繩約之於弛弓之裏檠, 弓體使正也"라 함.

【載寢載興】〈集傳〉에 "載寢載興", 言「思之深而起居不寧」也"라 함. '載'는 助字.

【厭厭·秩秩】安靜된 상태. 〈毛傳〉에 "厭厭, 安靜也;秩秩, 有知也"라 하였고, 〈集
傳〉에 "厭厭, 安也;秩秩, 有序也"라 함. '厭'은 懕의 假借字.《爾雅》에는 "秩秩, 智
也"라 하였음. '지혜롭다, 자상하다'의 뜻에 가까움.

【良人】앞의 '君子'와 같음. 자신의 남편.

【德音】덕스러운 말. 애정의 말. 〈鄭箋〉에 "此旣閔其君子, 寢起之勞, 又思其性與德"
이라 함.

참고 및 관련 자료

1. 孔穎達 〈正義〉

作〈小戎〉詩者, 美襄公也. 襄公能備具其兵甲, 以征討西方之戎. 於是之時, 西戎方
漸彊盛, 而襄公征伐不休, 國人應苦其勞, 婦人應多怨曠, 襄公能說以使之國人, 忘
其軍旅之苦, 反矜夸其車甲之盛; 婦人無怨曠之志, 則能閔念其君子, 皆襄公使之得
所. 故序外內之情, 以美之. 三章皆上六句, 是矜其車甲, 下四句, 是閔其君子. ○〈正
義〉曰: 僖九年《公羊傳》曰: 「葵丘之會, 桓公震而矜之. 叛者九國.」 '矜'者, 何? 猶曰'莫
若我'也.」 班固云: 「矜夸宮室, 是矜爲夸大之義也.」

129(秦-4) 겸가(蒹葭)

*〈蒹葭〉:〈毛傳〉에 "蒹, 薕;葭, 蘆也"라 하였고, 〈集傳〉에는 "蒹, 似萑而細, 高數
尺. 又謂之薕;葭, 蘆也. 蒹葭未敗而露, 始爲霜秋水時至, 百川灌河之時也"라 하여
겸과 가를 구분하였으나, '갈대'를 뜻하는 雙聲連綿語의 草名임. 현대어로는 '蘆
葦'. 〈諺解〉 物名에는 "蒹:달"이라 함.
*이 시는 秦나라 襄公이 옛 주나라가 통치하던 땅을 물려받아 새로이 제후의
반열에 올라섰으나, 시간이 지나면서 주나라 禮를 쓰지 않아 나라를 견고하게
하지 못함을 비난한 것이라 함.

〈序〉:〈蒹葭〉, 刺襄公也. 未能用周禮, 將無以固其國焉.

〈겸가〉는 양공을 풍자한 것이다. 능히 주나라의 예를 쓰지 않아 그 나
라를 견고히 하지 못하였다.

〈箋〉: 秦取周之舊土, 其人被周之德教, 日久矣. 今襄公新爲諸侯, 未習周之禮
法, 故國人未服焉.

*전체 3장. 매 장 8구씩(蒹葭:三章. 章八句).

(1) 賦
蒹葭蒼蒼, 白露爲霜.

蒹葭(겸가)ㅣ 蒼蒼ᄒ니, 白露ㅣ 霜이 되놋다.

갈대가 푸르게 우거졌더니, 흰 이슬 맺혀 서리가 되었네.

所謂伊人, 在水一方.

닐온 바 伊人이, 水ㅅ 一方애 잇도다.

이른 바 저기 있는 저 사람, 물 저쪽에 있도다.

遡洄從之, 道阻且長.

遡洄(소회)ᄒ야 從호려 ᄒ나, 道ㅣ 阻(조)ᄒ고 ᄯᅩ 長ᄒ며,

물을 거슬러 올라가려 하나, 길은 막히고 또한 길지만,

遡遊從之, 宛在水中央.

遡游(소유)ᄒ야 從ᄒ오려ᄒ나, 宛히 水ㅅ 中央에 잇도다.

물을 따라 내려가려 하나, 물 가운데 있는 이를 앉아서 보듯 가깝지.

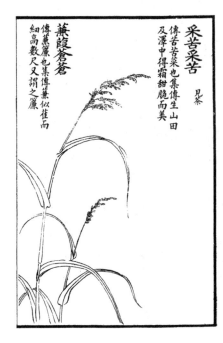

【蒼蒼】〈毛傳〉에 "蒼蒼, 盛也. 白露凝戾爲霜, 然後歲事成興; 國家待禮, 然後興"이라 하였고, 〈鄭箋〉에는 "蒹葭在衆草之中, 蒼蒼然彊盛, 至白露凝戾爲霜, 則成而黃. 興者喻衆民之不從襄公, 政令者得周禮, 以敎之, 則服"이라 함.

【伊人·一方】〈毛傳〉에 "伊, 維也; 一方, 難至矣"라 하였고, 〈鄭箋〉에는 "伊, 當作緊. 緊猶是也. 所謂是知周禮之賢人, 乃在大水之一邊, 假喻以言遠"이라 함. 〈集傳〉에는 "伊人, 猶言彼人也; 一方, 彼一方也"라 함.

【遡洄】〈毛傳〉에 "逆流而上曰遡洄, 逆禮則莫能以至也"라 하였고, 〈鄭箋〉에는 "此言「不以敬順往求之, 則不能得見」"이라 함. 〈集傳〉에는 "遡洄, 逆流而上也"라 함.

【阻】막힘.

【遡遊】'遡洄'에 상대하여 쓴 말. 〈毛傳〉에 "順流而涉曰遡游, 順禮求濟道, 來迎之"라 하였고, 〈集傳〉에 "遡游, 順流而下也"라 함.

【宛】〈鄭箋〉에는 "宛, 坐見貌. 以敬順求之, 則近耳易得見也"라 함. 〈集傳〉에는 "宛然, 坐見貌"라 함.

【在水中央】〈集傳〉에 "在水之中央, 言近而不可至也"라 함.

＊〈集傳〉에 "○言「秋水方盛之時, 所謂彼人者乃在水之一方, 上下求之, 而皆不可得. 然不知其何所指也.」"라 함.

(2) 賦

蒹葭淒淒, 白露未晞.

蒹葭ㅣ 淒淒ᄒ니, 白露ㅣ 晞(희)티 몯ᄒ얏도다.

갈대가 무성하더니, 흰 이슬 아직 마르지 않았네.

所謂伊人, 在水之湄.

닐온 바 伊人이, 水ㅅ 湄(미)애 잇두다.

이른 바 저 사람, 물가의 낭떠러지에 있도다.

遡洄從之, 道阻且躋.

遡洄ᄒ야 從호려 ᄒ나, 道ㅣ 阻ᄒ고 또 躋(제)ᄒ며,

물을 거슬러 올라가려 하나, 길은 막히고 올라가야 하지만,

遡游從之, 宛在水中坻.

遡游ᄒ야 從호려ᄒ나, 宛히 水ㅅ 中坻(중지)애 잇두다.

물을 따라 내려가려 하나, 물가 모래섬에 있는 이를 앉아서 보듯 가깝지.

【淒淒】〈毛傳〉과 〈集傳〉에 "淒淒, 猶蒼蒼也"라 함.
【晞】〈毛傳〉과 〈集傳〉에 "晞, 乾也"라 하였고, 〈鄭箋〉에는 "未晞未爲霜"이라 함.
【湄】〈毛傳〉에 "湄, 水隒也"라 하여 물가 낭떠러지라 하였고, 〈集傳〉에는 "湄, 水草之交也"라 하여 물과 풀이 만나는 곳이라 함.
【躋】〈毛傳〉에 "躋, 升也"라 하였고, 〈鄭箋〉에는 "升者, 言其難至如升阪"이라 함. 〈集傳〉에는 "躋, 升也. 言難至也"라 함.
【坻】〈毛傳〉에 "坻, 小渚也"라 하였고, 〈集傳〉에도 "小渚曰坻"라 함.

(3) 賦

蒹葭采采, 白露未已.

蒹葭ㅣ 采ᄒ며 采ᄒ염즉 ᄒ니, 白露ㅣ 마디 아니 ᄒ놋다.

갈대가 빽빽하더니, 흰 이슬 아직 멈추지 않네.

所謂伊人, 在水之涘.

닐온 바 伊人이, 水ㅅ 涘(ㅅ)애 잇두다.

이른 바 저 사람, 물의 가장자리에 있네.

遡洄從之, 道阻且右.

遡洄ᄒ야 從호려 ᄒ나, 道ㅣ 阻ᄒ고 ᄯ 右ᄒ며,

물을 거슬러 올라가려 하나, 길은 막히고 게다가 돌아가야 하지만,

遡游從之, 宛在水中沚.

遡游ᄒ야 從호려ᄒ나, 宛히 水ㅅ 中沚에 잇두다.

물을 따라 내려가려 하나, 물 가운데 모래톱에 있는 이를 앉아서 보듯 가깝지.

【采采】〈毛傳〉에 "采采, 猶萋萋也"라 하였고, 〈集傳〉에 "采采, 言其盛而可采也"라 함.

【未已】〈毛傳〉에 "未已, 猶未止也"라 하였고, 〈集傳〉에도 "已, 止也"라 함.

【涘】〈毛傳〉에 "涘, 厓也"라 함.

【右】〈毛傳〉에 "右, 出其右也"라 하였고, 〈鄭箋〉에는 "右者言, 其迂廻也"라 하여, '迂廻하다'의 뜻. 〈集傳〉에는 "右, 不相直而出其右也"라 함. 嚴粲 〈詩輯〉에 "今乃出其右, 是迂廻難至也"라 함.

【沚】물 가운데의 모래톱, 작은 三角洲. 〈毛傳〉과 〈集傳〉에 "小渚曰沚"라 함.

참고 및 관련 자료

1. 孔穎達 〈正義〉

作〈蒹葭〈詩者, 刺襄公也, 襄公新得周地, 其民被周之德敎, 日久. 今襄公未能用周禮, 以敎之. 禮者, 爲國之本, 未能用周禮, 將無以固其國焉. 故刺之也. 經三章皆言治國須禮之事.

130(秦-5) 종남(終南)

*〈終南〉 '終南山'은 周나라 名山. 中南이라고도 하며 長安 남쪽에 있음. 진나라가 주나라 옛 땅을 받아 제후에 오른 만큼 진나라 땅이 되었음.
*이 시는 秦 襄公을 경계한 것으로, 제후로 인정받았으니 더욱 덕을 쌓아 원만히 백성을 이끌어주기를 기원한 것이라 함.

〈序〉: 〈終南〉, 戒襄公也. 能取周地, 始爲諸侯, 受顯服. 大夫美之, 故作是詩以戒勸之.

〈종남〉은 양공을 경계한 것이다. 그는 주나라 땅을 취하여 비로소 제후의 반열에 올라 顯服을 받았다. 대부들이 이를 찬미하여, 그 때문에 이 시를 지어 경계와 권고로 삼은 것이다.

*전체 2장. 매 장 6구씩(終南: 二章, 章六句).

(1) 興

終南何有? 有條有梅.

終南애 므서시 인ᄂ뇨? 條(됴)ㅣ 이시며 梅(ᄆᆡ) 잇두다.
종남산에는 무엇이 있는고? 가래나무가 있고 녹나무가 있지.

君子至止, 錦衣狐裘.

君子ㅣ 至ᄒ시니, 狐裘(호구)에 錦衣를 ᄒ샷다.
군자께서 이르시니, 비단 저고리에 여우 갖옷 입으셨네.

顔如渥丹, 其君也哉!

顔이 渥(악)흔 丹ᄀᆞᆮ트시니, 그 君이샷다!
얼굴이 붉은 색 짙게 칠한 듯하니, 정말 우리 임금이시로다!

【終南】〈毛傳〉에 "終南, 周之名山. 中南也"라 하였고, 〈集傳〉에 "終南, 山名, 在今京兆府南"이라 함.

【條·梅】'條'는 가래나무. 山椒, 혹 柚樹, 또는 楛樹라고도 함. 〈諺解〉物名에는 "條:굴래나무"라 함. 〈集傳〉에 "條, 山楸也. 皮葉白色, 亦白材, 理好宜爲車版"이라 함. '梅'는 녹나무. 枏木(柟木). 〈毛傳〉에는 "條, 楛;梅, 柟也. 宜以戒不宜也"라 하였고, 〈鄭箋〉에는 "問'何有'者? 意以爲名山高大, 宜有茂木也. 興者, 喩人君, 有盛德, 乃宜有顯服, 猶山之木有大小也. 此之謂戒勸"이라 함.

【君子】〈集傳〉에 "君子, 指其君也"라 하여, 襄公을 가리킴.

【至止】〈集傳〉에 "至止, 至終南之下也"라 함.

【錦衣狐裘】〈毛傳〉에 "錦衣, 采色也;狐裘, 朝廷之服"이라 하였고, 〈鄭箋〉에는 "「至止」者, 受命服於天子而來也. 諸侯狐裘錦衣以褋之"라 함. 〈集傳〉에는 "錦衣狐裘, 諸侯之服也.〈玉藻〉曰:「君衣狐白裘, 錦衣以褋之.」"라 함.

【渥丹】〈鄭箋〉에 "渥, 厚漬也, 顏色如厚漬之. 丹, 言赤而澤也"라 하였고, 〈集傳〉에는 "渥, 漬也"라 함.

【其君也哉】〈鄭箋〉에 "其君也哉", 儀貌尊嚴也"라 하였고, 〈集傳〉에는 "其君也哉", 言「容貌衣服稱其爲君也.」此秦人美其君之辭, 亦〈車鄰〉·〈駟驖〉之意也"라 함.

(2) 興

終南何有? 有紀有堂.

終南애 므서시 인느뇨? 紀 이시며 堂이 잇두다.

종남산엔 무엇이 있는가? 구기자나무 있고 팥배나무 있지.

君子至止, 黻衣繡裳.

君子ㅣ 至ᄒ시니, 黻衣(블의)며 繡裳(슈샹)이샷다.

임금께서 이르시니, 靑黑의 무늬 불의와 五色 수놓은 치마로다.

佩玉將將, 壽考不忘!

佩玉이 將將ᄒ시니, 壽考(슈고)콰댜 ᄒ야 忘티 몯ᄒ리로다!

패옥 소리 쨍그랑쨍그랑, 만수무강을 빌며 잊지 못하리로다!

【紀·堂】〈毛傳〉에 "紀, 基也;堂, 畢. 道平如堂也"라 하였고, 〈鄭箋〉에는 "畢也堂也, 亦高大之山, 所宜有也. 畢, 終南山之道名. 邊如堂之牆然"이라 함. 〈集傳〉에 "紀, 山之廉角也;堂, 山之寬平處也"라 함. 그러나 王引之 〈述聞〉에는 "紀, 讀爲杞;堂, 讀爲棠. ……紀堂, 假借字耳"라 하여, 杞樹와 棠棣의 나무이름으로 보았으며, 해석은 이를 따름.

【黻·繡】옷에 '亞'자 무늬를 넣은 것을 黻, 刺繡를 놓은 것을 繡라 함. 〈集傳〉에 "黻之狀亞, 兩已相戾也;繡, 刺繡也"라 함. 그러나 〈毛傳〉에는 "黑與靑謂之黻, 五色備謂之繡"라 하여, 黑靑色을 黻, 五色이 갖추어진 것을 繡라 한다 하였음.

【將將】구슬이 부딪쳐 울리는 소리. 〈集傳〉에 "將將, 佩玉聲也"라 함.

【壽考】'壽'는 '長壽'. '考'는 '老'의 뜻. 〈集傳〉에 "壽考不忘者, 欲其居此位, 服此服, 長久而安寧也"라 함. 王引之 〈述聞〉에는 "壽考不忘, 猶萬壽無疆也"라 함.

> 참고 및 관련 자료

1. 孔穎達 〈正義〉

美之者, 美以功德受顯服;戒勸之者, 戒令脩德無倦, 勸其務立功業也. 旣見受得顯服, 恐其惰於爲政, 故戒之而美之. 戒勸之者, 章首二句, 是也;美之者, 下四句, 是也. 常武美宣王, 有常德, 因以爲戒. 彼先美後戒, 此先戒後美者, 常武美宣王, 因以爲戒. 此主戒襄公, 因戒言其美, 主意不同, 故序異也.

131(秦-6) 황조(黃鳥)

*〈黃鳥〉: 꾀꼬리. 黃鶯, 流鶯, 黃鸝, 鸝鶯, 搏黍, 黃雀, 鵹 등 여러 이름으로 불림. 같은 제목은 〈小雅〉(193)에도 있음.

*이 시는 春秋五霸의 하나인 秦 穆公(繆公, 任好)가 죽을 때 따라 죽은 奄息, 仲行, 鍼虎 등 세 良臣을 애도하여 읊은 것이라 함.

〈序〉: 〈黃鳥〉, 哀三良也. 國人刺穆公以人從死, 而作是詩也.

〈황조〉는 三良을 애도한 것이다. 나라 사람들이 穆公이 죽으면서 奄息, 仲行, 鍼虎 등 훌륭한 신하 셋을 자살하여 자신의 죽음에 따르도록 한 것을 비난하여 이 시를 지은 것이다.

〈箋〉: 三良三善臣也. 謂奄息·仲行·鍼虎也. 從死, 自殺以從死.

※穆公: 이름은 任好. 秦나라 군주로 春秋五霸(齊桓公, 宋襄公, 晉文公, 秦穆公, 楚莊王)의 하나. 繆公으로도 표기함. 秦 成公을 이어 B.C.659−B.C.621년까지 39년간 재위하고 康公(罃)에게 이어짐. 百里奚와 公孫枝, 由余, 孟明 등을 등용하여 西戎을 制霸함. 그는 재위 중 유여를 등용하여 서융을 제압하였으며, 晉나라를 공격하여 패자의 지위에서 물러나게 하는 등 많은 공적을 남겼으나, 죽을 때 따라 죽은 자가 177명이었으며, 그 중 子輿氏의 세 사람 奄息, 仲行, 鍼虎도 들어 있었음. 이에 秦나라 사람들이 이들을 애도하여 〈黃鳥〉시를 지었다 함.《左傳》및《史記》를 참조할 것.

※三良: 奄息, 仲行, 鍼虎 세 良臣. 秦나라 대부 子車氏(子輿氏)의 세 아들.《史記》秦本紀〈正義〉에 應劭의 말을 인용하여 "秦穆公與群臣飮酒酣, 公曰:「生共此樂, 死共此哀.」於是奄息·仲行·鍼虎許諾. 及公薨, 皆從死, 黃鳥詩所爲作也"라 하여 스스로 따라 죽은 것으로 되어 있음. 한편《漢書》匡衡傳에도 "臣竊考國風之詩, 秦穆貴信, 而士多從死"라 하였으며, 鄭玄의《詩箋》에도 "三良自殺而從死"라 함. 그러나《史記》蒙恬傳에는 "昔者, 秦穆公殺三良而死, 罪百里奚而非其罪也, 故立號曰繆"이라 하여 각기 다름. 陶淵明은 이를 두고 〈詠三良〉詩에서 "彈冠乘通津, 但懼時我遺. 服勤盡歲月, 常恐功愈微. 忠情謬獲露, 遂爲君所私. 出則陪文輿, 入必

侍丹帷. 箴規嚮已從, 計議初無虧. 一朝長逝後, 願言同此歸. 厚恩固難忘, 君命安可違! 臨穴罔惟疑, 投義志攸希. 荊棘籠高墳, 黃鳥聲正悲. 良人不可贖, 泫然沾我衣"
라 하였음.

*전체 3장. 매 장 12구씩(黃鳥: 三章, 章十二句).

(1) 興
交交黃鳥, 止于棘.
交交ᄒᄂᆫ 黃鳥(황됴)ㅣ여, 棘(극)애 止ᄒ얏두다.
꾀꼴꾀꼴 꾀꼬리, 가시나무에 모여 앉았네.

誰從穆公? 子車奄息.
뉘 穆公을 從ᄒᄂᆫ고? 子車 奄息(엄식)이로다.
누가 穆公을 따라 죽었나? 子車氏 奄息이었지.

維此奄息! 百夫之特.
이 奄息이여! 百夫의 特이로다.
이러한 엄식이여! 백 명 중에 걸출한 분.

臨其穴, 惴惴其慄.
그 穴을 臨ᄒ야, 惴惴(체체)히 그 慄ᄒ놋다.
그 무덤에 이르러, 누구나 오들오들 전율하였네.

彼蒼者天, 殲我良人!
뎌 蒼흔 天이여, 우리 良人을 殲(섬)ᄒ놋다!
저 푸른 하늘이여, 어찌 우리 훌륭한 분을 죽여 없앴나!

如可贖兮, 人百其身!
만일 可히 贖(속)홀 띤댄, 人이 그 身을 百고져 ᄒ리로다!
만약 대속할 수만 있다면, 사람 목숨 백 번이라도 대신해 줄 수 있는데!

【交交】〈毛傳〉에 "交交, 小貌"라 하였으나, 〈集傳〉에 "交交, 飛而往來之貌"라 함. 혹 '咬咬'의 假借字로 새의 울음소리라고도 함.

【止】'集'과 같음.

【棘】가시나무. 〈毛傳〉에 "黃鳥, 以時往來得所人; 以壽命終, 亦得其所"라 하였고, 〈鄭箋〉에는 "黃鳥止于棘, 以求安己也. 此棘若不安, 則移. 興者喻臣之事君, 亦然. 今穆公使臣從死, 刺其不得黃鳥止于棘之本意"라 함.

【從】殉葬을 뜻함. 〈集傳〉에 "從, 穆公從死也"라 하였고, 〈鄭箋〉에는 "言「誰從穆公」者, 傷之"라 함.

【穆公】《史記》에는 '繆公'으로 표기되어 있음.

【子車奄息】〈毛傳〉과 〈集傳〉에 "子車, 氏; 奄息, 名"이라 함. 《史記》에는 '子輿氏'로 되어 있음. 秦나라 大夫 氏族.

【特】가장 뛰어남. 〈毛傳〉에 "乃特百夫之德"이라 하였고, 〈鄭箋〉에는 "百夫之中, 最雄俊也"라 함. 〈集傳〉에는 "特, 傑出之稱"이라 함.

【穴】무덤. 〈鄭箋〉에 "穴, 謂塚壙中也"라 하였고, 〈集傳〉에도 "穴, 壙也"라 함.

【惴惴】〈毛傳〉과 〈集傳〉에 "惴惴, 懼貌"라 함.

【慄】戰慄을 느낌. 〈集傳〉에 "慄, 懼"라 함. 〈鄭箋〉에 "秦人哀傷此奄息之死, 臨視其壙, 皆爲之悼慄"이라 함.

【彼蒼】〈鄭箋〉에 "言「彼蒼」者, 天愬之"라 함.

【殲】〈毛傳〉과 〈集傳〉에 "殲, 盡"이라 함.

【良】〈毛傳〉과 〈集傳〉에 "良, 善也"이라 함.

【贖】罰을 대신함. 〈集傳〉에 "贖, 貿也"라 함.

【人百其身】사람으로 그 몸이 백 번 죽어도 대신해 줄 수 있음. 〈鄭箋〉에는 "如此奄息之死, 可以他人贖之者, 人皆百其身, 謂一身百死, 猶爲之惜. 善人之甚"이라 함.

*〈集傳〉에 "○秦穆公卒, 以子車氏之三子爲殉, 皆秦之良也. 國人哀之爲之賦〈黃鳥〉. 事是《春秋傳》, 卽此詩也. 言「交交黃鳥, 則止于棘矣; 誰從穆公, 則子車奄息也. 蓋以所見起興也, 臨穴而惴慄, 蓋生納之壙中也. 三子皆國之良, 而一旦殺之, 若可貿以他人, 則人皆願百其身, 以易之矣.」"라 함.

(2) 興

交交黃鳥, 止于桑.

交交ᄒᆞᄂᆞᆫ 黃鳥ㅣ여, 桑애 止ᄒᆞ얏두다.

꾀꼴꾀꼴 꾀꼬리, 뽕나무에 모여 앉았네.

誰從穆公? 子車仲行.

뉘 穆公을 從ᄒᆞᄂᆞᆫ고? 子車 仲行(중항)이로다.

누가 목공을 따라 죽었나? 子車氏 중항(仲行)이었지.

維此仲行! 百夫之防.

이 仲行이여! 百夫의 防이로다.

이러한 중항 같은 분이여! 백 명의 사나이에도 비길 분.

臨其穴, 惴惴其慄.

그 穴을 臨ᄒᆞ야, 惴惴히 그 慄ᄒᆞ놋다.

그 무덤에 임하여, 오들오들 전율하였네.

彼蒼者天, 殲我良人!

뎌 蒼ᄒᆞᆫ 天이여, 우리 良人을 殲ᄒᆞ놋다!

저 푸른 하늘이여, 어찌 우리 훌륭한 분을 죽여 없앴나!

如可贖兮, 人百其身!

만일 可히 贖ᄒᆞᆯ 띤댄, 人이 그 身을 百고져 ᄒᆞ리로다!

만약 대속할 수 있다면, 사람 목숨 백 번이라도 내놓을 수 있는데!

【仲行】人名. 字. 〈鄭箋〉에는 "仲行, 字也"라 함. '行'은 '音杭', '戶郎反'이라 하여 '항'으로 읽음.

【防】견줌. 혹 비교함. 〈毛傳〉에 "防, 此也"라 하였고, 〈鄭箋〉에는 "防, 猶當也. 言「此一人當百夫」"라 함. 〈集傳〉에도 "防, 當也. 言「一人可以當百夫」也"라 함.

(3) 興

交交黃鳥, 止于楚.

交交ᄒᆞᄂᆞᆫ 黃鳥ㅣ여, 楚애 止ᄒᆞ얏두다.

꾀꼴꾀꼴 꾀꼬리, 가시나무에 모여 앉았네.

誰從穆公? 子車鍼虎.

뉘 穆公을 從ᄒᆞᆫ고? 子車 鍼虎(겸호)ㅣ로다.

무가 목공을 따라 죽었나? 자거씨 겸호였네.

維此鍼虎! 百夫之禦.

이 鍼虎ㅣ여! 百夫의 禦ㅣ로다.

이 겸호 같은 분이여! 백 사나이도 당해낼 분.

臨其穴, 惴惴其慄.

그 穴을 臨ᄒᆞ야, 惴惴히 그 慄ᄒᆞ놋다.

그 무덤에 임하여, 오들오들 전율하였네.

彼蒼者天, 殲我良人!

뎌 蒼ᄒᆞᆫ 天이여, 우리 良人을 殲ᄒᆞ놋다!

저 푸른 하늘이여, 어찌 우리 훌륭한 분을 죽여 없앴나!

如可贖兮, 人百其身!

만일 可히 贖홀 띤댄, 人이 그 身을 百고져 ᄒᆞ리로다!

만약 대속할 수 있다면, 사람 목숨 백 번이라도 내놓을 수 있는데!

【楚】가시나무.

【鍼虎】인명. '鍼'은 '音掛', '其廉反'이라 하여 '겸'으로 읽음.

【禦】막아냄. 감당함. 當의 뜻. 〈毛傳〉에 "禦, 當也"라 하였고, 〈集傳〉에도 "禦, 猶當也"라 함.

참고 및 관련 자료

1. 孔穎達 〈正義〉

文六年《左傳》云:「秦伯任好, 卒, 以子車氏之三子奄息·仲行·鍼虎爲殉, 皆秦之良也. 國人哀之爲之賦〈黃鳥〉.」服虔云:「子車, 秦大夫氏也. 殺人以葬, 璇環其左右曰殉.」 又〈秦本紀〉云:「穆公卒, 葬於雍. 從死者百七十人.」然則死者多矣, 主傷善人, 故言哀 三良也. 殺人以殉葬, 當是後主爲之, 此不刺康公, 而刺穆公者, 是穆公命從己死,此臣自殺從之, 非後主之過. 故箋辯之云:「從死, 自殺以從死.」

2. 朱熹〈集傳〉

〈黃鳥〉, 三章, 章十二句:

《春秋傳》曰:「君子曰:『秦穆公之不爲盟主也宜哉! 死而棄民, 先王違世, 猶貽之法, 而況奪之善人乎? 今縱無法, 以遺後嗣, 而又收其良以死, 難以在上矣.』君子是以知秦之不復東征也.」愚按:「穆公於此, 其罪不可逃矣. 但或以爲穆公遺命如此, 而三子自殺以從之, 則三子亦不得爲無罪. 今觀臨穴惴慄之言, 則是康公從父之亂, 命迫而納之於壙, 其罪有所歸矣.」又按《史記》:「秦武公卒, 初以人從死, 死者六十六人, 至穆公遂用百七十七人, 而三良與焉.」蓋其初特出於戎翟之俗, 而無明王賢伯以討其罪, 於是習以爲常, 則雖以穆公之賢而不免. 論其事者, 亦徒閔三良之不幸, 而歎秦之衰, 至於王政不綱, 諸侯擅命, 殺人不忌, 至於如此, 則莫知其爲非也. 嗚呼! 俗之弊也久矣! 其後始皇之葬, 後宮皆令從死, 工匠生閉墓中, 尚何怪哉!

3.《左傳》文公 6년 傳

秦伯任好卒, 以子車氏之三子奄息·仲行·鍼虎爲殉, 皆秦之良也. 國人哀之, 爲之賦〈黃鳥〉. 君子曰:「秦穆之不爲盟主也宜哉! 死而弃民. 先王違世, 猶詒之法, 而況奪之善人乎?《詩》曰:『人之云亡, 邦國殄瘁』, 無善人之謂. 若之何奪之? 古之王者知命之不長, 是以並建聖哲, 樹之風聲, 分之采物, 著之話言, 爲之律度, 陳之藝極, 引之表儀, 予之法制, 告之訓典, 敎之防利, 委之常秩, 道之禮則, 使毋失其土宜, 衆隸賴之, 而後卽命. 聖王同之. 今縱無法以遺後嗣, 而又收其良以死, 難以在上矣.」君子是以知秦之不復東征也.

4.《史記》秦本紀

三十九年, 繆公卒, 葬雍. 從死者百七十七人, 秦之良臣子輿氏三人名曰奄息·仲行·鍼虎, 亦在從死之中. 秦人哀之, 爲作歌〈黃鳥〉之詩. 君子曰:「秦繆公廣地益國, 東服彊晉, 西霸戎夷, 然不爲諸侯盟主, 亦宜哉! 死而棄民, 收其良臣而從死. 且先王崩, 尚猶遺德垂法, 況奪之善人良臣百姓所哀者乎? 是以知秦不能復東征也.」繆公子四十人, 其太子罃代立, 是爲康公.

132(秦-7) 신풍(晨風)

＊〈晨風〉: 새매. 猛禽類. 〈毛傳〉과 〈集傳〉에 "晨風, 鸇也"라 함. '晨'은 '鸇'의 假借字. 〈諺解〉物名에는 "晨風: 새매"라 함.
＊이 시는 秦 康公이 아버지 穆公의 패업을 망각하고 현신들을 마구 퇴출시켜 나라가 쇠약해졌음을 비난한 것이라 함. 그러나 朱熹는 〈염이가(厭厭歌)〉와 같은 내용으로 아내가 남편을 기다리는 秦나라 민요일 것으로 보았음. '厭厭'는 '대문의 빗장'을 의미하는 雙聲連綿語의 物名.

〈序〉: 〈晨風〉, 刺康公也. 忘穆公之業, 始棄其賢臣焉.

〈신풍〉은 강공을 비난한 것이다. 목공의 패업을 망각하고 그 현신들을 버리기 시작하였다.

※秦 康公: 이름은 罃. 穆公(繆公)의 아들로 前620-609년까지 12년간 재위하고, 아들 共公에게 이어짐. 그는 아버지 목공의 패업을 잊고 나라를 제대로 이끌지 못한 채, 재위기간 중 晉나라와 끝없는 공방전을 벌여 국력을 크게 소모하였음. 〈無衣〉(133)편 참고란을 볼 것.

＊전체 3장. 매 장 6구씩(晨風: 三章. 章六句).

(1) 興

鴥彼晨風, 鬱彼北林.

鴥(율)ᄒᆞᄂᆞᆫ 뎌 晨風(신풍)이여, 鬱ᄒᆞᆫ뎌 北林의 ᄒᆞ놋다.

휙 날아가는 저 새매여, 울창한 저 북림을 향해가네.

未見君子, 憂心欽欽.

君子를 見티 몯ᄒᆞᆫ 디라, 心애 憂호믈 欽欽(흠흠)히 ᄒᆞ라.

그대를 아직 보지 못하니, 근심스런 마음 흠흠하도다.

如何如何, 忘我實多?

엇디 엇디 모로, 나를 忘호믈 진실로 해ᄒᆞᄂᆞ뇨?

어찌된 것인가, 무슨 까닭인가, 나를 이리도 많이 잊고 계신가?

【鴥】빠르게 나는 모습.〈毛傳〉과〈集傳〉에 "鴥, 疾飛貌"라 함.

【鬱】무성함.〈毛傳〉에 "鬱, 積也"라 하였고,〈集傳〉에는 "鬱, 茂盛貌"라 함.

【北林】숲 이름. 혹 북쪽의 숲.〈毛傳〉에 "北林, 林名也. 先君招賢人, 賢人往之, 駛疾如晨風之飛入北林"이라 하였고,〈鄭箋〉에는 "先君, 謂穆公"이라 함.

【君子】남편을 가리킴.〈集傳〉에 "君子, 指其夫也"라 함.

【欽欽】〈毛傳〉에 "思望之心中, 欽欽然"이라 하였고,〈鄭箋〉에는 "言「穆公始未見賢者之時, 思望而憂之.」"라 함.〈集傳〉에는 "欽欽, 憂而不忘之貌"라 함.〈爾雅〉에 "欽欽, 憂也"라 함.

【忘我實多】'我'는 穆公을 가설하여 아들 康公에게 책임을 묻는 말임.〈毛傳〉에 "今則忘之矣"라 하였고,〈鄭箋〉에는 "此以穆公之意, 責康公「如何如何乎? 女忘我之事實多.」"라 함.

＊〈集傳〉에 "○婦人以夫不在, 而言「鴥彼晨風, 則歸於鬱然之北林矣. 故我未見君子, 而憂心欽欽也. 彼君子者, 如之何而忘我之多乎?」 此與〈庈屚之歌〉同意, 蓋秦俗也"라 함.

(2) 興

山有苞櫟, 隰有六駁.

山애 苞(포)ᄒᆞᆫ 櫟(륵)이 이시며, 隰애 六駁(륙박)이 잇도다.

산에는 우거진 떡갈나무, 진펄에는 박(駁, 駮)이 모여 있구나.

未見君子, 憂心靡樂.

君子를 見티 몯혼 디라, 心애 憂ᄒ야 樂디 몯호라.

아직도 그대를 보지 못하니, 근심스런 마음 즐거움이 전혀 없네.

如何如何, 忘我實多?

엇디 엇디모로, 나를 忘호믈 진실로 해ᄒᄂ뇨?

어찌된 것인가, 무슨 까닭인가, 나를 이리도 많이 잊고 계신가?

【苞】草木이 密生함.

【櫟】떡갈나무. 柞樹, 麻櫟. 〈毛傳〉에 "櫟, 木也"라 함. 〈諺解〉物名에는 "櫟:덥갈나무"라 함.

【隰】低濕한 진펄.

【六駁】'六'은 많이 모여 있음을 뜻함. '駁'자는 〈毛詩〉에는 '駁'으로 표기되어 있음. 〈毛傳〉에 "駁, 如馬倨牙食虎豹"라 하여 말이 이를 드러내고 호표를 잡아 먹듯이 함을 뜻한다 하였으나, 〈集傳〉에는 "駁, 梓楡也. 其皮青白如駁"이라 하여, 가래나무나 느릅나무이며, 그 청백색 껍질이 마치 駁과 같음을 뜻한다 하였음. 그러나 《山海經》 中曲山에 "有獸焉, 其狀如馬而白身黑尾, 一角, 虎牙爪, 音如鼓音, 其名曰駁, 是食虎豹, 可以禦兵"이라 하였고, 〈海外北經〉(549)에도 "有獸焉, 其名曰駁, 狀如白馬, 鋸牙, 食虎豹"라 하여 대략 같음. 郭璞 《圖讚》에 "駁惟馬類, 實畜之英. 騰髦驤首, 嘘天雷鳴. 氣無馮凌, 吞虎辟兵"이라 하였으며, 《爾雅》 釋獸에는 "駁如馬, 倨牙, 食虎豹"라 하여 전설상의 짐승이름으로 보아야 할 것임. 〈諺解〉物名에는 "駁:잡싁"이라 함. 〈鄭箋〉에는 "山之櫟, 隰之駁, 皆其所宜有也. 以言賢者, 亦國家所宜有之"라 함.

【靡樂】'靡'는 '無', '未'와 같음. 雙聲互訓.

＊〈集傳〉에 "○山則有苞櫟矣, 隰則有六駁矣. 未見君子, 則憂心靡樂矣. 靡樂則憂之甚也"라 함.

(3) 興

山有苞棣, 隰有樹檖.

山애 苞흔 棣(톄)이시며, 隰애 樹흔 檖(슈)ㅣ 잇도다.

산에는 모여 있는 산매자나무, 진펄에는 멧배나무.

未見君子, 憂心如醉.

君子를 見티 몯혼 디라, 心애 憂호믈 醉(취)혼 듯호라.

아직도 그대를 보지 못하니, 근심스런 마음 마치 술에 취한 듯하네.

如何如何, 忘我實多?

엇디 엇디모로, 나를 忘호믈 진실로 해ᄒᆞᄂᆞ뇨?

어찌된 것인가, 무슨 까닭인가, 나를 이리도 많이 잊고 계신가?

【棣】唐棣. 붉아가위나무. 산매자나무. 鬱李. 〈諺解〉 物名에는 "棣:블근아가위, 산미ᄌ"라 함. 〈毛傳〉과 〈集傳〉에 "棣, 唐棣也"라 함.

【檖】팥배나무, 산배나무, 돌배나무, 야생배나무. 赤羅, 山梨. 〈諺解〉 物名에는 "檖:묏빗"라 함. 〈毛傳〉에 "檖, 赤羅也"라 하였고, 〈集傳〉에도 "檖, 赤羅也. 實似梨而小, 酢可食, 如醉則憂又甚矣"라 함.

> 山有苞棣 傳棣唐棣也〇按 云唐棣當是常棣傳 棣唐棣也集傳
>
> 隰有樹檖 傳檖赤羅也集傳 檖赤羅而小酢可食〇埤雅梨而小酢可食實似梨而小酢可食細密如羅雅木文亦有華者俗謂之羅錦
>
> 棣則也正與爾雅合然 常棣見下唐棣爲唐

참고 및 관련 자료

1. 孔穎達 〈正義〉

馱然而疾飛者, 彼晨風之鳥也;鬱積而茂盛者, 彼北林之木也. 北林由鬱茂之故, 故晨風飛疾而入之, 以興疾歸於秦朝者, 是彼賢人能招者, 是彼穆公. 穆公由能招賢之故, 故賢者疾往而歸之. 彼穆公招賢人之時, 如何乎? 穆公未見君子之時, 思望之其憂, 在心欽欽然, 唯恐不見, 故賢者樂往. 今康公乃棄其賢臣, 故以穆公之意, 責之. 云汝康公如何乎? 忘我之功業! 實大多也.

133(秦-8) 무의(無衣)

*〈無衣〉: 같은 제목은 〈唐風〉(122)에도 있음.
*이 시는 秦 康公이 자주 군사를 일으켜 晉나라, 楚나라 등과 전쟁을 일삼았음을 비난한 것이라 함.

> **〈序〉: 〈無衣〉, 刺用兵也. 秦人刺其君好攻戰, 亟用兵, 而不與民同欲焉.**
>
> 〈무의〉는 전쟁을 위한 용병을 비난한 것이다. 진나라는 그 임금이 전쟁을 좋아하고 자주 병사를 징용하면서 백성들이 바라는 것을 허여하지 않았다.

*전체 3장. 매 장 5구씩(無衣: 三章. 章五句).

(1) 賦

豈曰:「無衣, 與子同袍.

엇디 "衣업슨 디라, 子로드려 袍(포)를 同챠ᄒ리오?

어찌 "옷이 없으면, 그대들과 함께 나누어 입겠네.

王于興師, 修我戈矛, 與子同仇?」

王으로 師를 興커시든, 우리 戈와 矛를 脩ᄒ야, 子로 드려 仇(구)를 同호리라!"

천자의 명으로 군대를 일으키게 되면, 우리 과모(戈矛)를 수선하여 그대들과 함께 적을 치러 나서세"라고 말하는가?

【衣】衣服.
【同】함께 함.
【袍】고치 솜으로 만든 따뜻한 옷. 〈毛傳〉과 〈集傳〉에 "袍, 襺也"라 함. 〈毛傳〉에

"上與百姓同欲, 則百姓樂致其死"라 하였고, 〈鄭箋〉에는 "此責康公之言也. 君豈嘗曰:「女無衣, 我與女共袍乎?」言不與民同欲"이라 함.

【王于興師】'王'은 天子. 周王. 당시 천자는 周 頃王(姬壬臣), 匡王(姬班)이었음. '于'는 '於'와 같음. 〈鄭箋〉에 "于, 於也"라 함. 〈集傳〉에 "王于興師」, 以天子之命而興師也"라 하여, 天子의 命으로 군대를 일으킴을 뜻함. 〈毛傳〉에 "天下有道, 則禮樂征伐, 自天子出"이라 함.

【修】修繕함, 修理함.

【戈】槍의 일종. 〈集傳〉에 "戈, 長六尺六寸;矛, 長二丈"이라 함.

【矛】역시 槍의 종류. 〈毛傳〉에 "戈, 長六尺六寸;矛, 長二丈"이라 함.

【仇】〈毛傳〉에 "仇, 匹也"라 하였고, 〈鄭箋〉에는 "怨耦曰仇"라 함. 〈鄭箋〉에 "君不與我同欲, 而於王興師, 則云「修我戈矛, 與子同仇往伐之.」刺其好攻戰"이라 함.

＊〈集傳〉에 "○秦俗强悍, 樂於戰鬪, 故其人平居而相謂曰「豈以子之無衣, 而與子同袍乎? 蓋以王于興師, 則將脩我戈矛而與子同仇也.」其懽愛之心, 足以相死如此. 蘇氏曰:「秦本周地, 故其民猶思周之盛時, 而稱先王焉. 或曰興也, 取'與子同'三字爲義, 後章放此.」"라 함.

(2) 賦

豈曰:「無衣, 與子同澤.

엇디 "衣업슨 디라, 子로드려 澤을 同챠호리오?

어찌 "옷이 없으면, 속옷을 그대와 함께 나누어 입으리라.

王于興師, 修我戈戟, 與子偕作?」

王으로 師를 興커시든, 우리 矛와 戟을 修호야, 子로드려 홈씌 作호리라!"

천자께서 군대를 일으키면, 우리 모극(矛戟)을 수선하여 그대들과 함께 나서세"라고 말하는가?

【澤】〈毛傳〉에 "澤, 潤澤也"라 하였으나, 〈鄭箋〉에는 "澤, 褻衣, 近汚垢"라 하여 '澤'은 '襗'(고쟁이)의 가차로 보았음. 《說文》에 "襗, 袴也"라 함. 〈集傳〉에도 "澤, 裏衣也. 以其親膚近於垢澤, 故謂之澤"이라 함.

【戟】〈鄭箋〉에 "戟, 車戟, 常也"라 하였고, 〈集傳〉에 "戟, 車戟也. 長丈六尺"이라 함.

【作】일어남. 〈毛傳〉에 "作, 起也"라 함.

(3) 賦

豈:「曰無衣, 與子同裳?

엇디 "衣업슨 디라, 子로ᄃ려 裳을 同챠ᄒ리오?

어찌 "옷이 없으면, 내 그대들과 치마를 함께 나누어 입겠네.

王于興師, 修我甲兵, 與子偕行?」

王으로 師를 興 ᄒ거시든, 우리 甲兵을 修ᄒ야, 子로ᄃ려 흠ᄭᅵ 行호리라!"

천자의 명으로 군대를 일으키게 되거든, 우리 무기를 수선하여 그대들과 함께 나서세"라고 말하는가?

【裳】下衣.
【甲兵】갑옷과 兵器. 전투용 무기들.
【行】〈毛傳〉과 〈集傳〉에 "行, 往也"라 함.

참고 및 관련 자료

1. 孔穎達〈正義〉

康公以文七年立, 十八年卒. 案《春秋》文七年晉人秦人戰于令狐, 十年秦伯伐晉, 十二年晉人秦人戰于河曲, 十六年楚人秦人滅庸. 見於經傳者已如是, 是其好攻戰也. 〈葛生〉刺好攻戰, 序云 '刺獻公'. 此亦刺好攻戰, 不云刺康公, 而云刺用兵者, 〈葛生〉以君好戰, 故國人多喪, 指刺獻公, 然後追本其事, 此指刺用兵, 序順經意, 故云刺用兵也. '不與民同欲', 章首二句, 是也. '好攻戰'者, 下三句, 是也. 經序倒者, 經刺 '君不與民同欲·與民同怨', 故先言不同欲, 而後言好攻戰. 序本其怨之所由, 由好攻戰而不與民同欲, 故民怨各自爲次所以倒也.

2. 朱熹〈集傳〉

〈無衣〉, 三章, 章五句:

秦人之俗, 大抵尙氣槩, 先勇力, 忘生輕死, 故其見於詩如此. 然本其初而論之, 岐豐之地, 文王用之以興, 〈二南〉之化, 如彼其忠且厚也. 秦人用之, 未幾而一變其俗,至於如此, 則已悍然, 有招八州而朝, 同列之氣矣. 何哉? 雍州土厚水深, 其民厚重質直, 無鄭衛驕惰浮靡之習. 以善導之, 則易以興起, 而篤於仁義;以猛驅之, 則其強毅果敢之資, 亦足以强兵力農, 而成富強之業, 非山東諸國所及也. 嗚呼! 後世欲爲定都立國之計者, 誠不可不監乎? 此而凡爲國者, 其於導民之路, 尤不可不審其所之也.

3.《左傳》文公 (秦康公 用兵 관련 기사)

① 7년 經

戊子, 晉人及秦人戰于令狐. 晉先蔑奔秦.

② 7년 傳

秦康公送公子雍于晉, 曰:「文公之入也無衛, 故有呂·郤之難.」乃多與之徒衛. 穆嬴日抱大子以啼于朝, 曰:「先君何罪? 其嗣亦何罪? 舍嫡嗣不立, 而外求君, 將焉寘此?」出朝, 則抱以適趙氏, 頓首於宣子, 曰:「先君奉此子也, 而屬諸子, 曰『此子也才, 吾受子之賜;不才, 吾唯子之怨.』今君雖終, 言猶在耳, 而弃之, 若何?」宣子與諸大夫皆患穆嬴, 且畏偪, 乃背先蔑而立靈公, 以禦秦師. 箕鄭居守, 趙盾將中軍, 先克佐之;荀林父佐上軍;先蔑將下軍, 先都佐之. 步招御戎, 戎津爲右. 及堇陰, 宣子曰:「我若受秦, 秦則賓也;不受, 寇也. 旣不受矣, 而復緩師, 秦將生心. 先人有奪人之心, 軍之善謀也;逐寇如追逃, 軍之善政也.」訓卒, 利兵, 秣馬, 蓐食, 潛師夜起. 戊子, 敗秦師于令狐, 至于刳首. 己丑, 先蔑奔秦, 士會從之. 先蔑之使也, 荀林父止之, 曰:「夫人·大子猶在, 而外求君, 此必不行. 子以疾辭, 若何? 不然, 將及. 攝卿以往, 可也, 何必子? 同官爲寮, 吾嘗同寮, 敢不盡心乎?」弗聽. 爲賦〈板〉之三章, 又弗聽. 及亡, 荀伯盡送其帑及器用財賄於秦, 曰:「爲同寮故也.」士會在秦三年, 不見士伯. 其人曰:「能亡人於國, 不能見此, 焉用之?」士季曰:「吾與之同罪, 非義之也, 將何見焉?」及歸, 遂不見.

③ 10년

(經) 夏, 秦伐晉.

(傳) 十年春, 晉人伐秦, 取少梁. 夏, 秦伯伐晉, 取北徵.

④ 12년 傳

秦伯使西乞術來聘, 且言將伐晉. 襄仲辭玉, 曰:「君不忘先君之好, 照臨魯國, 鎭撫其社稷, 重之以大器, 寡君敢辭玉.」對曰:「不腆敝器, 不足辭也.」主人三辭, 賓答曰:「寡君願徼福于周公·魯公以事君, 不腆先君之敝器, 使下臣致諸執事, 以爲瑞節, 要結好命, 所以藉寡君之命, 結二國之好, 是以敢致之.」襄仲曰:「不有君子, 其能國乎? 國無陋矣!」厚賄之.

⑤ 12년

(經) 冬十有二月戊午, 晉人·秦人戰于河曲.

(傳) 秦爲令狐之役故, 冬, 秦伯伐晉, 取羈馬. 晉人禦之. 趙盾將中軍, 荀林父佐之; 郤缺將上軍, 臾駢佐之; 欒盾將下軍, 胥甲佐之; 范無恤御戎, 以從秦師于河曲. 臾駢曰:「秦不能久, 請深壘固軍以待之.」從之. 秦人欲戰, 秦伯謂士會曰:「若何而戰?」對曰:「趙氏新出其屬曰臾駢, 必實爲此謀, 將以老我師也. 趙有側室曰穿, 晉君之婿也, 有寵而弱, 不在軍事; 好勇而狂, 且惡臾駢之佐上軍也. 若使輕者肆焉, 其可.」秦伯以璧祈戰于河. 十二月戊午, 秦軍掩晉上軍. 趙穿追之, 不及. 反, 怒曰:「裹糧坐甲, 固敵是求. 敵至不擊, 將何俟焉?」軍吏曰:「將有待也.」穿曰:「我不知謀, 將獨出.」乃以其屬出. 宣子曰:「秦獲穿也, 獲一卿矣. 秦以勝歸, 我何以報?」乃皆出戰, 交綏. 秦行人夜戒晉師曰:「兩軍之士皆未憖也, 明日請相見也.」臾駢曰:「使者目動而言肆, 懼我也, 將遁矣. 薄諸河, 必敗之.」胥甲‧趙穿當軍門呼曰:「死傷未收而弃之. 不惠也. 不待期而薄人於險, 無勇也.」乃止. 秦師夜遁. 復侵晉, 入瑕.

⑥ 16년

(經) 楚人‧秦人‧巴人滅庸.

(傳) 楚大饑, 戎伐其西南, 至于阜山, 師于大林. 又伐其東南, 至於陽丘, 以侵訾枝. 庸人帥羣蠻以叛楚, 麇人率百濮聚於選, 將伐楚. 於是申‧息之北門不啓. 楚人謀徙於阪高. 蔿賈曰:「不可. 我能往, 寇亦能往, 不如伐庸. 夫麇與百濮, 謂我饑不能師. 故伐我也. 若我出師, 必懼而歸. 百濮離居, 將各走其邑, 誰暇謀人?」乃出師. 旬有五日, 百濮乃罷. 自廬以往, 振廩同食. 次于句澨. 使廬戢梨侵庸, 及庸方城. 庸人逐之, 囚子揚窗. 三宿而逸, 曰:「庸師衆, 羣蠻聚焉, 不如復大師, 且起王卒, 合而後進.」師叔曰:「不可. 姑又與之遇以驕之. 彼驕我怒, 而後可克. 先君蚡冒所以服陘隰也.」又與之遇, 七遇皆北, 唯裨‧鯈‧魚人實逐之. 庸人曰:「楚不足與戰矣.」遂不設備. 楚子乘馹, 會師于臨品, 分爲二隊, 子越自石溪, 子貝自仞以伐庸. 秦人‧巴人從楚師. 羣蠻從楚子盟, 遂滅庸.

4.《史記》秦本紀

三十九年, 繆公卒, 葬雍. ……繆公子四十人, 其太子罃代立, 是爲康公. 康公元年, 往歲繆公之卒, 晉襄公亦卒; 襄公之弟名雍, 秦出也, 在秦. 晉趙盾欲立之, 使隨會來迎雍, 秦以兵送至令狐. 晉立襄公子而反擊秦師, 秦師敗, 隨會來奔. 二年, 秦伐晉, 取武城, 報令狐之役. 四年, 晉伐秦, 取少梁. 六年, 秦伐晉, 取羈馬. 戰於河曲, 大敗晉軍. 晉人患隨會在秦爲亂, 乃使魏讎餘詳反, 合謀會, 詐而得會, 會遂歸晉. 康公立十二年卒, 子共公立.

134(秦-9) 위양(渭陽)

＊〈渭陽〉: 渭水의 北岸.
＊秦 康公(罃)은 아버지 秦 穆公(任好)과 秦 獻公(詭諸)의 딸(秦姬) 사이에 태어났음. 당초 晉 獻公이 驪姬에 빠져 내란이 일어났고, 이에 獻公의 太子 申生과 公子 重耳(뒤의 晉 文公) 및 夷吾 등이 모두 국외로 망명하였음. 秦 穆公은 晉나라를 위협하여 먼저 夷吾를 군주로 세워 이가 晉 惠公이 됨. 그리고 晉나라에 기근이 들자 큰 도움을 주기도 하였는데 다시 秦나라에 기근이 들자 惠公(夷吾)은 도리어 진을 배신함. 이에 목공은 晉을 공격, 혜공을 사로잡아 끌고 와 그 시신을 종묘에 바치겠다고 나서자, 진희가 나서서 살려내기도 함. 뒤에 晉나라 대부들이 秦나라와 힘을 합해 혜공을 몰아내고 秦나라에 와 있던 重耳를 맞아 새 군주로 옹립함. 이에 重耳(문공)가 진나라를 떠날 때 강공이 이미 작고한 어머니를 그리워하며 중이에게 준 시라 함.《左傳》,《國語》,《史記》,《列女傳》 등에 관련 내용이 자세히 실려 있음. 참고란을 볼 것.

　　〈序〉: 〈渭陽〉, 康公念母也. 康公之母, 晉獻公之女. 文公遭麗姬之難, 未反, 而秦姬卒. 穆公納文公. 康公時爲大子, 贈送文公于渭之陽, 念母之不見也, 我見舅氏, 如母存焉. 及其卽位, 思而作是詩也.
　　〈위양〉은 康公이 어머니를 그리워한 것이다. 康公의 어머니는 晉 獻公의 딸이었다. 晉 文公(重耳, 강공 어머니와 남매간)이 麗姬(驪姬)의 난을 만나 아직 고국으로 돌아가지 못하였을 때 어머니 秦姬가 죽었다. 秦 穆公이 晉 文公을 받아들였다. 강공은 당시 태자였는데 외삼촌 문공을 渭水의 북쪽 언덕에서 보내주면서, 자신의 어머니를 보지 못함을 생각하여 내가 외삼촌을 보는 것만으로도 어머니가 살아계신 것 같다고 증송한 것이다. 문공(중이)이 귀국하여 즉위하자 그리워하며 이 시를 지은 것이다.

＊전체 2장. 매 장 4구씩(渭陽: 二章. 章四句).

(1) 賦

我送舅氏, 曰至渭陽.

내 舅氏(구시)를 送ᄒ야, 渭陽애 至호라.

나는 외숙을 보내드리러, 渭水의 북녘에 이르렀었지.

何以贈之? 路車乘黃.

므어스로 뻐 贈ᄒ료? 路車(로거)와 乘黃(승황)이로다.

무엇으로서 보내드렸는가? 수레와 승황(乘黃)이었네.

【舅氏】외삼촌, 외숙. 重耳, 뒤의 晉 文公. 〈毛傳〉에 "母之昆弟曰舅"라 하였고, 〈集傳〉에 "舅氏, 秦康公之舅, 晉公子重耳也. 出亡在外, 穆公召而納之, 時康公爲太子, 送之渭陽而作此詩"라 함.
【曰】助字.
【渭】渭水. 〈鄭箋〉과 〈集傳〉에 "渭, 水名也. 秦是時都雍, 至渭陽者, 蓋東行送舅氏 於咸陽之地"라 함.
【陽】강의 북쪽 기슭. 北岸. '山南江北曰陽'이라 함.
【贈】〈毛傳〉에 "贈, 送也"라 함.
【路車】諸侯의 수레. 〈集傳〉에 "路車, 諸侯之車也"라 함.
【乘黃】馬車는 네 필 말이 끄는데, 이를 乘 또는 駟라 함. 黃은 말의 빛깔. 〈毛傳〉 에 "乘黃, 四馬也"라 하였고, 〈集傳〉에는 "乘黃, 四馬皆黃也"라 함.

(2) 賦

我送舅氏, 悠悠我思.

내 舅氏를 送호니, 내 思ㅣ 悠悠ᄒ두다.

나는 외숙을 보내드리고는, 아득히 그리운 생각.

何以贈之? 瓊瑰玉佩.

므어스로 뻐 贈ᄒ료? 瓊瑰(경괴)와 玉佩(옥패)로다.

무엇으로써 보내드렸던가? 경괴(瓊瑰)와 패옥(佩玉)이었지.

【我思】〈集傳〉에 "悠悠, 長也. 〈序〉以爲時康公之母穆姬已卒, 故康公送其舅而念母之不見也. 或曰穆姬之卒, 不可考. 此但別其舅而懷思耳"라 함.

【瓊瑰】〈毛傳〉과 〈集傳〉에 "瓊瑰, 石而次玉"이라 함. 玉 다음가는 아름다운 돌. 雙聲連綿語의 物名.

【玉佩】허리에 차는 佩玉.

참고 및 관련 자료

1. 孔穎達〈正義〉

作〈渭陽〉詩者, 言康公念母也. 康公思其母, 自作此詩. 秦康公之母, 是晉獻公之女. 文公者, 獻公之子·康公之舅. 獻公嬖麗姬, 譖文公獻公, 欲殺之, 文公遭此麗姬之難, 出奔未得反國, 而康公母秦姬已卒. 及穆公納文公爲晉君, 於是康公爲太子贈送文公, 至於渭水之陽, 思念母之不見舅歸也. 康公見其舅氏, 如似母之存焉. 於是之時, 思慕深極. 及其卽位爲君, 思本送舅時事, 而作是〈渭陽〉之詩, 述己送舅, 念母之事也. 案《左傳》莊二十八年傳: 晉獻公烝於齊姜, 生秦穆夫人及太子申生. 又娶二女於戎, 大戎狐姬生重耳; 小戎子生夷吾, 是康公之母, 爲文公異母姊也. 僖四年傳稱: 麗姬譖申生, 申生自殺. 又譖二公子曰: 「皆知之. 重耳奔蒲, 夷吾奔屈.」僖五年傳稱: 「晉侯使寺人披伐蒲, 重耳奔翟.」是文公遭麗姬之難也. 僖十五年: 秦穆公獲晉侯, 以歸. 尙有夫人爲之請. 至二十四年穆公納文公, 然則秦姬之卒, 在僖十五年之後, 二十四年以前, 未知何年卒也. 以秦國夫人而其姓爲姬, 故謂之'秦姬'. 案齊姜, 麗姬, 皆以姓繫所生之國. 此秦姬以姓繫於所嫁之國者, 外國者婦人, 不以名行, 以姓爲字, 故或繫於父, 或繫於夫, 事得兩施也. 秦姬生存之時, 欲使文公反國, 康公見舅得反, 憶母宿心, 故念母之不見, 見舅如母存也. 謂舅爲氏者, 以舅之與甥, 氏姓必異, 故書傳通謂爲舅氏. 秦康公以文七年卽位, 文公時亦卒矣. 追念送時之事, 作此詩耳. 經二章皆陳贈送舅氏之事, 悠悠我思念母也. 因送舅氏而念母, 爲念母而作詩, 故序主言念母也.

2. 朱熹〈集傳〉

〈渭陽〉, 二章, 章四句:

按《春秋傳》: 晉獻公烝於齊姜, 生秦穆夫人·太子申生. 娶犬戎胡姬生重耳. 小戎子生夷吾. 驪姬生奚齊, 其娣生卓子. 驪姬譖申生申生自殺, 又譖二公子, 二公子皆出奔. 獻公卒奚齊·卓子繼立, 皆爲大夫里克所弒. 秦穆公納夷吾, 是爲惠公. 卒子圉立, 是爲懷公. 立之明年, 秦穆公又召重耳, 而納之, 是爲文公.

王氏曰: 「至渭陽者, 送之遠也; 悠悠我思者, 思之長也; 路車·乘黃·瓊瑰·玉佩者, 贈之厚也.」

廣漢張氏曰:「康公爲太子, 送舅氏而念母之, 不見, 是固良心也. 而卒不能自克於令狐之役, 怨欲害乎良心也. 使康公知循是心, 養其端而充之, 則怨欲可消矣.」

3.《左傳》僖公 15년

晉侯之入也, 秦穆姬屬賈君焉, 且曰:「盡納羣公子.」晉侯烝於賈君, 又不納羣公子, 是以穆姬怨之. 晉侯許賂中大夫, 旣而皆背之. 賂秦伯以河外列城五, 東盡虢略, 南及華山, 內及解梁城, 旣而不與. 晉饑, 秦輸之粟; 秦饑, 晉閉之糴, 故秦伯伐晉.

卜徒父筮之, 吉,「涉河, 侯車敗.」詰之. 對曰:「乃大吉也. 三敗, 必獲晉君. 其卦遇《蠱》, 曰: '千乘三去, 三去之餘, 獲其雄狐.' 夫狐蠱, 必其君也. 蠱之貞, 風也; 其悔, 山也. 歲云秋矣, 我落其實, 而取其材, 所以克也. 實落·材亡, 不敗, 何待?」

三敗乃韓. 晉侯謂慶鄭曰:「寇深矣, 若之何?」對曰:「君實深之, 可若何?」公曰:「不孫!」卜右, 慶鄭吉. 弗使. 步揚御戎, 家僕徒爲右. 乘小駟, 鄭入也. 慶鄭曰:「古者大事, 必乘其產. 生其水土, 而知其人心; 安其教訓, 而服習其道; 唯所納之, 無不如志. 今乘異產, 以從戎事, 及懼而變, 將與人易. 亂氣狡憤, 陰血周作, 張脈僨興, 外彊中乾. 進退不可, 周旋不能, 君必悔之.」弗聽.

九月, 晉侯逆秦師, 使韓簡視師, 復曰:「師少於我, 鬪士倍我.」公曰:「何故?」對曰:「出因其資, 入用其寵, 饑食其粟, 三施而無報, 是以來也. 今又擊之, 我怠秦奮, 倍猶未也.」公曰:「一夫不可狃, 況國乎?」遂使請戰, 曰:「寡人不佞, 能合其衆而不能離也. 君若不還, 無所逃命.」秦伯使公孫枝對曰:「君之未入, 寡人懼之; 入而未列, 猶吾憂也. 若列定矣, 敢不承命.」韓簡退曰:「吾幸而得囚.」

壬戌, 戰于韓原. 晉戎馬還濘而止. 公號慶鄭, 慶鄭曰:「愎諫·違卜, 固敗是求, 又何逃焉?」遂去之. 梁由靡御韓簡, 虢射爲右, 輅秦伯, 將止之. 鄭以救公誤之, 遂失秦伯. 秦獲晉侯以歸. 晉大夫反首拔舍從之. 秦伯使辭焉, 曰:「二三子何其慼也! 寡人之從晉君而西也, 亦晉之妖夢是踐, 豈敢以至?」晉大夫三拜稽首曰:「君履后土而戴皇天, 皇天后土實聞君之言, 羣臣敢在下風.」

穆姬聞晉侯將至, 以大子罃·弘與女簡璧登臺而履薪焉. 使以免服衰絰逆, 且告曰:「上天降災, 使我兩君匪以玉帛相見, 而以興戎. 若晉君朝以入, 則婢子夕以死; 夕以入, 則朝以死. 唯君裁之!」乃舍諸靈臺. 大夫請以入. 公曰:「獲晉侯, 以厚歸也; 旣而喪歸, 焉用之? 大夫其何有焉? 且晉人慼憂以重我, 天地以要我. 不圖晉憂, 重其怒也; 我食吾言, 背天地也. 重怒, 難任; 背天, 不祥, 必歸晉君.」公子縶曰:「不如殺之, 無聚慝焉.」子桑曰:「歸之而質其大子, 必得大成. 晉未可滅, 而殺其君, 祇以成惡. 且史佚有言曰: '無始禍, 無怙亂, 無重怒.' 重怒, 難任; 陵人, 不祥.」乃許晉平. 晉侯使郤乞告瑕呂飴甥, 且召之. 子金敎之言曰:「朝國人而以君命賞. 且告之曰: '孤雖歸, 辱社稷矣, 其卜貳圉也.'」衆皆哭, 晉於是乎作爰田. 呂甥曰:「君亡之不恤, 而羣臣是憂, 惠之至也, 將若君何?」衆曰:「何爲而可?」對曰:「征繕以輔孺子. 諸侯聞之, 喪君有君, 羣臣輯睦, 甲兵益多, 好我者勸, 惡我者懼, 庶有益乎!」衆說, 晉於是乎作州兵.

初, 晉獻公筮嫁伯姬於秦, 遇《歸妹》三之《睽》三. 史蘇占之, 曰:「不吉. 其繇曰:'士刲羊, 亦無衁也; 女承筐, 亦無貺也. 西鄰責言, 不可償也. 歸妹之睽, 猶無相也.' 震之離, 亦離之震. '爲雷爲火, 爲嬴敗姬. 車說其輹, 火焚其旗, 不利行師, 敗于宗丘. 歸妹睽孤, 寇張之弧. 姪其從姑, 六年其逋, 逃歸其國, 而棄其家, 明年其死於高梁之虛.' 及惠公在秦, 曰:「先君若從史蘇之占, 吾不及此夫!」韓簡侍, 曰:「龜, 象也; 筮, 數也. 物生而後有象, 象而後有滋, 滋而後有數. 先君之敗德, 及可數乎? 史蘇是占, 勿從何益? 詩曰:『下民之孽, 匪降自天, 僔沓背憎, 職競由人.』」

4.《左傳》莊公 28년 傳

晉獻公娶於賈, 無子. 烝於齊姜, 生秦穆夫人及大子申生. 又娶二女於戎, 大戎狐姬生重耳, 小戎子生夷吾. 晉伐驪戎, 驪戎男女以驪姬, 歸, 生奚齊, 其娣生卓子. 驪姬嬖, 欲立其子, 賂外嬖梁五與東關嬖五, 使言於公曰:「曲沃, 君之宗也; 蒲與二屈, 君之疆也; 不可以無主. 宗邑無主, 則民不威; 疆埸無主, 則啓戎心; 戎之生心, 民慢其政, 國之患也. 若使大子主曲沃, 而重耳·夷吾主蒲與屈, 則可以威民而懼戎, 且旌君伐.」使俱曰:「狄之廣莫, 於晉爲都. 晉之啓土, 不亦宜乎!」晉侯說之. 夏, 使大子居曲沃, 重耳居蒲城, 夷吾居屈. 羣公子皆鄙. 唯二姬之子在絳. 二五卒與驪姬譖羣公子而立奚齊. 晉人謂之「二五耦」.

5.《國語》晉語(2)

反自稷桑, 處五年, 驪姬謂公曰:「吾聞申生之謀愈深. 日, 吾固告君曰得衆, 衆不利, 焉能勝狄? 今矜狄之善, 其志益廣. 狐突不順, 故不出. 吾聞之, 申生甚好信而彊, 又失言於衆矣, 雖欲有退, 衆將責焉. 言不可食, 衆不可弭, 是以深謀. 君若不圖, 難將至矣!」公曰:「吾不忘也, 抑未有以致罪焉.」

驪姬告優施曰:「君既許我殺太子而立奚齊矣. 吾難里克, 奈何!」優施曰:「吾來里克, 一日而已. 子爲我具特羊之饗, 吾以從之飲酒. 我優也, 言無郵.」驪姬許諾, 乃具, 使優施飲里克酒. 中飲, 優施起舞, 謂里克妻曰:「主孟啗我, 我教兹暇豫事君.」乃歌曰:「暇豫之吾吾, 不如鳥鳥. 人皆集於苑, 己獨集於枯.」里克笑曰:「何謂苑? 何謂枯?」優施曰:「其母爲夫人, 其子爲君, 可不謂苑乎? 其母既死, 其子又有謗, 可不謂枯乎? 枯且有傷.」

優施出, 里克辟奠, 不飱而寢. 夜半, 召優施, 曰:「曩而言戲乎? 抑有所聞之乎?」曰:「然. 君既許驪姬殺太子而立奚齊, 謀既成矣.」里克曰:「吾秉君以殺太子, 吾不忍. 通復故交, 吾不敢. 中立其免乎?」優施曰:「免.」

且而里克見丕鄭, 曰:「夫史蘇之言將及矣! 優施告我, 君謀成矣, 將立奚齊.」丕鄭曰:「子謂何?」曰:「吾對以中立.」丕鄭曰:「惜也! 不如曰不信以疏之, 亦固太子以攜之, 多爲之故, 以變其志, 志少疏, 乃可間也. 今子曰中立, 況固其謀也, 彼有成矣, 難以得閒.」里克曰:「往言不可及也, 且人中心唯無忌之, 何可敗也! 子將何如?」丕鄭曰:「我無心. 是故事君者, 君爲我心, 制不在我.」里克曰:「弑君以爲廉, 長廉以驕心, 因驕以制人家, 吾不敢. 抑撓志以從君, 爲廢人以自利也, 利方以求成人, 吾不能. 將伏也!」明日, 稱疾不朝. 三旬, 難乃成. 驪姬以君命命申生曰:「今夕君夢齊姜, 必速祠而歸福.」申生許諾, 乃祭于曲沃, 歸福于絳. 公田, 驪姬受福, 乃寘鴆于酒, 寘菫于肉公至, 召申生獻, 公祭之地, 地墳申生恐而出. 驪姬與犬肉, 犬斃;飲小臣酒, 亦斃. 公命殺杜原款. 申生奔新城.

杜原款將死, 使小臣圉告于申生, 曰:「款也不才, 寡智不敏, 不能教導, 以至于死. 不能深知君之心度, 棄寵求廣土而竄伏焉;小心狷介, 不敢行也. 是以言至而無所訟之也, 故陷於大難. 乃逮于讒. 然款也不敢愛死, 唯與讒人鈞是惡也. 吾聞君子不去情, 不反讒, 讒行身死可也, 猶有令名焉. 死不遷情, 彊也. 守情說父, 孝也. 殺身以成志, 仁也. 死不忘君, 敬也. 孺子勉之! 死必遺愛, 死民之思, 不亦可乎?」申生許諾. 人謂申生曰:「非子之罪, 何不去乎?」申生曰:「不可. 去而罪釋, 必歸於君, 是怨君也. 章父之惡, 取笑諸侯, 吾誰鄉而入? 內困於父母, 外困於諸侯, 是重困也, 棄君去罪, 是逃死也. 吾聞之:『仁不怨君, 智不重困, 勇不逃死.』若罪不釋, 去而必重. 去而罪重, 不智. 逃死而怨君, 不仁. 有罪不死, 無勇. 去而厚怨, 惡不可重, 死不可避, 吾將伏以俟命.」

驪姬見申生而哭之, 曰:「有父忍之, 況國人乎? 忍父而求好人, 人孰好之? 殺父以求利人, 人孰利之? 皆民之所惡也, 難以長生!」

驪姬退, 申生乃雉經于新城之廟. 將死, 乃使猛足言於狐突曰:「申生有罪, 不聽伯氏, 以至于死. 申生不敢愛其死, 雖然, 吾君老矣, 國家多難, 伯氏不出, 奈吾君何? 伯氏苟出而圖吾君, 申生受賜以至于死, 雖死何悔!」是以諡爲共君. 驪姬既殺太子申生, 又譖二公子曰:「重耳, 夷吾與知共君之事.」公令閹楚刺重耳, 重耳逃于狄;令賈華刺夷吾, 夷吾逃于梁. 盡逐羣公子, 乃立奚齊焉. 始爲令, 國無公族焉.

6.《史記》秦本紀

十四年, 秦饑, 請粟於晉. 晉君謀之群臣. 虢射曰:「因其饑伐之, 可有大功.」晉君從之. 十五年, 興兵將攻秦. 繆公發兵, 使丕豹將, 自往擊之. 九月壬戌, 與晉惠公夷吾合戰於韓地. 晉君棄其軍, 與秦爭利, 還而馬鷙. 繆公與麾下馳追之, 不能得晉君, 反爲晉軍所圍. 晉擊繆公, 繆公傷. 於是岐下食善馬者三百人馳冒晉軍, 晉軍解圍, 遂脫繆公而反生得晉君. 初, 繆公亡善馬, 岐下野人共得而食之者三百餘人, 吏逐得, 欲法之. 繆公曰:「君子不以畜產害人. 吾聞食善馬肉不飲酒, 傷人.」乃皆賜酒而赦之. 三百人者聞秦擊晉, 皆求從, 從而見繆公窘, 亦皆推鋒爭死, 以報食馬之德. 於是繆公虜晉君以歸, 令於國, 齊宿, 吾將以晉君祠上帝. 周天子聞之, 曰「晉我同姓」, 爲請晉君. 夷吾姊亦爲繆公夫人, 夫人聞之, 乃衰絰跣, 曰:「妾兄弟不能相救, 以辱君命.」

繆公曰:「我得晉君以爲功, 今天子爲請, 夫人是憂.」乃與晉君盟, 許歸之, 更舍上舍, 而饋之七牢. 十一月, 歸晉君夷吾, 夷吾獻其河西地, 使太子圉爲質於秦. 秦妻子圉以宗女. 是時秦地東至河.

7.《列女傳》(2) 賢明傳「秦穆公姬」

穆姬者, 秦穆公之夫人, 晉獻公之女, 太子申生之同母姊, 與惠公異母, 賢而有義. 獻公殺太子申生, 逐群公子, 惠公號公子夷吾, 奔梁, 及獻公卒, 得因秦立, 始卽位, 穆姬使納群公子, 曰:「公族者, 君之根本.」

惠公不用. 又背秦賂: 晉饑, 請粟於秦, 秦與之; 秦饑, 請粟於晉, 晉不與, 秦遂興兵與晉戰, 獲晉君以歸.

秦穆公曰:「掃除先人之廟, 寡人將以晉君見.」

穆姬聞之, 乃與太子罃·公子宏, 與女簡璧, 衰絰履薪以迎.

且告穆公曰:「上天降災, 使兩君匪以玉帛相見, 乃以興戎, 婢子娣姒不能相教, 以辱君命. 晉君朝以入, 婢子夕以死, 惟君其圖之.」

公懼, 乃舍諸靈臺. 大夫請以入, 公曰:「獲晉君以功歸, 今以喪歸, 將焉用?」

遂改館晉君, 饋以七牢而遣之.

穆姬死, 穆姬之弟重耳入秦, 秦送之晉, 是爲晉文公. 太子罃思母之恩而送其舅氏也, 作詩曰:『我送舅氏, 曰至渭陽, 何以贈之? 路車乘黃.』

君子曰:「慈母生孝子.」

詩云:『敬愼威儀, 維民之則.』穆姬之謂也.

頌曰:『秦穆夫人, 晉惠之姊. 秦執晉君, 夫人流涕. 痛不能救, 乃將赴死. 穆公義之, 遂釋其弟.』

135(秦-10) 권여(權輿)

＊〈權輿〉: 〈音義〉와 〈集傳〉에 "權輿, 始也"라 하여 '시작할 때는'의 뜻.
＊이 시는 秦 康公이 아버지 목공의 구신들을 잊고, 처음에는 현자들과 잘 어울렸으나 그 시작은 있고 끝은 없는 모습이었음을 질책한 것이라 함.

> ＜序＞: 〈權輿〉, 刺康公也. 忘先君之舊臣, 與賢者, 有始而無終也.
>
> 〈권여〉는 강공을 풍자한 것이다. 선군 목공의 舊臣들을 잊었으며, 현자들과의 관계도 시작만 있고 끝은 제대로 맺지 못하였다.

＊전체 2장. 매 장 5구씩(權輿: 二章. 章五句).

(1) 賦

於我乎, 夏屋渠渠,

내게, 夏屋(하옥)이, 渠渠(거거)ᄒ더니,
나에게, 큰 집을 갖추어주며 부지런히 대접하더니,

今也每食無餘.

이젠 미양 食(식)흠애 餘ㅣ 업도다.
이제는 매번 먹는 것조차 여유가 없도다.

于嗟乎! 不承權輿!

嗟(차)홈다! 權輿(권여)를 承티 못홈이여!
아, 안타깝도다! 처음 먹은 마음 이어지지 못함이여!

【夏】〈毛傳〉과 〈集傳〉에 "夏, 大也"라 함.
【屋】〈鄭箋〉에는 "屋, 具也"라 하여 '갖추어 마련해 주다'라 하였음.

【渠渠】〈鄭箋〉에 "渠渠, 猶勤勤也. 言「君始於我, 厚設禮食大具, 以食我, 其意勤勤然"이라 함. 그러나 〈集傳〉에 "渠渠, 深廣貌"라 함.

【每食無餘】매번 먹을 것이 적음. 〈鄭箋〉에 "此言「君今遇我, 薄其食, 我纔足耳.」"라 함.

【于嗟乎】感歎詞.

【承】이음. 〈毛傳〉과 〈集傳〉에 "承, 繼也"라 함.

【權輿】처음. 〈毛傳〉과 〈集傳〉에 "權輿, 始也"라 함.

＊〈集傳〉에 "○此言「其君始有渠渠之夏屋, 以待賢者, 而其後禮意寖衰, 供億寖薄, 至於賢者, 每食而無餘. 於是歎之, 言不能繼其始也.」"라 함.

(2) 賦

於我乎, 每食四簋,

내게, 미양 食홀 제 四簋(스궤)러니,

나에게, 매번 식사에 사궤(四簋)를 갖추어 대접하더니,

今也每食不飽.

이젠 미양 食홈애 飽티 아닛놋다.

이제는 매번 식사에 배를 채울 수도 없구나.

于嗟乎! 不承權輿!

嗟홉다! 權輿를 承티 못홈이여!

아, 안타깝도다! 처음 먹은 마음 이어지지 못함이여!

【四簋】黍, 稷, 稻, 粱 등을 이름. 〈毛傳〉에 "四簋, 黍稷稻粱"이라 하였고, 〈集傳〉에 "簋, 瓦器, 容斗二升. 方曰簠, 圓曰簋. 簠盛稻粱, 簋盛黍稷. 四簋, 禮食之盛也"라 함.

참고 및 관련 자료

1. 孔穎達 〈正義〉

作〈權輿〉詩者, 刺康公也. 康公遺忘其先君穆公之舊臣, 不加禮餼, 與賢者交接, 有始而無終, 初時殷勤, 後則疏薄, 故刺之. 經二章皆言禮待賢者, 有始無終之事.

2. 朱熹〈集傳〉

〈權輿〉, 二章, 章五句:

漢楚元王敬禮申公·白生·穆生, 穆生不嗜酒, 元王每置酒, 嘗爲穆生設醴, 及王戊卽位常設, 後忘設焉. 穆生退曰:「可以逝矣. 醴酒不設, 王之意怠. 不去楚人將鉗我於市.」遂稱疾. 申公·白生强起之曰:「獨不念先王之德歟? 今王一旦失小禮, 何足至此!」穆生曰:「先王之所以禮吾三人者, 爲道之存故也; 今而忽之, 是忘道也. 忘道之人, 胡可與久處! 豈爲區區之禮哉?」遂謝病去. 亦此詩之意也.

3.《漢書》楚元王傳

初, 元王敬禮申公等, 穆生不耆酒, 元王每置酒, 常爲穆生設醴. 及王戊卽位, 常設, 後忘設焉. 穆生退曰:「可以逝矣! 醴酒不設, 王之意怠, 不去, 楚人將鉗我於市.」稱疾臥. 申公·白生强起之曰:「獨不念先王之德與? 今王一旦失小禮, 何足至此!」穆生曰:「易稱『知幾其神乎! 幾者動之微, 吉凶之先見者也. 君子見幾而作, 不俟終日.』先王之所以禮吾三人者, 爲道之存故也; 今而忽之, 是忘道也. 忘道之人, 胡可與久處! 豈爲區區之禮哉?」遂謝病去. 申公·白生獨留. 王戊稍淫暴, 二十年, 爲薄太后服私姦, 削東海·薛郡, 乃與吳通謀. 二人諫, 不聽, 胥靡之, 衣之赭衣, 使杵臼雅舂於市. 休侯使人諫王, 王曰:「季父不吾與, 我起, 先取季父矣.」休侯懼, 乃與母太夫人奔京師.

4.《蒙求》(246)「楚元置醴」

前漢, 楚元王交字游, 高祖少弟. 好書多材藝. 嘗與魯穆生·白生·申公, 俱受詩於浮丘伯. 及封楚王, 以穆生等, 爲中大夫, 敬禮申公等. 穆生不嗜酒, 每置酒, 常爲穆生設醴. 及元王薨, 後至孫戊卽位常設, 後忘設焉. 穆生退曰:「可以逝矣. 醴酒不設, 王之意怠. 不去楚人將鉗我於市. 先王之所以禮吾三人者, 爲道之存. 今而忽之, 是忘道之人也. 忘道之人, 胡可與久處?」遂謝病去. 申公·白公獨留. 王稍淫暴, 二人諫不聽, 胥靡之.

12. 진풍陳風
10편(136-145)

陳나라는 舜의 먼 후예로 嬀汭에 살아 姓을 嬀氏로 했던 작은 異姓諸侯國이었다. 〈禹貢〉 豫州의 동쪽 宛丘(지금의 河南 淮陽)에 위치했으며, 이곳은 원래 伏羲氏(宓戲氏)의 遺墟였다. 周武王이 陶正 虞閼父를 陶正으로 삼았는데, 그의 아들 嬀滿에게 宛丘 땅을 주고 맏딸 太姬를 아내로 보내, 陳을 세우게 되었다 한다. 서쪽엔 外方山(崇高山), 盟猪(지금의 河南 商丘縣 동북쪽의 호수)에 이르렀다. 太姬는 아들을 낳지 못하자 巫覡(푸닥거리)과 鬼神歌舞를 자주 벌여, 그것이 陳나라의 民俗에 큰 영향을 미쳤다 한다. 陳나라는 閔公 24년(B.C.478) 楚 惠王에게 망하고 말았다. '陳風' 10편은 혼인 풍속을 노래한 시가 비교적 많다.

★ 관련 사항은 《史記》 陳杞世家 및 《左傳》 등을 참고할 것.

○ 鄭玄《毛詩譜》〈陳〉
陳者, 太皥處戲氏之墟. 舜之冑有虞閼父者, 爲周武王陶正, 武王賴其利器, 用與其神明之後, 封其子嬀滿於陳都, 於宛丘之側, 是曰陳. 胡公以備三恪妻, 以元女大姬. 其封域, 在<禹貢>豫州之東, 其地廣平, 無名山大澤. 西望外方, 東不及明(音孟)豬. 大姬無子, 好巫覡禱祈鬼神, 歌舞之樂, 民俗化而爲之. 五世至幽公, 當厲王時, 政衰大夫淫荒, 所爲無度, 國人傷而刺之, 陳之變風作矣.

○ 朱熹 <集傳>

陳, 國名. 大皥伏羲氏之墟, 在禹貢豫州之東. 其地廣平無名山大川, 西望外方, 東不及孟諸. 周武王時, 帝舜之冑有虞閼父, 爲周陶正, 武王賴其利器用, 與其神明之後, 以元女大姬妻, 其子滿而封之于陳. 都于宛丘之側, 與黃帝·帝堯之後, 共爲三恪, 是爲胡公, 大姬婦人尊貴好樂巫覡歌舞之事, 其民化之, 今之陳州, 卽其地也.

136(陳-1) 완구(宛丘)

*〈宛丘〉: 사방이 높고 중앙이 낮은 지형. 〈毛傳〉과 〈集傳〉에 "四方高, 中央下日 宛丘"라 하여, 盆地의 지형을 뜻함.
*이 시는 陳 幽公의 황음무도한 생활을 비난한 것이라 함.

〈序〉: 〈宛丘〉, 刺幽公也. 淫荒昏亂, 游蕩無度焉.

〈완구〉는 유공을 질책한 것이다. 황음혼란하여 유탕함이 도를 넘었다.

※陳 幽公: 이름은 寧. 西周 말 陳나라 군주. 愼公(圉戎)의 아들. B.C.832년까지 23년간 재위하고 아들 釐公(孝)으로 이어짐.

*전체 3장. 매 장 4구씩(宛丘: 三章. 章四句).

(1) 賦

子之湯兮, 宛丘之上兮.
子의 湯홈이여, 宛丘(완구)ㅅ 上애 흐놋다.
그대 유탕하게 노는군, 완구 위에서.

洵有情兮, 而無望兮!
진실로 情이 이시나, 望홀 꺼시 업도다!
진실로 정이야 있지만, 정말 본받을 것은 없구려!

【子】〈毛傳〉에 "子, 大夫也"라 하였고, 〈集傳〉에는 "子, 指遊蕩之人也"라 함.
【湯】방탕함. 질탕함. 〈毛傳〉과 〈集傳〉에 "湯, 蕩也"라 함. 〈鄭箋〉에는 "子者, 斥幽公也. 游蕩無所不爲"라 함.
【洵】'진실로'의 뜻. 〈毛傳〉과 〈集傳〉에 "洵, 信也"라 함.
【無望】〈集傳〉에 "望, 人所瞻望也"라 함. 聞一多 〈通義〉에는 "望, 有仰望託恃之義"라 함. 〈鄭箋〉에는 "此君信有淫荒之情, 其威儀無可觀望而則傚"라 하여, 본받을 것이 없음을 뜻함.

*〈集傳〉에 "○國人見此人常遊蕩於宛丘之上, 故敍其事以刺之. 言「雖信有情思, 而可樂矣. 然無威儀可瞻望也.」"라 함.

(2) 賦
坎其擊鼓, 宛丘之下.

그 皷를 擊홈이여, 宛丘ㅅ 下애 ᄒ놋다.

둥둥 그 북소리, 완구 아래에서 들리네.

無冬無夏, 値其鷺羽!

冬이 업스며 夏ㅣ 업시, 그 鷺羽(로우)를 値(치)ᄒ놋다!

겨울도 없고, 여름도 없이, 백로 깃을 들고 있군!

【坎】〈毛傳〉과 〈集傳〉에 "坎, 擊鼓聲"이라 함.

【値】〈毛傳〉에 "値, 持也"라 하였으나, 〈集傳〉에는 "値, 植也"라 함. '세우다'의 뜻이라 함.

【鷺羽】백로(해오라기)의 깃. 춤을 출 때 사용함. 〈毛傳〉에 "鷺鳥之羽, 可以爲翳"라 하였고, 〈鄭箋〉에는 "翳舞者, 所持以指麾"라 함. 〈集傳〉에는 "鷺, 春鉏. 今鷺, 鷥好而潔白, 頭上有長毛十數枚. 羽, 以其羽爲翳舞者, 持以指麾也. 言「無時不出遊, 而鼓舞於是」也"라 함.

(3) 賦
坎其擊缶, 宛丘之道.

그 缶를 擊홈이여, 宛丘ㅅ 道애 ᄒ놋다.

땅땅하고 울리는 저 질장구, 완구의 길에서 울리네.

無冬無夏, 値其鷺翿!

冬이 업스며 夏ㅣ 업시, 그 鷺翿(로도)를 値ᄒ놋다!

겨울도 없이 여름도 없이, 백로 깃 가리개 춤이로군!

【缶】장군, 질장구. 〈毛傳〉에 "盎謂之缶"라 하였고, 〈集傳〉에는 "缶, 瓦器, 可以節
樂"이라 함.

【翿】〈毛傳〉과 〈集傳〉에 "翿, 翳也"라 함. 들고 가림으로 사용하는 춤의 도구.

참고 및 관련 자료

1. 孔穎達〈正義〉

淫荒, 謂耽於女色; '昏亂', 謂廢其政事; '游蕩', '無度', 謂出入不時, 樂聲不倦, 游戲
放蕩, 無復節度也. 游蕩自是翶翔, 戲樂非獨淫於婦人, 但好聲好色, 俱是荒廢. 故以
淫荒摠之. 毛以此序, 所言是幽公之惡. 經之所陳, 是大夫之事, 由君身爲此, 惡化之
使然. 故擧大夫之惡, 以刺君. 鄭以經之所陳, 卽是幽公之惡, 經序相符也. 首章言
「其信有淫情, 威儀無法」, 是淫荒也. 下二章言「其擊鼓持羽, 冬夏不息」, 是無度. 無度
者, 謂無復時節度量, 〈賓之初筵〉序云: 「飮酒無度」, 與此同.

2.《史記》陳世家

陳胡公滿者, 虞帝舜之後也. 昔舜爲庶人時, 堯妻之二女, 居于嬀汭, 其後因爲氏
姓, 姓嬀氏. 舜已崩, 傳禹天下, 而舜子商均爲封國. 夏后之時, 或失或續. 至于周武
王克殷紂, 乃復求舜後, 得嬀滿, 封之於陳, 以奉帝舜祀, 是爲胡公. 胡公卒, 子申公
犀侯立. 申公卒, 弟相公皐羊立. 相公卒, 立申公子突, 是爲孝公. 孝公卒, 子愼公圉
戎立. 愼公當周厲王時. 愼公卒, 子幽公寧立.

幽公十二年, 周厲王奔于彘. 二十三年, 幽公卒, 子釐公孝立. 釐公六年, 周宣王卽
位. 三十六年, 釐公卒, 子武公靈立. 武公十五年卒, 子夷公說立. 是歲, 周幽王卽位.
夷公三年卒, 弟平公燮立. 平公七年, 周幽王爲犬戎所殺, 周東徙. 秦始列爲諸侯.

137(陳-2) 동문지분(東門之枌)

＊〈東門之枌〉: 〈毛傳〉과 〈集傳〉에 "枌, 白楡也"라 하여 흰 느릅나무라 함. 그 아래 '栩'와 합해 남녀들이 모여 밀회하는 곳이라 함. 〈諺解〉物名에는 "枌:느릅"이라 함.

＊이 시는 陳 幽公이 황음에 빠지자 이것이 풍속이 되어 남녀들이 본업을 버리고 자주 만나 밀회를 즐기는 시대 상황을 풍자한 것이라 함.

　　〈序〉: 〈東門之枌〉, 疾亂也. 幽公淫荒, 風化之所行, 男女棄其舊業, 亟會於道路, 歌舞於市井爾.

　　〈동문지분〉은 혼란을 질시한 것이다. 유공이 淫荒하여, 풍속이 영향을 받아 그렇게 행해지고 있어, 남녀들이 옛 생업을 버리고 자주 도로에서 만나고, 시정에서 가무를 즐길 정도였다.

＊전체 3장. 매 장 4구씩(東門之枌:三章. 章四句).

　　(1) 賦
　　東門之枌, 宛丘之栩.

　　東門엣 枌(분)과, 宛丘엣 栩(호)애,

　　동문에는 느릅나무, 완구에는 참수리나무.

　　子仲之子, 婆娑其下!

　　子仲의 子ㅣ, 그 下애 婆娑(파사)ㅎ놋다!

　　子仲씨네 아가씨, 그 밑에서 파사 춤을 추네!

【枌】〈毛傳〉과 〈集傳〉에 "枌, 白楡也"라 함. 〈集傳〉에 "枌, 白楡也. 先生葉郤著莢, 皮色白"이라 함. 흰 느릅나무.
【栩】참수리나무. 〈毛傳〉에 〈毛傳〉에 "栩, 杼也. 國之交會男女之所聚"라 함. '호'

(況浦反)로 읽음.

【子仲之子】〈毛傳〉에 "子仲, 陳大夫氏"라
하였고, 〈集傳〉에 "子仲之子, 子仲氏之
女也"라 하였으나, 〈鄭箋〉에는 "之子男
子也"라 하여 아들이라 하였함.

【婆娑】〈毛傳〉에 "婆娑, 舞也"라 하였고,
〈集傳〉에 "婆娑, 舞貌"라 함. 婆娑舞.
疊韻聯綿語.

＊〈集傳〉에 "○此男女聚會歌舞, 而賦其
事以相樂也"라 함.

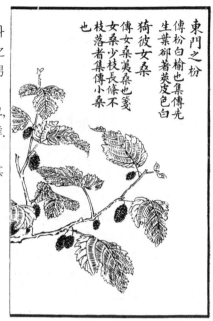

東門之枌
傳枌白榆也集傳先
生葉卻著莢皮色白
猗彼女桑
傳女桑荑桑也箋
女桑少枝長條不
枝落者集傳小桑
也

(2) 賦

穀旦于差, 南方之原.

穀혼 旦(죠)를 差ᄒ니, 南方ㅅ 原에 ᄒ놋다.

좋은 마침에 서로 선택하자고 말하니, 남쪽 원씨(原氏)의 딸이었네.

不績其麻, 市也婆娑!

그 麻를 績디 아니코, 市예 婆娑ᄒ놋다!

그 짜던 삼도 내던지고, 저자거리에서 파사 춤을 추네!

【穀旦】좋은 아침. 〈毛傳〉과 〈集傳〉에 "穀, 善也"라 하였고, 〈鄭箋〉에는 "旦, 明"이
라 함.

【于差】〈鄭箋〉에 "于, 曰; 差, 擇也; 朝日善明, 曰「相擇矣」"라 하였고, 〈集傳〉에 "差,
擇也"라 함.

【南方之原】남쪽 原氏. 〈鄭箋〉에 "以南方原氏之女, 可以爲上處"라 함. 그러나 朱
熹는 '남쪽 언덕'이라 함.

【績麻】〈鄭箋〉에는 "績麻者, 婦人之事也, 疾其今不爲"라 함.

＊〈集傳〉에 "○旣差擇善旦, 以會于南方之原. 於是棄其業, 以舞於市, 而往會也"라
함.

(3) 賦

穀旦于逝, 越以鬷邁.

穀흔 旦애 逝ᄒ니, 이에 鬷(죵)으로 뻐 邁(매)ᄒ놋다.

좋은 아침 가자고 말하니, 모두 합해서 무리지어 가네.

視爾如荍, 貽我握椒!

너 봄을 荍(교)근티 ᄒ니, 내게 握(악) 椒(쵸)를 貽(이)ᄒ놋다!

그대를 보아하니 규화처럼 생겼는데, 나에게 한 줌 산초를 건네주네!

【于逝】〈毛傳〉과 〈集傳〉에 "逝, 往"이라 함.

【越以】〈鄭箋〉과 〈集傳〉에 "越, 於"라 함. 그러나 두 글자 모두 助辭로 보기도 함.
陳奐〈傳疏〉에 "越, 讀同粵.《爾雅》:「粵, 于也.」……此云'越以', 皆合二字爲發語之
詞"라 함,【鬷】〈毛傳〉에 "鬷, 數"라 하였고, 〈鄭箋〉에는 "鬷, 總也"라 하였으며,
〈集傳〉에는 "鬷, 衆也"라 함. 吳闓生 〈會通〉에 "鬷, 總合而行"이라 함.

【邁】〈毛傳〉과 〈集傳〉에 "邁, 行也"라 함. 〈鄭箋〉에는 "朝日善明, 曰「往矣」. 謂之所
會處也. 於是以總行, 欲男女合行"이라 함.

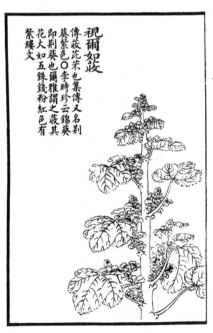

【荍】〈毛傳〉에 "荍, 芘芣也"라 하였고,
당아욱의 일종. 〈毛傳〉〈集傳〉에 "荍, 芘
芣也. 又名荊葵, 紫色"이라 함. '荊葵', 芘
芣, 錦葵花로도 불림. 〈諺解〉物名에는
"荍:규화"라 함.

【貽】주는 것.

【握】한 줌.

【椒】산초열매. 〈毛傳〉에 "椒, 芬香也"
라 하였고, 〈集傳〉에 "椒, 芬芳之物也"
라 함. 〈鄭箋〉에는 "男女交會而相說,
曰:「我視女之顏色, 美如芘芣之華. 然女
乃遺我一握之椒, 交情好也.」此本淫亂
之所由"라 함.

*〈集傳〉에 "○言「又以善旦而往, 於是以
其衆行, 而男女相與, 道其慕悅之辭, 曰:
「我視爾顏色之美, 如芘芣之華. 於是遺
我以一握之椒, 而交情好也.」"라 함.

1. 孔穎達〈正義〉

男棄其業, 子仲之子, 是也; 女棄其業, 不績其麻, 是也; 會於道路者, 首章上二句是也; 歌舞於市井者, 婆娑是也. 經言先歌舞之處, 然後責其棄業. 序以棄業而後敖游一, 先言棄業. 所以經序倒也. 此實歌舞於市, 而謂之市井者, 《白虎通》云:「因井爲市, 故曰市井.」應劭《通俗》云:「市, 恃也. 養瞻老少, 恃以不匱也. 俗說市井, 謂至市者, 當於井上洗濯, 其物香潔, 及自嚴飾, 乃到市也.」謹案古者, 二十畝爲一井, 因爲市交易, 故稱市井. 然則由本井田之中, 交易爲市, 故國都之市, 亦因名市井. 案禮制九夫爲井, 應劭二十畝爲井者, 劭依《漢書》食貨志:「一井八家, 家有私田; 百畝公田十畝, 餘二十畝以爲井. 竈廬舍據其交易之處, 在廬舍, 故言二十畝耳. 因井爲市, 或如劭. 言三章皆述淫亂之事, 首章獨言男婆娑於枌栩之下, 下二章上二句言女子候善明之日, 從男子於會處下. 二句陳男女相說之辭, 明歌舞之處, 皆男女相從, 故男女互見之.

138(陳-3) 형문(衡門)

＊〈衡門〉: 나무를 가로 질러 빗장을 삼은 은자의 초라한 집.
＊이 시는 陳 僖公이 큰 뜻을 가지고 다스려주기를 유도한 시라 함. 그러나 聞一多는 일반적인 愛情詩로 보았음. 즉 衡門은 성문 이름이며, 형문 아래 성 귀퉁이는 남녀의 밀회장소로 널리 활용되었다 함.

〈序〉: 〈衡門〉, 誘僖公也. 愿而無立志. 故作是詩, 以誘掖其君也.

〈형문〉은 僖公을 유도한 것이다. 진실하였으나 입지가 없었다. 그 때문에 이 시를 지어 그 임금을 유도하고 扶持한 것이다.

〈箋〉: 誘, 進也; 掖, 扶持也.

※陳 僖公: 僖公은 이름은 孝, 《史記》에는 '鼇公'으로도 표기되어 있으며, 幽公(寧)의 아들. B.C.831－B.C.796년까지 36년간 재위하고 아들 武公(靈)이 뒤를 이음.

＊전체 3장. 매 장 4구씩(衡門: 三章. 章四句).

(1) 賦
衡門之下, 可以棲遲.

衡門(형문)ㅅ 下ㅣ여, 可히 뻐 棲遲(셔지)ㅎ리로다.

형문의 아래, 가히 편히 노닐며 쉴 만 하도다.

泌之洋洋, 可以樂飢.

泌(비)의 洋洋홈이여, 可히 뻐 飢(긔)를 樂ㅎ리로다.

샘물이 퐁퐁 솟아나니, 그 물로 요기라도 할 수 있지.

【衡門】〈毛傳〉에 "衡門, 橫木爲門. 言淺陋也"라 하였고, 〈集傳〉에 "衡門, 橫木爲門也. 門之深者有阿塾堂宇, 此惟橫木爲之"라 함. 혹 衡은 橫과 같으며, '東西曰

橫'이라 하여 東西로 가로질러 나무로 걸쳐놓은 문을 뜻하기도 함. 매우 초라한 집을 뜻함. 〈鄭箋〉에는 "賢者, 不以衡門之淺陋, 則不遊息於其下, 以喩人君不可以 國小, 則不興治致政化"라 함.

【棲遲】〈毛傳〉과 〈集傳〉에 "棲遲, 遊息也"라 함. 한가히 쉼.

【泌】〈毛傳〉과 〈集傳〉에 "泌, 泉水也"라 함.

【洋洋】〈毛傳〉에 "洋洋, 廣大也"라 하였고, 〈集傳〉에 "洋洋, 水流貌"라 함.

【樂飢】療飢와 같음. 배고픔을 대강 해결함. '樂'은 '療'의 假借字. 〈毛傳〉에 "泌泉 水也洋洋廣大也樂飢可以樂道忘飢"라 하였고, 〈鄭箋〉에는 "飢者, 不足於食也. 泌 水之流, 洋洋然. 飢者見之, 可飮以療飢, 以喩人君愨愿, 任用賢臣, 則政敎成, 亦 猶是也"라 함.

*〈集傳〉에 "○此隱居自樂, 而無求者之辭. 言'衡門雖淺陋, 然亦可以遊息; 泌水雖 不可飽, 然亦可以玩樂而忘飢也"라 함.

(2) 賦

豈其食魚, 必河之魴?

엇디 그 魚를 食(식)홈을, 반ᄃ시 河앳 魴(방)을 ᄒ리오?

어찌 물고기 반찬이, 반드시 황하의 방어여야 하겠는가?

豈其取妻, 必齊之姜?

엇디 그 妻를 取(취)홈을, 반ᄃ시 齊ㅅ 姜을 ᄒ리오?

어찌 아내를 취하면서, 반드시 제나라 여자여야 하겠는가?

【河】黃河.

【魴】방어.

【齊之姜】〈集傳〉에 "姜, 齊姓"이라 함. 〈正意〉에 "齊者, 伯夷之後. 伯夷主四岳之職. 〈周語〉作四岳, 賜姓曰姜"이라 함. 그 후손 姜子牙(姜太公, 呂尙)가 봉을 받은 나라가 제나라였음. 그 뒤 전국시대에는 田完(敬仲)의 후손이 차지하여 '田氏齊'로 부름. 〈鄭箋〉에는 "此言'何必河之魴, 然後可食取其美口而已? 何必大國之女, 然後 可妻亦取貞順而已?」以喩君任臣, 何必至人亦取忠孝而已? 齊, 姜姓"이라 함.

(3) 賦

豈其食魚, 必河之鯉?

엇디 그 魚를 食홈을, 반ᄃ시 河앳 鯉(리)를 ᄒ리오?

어찌 물고기 반찬이, 반드시 황하의 잉어여야 하겠는가?

豈其取妻, 必宋之子?

엇디 그 妻를 取홈을, 반ᄃ시 宋ㅅ 子를 ᄒ리오?

어찌 아내를 취하면서, 반드시 송나라 여자여야 하겠는가?

必河之鯉

【鯉】잉어.

【子】〈鄭箋〉에는 "宋, 子姓"이라 함. 〈集傳〉에 "子, 宋姓"이라 함. 宋나라는 殷(子姓)의 후예로, 殷紂가 망한 뒤 武王(姬發)이 그 후손 微子(啓)를 찾아 봉하였음. 《史記》 殷本紀에 "舜封契於商, 賜姓曰子"라 함.

> ### 참고 및 관련 자료

1. 孔穎達 〈正義〉

作〈衡門〉詩者, 誘僖公也. 以僖公懦愿, 而無自立之志. 故國人作是〈衡門〉之詩, 以誘導扶持其君, 誘使自强, 行道令興, 國致理也. 經三章, 皆誘之辭. 正義曰誘, 進. 〈釋詁〉文,《說文》云:「掖, 持臂也.」僖二十五年左傳云:「二禮從國子巡城, 掖以赴外, 殺之.」謂持其臂, 而投之城外也. 此言'誘掖'者, '誘', 謂在前導之; '掖', 謂在旁扶之, 故以掖爲扶持也. 〈定本〉作'扶持'.

139(陳-4) 동문지지(東門之池)

*〈東門之池〉:陳나라 성 동문의 못.
*이 시는 그 못물로 삼과 모시, 새풀을 부드럽게 하여 사용하듯 임금이 훌륭한
여인을 얻어 여인의 영향으로 정치를 잘 해나가기를 바란 것이라 함. 그러나 일
반적인 연애시로 볼 수 있음.

〈序〉: 〈東門之池〉, 刺時也. 疾其君之淫昏, 而思賢女以配君子也.

〈동문지지〉는 시속을 풍자한 것이다. 그 임금의 淫昏을 질시하면서, 현
명한 여인이 군자의 배필이 되기를 생각한 것이다.

*전체 3장. 매 장 4구씩(東門之池:三章. 章四句).

(1) 興
東門之池, 可以漚麻.
東門엣 池ㅣ여, 可히 뻐 麻를 漚(구)ㅎ리로다.
동문의 못에는, 삼을 담가 부드럽게 할 수 있지요.

彼美淑姬, 可與晤歌!
뎌 美흔 淑姬(슉희)ㅣ여, 可히 더브러 歌를 晤(오)ㅎ리로다!
저 훌륭한 희씨 아가씨, 가히 더불어 만나 노래할 만하겠네!

【東門】陳나라 都城의 東門. 行樂과 밀애의 장소.
【池】城池. 〈毛傳〉과 〈集傳〉에 "池, 城池也"라 함.
【漚】〈毛傳〉에 "漚, 柔也"라 하였고, 〈鄭箋〉에는 "於池中柔麻, 使可緝績, 作衣服.
  興者, 喻賢女能柔順君子, 成其德教"라 함. 〈集傳〉에는 "漚, 漬也. 治麻者, 必先以
  水漬之"라 함.
【淑姬】훌륭한 姬氏의 딸. '姬'는 周나라와 그 同姓諸侯의 姓.

【晤】〈毛傳〉에 "晤, 遇也"라 하였고, 〈鄭箋〉에는 "晤, 猶對也. 言「淑姬賢女, 君子宜
　與對歌, 相切化也」"라 함. 〈集傳〉에는 "晤, 猶解也"라 함.
＊〈集傳〉에 "○此亦男女會遇之辭. 蓋因其會遇之地, 所見之物, 以起興也"라 함.

(2) 興

東門之池, 可以漚紵.

東門엣 池ㅣ여, 可히 뻐 紵(져)를 漚ᄒ리로다.

동문의 못에는, 모시를 담가 부드럽게 할 수 있지요.

彼美淑姬, 可與晤語!

뎌 美흔 淑姬ㅣ여, 可히 더브러 語를 晤ᄒ리로다!

저 어여쁜 희씨 아가씨와는, 가히 더불어 이야기를 나눌 만하겠네!

【紵】모시. 〈諺解〉 物名에는 "紵:모시"라 함. 〈集傳〉에 "紵, 麻屬"이라 함. '苧'와
　같음.

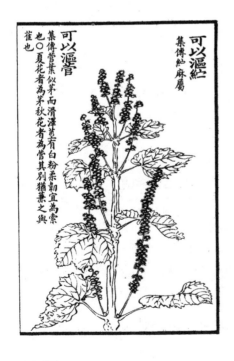

(3) 興

東門之池, 可以漚菅.

東門엣 池ㅣ여, 可히 뻐 菅(간)을 漚ᄒ리로다.

동문의 못에는, 새풀 담가 부드럽게 할 수 있지요.

彼美淑姬, 可與晤言!

뎌 美흔 淑姬ㅣ여, 可히 더브러 言을 晤ᄒ리로다!

저 어여쁜 희씨 아가씨와는, 가히 더불어 만나 속삭일 만하겠네!

【菅】〈集傳〉에 "菅, 葉似茅而滑澤, 莖有白粉, 柔韌宜爲索也"라 함. 〈諺解〉物名에는 "菅: 글희영"이라 함. 새풀. 왕골일 경우 音이 '간'(古顔反)임. 자리를 짜거나 끈을 꼴 수 있음.

【言】〈毛傳〉에 "言道也"라 함.

참고 및 관련 자료

1. 孔穎達 〈正義〉

此實'刺君'而云'刺時'者, 由君所化使時世皆淫, 故言'刺時'以廣之. 欲以配君而謂之君子者, 妻謂夫爲君子, 上下通稱. 據賢女爲文, 故稱以配君子. 經三章, 皆思得賢女之事, 疾其君之淫昏. 序其思賢女之意耳. 於經無所當也.

140(陳-5) 동문지양(東門之楊)

*〈東門之楊〉: 陳나라 성 동문의 버들.
*이 시는 동문의 무성한 버들을 연애 장소로 삼아 진나라 남녀들이 모여 밀약을 즐기면서 정작 혼례는 제대로 지키지 않음을 풍자한 것이라 함.

〈序〉: 〈東門之楊〉, 刺時也. 昏姻失時, 男女多違. 親迎, 女猶有不至者也.

〈동문지양〉은 시속을 풍자한 것이다. 혼인이 때를 잃어 많은 남녀들이 혼례를 위반하고 있었다. 親迎 때 여자들이 오히려 나타나지 않는 이들도 있었다.

*전체 3장. 매 장 6구씩(東門之楊: 二章. 章四句).

(1) 興
東門之楊, 其葉牂牂.

東門엣 楊이여, 그 葉이 牂牂(장장)ᄒ도다.
동문의 버드나무, 그 잎이 무성하도다.

昏以爲期, 明星煌煌!

昏으로 뻐 期ᄒ니, 明星이 煌煌(황황)ᄒ도다!
저녁때 만나기로 약속했건만, 샛별이 반짝반짝!

【東門】陳나라 성 동문. 남녀가 서로 만나기로 약속한 장소. 〈集傳〉에 "東門, 相期之地也"라 함.
【楊】〈集傳〉에 "楊, 柳之揚起者也"라 함.
【牂牂】무성한 모양. 〈集傳〉에 "牂牂, 盛貌"라 함. 〈毛傳〉에 "興也. 牂牂然, 盛貌. 言男女失時, 不逮秋冬"이라 하였고, 〈鄭箋〉에는 "楊葉牂牂, 三月中也. 興者, 喩時晚也, 失仲春之月"이라 함.

【昬】은 '昏'과 같음. 저녁 어스름녘. 〈諺解〉에는 '昏'으로 표기하였음.

【期】愛人과의 만날 期約.

【明星】啓明星, 샛별. 새벽별. 〈集傳〉에 "明星, 啓明也"라 함.

【煌煌】〈集傳〉에 "煌煌, 大明貌"라 함. 〈毛傳〉에 "期而不至也"라 하였고, 〈鄭箋〉
　에는 "親迎之禮, 以昏時, 女留他色, 不肯時行, 乃至大星煌煌然"이라 함. 초저녁에
　만나기로 하였으나 새벽 계명성이 뜨도록 나타나지 않음.

＊〈集傳〉에 "○此亦男女期會, 而有負約, 不至者. 故因其所見以起興也"라 함.

(2) 興

東門之楊, 其葉肺肺.

東門엣 楊이여, 그 葉이 肺肺(폐폐)ᄒ도다.

동문의 버드나무, 그 잎이 무성하네.

昏以爲期, 明星晢晢!

昏으로 뻐 期호니, 明星이 晢晢(제제)ᄒ도다!

저녁때 만나기로 약속했건만, 계명성이 초롱초롱!

【肺肺】牂牂과 같은 뜻. 〈毛傳〉과 〈集傳〉에 "肺肺, 猶牂牂也"라 함.

【晢晢】煌煌과 같은 뜻. '제'(之世反)로 읽음. 〈毛傳〉과 〈集傳〉에 "晢晢, 猶煌煌也"
　라 함.

참고 및 관련 자료

1. 孔穎達 〈正義〉

毛以'昏姻失時'者, 失秋冬之時. 鄭以爲失仲春之時. 言'親迎女猶不至', 明不親迎
者, 相違衆矣. 故擧'不至者', 以刺當時之淫亂也. 言'相違者', 正謂女違男使昏姻之
禮不成, 是男女之意相違耳, 非謂男亦違女也. 經二章, 皆上二句, 言昏姻失時;下二
句, 言親迎而女不至也.

141(陳-6) 묘문(墓門)

*〈墓門〉: 묘지의 문.
*이 시는 陳佗(厲公)가 임금을 죽이고 자립하였음을 비난한 것이라 함.

<序>: <墓門>, 刺陳佗也. 陳佗無良師傳, 以至於不義, 惡加於萬民焉.

〈묘문〉은 진타(陳佗)를 질책한 것이다. 진타는 훌륭한 스승이 없어 不義에 빠졌으며 악이 만민에게 가해졌다.

〈箋〉: 不義者, 謂弑君而自立.

※陳佗: 陳 厲公. 陳 平公(燮)이 죽고 그 아들 文公(圉)은 그 원년 蔡女를 얻어 아들 佗를 낳았음. 10뒤 문공이 죽고 장자 桓公(鮑)이 이었으며, 이 시기는 바로 공자가 쓴 《春秋》魯 隱公이 들어선 시기임. 桓公이 죽자 蔡나라에서는 佗를 위해 환공의 태자 免을 죽이고 타를 옹립하였음. 이가 여공이며 B.C.706-B.C.700년까지 7년간 재위하고 그 뒤를 莊公(林), 다시 宣公(杵臼)으로 이어짐. 이때부터 陳나라는 혼란에 빠졌으며, 특히 厲公의 아들 完(자는 敬仲)은 齊나라로 도망하여, 그 후손이 성씨를 田氏로 바꾸고, 齊나라를 차지하고 戰國時代 田氏齊를 일으키는 결과를 낳기도 함. 《左傳》, 《史記》 등을 참조할 것.

*전체 2장. 매 장 6구씩(墓門: 二章. 章六句).

(1) 興
墓門有棘, 斧以斯之.

墓門애 棘이 잇거늘, 斧로 써 斯ᄒᆞᆺ다.

묘문에 가시나무 있으면, 도끼로 찍어내야지.

夫也不良, 國人知之.

夫ㅣ 良티 아니커늘, 國人이 아ᄂᆞᆺ다.

저 사람 불량함은, 나라 사람 누구나 알지.

知而不已, 誰昔然矣!

아로디 마디 아니 ㅎㄴ니, 녜로 그러토다!

알건만 없애지 않음은, 예로부터 그랬었지!

【墓門有棘】〈毛傳〉에 "興也. 墓門, 墓道之門"이라 하였고, 〈集傳〉에 "墓門, 凶僻
之地, 多生荊棘"이라 함. '棘'은 가시나무.

【斧】도끼.

【斯】쪼갬. 〈毛傳〉과 〈集傳〉에 "斯, 析也"라 함. 〈毛傳〉에 "幽間希行, 用生此棘薪,
維斧可以開析之"라 하였고, 〈鄭箋〉에는 "興者, 喻陳佗由不視賢師良傳之訓道, 至
陷於誅絶之罪"라 함.

【夫】〈毛傳〉에 "夫, 傳相也"라 하였고, 〈集傳〉에 "夫, 指所刺之人也"라 함.

【良】〈鄭箋〉에 "良, 善也. 陳佗之師傅不善, 羣臣皆知之. 言其罪惡著也"라 함.

【已】그침. 퇴출시킴. 제거함. 〈鄭箋〉에 "已, 猶去也"라 함.

【誰昔】'疇昔'과 같음. '옛날'을 雙聲連綿語로 표기한 것. 馬瑞辰〈通釋〉에 "疇·誰,
一聲之轉"이라 함. 〈毛傳〉에 "昔, 久也"라 하였고, 〈集傳〉에 "誰昔, 昔也. 猶言疇
昔也"라 함. 〈鄭箋〉에도 "誰昔, 昔也. 國人皆知其有罪惡, 而不誅退, 終致禍難, 自
古昔之時常然"이라 함.

*〈集傳〉에 "○言「墓門有棘, 則斧以斯之矣. 此人不良, 則國人知之矣. 國人知之,
猶不自改, 則自疇昔而已然. 非一日之積矣.」 所謂不良之人, 亦不知其何所指也"라
함.

(2) 興

墓門有梅, 有鴞萃止.

墓門애 梅ㅣ 잇거늘, 鴞(효)ㅣ 萃(췌)ㅎ놋다.

묘문에 녹나무 있으면, 올빼미가 모여들지.

夫也不良, 歌以訊之.

夫ㅣ 良티 아니커늘, 歌ㅎ야 뼈 訊(신)ㅎ놋다.

저 사람의 불량함을, 노래를 지어 알려주었네.

訊予不顧, 顚倒思予!

訊호딕 나를 顧티 아니ᄒᄂ니, 顚倒케야 나를 思ᄒ리라!

일러주어도 나를 돌아보니 않다가, 낭패를 봐야 내 생각하겠지!

【梅】〈毛傳〉에 "梅, 枏也"라 하여 녹나무, 즉 棘과 같은 惡木으로 보았음.

【鴞】〈毛傳〉과 〈集傳〉에 "鴞鴞. 惡聲之鳥也"라 함. 올빼미, 오도새. 〈諺解〉物名
에는 "鴞:올바미. 일(一) 오도새"라 함.

【萃】〈毛傳〉과 〈集傳〉에 "萃, 集也"라 함. 〈鄭箋〉에는 "梅之樹, 善惡自有, 徒以鴞
集其上, 而鳴人, 則惡之樹, 因惡矣. 以喩陳佗之性, 本未必惡, 師傅惡, 而陳佗從之
而惡"이라 함.

【歌】〈鄭箋〉에 "歌, 謂作此詩也"라 함.

【訊】〈毛傳〉과 〈集傳〉에 "訊, 告也"라 함. 〈鄭箋〉에는 "旣作又使工歌之, 是謂之告"
라 함.

【顚倒】일이 急함. 낭패함. 〈集傳〉에 "顚倒, 狼狽之狀"이라 함.

【予】〈鄭箋〉에 "予, 我也. 歌以告之汝, 不顧念我. 言「至於破滅顚倒之急, 乃思我之
言, 言其晚也.」"라 함.

＊〈集傳〉에 "○墓門有梅, 則有鴞萃之矣. 夫也不良, 則有歌其惡以訊之者矣. 訊之
而不予顧, 至於顚倒. 然後思予, 則豈有所及哉? 或曰訊予之'予', 疑當依前章作'而'
字"라 함.

> ### 참고 및 관련 자료

1. 孔穎達 〈正義〉

陳佗, 身行不義, 惡加萬民. 定本直云'民無萬'字, 由其師傅不良, 故至於此. 旣立
爲君, 此師傅猶, 在陳佗仍用其言, 必將至誅絶. 故作此詩以刺'佗欲其去惡傅而就良
師'也. 經二章. 皆是戒佗, 令去其惡師之辭.〈正義〉曰:不義之大, 莫大弑君也.《春
秋》桓五年正月甲戌·己丑. 陳侯鮑卒.《左傳》云:「再赴也, 於是陳亂文公子佗, 殺太子
免而代之. 公疾病而亂作, 國人分散」故再赴, 是陳佗弑君自立之事也. 如傳文則陳
佗所殺太子免, 而謂之弑君者. 以免爲太子, 其父卒, 免當代父爲. 若陳佗殺之, 而取
國, 故以弑君言之. 序言'無良師傅, 以至於不義', 則佗於弑君之前, 先有此惡師也.
經云:『夫也不良, 國人知之. 知而不已, 誰昔然矣!』欲令佗誅退惡師, 則弑君之後,
惡師仍在, 何則詩者, 民之歌詠, 必惡加於民, 民始怨刺? 陳佗未立爲君, 則身爲公
子, 爵止大夫, 雖則惡師, 非民所恨. 今作詩刺之, 明是自立之後也. 戒之令去惡師,

明是惡師未去也.

2.《左傳》桓公 5년

(經) 五年春正月, 甲戌, 己丑, 陳侯鮑卒.

(傳) 五年春正月, 甲戌·己丑, 陳侯鮑卒. 再赴也. 於是陳亂, 文公子佗殺大子免而代之. 公疾病而亂作, 國人分散, 故再赴.

3.《史記》陳世家

二十三年, 平公卒, 子文公圉立.

文公元年, 取蔡女, 生子佗. 十年, 文公卒, 長子桓公鮑立.

桓公二十三年, 魯隱公初立. 二十六年, 衛殺其君州吁. 三十三年, 魯弑其君隱公.

三十八年正月甲戌己丑, 桓公鮑卒. 桓公弟佗, 其母蔡女, 故蔡人爲佗殺五父及桓公太子免而立佗, 是爲厲公. 桓公病而亂作, 國人分散, 故再赴.

厲公二年, 生子敬仲完. 周太史過陳, 陳厲公使以周易筮之, 卦得觀之否:「是爲觀國之光, 利用賓于王. 此其代陳有國乎? 不在此, 其在異國? 非此其身, 在其子孫. 若在異國, 必姜姓. 姜姓, 太嶽之後. 物莫能兩大, 陳衰, 此其昌乎?」

厲公取蔡女, 蔡女與蔡人亂, 厲公數如蔡淫. 七年, 厲公所殺桓公太子免之三弟, 長曰躍, 中曰林, 少曰杵臼, 共令蔡人誘厲公以好女, 與蔡人共殺厲公而立躍, 是爲利公. 利公者, 桓公子也. 利公立五月卒, 立中弟林, 是爲莊公. 莊公七年卒, 少弟杵臼立, 是爲宣公.

142(陳-7) 방유작소(防有鵲巢)

*〈防有鵲巢〉: '防'은 뚝방. 물을 막은 방죽. 堤防, 堤岸. 그러나 〈毛傳〉에는 '邑'이라 하였음.
*이 시는 賊臣의 참언을 믿었던 陳 宣公을 비난한 것이라 함. 그러나 애인 사이를 이간질하는 자를 미워하여 부른 일반적인 愛情詩로 봄.

〈序〉: 〈防有鵲巢〉, 憂讒賊也. 宣公多信讒, 君子憂懼焉.

〈방유작소〉는 참훼하는 賊臣을 우려한 것이다. 선공은 주로 참언을 믿어 군자들이 이를 우려하고 두려워했던 것이다.

※宣公: 陳 宣公. 이름은 杵臼. 莊公(林)의 막내아우. B.C.692－B.C.648년까지 45년간 재위하고 그 아들 穆公(款)으로 이어짐. 선공은 애첩이 낳은 款을 태자로 삼고자 이미 있던 태자 禦寇를 죽였음. 어구는 평소 厲公의 아들 공자 完(敬仲)과 가까웠는데, 이 때 完은 두려움을 느껴 제나라로 달아났던 것이며, 그 후손이 성을 田氏로 바꾸고 세력을 키워 齊나라를 차지, 戰國時代 田氏齊가 됨.

*전체 3장. 매 장 4구씩(防有鵲巢: 二章. 章四句).

(1) 興
防有鵲巢, 邛有旨苕.

防애 鵲(작)의 巢(소)ㅣ 이시며, 邛(공)애 旨흔 苕(됴)ㅣ 잇도다.
제방에는 까치둥지, 언덕에는 예쁜 금등화 있네.

誰侜予美, 心焉忉忉?

뉘 내 美흐는 이를 侜(쥬)흐야, 心애 忉忉(도도)케 흐느뇨?
누가 내 예뻐하는 임에게 참언을 하여, 이 마음 이렇게 괴롭히나?

【防】堤防. 뚝. 〈毛傳〉에 "興也. 防, 邑也"라 하였으나, 〈集傳〉에는 "防, 人所築以捍

水者"라 함.

【鵲巢】까치집.

【邛】언덕. 〈毛傳〉에는 '卬'자로 표기되어 있음. 〈毛傳〉과 〈集傳〉에 "邛(卬), 丘也"라 함.

【旨】〈集傳〉에 "旨, 美也"라 함.

【苕】金藤花. 〈毛傳〉에 "苕, 草也"라 하였고, 〈集傳〉에 "苕, 苕饒也. 莖如勞豆而細, 葉似蒺藜而靑, 其莖葉綠色, 可生食如小荳藿也"라 함. 〈諺解〉 物名에는 "苕:쇽명(俗名) 금등화(金藤花)"라 함. 그러나 鼠尾花, 葦苕, 苕花, 葦花, 즉 갈대꽃이라고도 함. 〈鄭箋〉에는 "防之有鵲巢, 邛之有美苕, 處勢自然. 興者, 喩宣公信多言之人, 故致此讒人"이라 함. 馬瑞辰〈通釋〉에 "是苕生於下濕, 今詩言邛有者, 亦以喩讒言之不可信"이라 함.

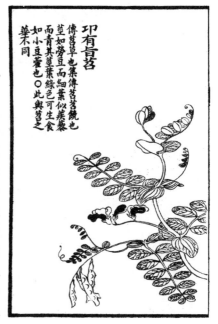

【誰】〈鄭箋〉에는 "誰, 誰讒人也"라 함.

【佻】속임. 〈毛傳〉에 "佻, 張誑也"라 하였고, 〈集傳〉에는 "佻, 佻張也. 猶〈鄭風〉之所謂迂也"라 함.

【予美】〈集傳〉에 "予美, 指所與私者也"라 함.

【忉忉】〈集傳〉에 "忉忉, 憂貌"라 함. 〈鄭箋〉에는 "女衆讒人, 誰佻張誑欺我, 所美之人乎? 使我心忉忉然, 所美謂宣公也"라 함.

＊〈集傳〉에 "○此男女之有私, 而憂或閒之之辭. 故曰「防則有鵲巢矣, 邛則有旨苕矣. 今此何人而佻張予之所美, 使我憂之而至於忉忉乎?」"라 함.

(2) 興

中唐有甓, 邛有旨鷊.

中堂애 甓(벽)이 이시며, 邛애 旨흔 鷊(격)이 잇도다.

중당(中唐)에는 벽돌 있고, 언덕에는 예쁜 타래난초.

誰佅予美, 心焉惕惕?

뉘 내 美ㅎ는 이를 佅ㅎ야, 心애 惕惕(텩텩)게 ㅎㄴ뇨?

누가 내 예뻐하는 임에게 참언을 하여, 이 마음 이렇게 괴롭히나?

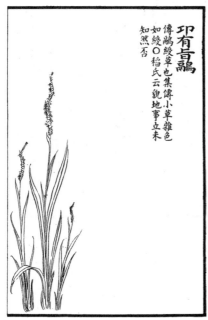

【中唐】〈毛傳〉에 "中, 中庭也; 唐, 堂塗也"라 하였고, 〈集傳〉에는 "廟中路, 謂之唐"이라 함. 〈諺解〉에는 '中堂'으로 잘못 표기되어 있음.

【甓】벽돌. 〈毛傳〉과 〈集傳〉에 "甓, 瓴甋也"라 함.

【鷊】〈毛傳〉에 "鷊, 綬草也"라 하였고, 〈集傳〉에는 "鷊, 小草. 雜色如綬"라 하여, 印綬의 끈처럼 생겼다 함. 〈諺解〉 物名에는 "鷊:未詳"이라 함. 원래 칠면조를 가리키는 鳥名임. 그러나 草名일 경우 혹 '타래난초'라고도 함. 《爾雅》에는 '虉'으로 되어 있어 명확함.

【惕惕】〈毛傳〉과 〈集傳〉에 "惕惕, 猶切切也"라 함.

참고 및 관련 자료

1. 孔穎達 〈正義〉

憂讒賊者, 謂作者憂讒人, 謂爲讒以賊害於人也. 經二章, 皆上二句, 言宣公致讒之由, 下二句, 言己憂讒之事.

2. 《史記》陳世家

厲公取蔡女, 蔡女與蔡人亂, 厲公數如蔡淫. 七年, 厲公所殺桓公太子免之三弟, 長曰躍, 中曰林, 少曰杵臼, 共令蔡人誘厲公以好女, 與蔡人共殺厲公而立躍, 是爲利公. 利公者, 桓公子也. 利公立五月卒, 立中弟林, 是爲莊公. 莊公七年卒, 少弟杵臼立, 是爲宣公. 宣公三年, 楚武王卒, 楚始疆. 十七年, 周惠王娶陳女后. 二十一年, 宣公後有嬖姬生子款, 欲立之, 乃殺其太子禦寇. 禦寇素愛厲公子完, 完懼禍及己, 乃奔齊. 齊桓公欲使陳完爲卿, 完曰:「羈旅之臣, 幸得免負檐, 君之惠也, 不敢當高位.」桓公使爲工正. 齊懿仲欲妻陳敬仲, 卜之, 占曰:「是謂鳳皇于飛, 和鳴鏘鏘. 有嬀之後, 將育于姜. 五世其昌, 並于正卿. 八世之後, 莫之與京.」三十七年, 齊桓公伐蔡, 蔡敗;南侵楚, 至召陵, 還過陳. 陳大夫轅濤塗惡其過陳, 詐齊令出東道. 東道惡, 桓公怒, 執陳轅濤塗. 是歲, 晉獻公殺其太子申生. 四十五年, 宣公卒, 子款立, 是爲穆公.

143(陳-8) 월출(月出)

*〈月出〉: 달이 떠오름.
*이 시는 여인의 달빛 같은 白晳함에 안타까움을 느껴 읊은 男女相悅之辭의 애정시라 함.

<序>: <月出>, 刺好色也. 在位不好德, 而說美色焉.

〈월출〉은 색을 좋아함을 질책한 것이다. 지위에 있는 자가 덕은 좋아하지 않고 미색만 즐겨하였다.

*전체 3장. 매 장 4구씩(月出: 三章. 章四句).

(1) 興
月出皎兮, 佼人僚兮.

月이 出홈애 皎ㅎ거늘, 佼人(교인)은 僚(료)ㅎ도다.
달이 뜨니 맑고 흰 빛, 어여쁘신 우리 임 곱기도 하지.

舒窈糾兮, 勞心悄兮!

窈糾(요규)를 舒(셔)ㅎ려뇨? 무음 勞홈을 悄(쵸)히 호라!
얌전한 그 몸매여, 내 가슴 힘들고 아파 오네!

【皎】달빛이 교교함. 〈毛傳〉에 "興也. 皎, 月光也"라 하였고, 〈鄭箋〉에는 "興者, 喻婦人有美色之白晳"이라 함. 〈集傳〉에도 "皎, 月光也"라 함.
【佼人】〈集傳〉에 "佼人, 美人也"라 함. '佼'는 姣와 같음. 陸德明 〈釋文〉에 "佼, 又作姣. ……《方言》云: 「自關而東, 河濟之間, 凡好謂之姣」"라 함.
【僚】〈毛傳〉과 〈集傳〉에 "僚, 好貌"라 함.
【舒】〈毛傳〉에 "舒, 遲也"라 함.
【窈糾】조용하고 얌전한 자세를 뜻하는 連綿語. 〈毛傳〉에 "窈糾, 舒之姿也"라 함. 〈集傳〉에는 "窈, 幽遠也; 糾, 愁結也"라 함.

【悄】〈毛傳〉과 〈集傳〉에 "悄, 憂也"라 하였고, 〈鄭箋〉에는 "思而不見則憂"라 함.
＊〈集傳〉에 "○此亦男女相悅, 而相念之辭. 言「月出則皎然矣, 佼人則僚然矣. 安得
見之, 而舒窈糾之情乎? 是以爲之, 勞心而悄然也.」"라 함.

(2) 興
月出皓兮, 佼人懰兮.

月이 出홈애 皓ᄒ거늘, 佼人은 懰(류)ᄒ도다.

달이 뜨니 희고 흰 빛, 아름다운 우리 임의 어여쁜 모습.

舒懮受兮, 勞心慅兮!

懮受(우슈)를 舒ᄒ려뇨? ᄆᆞᄋᆞᆷ 勞홈을 慅(조)히 ᄒ호라!

얌전하고 조용한 그 몸매여, 내 가슴 힘들고 안타깝게 하네!

【皓】흰 색깔이나 빛.
【懰】〈集傳〉에 "懰, 好貌"라 함.
【懮受】〈集傳〉에 "懮受, 憂思也"라 함. 그러나 《玉篇》에는 "懮受, 舒遲之貌"라 하
여 이미 疊韻連綿語로 쓰였음.
【慅】〈集傳〉에 "慅, 猶悄也"라 함.

(3) 興
月出照兮, 佼人燎兮.

月이 出홈애 照ᄒ거늘, 佼人은 燎ᄒ도다.

달이 뜨니 환한 그 빛, 아리따운 우리 임의 고운 자태.

舒夭紹兮? 勞心慘兮!

夭紹(요쇼)를 舒ᄒ려뇨? ᄆᆞᄋᆞᆷ 勞홈을 慘(조)히 ᄒ호라!

아름다운 그 몸매여. 내 가슴이 힘들고 쓰려 오네!

【燎】〈集傳〉에 "燎, 明也"라 함. 그러나 '嫽'자의 가차로 보기도 함. 《方言》과 《廣
雅》에 "嫽, 好也"라 함. 예쁜 모습.

【夭紹】〈集傳〉에 "夭紹, 糾緊之意"라 함. '要紹'와 같은 疊韻連綿語로 고운 자태와 얼굴 모습. 胡承珙〈後箋〉에 "要紹, 謂嬋娟作姿容也"라 함.

【慘】〈集傳〉에 "當作懆, 七弔反. 慘, 憂也"라 하여 '조'로 읽음.

参고 및 관련 자료

1. 孔穎達〈正義〉

人於德色, 不得並. 時好之心, 旣好色, 則不復好德. 故經之所陳, 唯言好色而已. 序言'不好德'者, 以見作詩之意耳. 於經無所當也. 經三章, 皆言「在位好色之事.」

144(陳-9) 주림(株林)

* 〈株林〉:地名. 혹 '株邑의 숲'. 宣公(杵曰)의 公子 夏의 식읍. 夏의 아들 御叔이
夏姬와 혼인하였으며, 그 사이에 난 아들이 夏徵舒였음. 주림에 하징서가 살고
있었으며, 그 어머니 夏姬도 그곳에 있었음. 이에 영공이 매일 아침저녁으로 하
희를 만나 밀회를 즐기러 드나들던 곳.
* 시는 陳 靈公이 夏姬에게 빠져 큰 혼란을 빠뜨리다가 결국 그에게 죽임을 당
하는 것을 풍자한 시라 함.

〈序〉: 〈株林〉, 刺靈公也. 淫乎夏姬, 驅馳而往, 朝夕不休息焉.

〈주림〉은 靈公을 비난한 것이다. 그는 夏姬에게 빠져 그에게로 달려가
기를 아침이고 저녁이고 쉬지도 않았다.

〈箋〉: 夏姬, 陳大夫妻夏徵舒之母, 鄭女也. 徵舒, 字子南, 夫字御叔.

※靈公:陳 靈公:嬀姓이며 이름은 平國. 舜임금의 먼 후예로 穆公(款)의 손자이
며 恭公(共公, 朔)의 아들. B.C.613-B.C.599년까지 15년간 재위함. 그는 당시 堂叔
母 夏姬를 두고 대부 孔寧, 의행보(儀行父)와 함께 집단 음행을 벌였음. 그리하여
조정에고 공공연히 하희의 속옷을 가지고 나와 서로 하희의 아들 하징서가 누
구를 닮았는지 희학하는 등 추태를 일삼았음. 이에 하징서가 자신의 집에서 나
오던 영공을 마구간에서 기다리다 활을 쏘아 죽여 버림.
※夏姬:춘추시대 국제적으로 최대의 물의를 일으켰던 淫女. 본래 鄭 穆公과 그
의 少妃 姚子에게서 난 딸이었는데, 陳나라 公子 夏가 아들 御叔을 위해 맞아들
였던 며느리였음. 따라서 陳 靈公에게는 堂叔母가 됨. '夏'는 御叔의 식읍으로
보이며, 혹 夏徵舒의 할아버지 少西의 字가 '子夏'였으므로 '夏'자를 성씨로 삼
았다고도 함. 그 뒤 하희는 楚 莊王, 公子 側, 申公巫臣 등이 서로 차지하고자 암
투를 벌이는 등 국제적으로 많은 사건을 일으키기도 하였음. 《國語》楚語(上)에
"昔陳公子夏爲御叔娶於鄭穆公"이라 하고, 韋昭의 注에 "公子夏, 陳宣公之子, 御
叔之父也, 爲御叔娶鄭穆公少妃姚子之女, 夏姬也"라 함.
* 전체 3장. 매 장 6구씩(株林:二章. 章四句).

(1) 賦

「胡爲乎株林?」「從夏南.

"엇디 株林(쥬림)애 ᄒᆞᄂᆞ뇨?"夏南을 從홈이니라.

"무엇하러 주림에 가는가?"라고 물으니, "夏南 만나러.

匪適株林, 從夏南!」

株林애 適홈이 아니라, 夏南을 從홈이니라!"

주림에 가는 것이 아니라, 하남을 만나러 가는 것!"이라 하네.

【株林】〈集傳〉에 "株林, 夏氏邑也"라 함. 본문으로 보아 '株'가 지명으로 여겨짐.
夏는 陳 宣公(杵臼)의 아들이며 御叔의 아버지. 따라서 御叔은 《國語》 韋昭 注
에 의하면 靈公에게는 堂叔이 됨.
【夏南】夏徵舒. 夏姬와 御叔 사이에 난 아들. 〈毛傳〉에 "夏南, 夏徵舒也"라 하였
고, 〈集傳〉에 "夏南, 徵舒字也"라 함. 혹 子南으로도 불림. 〈鄭箋〉에는 "陳人責
靈公「君何爲之株林, 從夏氏子南之母, 爲淫泆之行?」"이라 함.
【匪】匪, 非也. 言「我非之株林, 從夏氏子南之母, 爲淫佚之行, 自之他耳.」觚拒之辭"
라 함.
＊〈集傳〉에 "○靈公淫於夏徵舒之母, 朝夕而徃夏氏之邑. 故其民相與語曰:「君胡爲
乎株林乎?」曰:「從夏南耳.」然則非適株林也, 特以從夏南故耳. 蓋淫乎夏姬, 不可言
也. 故以從其子言之, 詩人之忠厚, 如此"라 함.

(2) 賦

「駕我乘馬, 說于株野.

"우리 乘馬를 駕ᄒᆞ야, 株野(쥬야)애 說(세)ᄒᆞ놋다.

"나의 수레 끄는 네 필 말을 달려, 주림의 들에서 가서 묵고,

乘我乘駒, 朝食于株!」

우리 乘駒(승구)를 乘ᄒᆞ야, 아츰의 株애 食(식)ᄒᆞ놋다!"

나의 네 필 망아지를 타고, 주림에 가서 아침을 먹지!"

【駕】말을 타고 달림.

【乘馬】네 필 말이 끄는 수레.

【說】〈集傳〉에 "音稅. 說, 舍也"라 하여, '세'로 읽음. '묵다, 머물다, 쉬다'의 뜻.

【乘我乘駒】〈毛傳〉에 "大夫乘駒"라 하였고, 〈集傳〉에 "馬六尺以下曰駒"라 함. 〈鄭箋〉에는 "我, 國人; 我, 君也. 君親乘君乘馬, 乘君乘駒. 變易車乘, 以至株林. 或說, 舍焉; 或朝食焉, 又責之也. 馬六尺以下曰駒"라 함.

참고 및 관련 자료

1. 孔穎達 〈正義〉

作〈株林〉詩者, 刺靈公也. 以靈公淫於夏氏之母·姬姓之女, 疾驅其車馬, 馳走而往, 或早朝而至, 或嚮夕而至, 不見其休息之時, 故刺之也. 經二章皆言'靈公往淫夏姬, 朝夕不息之事'. 說于株野, 是夕至也; 朝食于株, 是朝至也. 〈正義〉曰: 宣九年《左傳》稱:「陳靈公與孔寧·儀行父, 通於夏姬.」十年經云:「陳夏徵舒弑其君平國.」傳曰:「陳靈公與孔寧·儀行父, 飲酒於夏氏. 公謂行父曰:『徵舒似汝.』對曰:『亦似君!』徵舒病之, 公出, 自其廐射而殺之.」昭二十八年《左傳》叔向之母, 論夏姬云:「是鄭穆少妃姚子之子, 子貉之妹也. 子貉早死, 無後, 而天鍾美於是.」〈楚語〉云:「昔陳公子夏, 爲御叔娶於鄭穆公女, 生子南. 子南之母, 亂陳而亡之.」是言, 夏姬所出, 及夫子名字.

2. 朱熹 〈集傳〉

〈株林〉, 二章, 章四句:

《春秋傳》: 夏姬, 鄭穆公之女也. 嫁於陳大夫夏御叔, 靈公與其大夫孔寧·儀行父通焉. 洩冶諫不聽, 而殺之. 後卒爲其子徵舒所弑, 而徵舒復爲楚莊王所誅.

3. 《左傳》宣公 9년 傳

陳靈公與孔寧·儀行父通於夏姬, 皆衷其袘服, 以戲于朝. 洩冶諫曰:「公卿宣淫, 民無效焉, 且聞不令. 君其納之!」公曰:「吾能改矣.」公告二子, 二子請殺之. 公弗禁, 遂殺洩冶. 孔子曰:《詩》云:『民之多辟, 無自立辟.』其洩冶之謂乎!」

4. 《左傳》宣公 10년 經

癸巳, 陳夏徵舒弑其君平國.

5. 《左傳》昭公 28년 傳

初, 叔向欲娶於申公巫臣氏, 其母欲娶其黨. 叔向曰:「吾母多而庶鮮, 吾懲舅氏矣.」其母曰:「子靈之妻殺三夫·一君·一子, 而亡一國·兩卿矣, 可無懲乎? 吾聞之:『甚美必有甚惡.』是鄭穆少妃姚子之子; 子貉之妹也. 子貉早死, 無後, 而天鍾美於是, 將必以是大有敗也. 昔有仍氏生女, 黰黑, 而甚美, 光可以鑑, 名曰玄妻. 樂正后夔取之, 生伯封, 實有豕心, 貪惏無饜, 忿纇無期, 謂之封豕. 有窮后羿滅之, 夔是以不祀. 且三代之亡·共子之廢, 皆是物也, 女何以爲哉? 夫有尤物, 足以移人. 苟非德義, 則必有禍. 叔向懼, 不敢取.

6.《左傳》成公 2년 傳

楚之討陳夏氏也, 莊王欲納夏姬. 申公巫臣曰:「不可. 君召諸侯, 以討罪也; 今納夏姬, 貪其色也. 貪色爲淫. 淫爲大罰. 周書曰:『明德愼罰』, 文王所以造周也. 明德, 務崇之之謂也; 愼罰, 務去之之謂也. 若興諸侯, 以取大罰, 非愼之也. 君其圖之!」王乃止. 子反欲取之, 巫臣曰:「是不祥人也. 是夭子蠻, 殺御叔, 殺靈侯, 戮夏南, 出孔, 儀, 喪陳國, 何不祥如是? 人生實難, 其有不獲死乎! 天下多美婦人, 何必是?」子反乃止. 王以予連尹襄老. 襄老死於邲, 不獲其尸. 其子黑要烝焉. 巫臣使道焉, 曰:「歸, 吾聘女.」又使自鄭召之, 曰:「尸可得也, 必來逆之.」姬以告王. 王問諸屈巫. 對曰:「其信. 知罃之父, 成公之嬖也, 而中行伯之季弟也, 新佐中軍, 而善鄭皇戌, 甚愛此子. 其必因鄭而歸王子與襄老之尸以求之. 鄭人懼於邲之役, 而欲求媚於晉, 其必許之.」王遣夏姬歸. 將行, 謂送者曰:「不得尸, 吾不反矣.」巫臣聘諸鄭, 鄭伯許之. 及共王卽位, 將爲陽橋之役, 使巫臣聘於齊, 且告師期. 巫臣盡室以行. 申叔跪從其父, 將適郢, 遇之, 曰:「異哉! 夫子有三軍之懼, 而又有桑中之喜, 宜將竊妻以逃者也.」及鄭, 使介反幣, 而以夏姬行. 將奔齊, 齊師新敗, 曰:「吾不處不勝之國.」遂奔晉, 而因郤至, 以臣於晉. 晉人使爲邢大夫. 子反請以重幣錮之. 王曰:「止! 其自爲謀也則過矣, 其爲吾先君謀也則忠. 忠, 社稷之固也, 所蓋多矣. 且彼若能利國家, 雖重幣, 晉將可乎? 若無益於晉, 晉將棄之, 何勞錮焉?」

7.《穀梁傳》宣公 9年

陳殺其大夫泄治, 稱國以殺其大夫, 殺無罪也. 泄治之無罪如何? 陳靈公通于夏徵舒之家, 公孫寧·儀行父, 亦通. 其家, 或衣其衣, 或衷其襦, 以相戲於朝. 泄治聞之, 入諫曰:「使國人聞之則猶可, 使仁人聞之則不可.」君愧於泄治, 不能用其言而殺之.

8.《新序》雜事(1)

楚莊王旣討陳靈公之賊, 殺夏徵舒, 得夏姬而悅之. 將近之. 申公巫臣諫曰:「此女亂陳國, 敗其群臣, 嬖女不可近也.」莊王從之. 令尹又欲取, 申公巫臣諫, 令尹從之. 後襄尹取之. 至恭王, 與晉戰於鄢陵, 楚兵敗, 襄尹死, 其屍不反, 數求晉, 不與. 夏姬請如晉求屍, 楚方遣之. 申公巫臣將使齊, 私說夏姬, 與謀. 及夏姬行, 而申公巫臣廢使命, 道亡, 隨夏姬之晉. 令尹將徙其族, 言之於王曰:「申公巫臣諫先善王以無近夏姬, 今身廢使命, 與夏姬逃之晉, 是欺先王也, 請徙其族.」王曰:「申公巫臣爲先王謀則忠, 自爲謀則不忠, 是厚於先王而自薄也, 何罪於先王?」遂不徙.

9.《史記》陳世家

十四年, 靈公與其大夫孔寧·儀行父皆通於夏姬, 衷其衣以戲於朝. 泄治諫曰:「君臣淫亂, 民何效焉?」靈公以告二子, 二子請殺泄治, 公弗禁, 遂殺泄治. 十五年, 靈公與

二子飮於夏氏. 公戲二子曰:「徵舒似汝.」二子曰:「亦似公.」徵舒怒. 靈公罷酒出, 徵舒
伏弩廏門射殺靈公. 孔寧·儀行父皆奔楚, 靈公太子午奔晉. 徵舒自立爲陳侯. 徵舒,
故陳大夫也. 夏姬, 御叔之妻, 舒之母也. 成公元年冬, 楚莊王爲夏徵舒殺靈公, 率諸
侯伐陳. 謂陳曰:「無驚, 吾誅徵舒而已.」已誅徵舒, 因縣陳而有之, 群臣畢賀. 申叔時
使於齊來還, 獨不賀. 莊王問其故, 對曰:「鄙語有之, 牽牛徑人田, 田主奪之牛. 徑則
有罪矣, 奪之牛, 不亦甚乎? 今王以徵舒爲賊弒君, 故徵兵諸侯, 以義伐之, 已而取
之, 以利其地, 則後何以令於天下! 是以不賀.」莊王曰:「善.」乃迎陳靈公太子午於晉
而立之, 復君陳如故, 是爲成公. 孔子讀《史記》至楚復陳, 曰:「賢哉楚莊王! 輕千乘之
國而重一言.」

10. 《列女傳》(7) 孽嬖傳「陳女夏姬」

陳女夏姬者, 陳大夫夏徵舒之母, 御叔之妻也. 其狀美好無比, 內挾伎術, 蓋老而
復壯者. 三爲王后, 七爲夫人, 公侯爭之, 莫不迷惑失意. 夏姬之子徵舒爲大夫. 公
孫寧·儀行父與陳靈公皆通於夏姬. 或衣其衣, 或裴其幡, 以戲於朝. 泄冶見之謂曰:
「君有不善, 子宜掩之, 今自子率君而爲之, 不待幽閒以朝廷以戲, 士民其謂爾何?」二
人以告靈公, 靈公曰:「衆人知之吾不善, 無害也. 泄冶知之, 寡人恥焉.」乃使人徵賊泄
冶而殺之. 靈公與二子飮於夏氏, 召徵舒至. 公戲二子曰:「徵舒似汝!」二子亦曰:「不若
其似公也!」徵舒疾此言, 靈公罷酒出, 徵舒伏弩廏門, 射殺靈公. 公孫寧·儀行父皆
奔楚, 靈公太子午奔晉. 其明年, 楚莊王舉兵誅徵舒, 定陳國, 立午, 是爲成公. 莊王
見夏姬美好, 將納之, 申公巫臣諫曰:「不可, 王討罪也而納夏姬, 是貪色也. 貪色爲淫,
淫爲大罰, 願王圖之.」王從之, 使壞後垣而出之. 將軍子反見美, 又欲取之. 巫臣諫
曰:「是不祥也! 殺御叔, 弒靈公, 戮夏南, 出孔儀, 喪陳國, 天下多美婦人, 何必取
是?」子反乃止. 莊王以夏姬與連尹襄老, 襄老死於邲, 亡其尸, 其子黑要又通於夏姬.
巫臣見夏姬謂曰:「子歸, 我將聘汝.」及恭王卽位, 巫臣聘於齊, 盡與其室俱至鄭, 使人
召夏姬曰:「尸可得也.」夏姬從之. 巫臣使介歸幣於楚, 而與夏姬奔晉. 大夫子反怨之,
遂與子重滅巫臣之族, 而分其室. 詩云:『乃如之人兮, 懷昏姻也, 大無信也, 不知命
也.』言嬖色殞命也. 頌曰:『夏姬好美, 滅國破陳. 走二大夫, 殺子之身, 殆誤楚莊, 敗
亂巫臣. 子反悔懼, 申公族分.』

11. 《國語》楚語(上)

昔陳公子夏爲御叔娶於鄭穆公, 生子南. 子南之母亂陳而亡之, 使子南戮於諸侯.
莊王旣以夏氏之室賜申公巫臣, 則又界之子反, 卒於襄老. 襄老死于邲, 二子爭之,
未有成. 恭王使巫臣聘於齊, 以夏姬行, 遂奔晉. 晉人用之, 寔通吳·晉. 使其子狐庸
爲行人於吳, 而敎之射御, 導之伐楚. 至于今爲患, 則申公巫臣之爲也.

145(陳-10) 택피(澤陂)

＊〈澤陂〉 못의 둑. 堤防, 堤堰, 池岸. '陂'는 〈音義〉에 '陂, 彼皮反', '피'로 읽음. 당시 진나라는 영공과 그 신하 孔寧과 의행보(儀行父)가 함께 夏姬와 음행을 일삼자, 백성들도 男女相悅에 빠지는 풍속이 일상화되고 말았음.
＊이 시는 이들의 음행을 비난하며 질책한 것이라 함. 그러나 남녀의 순수한 愛情詩로 보는 편이 훨씬 타당함.

〈序〉: 〈澤陂〉, 刺時也. 言靈公君臣淫於其國, 男女相說, 憂思感傷焉.

〈택피〉는 당시 시속을 풍자한 것이다. 陳 靈公의 君臣이 그 나라에 음란한 짓을 벌이자, 남녀들도 서로 상열(相說)을 즐겨, 걱정하며 안타깝게 여겼던 것이다.

〈箋〉: 君臣淫於國, 謂與孔寧·儀行父也. 感傷, 謂涕泗滂沱.

※孔寧과 儀行父: 陳나라의 國卿. 孔寧은 公孫寧으로도 씀. 靈公과 함께 공공연하게 夏姬와 사통을 벌였던 인물들. 앞장의 참고란을 볼 것.

＊전체 3장. 매 장 6구씩(澤陂: 三章. 章六句).

(1) 興
彼澤之陂, 有蒲與荷.

뎌 澤(퇴)ㅅ 陂(피)애, 蒲(포)와 다뭇 荷(하)ㅣ 잇도다.
저 못의 둑에는, 부들과 연꽃이 있네.

有美一人, 傷如之何?

美혼 一人이여, 傷혼들 엇디리오?
아름다운 아가씨 하나, 애태운들 어찌하리?

寤寐無爲, 涕泗滂沱!

寤ᄒᆞ며 寐홈애 ᄒᆞ욤이 업서, 涕(톄)며 泗(ᄉ)를 滂沱(방타)히 호라!

자나 깨나 어쩔 수 없어, 눈물콧물만 펑펑!

【澤】못.

【陂】〈毛傳〉과 〈集傳〉에 "陂, 澤障也"라 함.

【蒲】자리를 짤 수 있는 부들. 〈諺解〉物名에는 "蒲:부들"이라 함. 〈集傳〉에 "蒲, 水草, 可爲席者"라 함.

【荷】蓮의 일종. 〈毛傳〉과 〈集傳〉에 "荷, 芙蕖也"라 함. 〈鄭箋〉에는 "蒲, 柔滑之物; 芙蕖之莖曰荷. 生而佼大. 興者, 蒲, 以喩所說男之性; 荷, 以喩所說女之容體也. 正以陂中二物, 興者, 喩淫風由同姓生"이라 함.

【傷】〈毛傳〉에 "傷, 無禮也"라 하였고, 〈鄭箋〉에는 "傷, 思也"라 함. 그러나 이는 '陽'의 假借이며 陽은 여인이 자신을 일컫는 謙稱이라 함. 郝懿行〈義疏〉에 "女之賤者稱陽"이라 함.

【如之何】'이를 어찌할까'의 뜻. 〈鄭箋〉에 "我思此美人, 當如之何, 而得見之?"라 함.

【寤寐】'寤'는 깨어남. '寐'는 잠자리에 듦. '자나 깨나'의 뜻. 〈鄭箋〉에 "寤, 覺也"라 함.

【涕泗】눈물콧물을 다 흘림. 〈毛傳〉과 〈集傳〉에 "自目曰涕, 自鼻曰泗"라 함.

【滂沱】눈물이 '펑펑 쏟아짐'을 뜻하는 連綿語.

*〈集傳〉에 "○此詩之旨, 與〈月出〉(143)相類. 言「彼澤之陂, 則有蒲與荷矣. 有美一人而不可見, 則雖憂傷, 而如之何哉! 寤寐無爲, 涕泗滂沱而已矣.」"라 함.

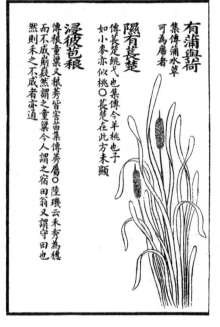

有蒲與荷
集傳蒲水草
可爲席者

隰有萇楚
傳萇楚銚弋也集傳今羊桃也子
如小麥亦似桃○萇楚在此方未顯

浸彼苞稂
傳根童粱又稂莠皆苗宫之童粱集傳屬○陸璣云禾秀爲穗
而不成則爲然謂之童粱今人謂之宿田翁又謂守田也
然則禾之不成者亦通

(2) 興

彼澤之陂, 有蒲與蕑.

뎌 澤ㅅ 陂애, 蒲와 다뭇 蕑(간)이 잇도다.

저 못의 둑에는, 부들과 난초가 있네.

有美一人, 碩大且卷.

美흔 一人이여, 碩大ᄒ고 ᄯᅩ 卷ᄒ도다.

어여쁜 아가씨 하나, 훤칠한 키에 아름다운 머리카락.

寤寐無爲, 中心悁悁!

寤ᄒ며 寐홈애 ᄒ욤이 업서, 中心애 悁悁(연연)호라!

자나 깨나 어쩔 수 없어, 가슴속만 안타깝네!

【蕑】〈毛傳〉과 〈集傳〉에 "蕑, 蘭也"라 하였고, 〈鄭箋〉에는 "蕑, 當作蓮. 蓮, 芙蕖實
也. 蓮, 以喻女之言信"이라 함. '蕑'은 '蕳'과 같은 글자임.

【卷】〈毛傳〉에 "卷, 好貌"라 하였고, 〈集傳〉에는 "卷, 鬈髮之美也"라 함. 혹 '鬈'의
假借字로 봄. 徐璈 〈廣詁〉에 "卷, 通鬈, 美鬈也"라 함.

【悁悁】〈毛傳〉과 〈集傳〉에 "悁悁, 猶悒悒也"라 함.

(3) 興

彼澤之陂, 有蒲菡萏.

뎌 澤ㅅ 陂애, 蒲와 菡萏(함담)이 잇도다.

저 못의 둑에는, 부들하고 연꽃이 있네.

有美一人, 碩大且儼.

美흔 一人이여, 碩大ᄒ고 ᄯᅩ 儼ᄒ도다.

아름다운 저 아가씨, 훤칠한 키에 도톰한 턱.

寤寐無爲, 輾轉伏枕!

寤ᄒ며 寐홈애 ᄒ욤이 업서, 輾轉ᄒ야 枕(침)애 伏(복)호라!

자나 깨나 어쩔 수 없어, 뒤척이다 얼굴을 베개에다 파묻네!

【菡萏】연꽃을 일컫는 疊韻連綿語. '菡萏'으로도 표기함. 〈諺解〉物名에 "菡萏: 련곳"이라 함. 〈毛傳〉과 〈集傳〉에 "菡萏, 荷華也"라 하였고, 〈鄭箋〉에는 "華, 以喻女之顏色"이라 함.

【儼】〈毛傳〉과 〈集傳〉에 "儼, 矜莊貌"라 함. 그러나 《韓詩》에는 '嬐'으로 되어 있었다 하며, 陳奐 〈傳疏〉에 "薛君〈章句〉云:「嬐, 重頤也.」"라 하여, 이에 따라 '도톰한 턱'으로 풀이함.

【輾轉】〈集傳〉에 "輾轉, 伏枕臥而不寐, 思之深且久也"라 함. 잠을 이루지 못하는 상태를 표현하는 雙聲(疊韻)連綿語.

【伏枕】머리를 베개에 묻음.

> 참고 및 관련 자료

1. 孔穎達〈正義〉

作〈澤陂〉詩者, 刺時也. 由靈公與孔寧·儀行父等, 君臣竝淫於其國之內, 共通夏姬. 國人效之, 男女遞相說愛. 爲此淫泆. 毛以爲男女相悅, 爲此無禮, 故君子惡之, 憂思感傷焉. 憂思時世之淫亂, 感傷女人之無禮也. 男女相悅者, 章首上二句是也; 感傷者, 次二句是也; 憂思者, 下二句是也. 言靈公君臣淫於其國者, 本其男女相悅之由, 由化效君上, 故言之耳, 於經無所當也. 經先感傷, 序先'憂思'者, 經以章首二句, 旣言男女之美好, 因傷女而爲惡行, 傷而不已, 故至於憂思, 事之次也. 序以感傷憂思爲事, 旣同取其義便, 故先言憂思也. 鄭以爲由靈公君臣, 淫於其國, 故國人淫泆, 男女相悅聚會, 則共相悅; 愛離別, 則憂思感傷, 言其相思之極也. 男女相悅者, 章首上二句是也; 憂思者, 次二句是也; 感傷者, 下二句是也. 毛於'傷如之何'下, 傳曰: 傷無禮, 則是君子傷此, 有美一人之無禮也. '傷如之何', 旣是傷有美一人之無禮, '寤寐無爲'二句, 又在其下是爲'憂思感傷', 時世之淫亂也. 此君子所傷, 傷此有美一人, 而有美一人. 又'承蒲荷之'下, 則蒲荷二物, 共喻一女. 上二句皆是男悅女之辭也. 經文止擧其男悅女明, 女亦悅男不然, 則不得共爲淫矣. 故序言'男女相悅', 以明之. 三章大意, 皆同. 首章言'荷', 指芙蕖之莖; 卒章言'菡萏', 指芙蕖之華. 二者皆取華之美, 以喻女色, 但變文以取韻耳. 二章言蘭者, 蘭是芬香之草, 喻女有善聞. 此淫泆之女, 必無善聲聞, 但悅者之意, 言其善耳. 鄭以爲首章上二句, 同姓之中, 有男悅女, 女悅男, 是其男女相悅也. 次二句言離別之後, 不能相見, 念之而爲憂思也. 旣憂不能相見, 故下二句, 感傷而淚下. 首章言荷, 喻女之容體, 二章言蓮, 喻女之言信, 卒章言菡萏, 以喻女之色美.

2. 朱熹〈集傳〉陳風 結語

陳國, 十篇, 二十六章, 一百一十四句:

東萊呂氏(呂祖謙)曰:「變風終於陳靈, 其閒男女夫婦之詩, 一何多邪?」曰:「有天地然後有萬物, 有萬物然後有男女, 有男女然後有夫婦, 有夫婦然後有父子, 有父子然後有君臣, 有君臣然後有上下, 有上下然後禮義. 有所錯男女者, 三綱之本·萬事之先也. '正風'之所以爲正者, 擧其正者, 以勸之也; 變風之所以爲變者, 擧其不正者, 以戒之也. 道之升降, 時之治亂, 俗之汙隆, 民之死生, 於是乎在錄之煩悉, 篇之重複, 亦何疑哉!」

13. 회풍檜風
4편(146-149)

'檜'는 '鄶'로도 표기하며, 옛 高辛氏 시대 火正이었던 祝融의 먼 후예로 지금의 河南 鄭州와 그 남쪽 密縣의 東北에 위치했으며, 북쪽은 虢과 가까웠던 妘姓의 작은 異姓諸侯國이었다. 東周 春秋 초기 B.C.769년 平王때 鄭 桓公에게 망하였으며, 정나라는 그 자리에 도읍을 정하였다. 따라서 크게 보면 鄭風에 넣어야 하나, 그 이전 檜나라 지역의 정서가 달라 따로 모은 것으로 보고 있다. 西周 말 檜公은 정사에 힘쓰지 않고 의복에 사치를 부렸다는 짧은 내용으로 역시 變風이다.

★ 檜나라에 대한 일부 기록은 《左傳》에 散見될 뿐임.

○ 鄭玄《毛詩譜》<檜>
檜者, 古高辛氏火正祝融之墟. 檜國在<禹貢>豫州外方之北, 滎波之南, 居溱洧之間. 祝融氏名黎, 其後八姓, 唯妘姓檜者, 處其地焉. 周夷王·厲王之時, 檜公不務政事, 而好絜衣服, 大夫去之, 於是檜之變風始作. 其國北鄰於虢.

○ 朱熹 <集傳>
檜, 國名. 高辛氏火正祝融之墟. 在禹貢豫州, 外方之北, 滎波之南, 居溱洧之間. 其君妘姓, 祝融之後, 周衰, 爲鄭桓公所滅, 而遷國焉. 今之鄭州, 卽其地也.

蘇氏以爲「檜詩, 皆爲鄭作, 如邶鄘之於衛也」. 未知是否.

146(檜-1) 고구(羔裘)

＊〈羔裘〉: 검은 염소 가죽으로 만든 외투. 大夫들이 입는 正服. 같은 제목의 시는 〈鄭風〉(080), 〈唐風〉(120) 등 3편이 있음.
＊이 시는 檜나라 대부들이 어쩔 수 없이 임금을 제거하였음을 읊은 것이라 함.

〈序〉: 〈羔裘〉, 大夫以道去其君也. 國小而迫, 君不用道. 好絜其衣服, 逍遙遊燕, 而不能自強於政治. 故作是詩也.

　〈고구〉는 대부들이 도에 따라 그 군주를 제거하였음을 읊은 것이다. 나라가 작고 압박을 받고 있었음에도 임금은 도를 쓰지 않고 그 의복만 깨끗하게 입고 수요하며 遊燕하기를 좋아하여, 정치에 自強할 수 없었다. 그 때문에 이 시를 지은 것이다.

　〈箋〉: 以道去其君者, 三諫不從, 待放於郊, 得玦乃去.

＊전체 3장. 매 장 4구씩(羔裘: 三章. 章四句).

(1) 賦
羔裘逍遙, 狐裘以朝.
　羔裘(고구)로 逍遙하며, 狐裘로 뻐 朝하놋다.
　노닐 때는 염소 갖옷, 조회할 때는 여우 갖옷.

豈不爾思? 勞心忉忉!
　엇디 너를 思티 아니리오? 무음 勞홈을 忉忉(도도)호라!
　어찌 그대를 생각지 않으리오? 내 마음 힘들고 안타깝도다!

【羔裘】염소 갖옷. 〈集傳〉에 "緇衣, 羔裘. 諸侯之朝服. 錦衣狐裘, 其朝天子之服也" 라 함.
【逍遙】자유로이 노닒을 뜻하는 疊韻連綿語.

【狐裘】여우 갖옷. 〈毛傳〉에 "羔裘以遊燕, 狐裘以適朝"라 하였고, 〈鄭箋〉에는 "諸侯之朝服緇衣羔裘, 大蜡而息民, 則有黃衣狐裘. 今以朝服燕, 祭服朝. 是其好絜衣服也. 先言燕, 後言朝, 見君之志, 不能自强於政治"라 함. 놀 때와 조회할 때의 의복을 바꾸어 입음.

【爾】너. 인칭대명사. 〈鄭箋〉에는 "爾, 女也"라 함. '女'는 汝와 같음.

【忉忉】근심. 〈毛傳〉에 "國無政令, 使我心勞"라 하였고, 〈鄭箋〉에는 "三諫不從, 待放而去, 思君如是, 心忉忉然"이라 함.

＊〈集傳〉에 "○舊說:檜君好潔其衣服逍遙, 游宴而不能自强於政治, 故詩人憂之"라 함.

(2) 賦

羔裘翶翔, 狐裘在堂.

羔裘로 翶翔(고샹)ᄒᆞ며, 狐裘로 堂의 잇도다.

노닐 때는 갖옷, 공당에서는 여우 갖옷.

豈不爾思? 我心憂傷!

엇디 너를 思티 아니리오? 내 ᄆᆞ음애 憂傷(우샹)ᄒᆞ노라!

어찌 그대를 생각지 않으리오? 내 마음 걱정에 슬프도다!

【翶翔】걱정 없이 노닒을 뜻하는 連綿語. 〈鄭箋〉과 〈集傳〉에 "翶翔, 猶逍遙也"라 함.

【堂】公堂. 諸侯가 政事를 보는 곳. 〈毛傳〉과 〈集傳〉에 "堂, 公堂也"라 함.

(3) 賦

羔裘如膏, 日出有曜.

羔裘ㅣ 膏(고)ᄒᆞᆫ 듯ᄒᆞ니, 日이 出홈애 曜ㅣ 잇도다.

기름에 적신 듯 윤기 흐르는 염소 갖옷, 해가 뜨니 더욱 눈이 부시네.

豈不爾思? 中心是悼!

엇디 너를 思티 아니리오? 中心에 이 悼(도)ᄒᆞ노라!

어찌 그대를 생각지 않으리오? 내 마음 속이 애닯도다!

【膏】기름에 적심. 〈集傳〉에 "膏, 脂所漬也"라 함.

【日出有曜】〈毛傳〉에 "日出照曜, 然後見其如膏"라 하였고, 〈集傳〉에는 "日出, 有曜 日照之, 則有光也"라 함. 陳奐〈傳疏〉에는 "〈傳〉云:「日出照曜, 然後見其如膏.」 此 倒句也"라 함.

【悼】〈毛傳〉에 "悼, 動也"라 하였고, 〈鄭箋〉에는 "悼, 猶哀傷也"라 함.

참고 및 관련 자료

1. 孔穎達〈正義〉

作〈羔裘〉詩者, 言大夫以道去其君也. 謂檜之大夫, 見君有不可之行, 乃盡忠以諫, 諫而不從, 卽待放於郊, 得玦乃去. 此是以道理去君也. 由檜國旣小而迫於大國, 君 不能用人. 君之道, 以理其國家, 而徒好修絜其衣服, 逍遙遊戲而燕樂, 而不能用心 自强於政治之事. 大夫見其如是, 故諫之, 而不從, 故去之. 臣之將去, 待放於郊, 當 待放之, 時思君之惡, 而作〈羔裘〉之詩, 言已去君之意也. 序言以道去其君, 旣己 舍君而去. 經云'豈不爾思', 其意猶尙思君, 明己棄君而去, 待放未絶之時, 作此詩也. 大夫去君, 必是諫而不從, 詩之所陳, 卽諫君之意. 首章二章上二句, 言君變易衣服, 以翺翔逍遙. 卒章上二句, 言其裘色之美, 是其好絜遊宴, 不强政治也. 三章下二句, 皆言思君失道爲之憂悼, 是以道去君之事也. 以詩爲去君, 而作, 故序先言以道去君 也.〈正義〉曰:言以道去君, 則大夫正法, 有去君之道.《春秋》莊二十四年「戎侵曹, 曹 羈出奔陳.」《公羊傳》曰「曹無大夫, 何以書賢也? 何賢乎? 曹羈戎將侵曹, 曹羈諫 曰:『戎衆而無義. 請君勿自敵也.』曹伯曰:『不可.』三諫不從, 遂去之. 故君子以爲得 君臣之義也.」〈曲禮〉下云:「爲人臣之禮, 不顯諫, 三諫不聽, 於禮得去也.」〈喪服〉齊 衰三月章曰:「爲舊君.」傳曰:「大夫以道去君, 而猶未絶.」《春秋》宣元年「晉放其大夫胥 甲父于衛」《公羊傳》曰「近正也. 其爲近正奈何? 古者, 大夫已去, 三年待放, 君放之 非也. 大夫待放, 正也.」是三諫不從, 有待放之禮. 宣二年《穀梁傳》稱「趙盾諫靈公, 公不聽出, 亡至於郊.」趙盾諫之出至郊, 而舍明大夫待放在於郊也. 得玦, 乃去者, 謂君與之決別, 任其去, 然後去也. 荀卿書云「聘士以圭, 復士以璧, 召人以瑗, 絶人 以玦, 反絶以環.」范甯《穀梁》注:「君賜之環, 則還. 賜之玦, 則往.」用荀卿之言, 以爲 說, 則君與之決別之時, 或當賜之以玦也.〈曲禮〉云「大夫去國, 踰境爲壇, 位嚮國而 哭, 三月而復服此.」箋云'待放於郊',《禮記》言'踰境'.《公羊傳》言'待放三年'.《禮記》言 '三月'者,《禮記》所言謂旣得玦之後行, 此禮而後去, 非待放時也. 首章言'狐裘以朝', 謂視路門外之朝也. 二章云'狐裘在堂', 謂在路寢之堂也. 視朝之服, 卽服之於路寢, 不更易服.〈玉藻〉云「君朝服以日視朝於內, 君退適路寢聽政.」聽政服視朝之服, 是 在朝在堂, 同服羔裘, 今檜君變易衣服, 用狐裘在朝, 因用狐裘在堂. 故首章言'在朝', 二章言'在堂', 上二章唯言'變易常禮', 未言'好絜之事', 故卒章言'羔裘之美, 如脂膏 之色.' 羔裘旣美, 則狐裘亦美可知. 故不復說狐裘之美.

147(檜-2) 소관(素冠)

*〈素冠〉: 흰 비단으로 만든 모자, 관. 喪中에 쓰는 모자.
*이 시는 檜나라 사람들이 三年喪을 지키지 않고 있음을 비난한 것이라 함.

〈序〉: 〈素冠〉, 刺不能三年也.

〈소관〉은 삼년 상기를 지키지 못함을 비난한 것이다.

　〈箋〉: 喪禮「子爲父, 父卒, 爲母, 皆三年.」時人恩薄禮廢, 不能行也.

*전체 3장. 매 장 3구씩(素冠:三章. 章三句).

(1) 賦

庶見素冠兮, 棘人欒欒兮?

힝혀 素冠훈, 棘人이 欒欒(란란)훈 이를 보랴?

　행여 하얀 모자를 쓰고 상기를 지키느라, 몸이 여윈 사람을 볼 수 있
을까?

勞心慱慱兮!

ᄆ음 勞홈을 慱慱(단단)히 호라!

　내 마음 그런 사람 보고파 애가 타도다!

【庶】〈毛傳〉과 〈集傳〉에 "庶, 幸也"라 함.
【素冠】흰 색의 冠. 상복의 차림. 〈毛傳〉에 "素冠, 練冠也"라 하였고, 〈集傳〉에
　"縞冠, 素紕, 既祥之冠也. 黑經白緯曰縞, 緣邊曰紕"라 함.
【棘】〈毛傳〉에 "棘, 急也"라 하였고, 〈集傳〉에는 "棘, 急也. 喪事欲其總總爾, 哀遽
　之狀也"라 함. 그러나 馬瑞辰 〈通釋〉에는 "棘, 爲瘠之假借"라 하여 '파리하게 수
　척함'을 뜻한다 하였음.
【欒欒】〈毛傳〉과 〈集傳〉에 "欒欒, 瘠貌"라 함. 馬瑞辰 〈通釋〉에 '欒'은 '臠'의 假借
　로 보아 《說文》: "臠, 臞也." 臠臠爲正字, 欒欒爲假借字"라 함. 〈鄭箋〉에는 "喪禮,

旣祥祭而縞冠素紕. 時人皆解緩, 無三年之恩於其父母, 而廢其喪禮. 故覬幸一見
素冠, 急於哀戚之人, 形貌變變然, 腹瘠也"라 함.

【慱慱】〈毛傳〉에 "慱慱, 憂勞也"라 하였고, 〈集傳〉에는 "慱慱, 憂勞之貌"라 함. 〈鄭
箋〉에는 "勞心者, 憂不得見"이라 함.

＊〈集傳〉에 "○祥, 冠祥則冠之, 禫則除之. 今人皆不能行三年之喪矣. 安得見此服
乎? 當時賢者, 庶幾見之至於憂勞也"라 함.

(2) 賦

庶見素衣兮? 我心傷悲兮.

힝혀 素衣를 보랴? 내 ᄆᆞᅀᆞᆷ애 傷悲ᄒᆞ노니,

행여 흰 상복을 입은 사람 볼 수 있을까? 내 마음 애닯도다.

聊與子同歸兮!

애야로시 子로 더브러 ᄒᆞᆫ 가지로 歸호리라!

그런 분 있으면 장차 함께 그의 집에 가 보리라!

【素衣】하얀 상복. 〈毛傳〉에 "素冠, 故素衣也"라 하였고, 〈鄭箋〉에는 "除成喪者,
其祭也, 朝服縞冠. 朝服緇衣素裳, 然則此言素衣者, 謂素裳也"라 함. 〈集傳〉에도
"素冠, 則素衣矣"라 함.

【聊】'且'와 같음. 〈鄭箋〉에는 "聊, 猶且也"라 함.

【與子同歸】〈毛傳〉에 "願見有禮之人, 與之同歸"라 하였고, 〈鄭箋〉에는 "且與子同
歸, 欲之其家, 觀其居處"라 함. 〈集傳〉에 "「與子同歸」, 愛慕之辭也"라 함. 馬瑞辰
〈通釋〉에는 "同歸, 猶下章言'如一', 皆謂一致, 非謂歸其家也"라 함.

(3) 賦

庶見素韠兮? 我心蘊結兮.

힝혀 素韠(소필)을 보랴? 내 ᄆᆞᅀᆞᆷ애 蘊結(운결)ᄒᆞ노니,

행여 무릎에 흰 필을 덮고 상기를 지키는 자를 볼 수 있을까? 내 마음
뒤엉키도다.

聊與子如一兮!

애야로시 子로 더브러 一근티 호리라!

그런 사람이라면 그와 하나가 되고 싶어라!

【韠】滕甲. 무릎에 감는 가죽. 〈鄭箋〉에는 "祥祭, 朝服素韠者, 韠從裳色"이라 함. 〈集傳〉에는 "韠, 蔽膝也. 以韋爲之, 冕服謂之韍, 其餘曰韠. 韠從裳色素衣素裳, 則素韠矣"라 함.

【蘊結】엉킴. 〈集傳〉에 "蘊結, 思之不解也"라 함.

【與子如一】〈毛傳〉에 "子夏三年之喪畢, 見於夫子. 援琴而絃, 衎衎而樂, 作而曰:「先王制禮, 不敢不及.」夫子曰:「君子也!」閔子騫三年之喪畢, 見於夫子, 援琴而絃, 切切而哀, 作而曰:「先王制禮, 不敢過也.」夫子曰:「君子也!」子路曰:「敢問何謂也?」夫子曰:「子夏哀已盡, 能引而致之於禮, 故曰『君子也!』閔子騫哀未盡, 能自割以禮, 故曰『君子也!』夫三年之喪, 賢者之所輕, 不肖者之所勉.」이라 하였고, 〈鄭箋〉에는 "聊與子如一, 且欲與之居處, 觀其行也"라 함. 〈集傳〉에는 "與子如一', 甚於同歸矣"라 함.

참고 및 관련 자료

1. 孔穎達 〈正義〉

〈喪服〉:「子爲父斬衰三年. 父卒, 爲母齊衰三年.」此言'不能三年', 不言'齊斬之異', 故兩擧以充之. 〈喪禮〉:「諸侯爲天子, 父爲長子, 妻爲夫, 妾爲君, 皆三年.」此〈箋〉獨言'父母'者, 以詩人所責, 當責其尊親至極, 而不能從禮耳. 故知主爲父母, 父母尙不能三年, 其餘亦不能三年可知矣. 首章傳曰'素冠', 練冠. 〈禮〉:「三年之喪, 十三月而練.」則此練冠, 是十三月而練服也. 二章傳曰'素冠', 故素衣, 則素衣與冠同時, 亦旣練之衣. 是上二章同, 思旣練之人. 卒章'庶見素韠', 案〈喪服〉:「斬衰, 有衰裳絰帶而已.」不言其韠, 〈檀弓〉說'旣練之服', 云'練衣, 黃裏, 緣緣, 要絰, 繩屨, 角瑱, 鹿裘'. 亦不言有'韠', 則喪服始終, 皆無韠矣.《禮》:「大祥, 祭服, 朝服, 縞冠.」朝服之制, 緇衣, 素裳, 禮韠, 從裳色素韠, 是大祥祭服之韠, 然則毛意亦以卒章, 思大祥之人也. 作者以時人, 皆不能行三年之喪, 故從初嚮末, 而思之. 有不到大祥者, 故上二章思旣練之人, 皆不能三年, 故卒章思祥祭之人事之次也. 鄭以首章思見旣祥之後, 素縞之冠. 下二章思見祥祭之服, 素冠素韠, 以時人不能行三年之喪. 先思長遠之服, 故先思祥後卻思祥時也.

2. 朱熹 〈集傳〉

〈素冠〉, 三章, 章三句:

○按〈喪禮〉:「爲父爲君, 斬衰三年.」(《禮記》喪服四制 참조)

○昔宰予欲短喪, 夫子曰:「子生三年, 然後免於父母之懷. 予也有三年之愛於其父母乎? 三年之喪, 天下之通喪也.」(《論語》陽貨篇 참조)

○〈傳〉曰:「子夏三年之喪畢, 見於夫子, 援琴而弦, 衎衎而樂, 作而曰:「先王制禮, 不敢不及.」夫子曰:「君子也!」閔子騫三年之喪畢, 見於夫子, 援琴而弦, 切切而哀, 作而曰:「先王制禮, 不敢過也.」夫子曰:「君子也!」子路曰:「敢問何謂也?」夫子曰:「子夏哀已盡, 能引而致之於禮, 故曰『君子也!』」閔子騫哀未盡, 能自割以禮, 故曰『君子也!』」夫三年之喪, 賢者之所輕, 不肖者之所勉.」(이는 《禮記》檀弓(上) 및 《孔子家語》(4) 六本篇, 《說苑》修文篇 등 참조)

148(檜-3) 습유장초(隰有萇楚)

*〈隰有萇楚〉: '萇楚'는 〈毛傳〉에 "萇楚, 銚弋也"라 하였고, 〈集傳〉에도 "萇楚, 銚弋. 今羊桃也. 子如小麥, 亦似桃"라 하여, 일명 요익(銚弋. 雙聲連綿語의 초명), 羊桃, 또는 獼猴桃라 불리는 식물이라 함. 우리말로 어떤 명칭인지 알 수 없음. 〈諺解〉物名에도 "萇楚: 未詳"이라 함. 이에 '萇楚' 그대로 풀이함.
*이 시는 檜나라 사람들이 임금의 음행을 흉내내어 자의로 행동함을 질책한 것이라 함.

〈序〉: 〈隰有萇楚〉, 疾恣也. 國人疾其君之淫恣, 而思無情慾者也.

〈습유장초〉는 마구 자의로 하는 행동을 질시한 것이다. 나라 사람들이 그 임금이 淫恣함을 질시하여 情慾이 없는 사람을 그리워한 것이다.

〈箋〉: 恣, 謂狡狹; 淫, 戲不以禮也.

*전체 3장. 매 장 4구씩(隰有萇楚: 三章. 章四句).

(1) 賦
隰有萇楚, 猗儺其枝.

隰(습)에 萇楚(장초)ㅣ 이시니, 猗儺(아나)한 그 枝로다.
진펄에는 장초풀, 야들야들한 그 가지.

夭之沃沃, 樂子之無知!

夭홈이 沃沃하니, 子의 知ㅣ 업슴을 樂하노라!
어리고 아리따운 그 모습, 네가 아무 것도 모름을 좋아하노라!

【隰】濕地.
【猗儺】〈毛傳〉과 〈集傳〉에 "猗儺, 柔順也"라 하였으며, '娿娜'(아나)로 읽어, '유순함, 야들야들함'을 뜻하는 疊韻連綿語. 王引之 〈述聞〉에는 "萇楚之枝, 柔弱蔓生,

故〈傳〉〈箋〉, 幷以'猗儺'爲'柔順'. 但下文云「猗儺其華」, 「猗儺其實」, 華與實, 不得言
'柔順', 而亦云'猗儺', 則'猗儺', 乃美盛之貌"라 함. 〈鄭箋〉에는 "銚弋之性, 始生正
直, 及其長大, 則其枝猗儺, 而柔順, 不妄尋蔓草木. 興者, 喩人少而端慤, 則長大
無情慾"이라 함.

【夭】〈毛傳〉에 "夭, 少也"라 하였고, 〈集傳〉에 "夭, 少好貌"라 함.

【沃沃】〈毛傳〉에 "沃沃, 壯佼也"라 하였고, 〈鄭箋〉에는 "知匹也. 疾君之恣, 故於人
年, 少沃沃之時, 樂其無妃匹之意"라 함. 〈集傳〉에 "沃沃, 光澤貌"라 함.

【樂子】'그대가 이성에 대해 아무것도 모르고 있음이 부럽다'의 뜻. '樂'은 '그런
점을 좋아하다, 부럽다'의 뜻. 〈集傳〉에 "子, 指萇楚也"라 함.

＊〈集傳〉에 "○政煩賦重, 人不堪其苦, 歎其不如草木之無知, 而無憂也"라 함.

(2) 賦

隰有萇楚, 猗儺其華.

隰에 萇楚ㅣ 이시니, 猗儺혼 그 華ㅣ로다.

진펄에는 장초풀, 야들야들한 그 꽃잎.

夭之沃沃, 樂子之無家!

夭홈이 沃沃ᄒ니, 子의 家 업슴을 樂ᄒ노라!

어리고 싱싱한 그 모습, 네가 짝도 없음을 좋아하노라!

【無家】짝이 없음. 異性에 대해 무관심함. 〈鄭箋〉에 "無家, 謂無夫婦室家之道"라
하였고, 〈集傳〉에는 "無家, 言無累也"라 함.

(3) 賦

隰有萇楚, 猗儺其實.

隰에 萇楚ㅣ 이시니, 猗儺혼 그 實이로다.

진펄에 장초풀, 야들야들한 그 열매.

夭之沃沃, 樂子之無室!

夭홈이 沃沃ᄒ니, 子의 室 업슴을 樂ᄒ노라!

어리고 싱싱하면서도, 그런 네가 짝도 없음을 좋아하노라!

【無室】配匹이 없음. 〈集傳〉에 "無室, 猶無家也"라 함.

> **참고 및 관련 자료**

1. 孔穎達 〈正義〉

作〈隰有萇楚〉詩者, 主疾恣也. 檜國之人, 疾其君之淫邪, 恣極其情意, 而不爲君人之度, 故思樂見無情慾者. 定本直云'疾其君之恣', 無'淫'字. 經三章皆是, 思其無情慾之事.

149(檜-4) 비풍(匪風)

＊〈匪風〉: '匪'는 '彼'와 같은 뜻으로 보아 '저 바람'으로 풀이함. 그러나 〈諺解〉에는 원의대로 '그 바람이 아님'의 뜻으로 풀었음.
＊이 시는 周나라로 가는 길을 생각하며 힘을 잃어가는 주나라 정령을 두고 그 안타까움을 읊은 것이라 함. 그러나 오랫동안 외지를 떠돌던 탕자가 고향을 그리며 부른 노래라고도 함.

〈序〉: 〈匪風〉, 思周道也. 國小政亂, 憂及禍難, 而思周道焉.

〈비풍〉은 周나라로 가는 길을 생각한 것이다. 나라는 작고 정치는 혼란하여, 근심에 화난까지 이르자 주나라로 가는 길을 생각한 것이다.

＊전체 3장. 매 장 6구씩(匪風: 三章. 章四句).

(1) 賦

匪風發兮, 匪車偈兮.

風이 發ᄒᆞᆫ는 줄이 아니며, 車ㅣ 偈(걸)ᄒᆞᆫ는 줄이 아니라.
바람도 불지 않고, 수레도 달리지 않네.

顧瞻周道, 中心怛兮!

周道를 도라 보고, 中心에 怛(달)호라!
주나라 고향 가는 길 돌아보니, 내 가슴 아파 오네!

【發】〈集傳〉에 "發, 飄揚貌"라 함.
【匪車】저 수레.
【偈】빨리 달리는 모양. 〈集傳〉에 "偈, 疾驅貌"라 함. 〈毛傳〉에 "發, 發飄風, 非有道之風; 偈, 偈疾驅, 非有道之車"라 함.
【顧瞻】돌아 봄. 〈鄭箋〉에 "廻首曰顧"라 함.

【周道】周나라로 가는 길. 혹 周나라의 治道라 함. 〈毛傳〉에 "下國之亂, 周道滅也"라 하였고, 〈鄭箋〉에는 "周道, 周之政令也"라 하였으며, 〈集傳〉에는 "周道, 適周之路也"라 함. 그러나 큰길, 大道, 大路로 풀이하기도 함.
【中心】心中.
【怛】〈毛傳〉과 〈集傳〉에 "怛, 傷也"라 함.
＊〈集傳〉에 "○周室衰微, 賢人憂歎而作此詩. 言「常時風發而車偈, 則中心怛然. 今非風發也, 非車偈也. 特顧瞻周道, 而思王室之陵遲, 故中心爲之怛然耳.」"라 함.

(2) 賦

匪風飄兮, 匪車嘌兮.

風이 飄(표)ᄒᆞ는 줄이 아니며, 車ㅣ 嘌(표)ᄒᆞ는 줄이 아니라.

바람도 흩날리지 않고, 수레도 달리지 않네.

顧瞻周道, 中心弔兮!

周道를 도라 보고, 中心에 弔(됴)호라!

고향 주나라로 가는 길 돌아보니, 내 가슴 쓰려오네!

【飄】회오리바람. 돌개바람. 旋風. 〈毛傳〉과 〈集傳〉에 "回風曰飄"라 함.
【嘌】〈毛傳〉에 "嘌嘌, 無節度也"라 하였고, 〈集傳〉에는 "嘌, 漂搖不安之貌"라 함.
【弔】〈毛傳〉에 "〈毛傳〉에 "弔, 傷也"라 하였고, 〈集傳〉에도 "弔, 亦傷也"라 함. 〈諺解〉에는 '吊'으로 표기되어 있음.

(3) 興

誰能亨魚? 溉之釜鬵.

뉘 能히 魚를 烹(핑)ᄒᆞ료? 釜와 鬵(심)을 溉(개)호리라.

누가 능히 고기를 삶는고? 그 가마솥이나 씻어 주리.

誰將西歸? 懷之好音!

뉘 쟝ᄎᆞ 西로 歸ᄒᆞᄂᆞ뇨? 好音으로 懷호리라!

누가 장차 서쪽으로 가는고? 좋은 소식이나 전해주리!

【亨】삶음. '烹'의 本字.

【漑】〈毛傳〉과 〈集傳〉에 "漑, 滌也"라 함.

【鬵】가마솥. 〈毛傳〉과 〈集傳〉에 "鬵, 釜屬"이라 함. 〈毛傳〉에는 "亨魚煩, 則碎; 治民煩, 則散. 知亨魚, 則知治民矣"라 하였고, 〈鄭箋〉에는 "誰能者, 言人偶能割亨者"라 함.

【西歸】〈毛傳〉에 "周道, 在乎西"라 하였고, 〈集傳〉에 "西歸, 歸於周也"라 함.

【懷】〈毛傳〉에 "懷, 歸也"라 하였고, 〈鄭箋〉에는 "誰將者, 亦言「人偶能輔周道治民者也.」 檜在周之東, 故言西歸. 有能西仕於周者, 我則懷之以好音, 謂周之舊政令"이라 함. 그러나 吳闓生 〈會通〉에는 "〈傳〉以懷爲歸. 歸者, 饋遺之義"라 하여, '먹여주다'의 뜻으로 보았음.

＊〈集傳〉에 "○誰能亨魚乎? 有則我願爲之漑其釜鬵. 誰將西歸乎? 有則我願慰之以好音以見. 思之之甚, 但有西歸之人, 卽思有以厚之也"라 함.

참고 및 관련 자료

1. 孔穎達 〈正義〉

作〈匪風〉詩者, 言思周道也. 以其檜國旣小, 政教又亂, 君子之人憂其將及禍難, 而思周道焉. 若使周道明盛, 必無喪亡之憂, 故思之. 上二章言'周道之滅, 念之而怛傷', 下章思'得賢人輔, 周興道', 皆是思周道之事.

14. 조풍曹風

4편(150-153)

曹나라는 지금의 山東省 菏澤縣과 定陶縣 일대에 위치했던 同姓諸侯國
이다. 周 武王이 殷을 멸한 뒤, 아우 叔振鐸을 陶丘(지금의 山東 定陶縣)에
봉하여 나라 이름을 曹라 하였다. 6世 夷伯은 周 厲王 때, 8世 戴伯은 周
宣王 때, 9世 惠伯은 周 幽王 때에 해당하며, 13世 莊公은 齊 桓公이 霸者
가 되었을 때이며, 26世 伯陽에 이르러 B.C.487년 宋 景公(魯 哀公 8년)에게
망하였다.

★ 관련 사항은《史記》曹世家를 참조할 것.

○ 鄭玄《毛詩譜》<曹>

曹者, <禹貢>兗州, 陶丘之北地名. 周武王旣定天下, 封弟
叔振鐸於曹. 今日濟陰定陶是也. 其封域, 在雷夏菏澤之野.
昔堯嘗遊成陽, 死而葬焉. 舜漁於雷澤, 民俗始化, 其遺風重
厚, 多君子. 務稼穡, 薄衣食, 以致畜積. 夾於魯·衛之間, 又
寡於患難. 末時富而無敎, 乃更驕侈. 曹之後世, 雖爲宋所
滅. 宋亦不數伐曹, 故得寡於患難. 十一世, 當周惠王時, 政
衰. 昭公好奢而任小人, 曹之變風始作.

○ 朱熹 <集傳>

曹, 國名. 其地在禹貢兗州, 陶丘之北, 雷夏菏澤之野. 周
武王以封其弟振鐸. 今之曹州, 卽其地也.

150(曹-1) 부유(蜉蝣)

*〈蜉蝣〉: 하루살이. 疊韻連綿語의 蟲名. '渠略'이라고도 부름. 〈諺解〉 物名에도
"蜉蝣: ᄒ르사리"라 함.
*이 시는 曹 昭公이 조나라는 작은 나라임에도 지켜낼 모책은 세우지 아니하
고, 사치에만 빠져 헤어나지 못함을 질책한 것이라 함.

〈序〉: 〈蜉蝣〉, 刺奢也. 昭公國小而迫, 無法以自守, 好奢而任小人, 將無所依焉.

〈부유〉는 사치를 풍자한 것이다. 曹 昭公은 나라는 작고 압박을 받고
있으나 자신을 지켜낼 수단이 없었음에도 사치를 좋아하고 소인을 임용
하여, 장차 의지할 바가 없게 되었다.

※曹 昭公: 曹 僖公(釐公, 姬赤)의 아들. 이름은 班. 《公羊傳》에는 '般'으로 되어 있
음. 伯爵. B.C.661~653년까지 9년간 재위함. 그 뒤를 共公(襄)이 이음. 《左傳》僖
公 7년 經에 "曹伯班卒. 冬, 葬曹昭公"이라 함.

*전체 3장. 매 장 4구씩(蜉蝣: 三章. 章四句).

(1) 比
蜉蝣之羽! 衣裳楚楚.

蜉蝣(부유)의 羽ㅣ여! 衣裳이 楚楚ᄒ도다.
하루살이 날개인가! 옷이 곱기도 하도다.

心之憂矣, 於我歸處.

心의 憂ᄒ노니, 내게 歸ᄒ야 處홀 띠어다.
마음 속 근심이네, 나에게 와서 살지 그래.

【蜉蝣】하루살이. 〈毛傳〉에 "興也. 蜉蝣,
渠略也. 朝生夕死, 猶有羽翼, 以自脩飾"
이라 하였고, 〈集傳〉에 "蜉蝣, 渠略也.
似蛣蜣, 身狹而長, 有角, 黃黑色, 朝生
暮死"라 함.
【羽】羽衣. 하루살이의 날개를 뜻함. 聞
一多 〈類鈔〉에 "蜉蝣的羽, 極薄而有光
澤, 幾乎是透明的. 古人形容麻織品做
成的衣服, 往往比成蜉蝣的羽, 因此便
稱這種衣服爲羽衣"라 함.
【楚楚】〈毛傳〉과 〈集傳〉에 "楚楚, 鮮明
貌"라 함. 〈鄭箋〉에는 "興者, 喻昭公之
朝, 其羣臣皆小人也. 徒整飾其衣裳, 不
知國之將迫脅君臣, 死亡無日, 如渠略
然"이라 함.
【歸處】〈鄭箋〉에는 "歸, 依. 歸君當於何
依歸乎? 言「有危亡之難, 將無所就往」"이라 함.

＊〈集傳〉에 "○此詩蓋以時人有玩細娛, 而忘遠慮者. 故以蜉
蝣爲比, 而刺之. 言「蜉
蝣之羽翼, 猶衣裳之楚楚, 可愛也. 然其朝生暮死, 不能久存, 故我心憂之, 而欲其
於我歸處耳.」序以爲刺其君, 或然而未有考也"라 함.

(2) 比

蜉蝣之翼! 采采衣服.

蜉蝣의 翼이여! 采采ᄒ 衣服이로다.

하루살이 날개인가! 곱기도 한 옷이로다.

心之憂矣, 於我歸息.

心의 憂ᄒ노니, 내게 歸ᄒ야 息홀 띠어다.

내 마음 걱정이네, 나에게 와 쉬지 그래.

【采采】〈毛傳〉에 "采采, 衆多也"라 하였고, 〈集傳〉에는 "采采, 華飾也"라 함.
【息】〈毛傳〉과 〈集傳〉에 "息, 止也"라 함.

(3) 比

蜉蝣掘閱! 麻衣如雪.

蜉蝣] 掘閱(굴열)ㅎ니, 麻衣 雪ㄹ도다.

하루살이 껍질 벗고 나오는 것인가! 베옷 눈처럼 희네.

心之憂矣, 於我歸說.

心의 憂ㅎ노니, 내게 歸ㅎ야 說(세)홀 띠어다.

마음 속 걱정이네, 나에게 와서 쉬지 그래.

【掘閱】벌레가 땅을 파고 나오는 모습. 〈毛傳〉에 "掘閱, 容閱也"라 하였고, 〈集傳〉
에 "掘閱, 未詳"이라 함. 〈鄭箋〉에는 "掘閱, 掘地解閱, 謂其始生時也. 以解閱, 喩
君臣朝夕變易衣服也"라 함.
【麻衣】深衣. 평상복. 〈鄭箋〉에 "麻衣, 深衣. 諸侯之朝, 朝服, 朝夕則深衣也"라 함.
【說】'세'(稅)로 읽으며 '머물러 쉬다'의 뜻. 〈鄭箋〉에 "說, 猶舍息也"라 하였고, 〈集
傳〉에도 "說, 舍息也"라 함.

> 참고 및 관련 자료

1. 孔穎達 〈正義〉

作〈蜉蝣〉詩者, 刺奢也. 昭公之國, 旣小而迫脅於大國之間, 又無治國之法以自保
守, 好爲奢侈而任用小人, 國家危亡無日, 君將無所依焉. 故君子憂而刺之也. '好奢而
任小人'者, 三章上二句是也. '將無所依', 下二句是也. 三章皆刺好奢, 文互相見. 首章
言'衣裳楚楚', 見其鮮明. 二章言'采采', 見其衆多. 卒章言'麻衣', 見其衣體, 卒章麻
衣是諸侯夕時所服, 則首章是朝時所服, 及其餘衣服也. 二章言衆多見其上下之服,
皆衆多也. 首章言'蜉蝣之羽', 二章言'之翼', 言有羽翼而已, 不言其美, 卒章乃言'其
色美', 亦互以爲興也.

151(曹-2) 후인(候人)

＊〈候人〉: 관직 이름. 斥候의 임무를 맡은 관원. 《周禮》夏官에 "各掌其方之道治
與禁令, 以設候人"이라 하여, 도로에 나가 손님을 맞이하고 보내는 임무와 禁令
을 어기는 자를 처리하는 일을 맡았음. 아주 낮은 직급을 의미함.
＊이 시는 曹 共公이 군자를 멀리하고 소인을 가까이 함을 질책한 것이라 함.

<序>: <候人>, 刺近小人也. 共公遠君子, 而好近小人焉.

〈후인〉은 소인을 가까이 함을 풍자한 것이다. 曹 共公은 군자를 멀리
하고 소인을 가까이하였다.

※曹 共公: 昭公의 아들. 이름은 襄. B.C.652−B.C.618년까지 34년간 재위하고 文
公에게 이어짐.

＊전체 4장. 매 장 4구씩(候人: 四章. 章四句).

(1) 興
彼候人兮, 何戈與祋.

뎌 候人(후인)은, 戈와 다뭇 祋(돌)을 何홀 꺼시어니와,

저 후인이여, 창과 돌(祋)을 들쳐메고 있구나.

彼其之子, 三百赤芾!

뎌 之子ᄂᆞᆫ, 三百인 赤芾(격블)이로다!

저 조나라 조정에는, 소인이면서 붉은 불을 걸친 자가 삼백 명이나 된
다지!

【候人】〈毛傳〉에 "候人, 道路送迎賓客者"라 하였고, 〈集傳〉에는 "候人, 道路迎送
　賓客之官"이라 함.
【何】〈毛傳〉과 〈集傳〉에 "何, 揭"라 함. 높이 쳐듦. 걸머멤. 들쳐멤. '荷', '扛'과 같

은 뜻.

【戈】六尺 六寸의 창.

【祋】음은 '대'(都外反), 혹 '돌'(都律反) 등 두 가지가 있으며, 〈諺解〉에는 '돌'로 읽었음. 창의 일종. 〈毛傳〉에 "祋, 殳也. 言賢者之官, 不過候人"이라 하였고, 〈鄭箋〉에는 "是謂遠君子也"라 함.

【彼】曹나라 朝廷을 가리킴. 〈毛傳〉에 "彼, 彼曹朝也"라 함.

【之子】〈鄭箋〉에 "之子, 是子也"라 하였고, 〈集傳〉에 "之子, 指小人"이라 함.

【赤芾】대부 이상의 신분이 입는 붉은 옷. '芾'은 韠. 〈毛傳〉에 "芾, 韠也. 一命縕芾黝珩, 再命赤芾黝珩, 三命赤芾葱珩, 大夫以上赤芾乘軒"이라 하였고, 〈鄭箋〉에는 "佩赤芾者, 三百人"이라 함. 〈集傳〉에는 "芾, 冕服之韠也. 一命縕芾

黝珩, 再命赤芾黝珩, 三命赤芾葱珩, 大夫以上赤芾乘軒"이라 함. 소인들로서 귀한 신분의 옷을 입은 자가 3백 명이나 됨.

＊〈集傳〉에 "○此刺其君遠君子而近小人之辭. 言「彼候人而何戈與祋者, 宜也. 彼其之子, 而三百赤芾何哉?」 晉文公入曹, 數其不用僖負羈, 而乘軒者三百人, 其謂是歟!"라 함.

(2) 興

維鵜在梁, 不濡其翼.

鵜(뎨)ㅣ 梁에 이시니, 그 翼이 濡(유)티 아니ᄒ놋다.

어살에 앉은 사다새는, 그 깃도 적셔보지 못하네.

彼其之子, 不稱其服!

뎌 之子ㅣ여, 그 服이 稱티 아니 ᄒ도다!

저 조정의 귀한 분들, 걸맞지도 않은 그 복장!

【鵜】사다새. 〈諺解〉物名에 "鵜:사ᄃ새"라 함. 일명 涍澤鳥, 涍鳥, 淘河, 伽藍鳥 등으로도 불림. 〈毛傳〉에 "鵜, 涍澤鳥也"라 하였고, 〈集傳〉에 "鵜, 涍澤, 水鳥. 俗 所謂淘河也"라 함. 賢者를 비유함.

【梁】어살.

【濡】젖음. 〈毛傳〉에 "梁水中之梁. 鵜在梁可謂不濡其翼乎?"라 하였고, 〈鄭箋〉에 는 "鵜在梁, 當濡其翼, 而不濡者, 非其常也. 以喻小人在朝, 亦非其常"이라 함.

【稱】어울림. 〈鄭箋〉에 "不稱者, 言德薄而服尊"이라 함.

(3) 興

維鵜在梁, 不濡其味.

鵜ㅣ 梁에 이시니, 그 味(쥬)ㅣ 濡티 아니ᄒ놋다.

어살에 앉은 사다새는, 부리조차 적셔보지 못하네.

彼其之子, 不遂其媾!

뎌 之子ㅣ여, 그 媾(구)에 遂(슈)티 아니ᄒ도다!

저 조정의 높으신 분들, 그 후한 대접 걸맞지도 않구만!

【味】부리. '不濡其味'는 작은 물고기 한 마리조차 얻어먹지 못함을 뜻함. 〈毛傳〉 과 〈集傳〉에 "味, 喙也"라 함.

【遂】〈鄭箋〉에는 "遂, 猶久也. 不久其厚, 言終將薄於君也"라 함. 〈集傳〉에는 "遂, 稱"이라 하여 '걸맞다'의 뜻으로 보았음.

【媾】〈毛傳〉에 "媾, 厚也"라 하였고, 〈集傳〉에는 "媾, 寵也. 遂之爲稱, 猶今人謂'遂 意'爲'稱意'"라 함. 그러나 聞一多〈類鈔〉에는 "所候者終不來, 故曰不遂其媾"라 하여, 候人이 賢者를 맞으러 오지 않아 현자가 후한 대접을 받지 못함을 뜻한 다 하였음.

(4) 比

薈兮蔚兮, 南山朝隮.

薈(회)ᄒ며 蔚(위)흔, 南山이 朝에 隮(제)ᄒ놋다.

뭉게뭉게 피어나서, 남산의 아침에 솟는 구름.

婉兮孌兮, 季女斯飢!

婉(완)ᄒᆞ며 孌(련)ᄒᆞᆫ, 季女ㅣ 이 飢(긔)ᄒᆞ놋다!

젊고 예쁜, 막내딸이 이에 굶주리고 있구나!

【薈·蔚】〈毛傳〉에 "薈蔚, 雲興貌"라 하였고, 〈集傳〉에 "薈蔚, 草木盛多之貌"라 함.

【南山】〈毛傳〉에 "南山, 曹南山也"라 함.

【隮】〈毛傳〉에 "隮, 升雲也"라 하였고, 〈集傳〉에는 "朝隮, 雲氣升騰也"라 함. 혹 '隮'를 '霽'로 보아 아침에 비가 갬을 뜻하는 것으로도 봄. 〈鄭箋〉에는 "薈蔚之小 雲, 朝升於南山, 不能爲大雨. 以喩小人, 雖見任於君, 終不能成其德教"라 함.

【婉·孌】〈毛傳〉과 〈集傳〉에 "婉, 少貌; 孌, 好貌"라 함.

【季女】막내딸. 〈鄭箋〉에 "季, 人之少子也; 女, 民之弱者"라 함.

【斯飢】斯는 助字. 飢는 굶주림. 〈鄭箋〉에는 "天無大雨, 則歲不熟, 而幼弱者飢; 猶 國之無政令, 則下民困病矣"라 함.

＊〈集傳〉에 "○薈蔚朝隮, 言「小人衆多而氣燄盛也. 季女婉孌自保, 不妄從人, 而反 飢困.」言「賢者守道, 而反貧賤也.」"라 함.

> ### 참고 및 관련 자료

1. 孔穎達〈正義〉

首章上二句言'其遠君子', 以下皆'近小人'也. 此詩主刺君近小人, 以君子宜用, 而被 遠小人, 應疏而郤近, 故經先言'遠君子'也.

152(曹-3) 시구(鳲鳩)

*〈鳲鳩〉: 뻐꾸기. 〈諺解〉物名에 "鳲鳩: 법국새"라 함. 봄에 이 새가 울 때 곡식의 씨를 뿌려야 한다고 해서 음과 뜻을 함께 취하여 '布穀', '撥穀' 등으로 부르기도 하며, 우는 소리를 음사하여, '秸鞠'으로, 그 외 '戴勝'으로도 불림. 〈毛傳〉에 "鳲鳩, 秸鞠也"라 하였고, 〈集傳〉에도 "鳲鳩, 秸鞠也. 亦名戴勝"이라 함. 이 새는 스스로 알을 부화하지 못하여 다른 새의 둥지에 몰래 알을 낳아 托卵孵化하는 것으로도 유명함.
*이 시는 항심을 갖지 못한 당시 상황을 읊은 것이라 함.

〈序〉: 〈鳲鳩〉, 刺不壹也. 在位無君子, 用心之不壹也.

〈시구〉는 한결같지 않음을 풍자한 것이다. 높은 자리에 군자가 없고, 마음 씀씀이도 한결같지 않았다.

*전체 4장. 매 장 6구씩(鳲鳩: 四章. 章六句).

(1) 興
鳲鳩在桑, 其子七兮.

鳲鳩(시구)ㅣ 桑에 이시니, 그 子ㅣ 七이로다.

뽕나무에 앉은 뻐꾸기. 그 새끼는 일곱.

淑人君子! 其儀一兮.

淑人 君子ㅣ여! 그 儀ㅣ 一호도다.

훌륭하신 우리 군자여! 그 의표는 한결같도다.

其儀一兮, 心如結兮.

그 儀ㅣ 一호니, ᄆᆞ음이 結홈 ᄀᆞ도다.

그 의표가 한결같으시니, 그 마음 묶어 맨 것 같도다.

【鳲鳩】〈毛傳〉에 "興也. 鳲鳩, 秸鞠也. 鳲鳩之養其子, 朝從上下, 莫從下上, 平均如一"이라 하였고, 〈鄭箋〉에는 "興者, 喻人君之德, 當均一於下也. 以刺今在位之人, 不如鳲鳩"라 함. 〈集傳〉에도 "鳲鳩, 秸鞠也. 亦名戴勝. 今之布穀. 飼子朝從上下, 暮從下上, 平均如一也"라 함.

【淑·儀】〈鄭箋〉에 "淑, 善; 儀, 義也. 善人君子其執義, 當如一也"라 함.

【如結】〈毛傳〉에 "言執義一, 則用心固"라 하였고, 〈集傳〉에도 "如結, 如物之固結而不散也"라 함.

*〈集傳〉에 "○詩人美君子之用心均平專一, 故言「鳲鳩在桑, 則其子七矣;淑人君子, 則其儀一矣;其儀一, 則心如結矣.」然不知其何所指也. 陳氏曰:「君子動容貌, 斯遠暴慢, 正顏色;斯近信出辭氣, 斯遠鄙倍其見於威儀動作之閒者, 有常度矣. 豈固爲是拘拘者哉! 蓋和順積中, 而英華發外, 是以由其威儀一於外, 而心如結於內者, 從可知也.」"라 함.

(2) 興

鳲鳩在桑, 其子在梅.

鳲鳩ㅣ 桑에 이시니, 그 子ㅣ 梅예 잇도다.

뽕나무에 앉은 뻐꾸기, 새끼는 매화나무에 앉았네.

淑人君子! 其帶伊絲.

淑人 君子ㅣ여! 그 帶ㅣ 絲ㅣ로다.

훌륭하신 우리 군자여! 큰 띠는 비단 실로 장식하였네.

其帶伊絲, 其弁伊騏.

그 帶ㅣ 絲ㅣ니, 그 弁(변)이 騏(긔)로다.

그 띠 비단 실이며, 그 고깔은 청흑색 말 무늬로 장식하였네.

【梅】〈毛傳〉에 "飛在梅也"라 하였고, 〈集傳〉에는 "鳲鳩常言在桑, 其子每章異木, 子自飛去母, 常不移也"라 함.

【帶】〈集傳〉에 "帶, 大帶也. 大帶用素絲, 有雜色飾焉"이라 함.

【伊絲】흰 비단실로 옷 가장자리를 장식함. 陳奐〈傳疏〉에 "帶以素絲緣邊, 所謂 '其帶伊絲'也"라 함.

【弁】〈毛傳〉과 〈集傳〉에 "弁, 皮弁也"라 함.

【騏】〈毛傳〉에 "騏, 騏文也"라 하였고, 〈集傳〉에 "騏, 馬之靑黑色者. 弁之色亦如此 也.《書》云「四人騏弁」, 今作綦"라 함. 〈鄭箋〉에는 "其帶伊絲', 謂大帶也. 大帶用素 絲, 有雜色飾焉. '騏'當作'璂', 以玉爲之. 言「此帶弁者, 刺不稱其服.」"이라 하여 달 리 풀이함.

＊〈集傳〉에 "言「鳲鳩在桑, 則其子在梅矣. 淑人君子, 則其帶伊絲矣. 其帶伊絲, 則其 弁伊騏矣.」言「有常度, 不差忒也.」"라 함.

(3) 興

鳲鳩在桑, 其子在棘.

鳲鳩ㅣ 桑에 이시니, 그 子ㅣ 棘에 잇도다.

뽕나무에 앉은 뻐꾸기, 그 새끼는 가시나무에 앉았네.

淑人君子! 其儀不忒.

淑人 君子ㅣ여! 그 儀ㅣ 忒(특)디 아니ㅎ도다.

훌륭하신 우리 군자여! 그 의표는 어김이 없도다.

其儀不忒, 正是四國.

그 儀ㅣ 忒디 아니 ㅎ니, 이 四國을 正ㅎ리로다.

그 의표 어김이 없으니, 이웃 네 나라를 바르게 하리라.

【棘】가시나무.

【忒】〈毛傳〉에 "忒, 疑也"라 하였고, 〈集傳〉에 "有常度而其心一, 故儀不忒. 儀不 忒, 則足以正四國矣.《大學》傳曰:「其爲父子兄弟, 足法而後民法之」也"라 함.

【正】바로잡음. 그러나 〈毛傳〉에 "正, 長也"라 하여 우두머리, 득 후백이 됨을 뜻 한다 하였음. 〈鄭箋〉에도 "執義不疑, 則可爲四國之長. 言任爲侯伯"이라 함.

【四國】四方의 나라. 혹 나라 안 전체.

(4) 興

鳲鳩在桑, 其子在榛.

鳲鳩ㅣ 桑에 이시니, 그 子ㅣ 榛(진)애 잇도다.

뽕나무에 앉은 뻐꾸기, 그 새끼는 개암나무에 앉았네.

淑人君子! 正是國人.

淑人 君子ㅣ여! 이 國人을 正ㅎ리로다.

훌륭하신 우리 군자여! 우리 백성들을 바르게 하시네.

正是國人, 胡不萬年!

이 國人을 正ㅎ니, 엇디 萬年을 아니 ㅎ리오!

우리 백성들 바르게 하시니, 어찌 만세토록 장수하지 않으리!

【榛】개암나무.
【正是國人】〈集傳〉에 "儀不忒, 故能正國人"이라 함.
【胡】어찌.〈集傳〉에 "胡不萬年", 願其壽考之辭也"라 함.
【萬年】장수함.〈鄭箋〉에는 "正, 長也. 能長人, 則人欲其壽考"라 함.

참고 및 관련 자료

1. 孔穎達〈正義〉

經云「正是四國」, 正是國人, 皆謂諸侯之身, 能爲人長, 則知此. 云'在位無君子'者, 正謂在人君之位, 無君子之人也. 在位之人, 旣用心不壹, 故經四章皆用心均壹之人, 擧善以駁時惡. 首章「其子七兮」, 言生子之數. 下章「在梅·在棘」, 言其所在之樹, 見鳲鳩均壹, 養之得長大, 而處他木也. 鳲鳩常言「在桑其子」, 每章異木, 言子自飛去母, 常不移也.

153(曹-4) 하천(下泉)

*〈下泉〉:〈毛傳〉에 "下泉, 泉下流也"라 하였고,〈集傳〉에도 "下泉, 泉下流者也"라 하여 '차가운 샘물이 아래로 흘러 풀들이 침수되어 제대로 자라지 못함'을 비유함.

*이 시는 曹 共公이 백성들을 제대로 살 수 없을 정도로 괴롭히고 각박하게 굴자 옛 明王과 賢伯들을 생각하며, 종주국 주나라가 郇伯 같은 이를 보내어 바로잡아 주기를 염원하는 내용이라 함.

〈序〉:〈下泉〉, 思治也. 曹人疾共公侵刻下民, 不得其所, 憂而思明王賢伯也.

〈하천〉은 다스림을 생각한 것이다. 曹나라 사람들은 共公이 아래 백성들을 침노하고 각박하게 굴어 그 생업을 영위할 수 없음을 미워하여, 근심하면서 明王賢伯을 그리워하였다.

*전체 4장. 매 장 4구씩(下泉:四章. 章四句).

(1) 比而興
冽彼下泉, 浸彼苞稂.

冽(렬)흔 뎌 下泉이여, 뎌 苞稂(포랑)을 浸ᄒ놋다.

차가운 샘물이 아래로 흘러 내려, 강아지풀 덤불을 침수시키네.

愾我寤嘆, 念彼周京!

愾(개)히 내 寤ᄒ야 嘆ᄒ야, 뎌 周京(쥬경)을 念호라!

나는 눈만 뜨면 탄식소리, 저 멀리 주나라 천자가 계신 서울을 생각하네!

【冽】〈毛傳〉과〈集傳〉에 "冽, 寒也"라 함.
【浸】적심. 침수시킴.

【苞】〈毛傳〉에 "苞, 本也"라 하였고, 〈集傳〉에는 "苞, 草叢生也"라 함.

【稂】강아지풀. '莠'와 같음. 벼나 조와 비슷하여 농사에 해가 되는 풀. 〈諺解〉物
名에 "ᄀ랏"이라 함. 〈集傳〉에 "稂, 童粱, 莠屬也"라 함. 〈毛傳〉에 "稂, 童粱. 非溉,
草得水而病也"라 하였고, 〈鄭箋〉에는 "興者, 喩共公之施政教, 徒困病其民. 稂當
作涼, 涼草蕭蓍之屬"이라 함.

【愾】〈鄭箋〉에 "愾, 歎息之意"라 하였고, 〈集傳〉에도 "愾, 歎息之聲也"라 함.

【寤】〈鄭傳〉에 "寤, 覺也"라 함.

【周京】天子國 周나라 도읍. 〈集傳〉에 "周京, 天子所居也"라 함. 〈鄭箋〉에 "念周京
者, 思其先王之明者"라 함

＊〈集傳〉에 "○王室陵夷, 而小國困弊, 故以寒泉下流, 而苞稂見傷爲比, 遂興其愾
然, 以念周京也"라 함.

(2) 比而興
冽彼下泉, 浸彼苞蕭.
冽흔 뎌 下泉이여, 뎌 苞蕭(포쇼)를 浸ᄒ놋다.

차가운 샘물이 아래로 흘러내려, 저 사철쑥 덤불을 침수시키네.

愾我寤嘆, 念彼京周!
愾히 내 寤ᄒ야 嘆ᄒ야, 뎌 京周를 念호라!

나는 눈 뜨면 탄식 소리, 저 주나라 서울을 그리워하네!

【蕭】사철쑥. 〈毛傳〉과 〈集傳〉에 "蕭, 蒿也"라 함.

【京周】〈集傳〉에 "京周, 猶周京也"라 함.

(3) 比而興
冽彼下泉, 浸彼苞蓍.
冽흔 뎌 下泉이여, 뎌 苞蓍(포시)를 浸ᄒ놋다.

차가운 샘물이 아래로 흘러내려, 가새풀 덤불을 침수시키네.

愾我寤嘆, 念彼京師!
愾히 내 寤ᄒ야 嘆ᄒ야, 뎌 京師를 念호라!

나는 눈만 뜨면 한숨 소리, 저 서울을 그리워하네!

【蓍】가새풀. 시초. 원래는 점을 치는 데 쓰는 풀. 〈諺解〉 物名에 "蓍:시초"라 함. 〈毛傳〉에 "蓍, 草也"라 하였고, 〈集傳〉에는 "蓍, 筮草也"라 함.

【京師】서울. 〈集傳〉에 "京師, 猶京周也. 詳見「大雅」〈公劉〉篇"이라 함.

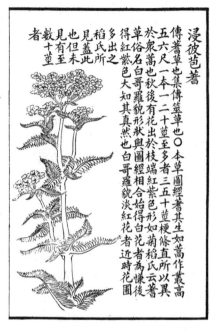

(4) 比而興

芃芃黍苗, 陰雨膏之.

芃芃(봉봉)흔 黍苗를, 陰雨ㅣ 膏ㅎᄂ니라.

아름다운 기장 싹을, 장마비가 적셔주네.

四國有王, 郇伯勞之!

四國에 王이 잇거시ᄂᆞᆯ, 郇伯(슌ᄇᆡᆨ)이 勞ᄒᆞ더니라!

모든 나라에 왕이 계시니, 郇伯이 각 나라를 돌며 위로해 주었었는데!

【芃芃】〈毛傳〉과 〈集傳〉에 "芃芃, 美貌"라 함.

【黍】메기장.

【陰雨】오래 오는 비.

【有王】天下 各國을 다스리는 王이 있음. 宗主國으로서의 周나라 王의 존재를 의미함. 〈鄭箋〉에 "有王, 謂朝聘於天子也"라 함.

【郇伯】郇 땅의 諸侯. 文王(姬昌)의 아들로 郇州를 맡아 다스렸던 伯爵. 〈毛傳〉에 "郇伯, 郇侯也. 諸侯有事, 二伯述職"이라 하였고, 〈鄭箋〉에는 "郇侯, 文王之子; 爲州伯. 有治諸侯之功"이라 함. 〈集傳〉에는 "郇伯, 郇侯. 文王之後, 嘗爲州伯, 治諸侯有功"이라 함. 古代 諸侯國으로서는 王(周天子)에게 述職과 巡功의 제도가 있었는데, 그 중 巡功은 伯爵의 지위를 가진 신하 둘을 직접 보내어 처리함을 뜻함. 《左傳》昭公 5년 傳에 "小有述職, 大有巡功"이라 함. 여기서는 郇伯이 그러한

일을 맡았었음을 想起하여, 그처럼 '이 曹나라에도 巡功토록 하여 자신들의 고통을 해결해 주기를 바라다'의 의미.

＊〈集傳〉에 “○言「黍苗旣芃芃然矣, 又有陰雨以膏之四國. 旣有王矣, 而又有郇伯以勞之, 傷今之不然也.」라 함.

───

참고 및 관련 자료

1. 孔穎達〈正義〉

此謂思上世明王賢伯治平之時, 若有明王賢伯, 則能督察諸侯, 共公不敢暴虐, 故思之也. 上三章, 皆上二句疾共公侵刻下民;下二句言思古明王;卒章思古賢伯;上三章說共公侵刻, 而思古明王能紀理諸侯, 使之不得侵刻. 卒章言賢伯勞來諸侯, 則明王亦能勞來, 諸侯互相見.

2. 朱熹〈集傳〉

〈下泉〉, 四章, 章四句:

程子曰:「《易》剝之爲卦也. 諸陽消, 剝已盡, 獨有上九一爻尙存, 如碩大之果, 不見食, 將有復生之理. 上九亦變, 則純陰矣. 然陽無可盡之理, 變於上, 則生於下. 無閒可容息也. 陰道極盛之時, 其亂可知. 亂極, 則自當思治, 故衆心願戴於君子. 君子得興也. 《詩》〈匪風〉〈下泉〉, 所以居變風之終也.」

○陳氏曰:「亂極而不治, 變極而不正, 則天理滅矣, 人道絶矣. 聖人於變風之極, 則係之以思治之. 《詩》以示循環之理, 以言亂之可治, 變之可正也.」

15. 빈풍豳風
7편(154-160)

豳은 '邠'으로도 표기하며, 岐山의 북쪽(지금의 陝西 邠邑 및 岐縣)의 들에 있었던 周의 發祥地이다. 唐堯와 夏虞 때 周의 첫 조상 棄(姬棄)가 邰땅에 봉해져서, 后稷이라 불리며 농업을 일으켰다. 그의 子孫 公劉에 이르러 后稷의 업무를 회복하여 백성들이 안정된 삶을 누릴 수 있었었으며, 邰로부터 이곳 豳으로 옮겨 근거지를 정하였다. 그 뒤 다시 公劉의 8世 후손 古公亶父(太公, 太王)가 狄人들의 괴롭힘을 피해 岐山 남쪽 周原로 옮겼으며, 이를 岐周라 한다. 한편 고공단보의 세 아들 太伯, 虞仲, 季歷 중 季歷을 거쳐 姬昌(文王) 때엔 豐으로 옮겼고, 姬發(武王)에 이르러 鎬로 옮겨 殷紂를 滅하여 천하의 종주국이 되었다. 姬發(武王)은 천하를 잡자 아버지 姬昌을 文王으로, 조부 季歷을 王季로, 고조부 고공단보를 太公(太王)으로 추존하여, 왕실의 정통성과 天命思想을 내세워 천하를 다스렸다. 따라서 〈豳風〉은 公劉로부터 古公亶父에 이르도록 8세 동안 도읍했던 중심지 豳땅에서 있었던 일을 읊은 것으로서, 周나라 創業時代의 것이라 전해 오고 있다. 그 뒤 서주가 끝나고 平王이 鎬京에서 洛邑(東都)으로 옮겨간 뒤에 이 지역은 秦나라 관할이 되었다. 그러나 옛 조상들의 업적을 기리며, 아울러 周公과 관련시켜 '農業發展' 상황을 한데 묶은 것으로 보고 있다.

★ 역사적 상황은 《史記》 周本紀를 참조할 것.

○ 鄭玄 《毛詩譜》 <豳>

公劉者, 后稷之曾孫也. 豳者, 自邰而出所徙戎狄之地名, 今屬右扶風栒邑. 公劉以夏后大康時, 失其官, 守竄於此地, 猶修后稷之業, 勤恤愛民. 民咸歸之, 而國成焉. 其封域, 在 <禹貢> 雍州·岐山之北, 原隰之野. 至商之末世, 太王又避戎狄之難, 而入處於岐陽, 民又歸之.

公劉之出, 太王之入, 雖有其異, 由有事難之故, 皆能守后稷之教, 不失其德. 成王之時, 周公避流言之難, 出居東都二年. 思公劉·太王, 居豳之職, 憂念民事, 至苦之功, 以比序己志. 後成王迎而反之攝政, 致太平. 其出入也, 一德不回, 純似於公劉·太王之所爲, 太師大述其志, 主意於豳公之事, 故別其詩, 以爲豳國變風焉.

○ 朱熹 <集傳>

豳, 國名. 在禹貢雍州. 岐山之北, 原隰之野. 虞夏之際, 棄爲后稷, 而封於邰. 及夏之衰, 棄稷不務, 棄子不窋, 失其官守, 而自竄於戎狄之間. 不窋生鞠陶, 鞠陶生公劉, 能復脩后稷之業, 民以富實, 乃相土地之宜, 而立國於豳之谷焉.

十世而大王, 徙居岐山之陽; 十二世而文王, 始受天命; 十三世而武王, 遂爲天子. 武王崩, 成王立, 年幼不能莅阼, 周公旦以冢宰攝政, 乃述后稷·公劉之化, 作詩一篇以戒成王, 謂之 <豳風>. 而後人又取周公所作, 及凡爲周公而作之詩, 以附焉.

豳, 在今邠州三水縣, 邰在今京兆府武功縣.

154(豳-1) 칠월(七月)

＊〈七月〉: 칠월은 한창 농사일로 바쁜 시기를 뜻함.
＊이 시는 周나라가 초기 왕업을 성취시키기에 많은 간난을 겪었음을 읊은 것이라 함.

〈序〉: 〈七月〉, 陳王業也. 周公遭變, 故陳后稷先公風化之所由, 致王業之艱難也.

〈칠월〉은 周나라 왕업을 진술한 것이다. 주공이 변고를 만나자 后稷과 같은 선공이 風教의 유래와 왕업을 이루게 되는 과정의 어려움을 진술한 것이다.

〈箋〉: 周公遭變者, 管蔡流言, 辟居東都.

＊전체 8장. 매 장 11구씩(七月: 八章. 章十一句).

(1) 賦
七月流火, 九月授衣.

七月에 火ㅣ 流ᄒ거든, 九月에 衣를 授ᄒᄂ니라.
7월에는 大火星이 서쪽으로 흐르고, 9월이면 겨울옷을 마련하네.

一之日觱發, 二之日栗烈.

一之日에 觱發(필발)ᄒ고, 二日에 栗烈(률렬)ᄒᄂ니,
11월이면 매운바람이 불어오고, 12월이면 무서운 추위가 온다네.

無衣無褐, 何以卒歲?

衣 업고 褐(갈)이 업스면, 엇디 뻐 歲를 卒ᄒ리오?
의복도 없고 갈의도 없으면, 어떻게 월동을 하겠는가?

三之日于耜, 四之日擧趾.

三之日에 가 耜(亽)ᄒ고, 四之日에 趾(지)를 擧ᄒ거든,

정월이면 보습을 손질해 두고, 2월이면 밭에 들어가 갈아두어야지.

同我婦子, 饁彼南畝.

우리 婦子를 同ᄒ야, 뎌 南畝(남묘)애 饁(엽)ᄒ거든,

다 함께 며느리와 아이까지 데리고, 저 남쪽 밭에 점심 들고 가져오면,

田畯至喜.

田畯(뎐쥰)이 至ᄒ야 喜ᄒᄂ니라.

전준(勸農)에게도 함께 잡숫도록 해 드리지.

【七月】〈集傳〉에 "七月, 斗建申之月, 夏之七月也. 後凡言月者, 放此"라 함.

【流火】火星이 서쪽으로 내려가감. 〈毛傳〉에 "火, 大火也; 流, 下也"라 하였고, 〈鄭箋〉에는 "大火者, 寒暑之候也. 火星中而寒暑退, 故將言寒, 先著火所在"라 함. 〈集傳〉에 "流, 下也; 火, 大火, 心星也. 以六月之昏, 加於地之南方; 至七月之昏, 則下而西流矣. 九月霜降, 始寒而蠶績之功亦成. 故授人以衣使禦寒也"라 함. '流'는 흘러내림. 火는 火星, 大火 또는 心星, 南星이라고도 함. 이 별은 6월 초저녁엔 正南쪽에 보이다가 7月이 되면 점차 서쪽으로 이동함.

【授衣】겨울옷을 마련함. 혹 귀족사대부의 겨울옷이라고도 함. 〈毛傳〉에 "九月霜始降, 婦功成, 可以授冬衣矣"라 함.

【一之日】11월. 〈毛傳〉에 "一之日, 十之餘也. 一之日周正月也"라 하였고, 〈集傳〉에는 "一之日, 謂斗建子一陽之月"이라 하여, '一'은 11월. 이미 열 달이 지나고 다시 새달이 됨을 이름. 당시에는 〈周曆〉과 〈夏曆〉을 함께 썼으며, 〈夏曆〉을 기준으로 하여 11월이며 〈周曆〉으로는 正月에 해당함.

【觱發】〈毛傳〉에 "觱發, 風寒也"라 하였고, 〈集傳〉에도 "觱發, 風寒也"라 하여, 바람이 참을 뜻하는 雙聲連綿語.

【二之日】12월. 〈毛傳〉에 "二之日, 殷正月也"라 하였고, 〈集傳〉에 "二之日, 謂斗建丑二陽之月也. 變月言日, 言是月之日也. 後凡言日者, 放此. 蓋周之先公, 已用此以紀候, 故周有天下, 遂以爲一代之正朔也"라 함.

【栗烈】〈毛傳〉과 〈集傳〉에 "栗烈, 寒氣也"라 하여 寒氣가 매서움을 뜻하는 雙聲連綿語. 따라서 '凓冽'로도 표기함.

【褐】〈鄭箋〉과 〈集傳〉에 "褐, 毛布也"라 함.

【卒歲】그 한 해를 마침. 월동을 함. 〈鄭箋〉에 "卒, 終也"라 하였고, 〈集傳〉에는 "歲, 夏正之歲也"라 하였으며, 〈鄭箋〉에는 "此二正之月, 人之貴者, 無衣; 賤者, 無褐. 將何以終歲乎? 是故八月, 則當績也"라 함.

【三之日】一月. 〈夏曆〉의 正月. 〈毛傳〉에 "三之日, 夏正月也"라 함.

【于耜】'于'는 동사. 가서 밭을 갊. 〈毛傳〉에 "豳土晩寒. '于耜', 始脩耒耜也"라 하였고, 〈集傳〉에 "于, 往也; 耜, 田器也. '于耜', 言往脩田器也"라 함.

【四之日】二月. 〈毛傳〉에 "四之日, 周四月也"라 함.

【擧趾】발을 들어 밭을 갊. 〈毛傳〉과 〈集傳〉에 "擧趾, 擧足而耕也"라 함.

【同】함께. 〈鄭箋〉에 "同, 猶俱也"라 함.

【我】〈集傳〉에 "我, 家長自我也"라 함.

【饁】참이나 밥을 날라다 줌. 〈毛傳〉에 "饁, 饋也"라 하였고, 〈集傳〉에 "饁, 餉田也"라 함.

【南畝】남쪽 밭.

【田畯】농사일을 알려주고 독려하는 관리. 우리의 조선시대 '勸農'과 같음. 〈毛傳〉에 "田畯, 田大夫也"라 하였고, 〈集傳〉에는 "田畯, 田大夫勸農之官也"라 함.

【喜】〈鄭箋〉에 "喜, 讀爲饎. 饎酒食也. 耕者之婦子, 俱以饁來至於南畝之中. 其見田大夫, 又爲設酒食焉. 言「勤其事, 又愛其吏也.」此章陳人以衣食爲急, 餘章廣而成之"라 함.

＊〈集傳〉에 "○周公以成王未知稼穡之艱難, 故陳后稷·公劉風化之所由, 使瞽矇朝夕諷誦以敎之. 此章首言「七月暑退將寒, 故九月而授衣以禦之. 蓋十一月以後, 風氣日寒, 不如是, 則無以卒歲也. 正月則往脩田器, 二月則擧趾而耕. 少者旣皆出, 而在田, 故老者, 率婦子而餉之. 治田旣早而用力齊, 是以田畯至而喜之也.」此章前段言衣之始; 後段言食之始. 二章至五章, 終前段之意, 六章至八章, 終後段之意"라 함.

(2) 賦

七月流火, 九月授衣.

七月에 火ㅣ 流ᄒᆞ거든, 九月에 衣를 授ᄒᆞᄂᆞ니라.

7월에는 대화성이 서쪽으로 흐르고, 9월이면 겨울옷 마련하네.

春日載陽, 有鳴倉庚.

春日이 비로소 陽ᄒᆞ야, 倉庚이 鳴ᄒᆞ거든,

봄날이 비로소 따뜻해져서, 꾀꼬리가 울거든,

女執懿筐, 遵彼微行.

女ㅣ 懿(의) 흔 筐을 執ᄒ야, 뎌 微行을 遵ᄒ야,

아가씨들 예쁜 광주리 끼고, 저 담 밑 오솔길을 따라,

爰求柔桑, 春日遲遲.

이에 柔桑(유상)을 求ᄒ며, 春日이 遲遲ᄒ거든,

여린 뽕잎 따는데, 봄날은 길기도 기네.

采蘩祁祁, 女心傷悲!

蘩(번)을 采홈을 祁祁(긔긔)히 ᄒᄂ니, 女의 ᄆ음이 傷悲홈이여!

흰 쑥은 많기도 하니, 처녀들 마음 봄기운에 싱숭생숭!

殆及公子同歸!

쟝ᄎᆺ 公子로 ᄒᆫ 가지로 歸ᄒ리로다!

장차 公子 따라 가고픈 마음!

【七月流火, 九月授衣】 같은 구절을 똑같이 앞세운 것에 대해 〈鄭箋〉에 "將言女功
之始, 故又本於此"라 함.

【載陽】〈集傳〉에 "載, 始也;陽, 溫和也"라 함. 〈鄭箋〉에는 "載之言, 則也;陽, 溫也"
라 하여 따뜻해짐.

【倉庚】 꾀꼬리. 아리새. 〈諺解〉 物名에 "倉庚:아리새"라 함. 〈毛傳〉에 "倉庚, 離黃
也"라 하였고, 〈集傳〉에는 "倉庚, 黃鸝也"라 함. 〈鄭箋〉에는 "溫而倉庚又鳴, 可蠶
之候也"라 함.

【懿筐】〈毛傳〉에 "懿筐, 深筐也"라 하였고, 〈集傳〉에는 "懿, 深美也"라 함.

【遵】〈集傳〉에 "遵, 循也"라 함.

【微行】〈毛傳〉에 "微行, 牆下徑也"라 하였고, 〈集傳〉에는 "微行, 小徑也"라 함.

【爰】 發語辭.

【柔桑】 어린 새싹 뽕잎. 〈鄭箋〉에 "柔桑稺桑也. 蠶始生宜稺桑"이라 하였고, 〈集
傳〉에도 "柔桑, 稺桑也"라 함. 〈毛傳〉에 "五畝之宅樹之以桑"이라 함.

【遲遲】〈毛傳〉에 "遲遲, 舒緩也"라 하였고, 〈集傳〉에 "遲遲, 日長而暄也"라 함.

【蘩】 흰쑥. 白蒿라고도 하며 이 쑥 즙으로 누에알을 씻어 누에가 나오도록 함.
〈毛傳〉에 "蘩, 白蒿也. 所以生蠶"이라 함. 그러나 〈集傳〉에는 "蘩, 白蒿也. 所以生

蠶, 今人猶用之. 蓋蠶生未齊, 未可食桑, 故以此喋之也"라 하여, 금방 나온 누에
가 뽕을 먹을 수 없으므로 우선 이 흰 쑥을 먹인다 하였음.

【祁祁】〈毛傳〉에 "祁祁, 衆多也"라 하였고, 〈集傳〉에는 "祁祁, 衆多也. 或曰徐也"
라 함.

【傷悲】〈毛傳〉에 "傷悲, 感事苦也. 春女悲秋, 士悲感其物化也"라 하였고, 〈鄭箋〉
에는 "春女感陽氣而思男, 秋士感陰氣而思女, 是其物化所以悲也"라 함.

【殆及】〈毛傳〉에 "殆, 始; 及, 與也"라 함.

【公子】〈集傳〉에 "公子, 豳公之子也"라 함.

【同歸】'歸'는 男子를 따름. 시집가고 싶어 함. 〈毛傳〉에 "豳公子, 躬率其民, 同時
出, 同時歸也"라 하였으나, 〈鄭箋〉에는 "悲則始有與公子同歸之志, 欲嫁焉. 女感
事苦而生, 此志是謂〈豳風〉"이라 함.

＊〈集傳〉에 "○再言'流火授衣'者, 將言「女功之始, 故又本於此」. 遂言「春日始和, 有
鳴倉庚之時, 而蠶始生, 則執深筐以求稺桑」. 然又有生而未齊者, 則采蘩者, 衆而
此治蠶之女, 感時而傷悲. 蓋是時公子, 猶娶於國中, 而貴家大族連姻, 公室者亦無
不力於蠶桑之務, 故其許嫁之女, 預以將及公子同歸, 而遠其父母爲悲也. 其風俗
之厚, 而上下之情交, 相忠愛如此. 後章凡言公子者放此"라 함.

(3) 賦

七月流火, 八月萑葦.

七月에 火ㅣ 流ᄒ거든, 八月에 萑葦(환위)를 ᄒᄂ니라.

7월에는 대화성이 서쪽으로 흐르고, 8월이면 갈대 베기.

蠶月條桑, 取彼斧斨,

蠶月에 條桑ᄒᄂ 디라, 뎌 斧斨(부장)을 取ᄒ야,

누에치는 달에 뽕잎 딸 때는, 저 도끼를 손에 잡아,

以伐遠揚, 猗彼女桑.

ᄡ러 遠揚을 伐ᄒ고, 뎌 女桑을 猗(의)ᄒᄂ리라.

멀리 높은 가지는 찍어 내고, 여린 가지는 묶어서 훑어 따지.

七月鳴鵙, 八月載績.

七月에 鵙(격)이 鳴ᄒ거든, 八月에 곧 績ᄒᄂ니,

7월이 되면 때까치 울고, 8월이면 베를 짜기 시작하네.

載玄載黃, 我朱孔陽, 爲公子裳.

곧 玄ㅎ며 곧 黃ㅎ야, 우리 朱ㅣ 심히 陽ㅎ거든, 公子의 裳을 ㅎ느니라.

검고 노란 물을 들여, 붉어 그 빛깔 선명한 것은, 공자님의 바지 해 드리리라.

【萑葦】달풀. 갈대의 한 종류.〈諺解〉物名에 "萑:달"이라 함.〈集傳〉에 "萑, 葦. 卽蒹葭也"라 함. 누에치는 깔개 자리에 쓰임.〈毛傳〉에 "亂爲萑, 葭爲葦. 豫畜萑葦, 可以爲曲也"라 하였고,〈鄭箋〉에는 "將言「女功自始至成」, 故亦又本於此"라 함.

【蠶月】〈集傳〉에 "蠶月, 治蠶之月"이라 함.

【條桑】〈鄭箋〉과〈集傳〉에 "條桑, 枝落之采其葉也"라 함.〈鄭箋〉에는 "條桑, 枝落之采其葉也"라 함. '條'는 動詞로 쓰였음.

【斧斨】도끼.〈毛傳〉에 "斨, 方銎也"라 하였고,〈集傳〉에 "斧, 隋銎;斨, 方銎"이라 함. 楕圓形 도끼와 四角形 도끼.

【遠揚】〈毛傳〉에 "遠, 枝遠也;揚, 條揚也"라 하여, 멀리 있는 가지와 들려 올라간 뽕나무 줄기.〈集傳〉에는 "遠揚, 遠枝揚起者也"라 함.

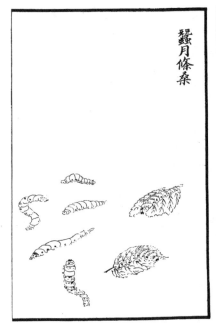

【猗】〈毛傳〉에 "角而束之曰猗"이라 하였고, 〈集傳〉에는 "取葉存條曰猗. 猗, 猗然耳"라 함.

【女桑】막 움이 튼 뽕잎. 〈諺解〉物名에 "女桑:움桑"이라 함. 〈毛傳〉에 "女桑, 荑桑也"라 하였고, 〈鄭箋〉에는 "女桑, 少枝長條, 不枝落者, 束而采之"라 함. 〈集傳〉에는 "女桑, 小桑也. 小桑不可條取, 故取其葉而存其條"라 함.

【鵙】때까치. 혹 伯勞(白鷺). 그러나 〈諺解〉物名에는 "鵙:未詳"이라 함. 〈毛傳〉과 〈集傳〉에 "鵙, 伯勞也"라 하였고, 〈鄭箋〉에는 "伯勞鳴, 將寒之候也. 五月則鳴. 豳地晚寒, 鳥物之候, 從其氣焉"이라 함.

【載績】〈毛傳〉에 "載績, 絲事畢而麻事起矣"라 하였고, 〈集傳〉에는 "績, 緝也"라 함.

【載玄載黃】載는 助字. 〈毛傳〉에 "玄黑而有赤也"라 하였고, 〈集傳〉에는 "玄, 黑而有赤之色"이라 함.

【朱】〈毛傳〉에 "朱, 深纁也"라 하였고, 〈集傳〉에 "朱, 赤色"이라 함.

【孔陽】'孔'은 '매우, 아주, 심히'의 뜻. '陽'은 〈毛傳〉과 〈集傳〉에 "陽, 明也"라 함.

【裳】〈毛傳〉에 "祭服玄衣纁裳"이라 하였고, 〈鄭箋〉에는 "凡染者, 春暴練, 夏纁玄, 秋染. 夏爲公子裳, 厚於其所貴者, 說也"라 함.

＊〈集傳〉에 "○言「七月暑退將寒, 而是歲禦冬之備, 亦庶幾其成矣. 又當預擬來歲治蠶之用, 故於八月萑葦, 旣成之際, 而收蓄之, 將以爲曲. 薄至來歲, 治蠶之月, 則采桑以供蠶食, 而大小畢, 取見蠶盛, 而人力至也. 蠶事旣備, 又於鳴鵙之後, 麻熟而可績之時, 則績其麻以爲布, 而凡此蠶績之所成者, 皆染之, 或玄或黃, 而其朱者, 无爲鮮明, 皆以供上, 而爲公子之裳.」言「勞於其事, 而不自愛以奉其上, 蓋至誠慘怛之意, 上以是施之, 下以是報之也.」以上二章專言蠶績之事, 以終首章前段無衣之意"라 함.

(4) 賦

四月秀葽, 五月鳴蜩.

四月에 葽(요)ㅣ 秀ㅎ거든, 五月에 蜩(됴)ㅣ 鳴ㅎ며,

4월이 되면 애기풀 열매맺고, 5월이 되면 매미 울음소리.

八月其穫, 十月隕蘀.

八月에 그 穫ㅎ거든, 十月에 隕(운)ㅎ며 蘀(탁)ㅎᄂᆞ니라.

8월이 되면 올벼 추수에, 10월이면 잎이 지네.

一之日于貉, 取彼狐狸, 爲公子裘.

一之日에 가 貉(락)ᄒᆞ야, 뎌 狐와 狸를 取ᄒᆞ야, 公子의 裘를 ᄒᆞ고,

11월이면 가서 너구리 사냥, 저 여우나 삵쾡이가 잡히면, 이는 공자 갖옷 짓지.

二之日其同, 載纘武功,

二之日에 그 同ᄒᆞ야, 곧 武功을 纘ᄒᆞ야,

12월이면 모두 함께 모여, 군사 훈련을 위한 사냥.

言私其豵, 獻豜于公.

그 豵(종)을 私ᄒᆞ고, 豜(견)을 公애 獻ᄒᆞᄂᆞ니라.

일년생 작은 돼지는 내가 갖고, 3년 자란 큰 돼지는 공자에게 바친다네.

【秀】〈毛傳〉과 〈集傳〉에 "不榮而實曰秀"라 함.
【蕘】애기풀. 애기똥풀. 〈諺解〉物名에는 "蕘: 원지(遠志). 향명(鄉名) 아지초(阿只

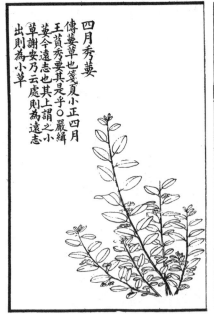

四月秀葽
傳葽草也箋夏小正四月
王訾秀要其是乎○嚴緝
葽今遠志也其上謂之小
草謝安乃云處則爲遠志
出則爲小草

有縣貆兮
箋貉子曰貆其傳貆貉
類

一之日于貉
傳于貉謂取狐狸也
集傳貉獸也○狐狸
貉本自三種貉也似
頭尖鼻班色善睡貍
爲裘故傳一之日云
貉因取狐貍之皮
也直曰貉取狐貍皮
混難云言住
雜說覺犀

730 시경

草)"라 하였으며,《爾雅》郭璞 注에는 "葽, 遠志"라 함.〈毛傳〉에 "葽, 葽草也"라
하였고,〈鄭箋〉에 "〈夏小正〉:「四月, 王萯秀葽.」其是乎? 秀, 葽也"라 함.〈集傳〉에
는 "葽, 草名"이라 함.

【鳴】〈鄭箋〉에 "鳴, 蜩也"라 함.

【蜩】매미.〈諺解〉物名에 "蜩:미얌이"라 함.〈毛傳〉에 "蜩, 螗也"라 하였고,〈集
傳〉에는 "蜩, 蟬也"라 함.

【穫】올벼를 수확함.〈毛傳〉에 "穫, 禾可穫也"라 하였고,〈鄭箋〉에는 "穫, 禾也"라
함.〈集傳〉에는 "穫, 禾之早者, 可穫也"라 함.

【隕蘀】〈毛傳〉에 "隕, 墜; 蘀, 落也"라 하였고,〈鄭箋〉에는 "隕, 蘀也. 四者, 皆物成
而將寒之候, 物成自秀葽始"라 함.〈集傳〉에도 "隕, 墜; 蘀, 落也. 謂草木隕落也"라
함.

【于貉】너구리를 사냥함. 貉은〈諺解〉物名에 "貉:너구리"라 함.〈毛傳〉에 "于貉,
謂取狐貍皮也. 狐貉之厚, 以居孟冬, 天子始裘"라 하였고,〈鄭箋〉에는 "于貉, 往
搏, 貉以自爲裘也. 狐貍, 以共尊者. 言「此者, 時寒宜助女功.」"이라 함.〈集傳〉에도
"貉, 狐貍也. '于貉', 猶言于耜, 謂往取狐貍也"라 함.

【貍】삵쾡이.〈諺解〉物名에 "貍:숡"이라 함.

【其同】함께 모임.〈鄭箋〉에 "其同」者, 君臣及民, 因習兵, 俱出田也. 不用仲冬, 亦
豳地晚寒也"라 함.〈集傳〉에는 "同, 竭作以狩也"라 함.

【載纘武功】武事를 계승하여 익힘. 載는 助字.〈毛傳〉에 "纘, 繼功事也"라 하였고,〈毛傳〉에는 "纘, 習而繼之也"라 함.

【言】助字. 혹 '我'로도 풀이함.

【私】私有로 함.

【豵·豜】한 살 된 돼지와 세 살 된 돼지.〈毛傳〉에 "豕一歲曰豵, 三歲曰豜. 大獸公之, 小獸私之"라 하였고,〈鄭箋〉에도 "豕生三曰豵"이라 함.〈集傳〉에도 "豵, 一歲豕; 豜, 三歲豕"라 함.〈諺解〉物名에 "豜:사롭돋"이라 함.

【公】公子.

＊〈集傳〉에 "○言「自四月純陽而歷一陰, 四陰以至純陰之月, 則大寒之候將至, 雖蠶桑之功, 無所不備, 猶恐其不足以禦寒. 故于貉而取狐狸之皮, 以爲公子之裘也. 獸之小者, 私之以爲己有; 而大者, 則獻之於上, 亦愛其上之無已也.」此章專言狩獵以終, 首章前段無褐之意"라 함.

(5) 賦

五月斯螽動股, 六月莎雞振羽.

五月에 斯螽이 股를 動ᄒ고, 六月에 莎雞(사계) 羽를 振ᄒ고,

5월이면 메뚜기가 다리로 뛰고, 6월이면 베짱이가 날갯짓을 하지.

七月在野, 八月在宇.

七月에 野애 잇고, 八月에 宇에 잇고,

7월에는 귀뚜라미가 들에 있다가, 8월이면 처마 밑으로 와 있지.

九月在戶, 十月蟋蟀入我牀下.

九月에 戶애 잇고, 十月에 蟋蟀이 우리 牀 아래 드ᄂ니라.

9월이면 다시 문 안까지 와 있다가, 10월이면 침상 밑에까지 들어오지.

穹窒熏鼠, 塞向墐戶.

穹을 窒ᄒ며 鼠를 熏ᄒ며, 向을 塞ᄒ며 戶를 墐(근)ᄒ고,

연기 피워 쥐구멍을 막아야 하고, 北窓은 바르고 문짝에는 흙 바르기.

嗟我婦子, 曰爲改歲, 入此室處!

嗟홉다, 우리 婦子아, 굴오ᄃᆡ 歲ㅣ 改커니, 이 室에 드려 處홀 ᄯᅵ어다!

아, 내 아내야, 아이들아, 해가 바뀌려 하니, 이 방에 모두 모여서 지내자!

【斯螽】메뚜기.

【莎雞】베짱이. 〈諺解〉物名에 "莎雞:뵈짜이. 斯螽:묏도기"라 함. 중국어 紡織娘. 〈毛傳〉에 "斯螽, 蚣蝑也;莎雞, 羽成而振訊之"라 함. 〈集傳〉에 "斯螽, 莎雞, 蟋蟀 一物. 隨時變化而異其名"이라 함.

【動股】〈集傳〉에 "動股, 始躍而以股鳴也"라 함.

【振羽】날개를 치켜 올려 비벼 소리를 냄. 〈集傳〉에 "振羽, 能飛而以翅鳴也"라 함. 〈鄭箋〉에 "自「七月在野, 至十月入我牀下」, 皆謂蟋蟀也. 言「此三物之如此, 著將 寒有漸, 非卒來也"라 하여, 귀뚜라미에 관한 것이라 함.

【宇】〈集傳〉에 "宇, 簷下也. 暑則在野, 寒則依人"이라 함.

【戶】방문.

【蟋蟀】귀뚜라미. 雙聲連綿語의 蟲名.

【牀】침상, 침대.

【穹窒】쥐구멍을 막음. 〈毛傳〉에 "穹, 窮;窒, 塞也"라 하였고, 〈集傳〉에는 "穹, 空 隙也;窒, 塞也"라 함.

【熏鼠】쥐구멍에 연기를 쐬어 쥐들을 쫓아냄.

【向】〈毛傳〉과 〈集傳〉에 "向, 北出牖也"라 함.

【墐戶】〈毛傳〉에 "墐, 塗也, 庶人蓽戶"라 하였고, 〈鄭箋〉에는 "爲此四者, 以備寒" 이라 함. 〈集傳〉에도 "墐, 塗也. 庶人蓽 戶, 冬則塗之. 東萊呂氏曰:「十月而日改 歲, 三正之通於民俗尙矣. 周特擧而迭 用之耳.」"라 함.

【改歲】〈鄭箋〉에 "爲改歲者, 歲終, 而一 之日觱發, 二之日栗烈, 當避寒氣 而入, 所穹窒墐戶之室, 而居之, 至此而女功 止"라 함.

【入此室處】방으로 들어와 편히 겨울 을 보냄.

六月沙雞振羽

(6) 賦

六月食鬱及薁, 七月亨葵及菽.

六月에 鬱(울)과 밋 薁(욱)을 머그며, 七月에 葵(규)와 밋 菽을 亨(핑)ᄒ며,

6월이면 아가위랑 머루를 먹을 수 있고, 7월이면 아욱과 콩을 삶지.

八月剝棗, 十月穫稻.

八月에 棗(조)를 剝(박)ᄒ며, 十月에 稻를 穫ᄒ야,

8월이면 대추를 털고, 10월이면 벼를 수확하네.

爲此春酒, 以介眉壽.

이 春酒를 ᄒ야, 뻐 眉壽를 介ᄒᄂ니라.

이 벼로 봄에 드실 술 빚어, 늙은이의 장수를 돕는다네.

七月食瓜, 八月斷壺,

七月에 瓜를 食ᄒ며, 八月에 壺를 斷ᄒ며,

7월이면 외를 먹을 수 있고, 8월이면 박을 타며,

九月叔苴, 采茶薪樗, 食我農夫!

九月에 苴(져)를 叔ᄒ며, 茶(도)를 采ᄒ며 樗(져)를 薪ᄒ야, 우리 農夫를 食(ᄉ)ᄒᄂ니라!

9월이면 삼씨 줍기, 씀바귀 뜯고 개똥나무 장작 패어, 우리 농부 먹여주세!

【鬱】아가위나무의 종류. 〈諺解〉 物名에 "鬱:아가외. 일(一) 뫼이ᄉ랏"이라 함. 〈毛傳〉과 〈集傳〉에 "鬱, 棣屬"이라 함.

【薁】머루. 산매자. 〈諺解〉 物名에 "薁:산ᄆᆡᄌᆞ. ○멀위"라 함. 〈毛傳〉과 〈集傳〉에 "薁, 蘡薁也"라 함.

【亨】烹과 같음. 조리함.

【葵】아욱. 〈諺解〉物名에 "葵:아혹"이라 함. 〈集傳〉에 "葵, 菜名"이라 함.

【菽】콩. 〈諺解〉物名에 "菽:콩"이라 함. 〈集傳〉에 "菽, 豆也"라 함.

【剝】장대 등으로 쳐서 땀. 〈毛傳〉과 〈集傳〉에 "剝, 擊也"라 함.

【棗】대추. 〈諺解〉物名에 "棗:대쵸"라 함.

【穫稻】〈集傳〉에 "穫稻, 以釀酒也"라 함.

【春酒】겨울에 빚어 봄이 되어야 숙성한다 하여 春酒라 함. 〈毛傳〉에 "春酒, 凍醪也"라 함.

【介】〈鄭箋〉에 "介, 助也"라 하였고, 〈集傳〉에도 "介, 助也. '介眉壽'者, 頌禱之詞也"라 함.

【眉壽】〈毛傳〉에 "眉壽, 豪眉也"라 하여 將帥를 뜻함. 〈鄭箋〉에 "旣以鬱藘及棗, 助男功. 又穫稻而釀酒, 以助其養老之具, 是謂〈豳雅〉"라 함.

【斷壺】박을 탐. '壺'는 박. 〈諺解〉物名에 "壺:박"이라 함. 〈毛傳〉과 〈集傳〉에 "壺, 瓠也"라 함.

【瓜】〈諺解〉物名에 "瓜:외"라 함. 〈集傳〉에 "'食瓜', '斷壺', 亦去圃爲場之漸也"라 함.

【叔苴】삼씨를 주워 거둠. 〈毛傳〉과 〈集傳〉에 "叔, 拾也; 苴, 麻子也"라 함. '苴'는 삼씨. 〈諺解〉物名에 "苴:열삐"라 함.

【采荼】씀바귀, 고들빼기를 채취함. '荼'는 씀바귀, 혹 고들빼기. 〈集傳〉에 "荼, 苦菜也"라 함.

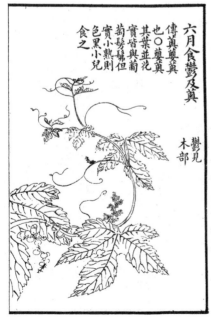

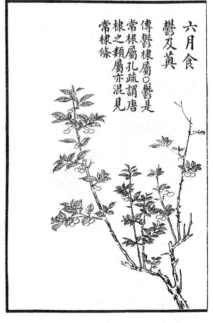

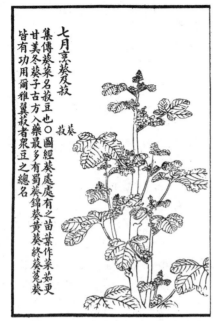

七月烹葵及菽

菽葵

集傳葵菜名菽豆也〇圖經葵處處有之苗葉作菜如更
甘美冬葵子古方入藥最多有蜀葵錦葵黃葵終葵莬葵
皆有功用爾雅翼菽者眾豆之總名

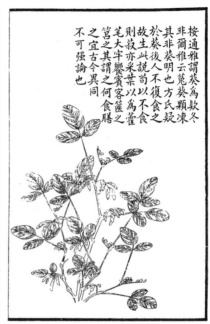

按通雅謂葵為敦冬
非爾雅云菟葵顆凍
其非葵明也方氏疑
於葵後人不復食之
故生此說苟以不食
莔則菽亦采葉以為畫
之其謂之何食膳
莔大牟響客莔之
之宜古今異同
不可強論也

八月剝棗

埤雅大者
棗小者棘

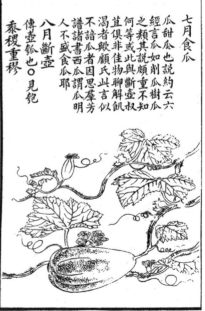

七月食瓜

瓜甜瓜也說約云六
經言瓜如削其瓜樹
之類或此說顏重不知
何等或斷壺似叔
且俱非佳物聊解飢
渴者顧氏因思蘩芳
不誚瓜者謂西瓜明
譜諸書因謂瓜
人不盛食瓜耶

八月斷壺

傳壺瓠也〇見包

黍稷重穋

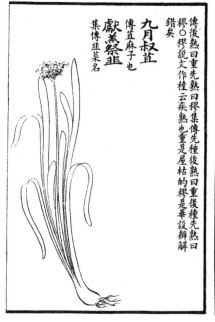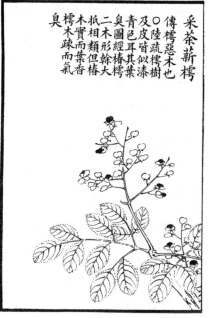

【薪】 장작을 팸.

【樗】 붉나무. 개똥나무. 臭椿.〈諺解〉物名에 "樗: 개듕나무"라 함.〈毛傳〉과〈集傳〉에 "樗, 惡木也"라 함.

【食】 '먹이다'의 동사. '사'로 읽음.〈鄭箋〉에 "瓜瓠之畜, 麻實之糝, 乾荼之菜, 惡木之薪, 亦所以助男, 養農夫之具"라 함.

＊〈集傳〉에 "○自此至卒章, 皆言農圃飮食祭祀燕樂以終. 首章後段之意, 而此章果酒嘉蔬, 以供老疾奉賓祭, 瓜瓠苴荼, 以爲常食少長之義, 豐儉之節然也"라 함.

(7) 賦

九月築場圃, 十月納禾稼:

九月에 場을 圃애 築ᄒ고, 十月에 禾稼(화가)를 納ᄒᄂ니,

9월이면 채소밭을 탈곡장으로 바꾸고, 10월이면 곳집에 곡식 쌓기.

黍稷重穋, 禾麻菽麥.

黍와 稷이 重ᄒ며 穋(륙)ᄒ니, 과 禾와 麻와 菽과 麥이니라.

늦고 이른 기장과 쌀 벼, 벼와 삼과 콩과 보리.

嗟我農夫! 我稼旣同, 上入執公宮功.

嗟홉다, 우리 農夫아! 우리 稼ㅣ 이믜 同ᄒ거니, 上入ᄒ야 宮功을 執ᄒ올 띠니,

아, 우리 농부들아! 우리 추수가 이윽고 끝이 나면, 집으로 돌아가서 집안일을 시작하세.

晝爾于茅, 宵爾索綯.

나지 네가 茅ᄒ고, 밤의 네 綯(도)를 索(삭)ᄒ야,

낮에는 그대는 띠를 베어오고, 밤이면 새끼 꼬아,

亟其乘屋, 其始播百穀!

샐리 그 屋애 乘ᄒ고야, 그 비로소 百穀을 播(파)ᄒ올 띠니라!

서둘러 지붕으로 올라가 지붕을 이어놓세, 곧 백곡의 씨 뿌릴 때 다가 오리니!

【場圃】채소밭이던 곳을 탈곡장으로 바꿈. 〈毛傳〉에 "春夏爲圃, 秋冬爲場"라 하 였고, 〈鄭箋〉에는 "場圃同地, 自物生之時, 耕治之以種菜茹, 至物盡成熟, 築堅以 爲場"이라 함. 〈集傳〉에도 "場圃, 同地物生之時, 則耕治以爲圃, 而種菜茹, 物成 之際, 則築堅之. 以爲場而納禾稼. 蓋自田而納之於場也"라 함.

【納】창고에 들임. 〈鄭箋〉에 "納, 內也. 治於場而內之囷倉也"라 함.

【禾稼】거둔 곡식. '禾'는 〈諺解〉 物名에 "禾:벼"라 함. 〈集傳〉에 "禾者, 穀. 連藁秸 之總名. 禾之秀實, 而在野曰稼; 先種後熟曰重; 後種先熟曰穆. 再言禾者, 稻秫苽 梁之屬, 皆禾也"라 함.

【重穆】〈毛傳〉에 "後熟曰重, 先熟曰穆"라 함. 〈諺解〉 物名에 "重:벼; 穆:벼"라 함.

【禾麻菽麥】벼, 삼, 콩, 보리.

【旣同】〈鄭箋〉에 "旣同」, 言已聚也"라 함. 〈集傳〉에 "同, 聚也"라 함.

【上】들에 있는 농막으로부터 집으로 돌아감. 〈毛傳〉에 "入爲上, 出爲下"라 함.

【執】作과 같음.

【宮功】집안 일. '宮'은 邑에 있는 농부의 살림집. '功'은 事. 〈鄭箋〉에 "可以上入都 邑之宅, 治宮中之事矣. 於是時男之野功畢"이라 하였고, 〈集傳〉에는 "宮, 邑居之 宅也. 古者, 民受五畝之宅, 二畝半爲廬在田, 春夏居之; 二畝半爲宅在邑, 秋冬居 之; 功, 葺治之事也. 或曰公室官府之役也. 古者, 用民之力, 歲不過三日, 是也"라 함.

【爾】'너'. 〈鄭箋〉에는 "爾, 女也"라 함.

【于】감. '往'의 뜻.

【茅】갈대(띠)를 벰.

【宵】밤. 〈毛傳〉에 "宵, 夜"라 함.

【索綯】새끼를 꼼. 〈毛傳〉에 "綯, 絞也"라 하였고, 〈鄭箋〉에는 "女當晝日往取茅, 歸夜作絞索, 以待時用"이라 함. 〈集傳〉에는 "索, 絞也; 綯, 索也"라 함.

【亟】〈鄭箋〉에 "亟, 急"이라 함.

【乘屋】지붕에 올라가 이엉을 얹어 지붕을 이음. 〈毛傳〉과 〈集傳〉에 "乘, 升也"라 하였고, 〈鄭箋〉에는 "乘, 治也"라 함.

【始播百穀】이듬해 公社의 농사일을 대비함. 〈鄭箋〉에 "十月定星將中, 急當治野廬之屋, 其始播百穀. 謂祈來年百穀于公社"라 함.

＊〈集傳〉에 "○言「納於場者, 無所不備, 則我稼同矣. 可以上入都邑, 而執治宮室之事矣. 故晝往取茅, 夜而絞索, 亟升其屋而治之. 蓋以來歲將復始播百穀, 而不暇於此故也.」不待督責而自相警戒, 不敢休息如此. 呂氏曰:「此章終始農事, 以極憂勤艱難之意.」라 함.

(8) 賦

二之日鑿冰沖沖, 三之日納于凌陰.

二之日에 冰을 鑿(착)홈을 沖沖(츙츙)히 ᄒᆞ야, 三之日에 凌陰(릉음)에 納ᄒᆞᄂ니,

12월이면 얼음을 썩썩 깨어, 정월이면 얼음창고에 넣었다가,

四之日其蚤, 獻羔祭韭.

四之日 그 蚤(조)애 羔를 獻ᄒᆞ고 韭(구)로 祭ᄒᆞᄂ니라.

2월 이른 아침에, 염소 잡고 부추 넣어 치성드릴 때 쓰지.

九月肅霜, 十月滌場.

九月에 肅ᄒᆞ야 霜ᄒᆞ거든, 十月에 場을 滌(텩)ᄒᆞ고,

9월이면 찬 서리, 10월이면 마당을 물 뿌려 청소하고,

朋酒斯饗, 曰殺羔羊.

朋酒(붕쥬)로 이예 饗ᄒᆞ야, 羔와 羊을 殺ᄒᆞ야,

두 통 술로 잔치를 열어, 염소와 양을 잡아,

躋彼公堂, 稱彼兕觥, 萬壽無疆!

뎌 公堂의 躋(졔)ᄒᆞ야, 뎌 兕觥(시굉)을 稱ᄒᆞ니, 萬壽ᄒᆞ야 疆(강)이 업스리
로다!

저 公堂에 올라가서, 저 물소뿔 잔을 들어, 만수무강 축원하네!

【鑿氷】저장하기 위해 얼음을 깸. 〈毛傳〉에 "氷盛水腹, 則命取冰於山林"이라 하
였고, 〈集傳〉에는 "鑿冰, 謂取冰於山也"라 함.

【冲冲】〈毛傳〉에 "冲冲, 鑿冰之意"라 함. 〈集傳〉에도 "冲冲, 鑿冰之意.《周禮》正歲
十二月, 令斬冰」是也"라 함.

【納】〈集傳〉에 "納, 藏也. 藏冰所以備暑也"라 함.

【凌陰】氷室, 氷庫. 얼음 창고. 〈毛傳〉에 "凌陰, 冰室也"라 하였고, 〈集傳〉에 "凌陰,
冰室也. 豳土寒, 多正月風, 未解凍. 故冰猶可藏也"라 함.

【蚤】이른 아침. 〈集傳〉에 "蚤, 蚤朝也"라 함.

【獻羔】〈集傳〉에 "獻羔, 祭韭而後啓之. 〈月令〉「仲春獻羔, 開冰先薦寢廟」, 是也. 蘇
氏曰:「古者, 藏冰發冰以節, 陽氣之盛, 夫陽氣之在天地, 譬猶火之著於物也. 故常
有以解之十二月, 陽氣蘊伏, 錮而未發, 其盛在下, 則納冰於地中. 至於二月, 四陽作
蟄蟲起, 陽始用事, 則亦始啓冰而廟薦之. 至於四月, 陽氣畢達, 陰氣將絶, 則冰於
是大發. 食肉之祿, 老病喪浴冰, 無不及. 是以冬無愆陽, 夏無伏陰, 春無凄風, 秋
無苦雨, 雷出不震, 無災霜雹, 癘疾不降, 民不夭札也.」胡氏曰:「藏冰開冰, 亦聖人
輔相爕調之一事耳, 不專恃此以爲治也.」라 함. 〈鄭箋〉에는 "古者, 日在北陸而藏
冰, 西陸朝覯而出之祭, 司寒而藏之, 獻羔而啓之. 其出之也, 朝之祿位賓食喪祭,
於是乎用之. 〈月令〉:「仲春, 天子乃獻羔, 開冰, 先薦寢廟.」《周禮》:「凌人之職, 夏頒
冰, 掌事秋刷.」上章備寒, 故此章備暑. 后稷先公, 禮敎備也"라 함.

【韭】부추. 염규. 〈諺解〉 物名에 "韭: 염규"라 함. 〈集傳〉에 "韭, 菜名"이라 함.

【肅霜】〈毛傳〉에 "肅, 縮也. 霜降而收縮萬物"이라 하였고, 〈集傳〉에는 "肅霜, 氣
肅而霜降也"라 함.

【滌場】탈곡장을 깨끗이 씻어 청소함. 〈集傳〉에 "滌場者, 農事畢而壃場地也"라
함. 〈毛傳〉에 "滌場, 功畢入也"라 함.

【朋】두 통의 술. 〈毛傳〉에 "兩樽曰朋"이라 하였고, 〈集傳〉에도 "兩尊曰朋, 鄕飮酒
之禮, 兩尊壺于房戶閒, 是也"라 함.

【饗】잔치를 엶. 〈毛傳〉에 "饗者, 鄕人以狗, 大夫加以羔羊"이라 하였고, 〈鄭箋〉에

는 "十月, 民事男女俱畢, 無飢寒之憂, 國君閒於政事, 而饗羣臣"이라 함.

【躋】올라 감. 〈集傳〉에 "躋, 升也"라 함.

【公堂】공회당. 〈毛傳〉에 "公堂, 學校也"라 하였으나, 〈集傳〉에는 "公堂, 君之堂也"라 함.

【稱】〈集傳〉에 "稱, 擧也"라 함. 《爾雅》에도 "稱, 擧也"라 함.

【兕觥】물소의 뿔로 만든 술잔. 〈毛傳〉에 "觥, 所以誓衆也"라 함.

【萬壽無疆】장수를 祝福하는 말. 〈毛傳〉과 〈集傳〉에 "疆, 竟也"라 함. 〈鄭箋〉에는 "於饗而正齒位, 故因時而誓焉. 飮酒旣樂, 欲大壽無竟, 是謂〈豳頌〉"이라 함.

＊〈集傳〉에 "○張子曰:「此章見民忠愛其君之甚, 旣勸趨其藏冰之役, 又相戒速畢場功, 殺羊以獻於公, 擧酒而祝其壽也.」"라 함.

┌─────────────────┐
│ 참고 및 관련 자료 │
└─────────────────┘

1. 孔穎達 〈正義〉

作〈七月〉詩者, 陳先公之風化, 是王家之基業也. 毛以爲周公遭管蔡流言之變, 擧兵而東伐之憂. 此王業之將壞, 故陳后稷及居豳地之先公, 其風化之所由緣, 致此王業之艱難之事. 先公遭難乃能勤行風化, 已今遭難, 亦欲勤修德教, 所以陳此先公之事, 將以比序己志. 經八章皆陳先公風化之事, 此詩主意於豳之事, 則所陳者, 處豳地之先公. 公劉·太王之等耳. 不陳后稷之教今, 輒言后稷者, 以先公修行后稷之教, 故以后稷冠之. 艱亦難也, 但古人之語字重耳. 〈無逸〉亦云「不知稼穡之艱難」, 與此同也. 鄭以爲周公遭流言之變, 避居東都, 非征伐耳. 其文義, 則同. 〈正義〉曰:變者, 改常之名. 周公欲攝管蔡毁之, 是於攝事變改也. 〈金縢〉云:「管叔及其羣弟, 流言於國. 曰公:『將不利於孺子.』周公乃告二公, 曰:『我之不辟, 我無以告我先王.』卽云居東二年, 是其避流言居東都也. 流謂水流造作虛語, 使人傳之如水之流然, 故謂之流言. 彼注云:『管, 國名; 叔字, 封於管. 羣弟, 蔡叔·霍叔. 武王崩, 周公免喪服, 意欲攝政, 小人不知天命, 而非之. 故流公將不利於孺子之言於京師. 孺子, 成王也. 我今不避孺子, 而去我先王, 以謙讓爲德. 我反有欲位之, 謗無以告我先王, 言愧無辭也.』居東者, 出處東國待罪, 以須王之察己, 是說避居之意也. 周公避居東都, 史傳更無其事. 古者, 避辟, '扶亦反', 譬僻皆同作辟字, 而借. 聲爲義, 鄭讀辟爲避, 故爲此說. 案〈鴟鴞〉之傳言「寧亡二子」, 則毛無避居之義, 故毛讀辟爲避, 此八章皆是, 周公陳先公在豳教民周備, 使衣食充足, 寒暑及時, 民奉上教, 知其早晚各自勸勉, 以勤事業. 故「同我婦子, 饁彼南畝」, 及「嗟我婦子, 曰爲改歲」, 此述民人之志, 非序先公號令之辭. 首章陳人以衣食爲急, 餘章廣而成之. 計民之所用, 食急於衣, 宜先陳耕田之事, 但耕種·收斂·終年·始畢, 每事及時, 然後能穫, 則禦一年之飢, 非時日之用. 衣則不然, 唯是寒月所須, 又當及時營作, 故「蠶月條桑, 八月載績」, 若此月不作, 則寒時無衣. 事之濟否, 在此一月, 偏急於衣, 故首章上六句, 先陳人以衣褐爲急;'三之日'以下, 五句, 陳人以穀食爲急, 故陳人耕饁之事. 人之爲衣, 絲帛爲先, 故二章言'女功之始, 養蠶之事', 一章之中, 而再言'春日'者. 此章先言'執筐養蠶', 因論女心傷悲感物, 但傷悲在蠶生之初, 陳之於求桑之下, 顚倒不順, 故更本「春日采蘩」, 記傷悲之節, 所以再言春日也. 衣之所用, 非絲卽麻, 春旣養蠶, 秋當緝績, 絲帛染爲玄黃, 乃堪衣用, 故三章又陳女功, 自始至成也. 三章旣言'絲麻衣服, 女功之正', 故四章陳女功之助. 取皮爲裘, 以助布帛, 冬月衣裳, 雖具, 又當入室避寒, 故五章言「將寒有漸, 閉塞宮室」, 女功衣服之事旣終矣. 乃說男女飮食之事, 黍稷麻麥, 男功之正, 故六章先陳男功之助, 七章言男功之正. 首章已言耕田之事, 故此章唯說收斂之事, 所以成首章也. 衣食已具, 卒章乃言備暑藏氷, 飮酒相樂, 皆是先公憂民之風敎. 周公陳之以比序己志, 言己之憂民憂國, 心亦然也. 民之大命, 在溫與飽. 八章所陳皆論衣服飮食, 首章爲其總要, 餘章廣而成之. 首章上六句言'寒當須衣', 故二章三章說養蠶緝績衣服之事, 以充之首章. 下五句言耕稼飮食之始, 故七章說治場納穀稼穡終事, 以充之論衣, 則擧須衣之時論, 食不言須食之時者, 衣必寒時所須, 故可擧寒爲戒食, 則無一日而不須不可, 言須食之時, 諸言衣裳避寒之事, 則引物記候. 言飮食耕田之事, 則不記時候, 皆此意也. 卒章說饗飮之禮, 獨言九月肅霜者, 饗飮之禮, 必農隙乃爲, 故言肅霜滌場, 以見農功之畢. 若其餘飮食, 則不得記時, 故六章七章無記時之事. 絲麻布帛, 衣服之常, 故蠶績爲女功之正, 皮裘則其助. 四章〈箋〉:時寒宜助女功, 言取皮爲裘, 助女絲麻之功也. 黍稷荍麥, 飮食之常, 故禾稼爲男功之正, 菜果則其助. 六章〈箋〉以鬱英及葵棗, 助男功. 又云瓜瓠之畜, 助養農夫, 言取瓜瓠葵棗, 助男稼穡之功也. 女功之助, 在四章, 男功之助, 在六章, 二章三章, 是女功之正, 故四章爲女功之助, 七章是男功之正, 故六章爲男功之助, 欲令男女之功正, 助各自相近者也. 女功之正, 及秋而止, 其助在盛冬之月事, 在正後, 故在正後也. 男功之正, 冬初乃止, 男功之助, 在於夏秋事, 在正前, 故在正前也. 又養蠶時節易過, 恐其失時, 殷勤言之, 故二章三章皆言養蠶之事. 耕稼者一年之事, 非時月之功, 民必趨時不假, 深戒首章已言其始. 七章略言其終, 不復說其芟柞耘耕之事. 故男功之正少, 女功之正多也. 絲麻之外, 唯有皮裘可衣者少, 黍稷之外果瓜之屬可食者多, 故男功之助多, 女功之助少也. 女功助在正後, 故五章女功助下, 言女功畢, 男功正在助後. 故七章男功正下言男功畢, 男功正後, 猶有茅索之事. 女功正後, 不言有事.《孟子》稱:「冬至之後, 女子相從夜績, 則冬亦有績麻.」但言不備耳. 先公之敎急於衣食, 四章之末說田獵習戎, 卒章之初, 說藏冰禦暑, 非衣食之事, 而言之者, 廣述先公禮敎具備也. 閑於政事, 然後饗燕, 卒章說飮酒之事, 得其次也.〈毛〉〈鄭〉注, 雖小有異, 大意則同.

2. 朱熹 〈集傳〉

〈七月〉, 八章, 章十一句:

○《周禮》籥章:「中春, 晝擊土鼓龡.」〈豳詩〉以逆暑, 中秋夜迎寒, 亦如之, 卽謂此詩也.

○王氏曰:「仰觀星日, 霜露之變, 俯察昆蟲, 草木之化, 以知天時, 以授民事, 女服事乎內, 男服事乎外. 上以誠愛下, 下以忠利上. 父父子子夫夫婦婦, 養老而慈幼, 食力而助弱, 其祭祀也. 時其燕饗也, 節此〈七月〉之義也.」

155(豳-2) 치효(鴟鴞)

*〈鴟鴞〉:'鴟鴞'는 偶鷂, 鸋鴂. 부엉이, 猫頭鷹의 일종. 혹 올빼미라고도 함. 猛禽類. 〈毛傳〉에 "鴟鴞, 鸋鴂也"라 하였고, 〈集傳〉에 "鴟鴞, 偶鷂. 惡鳥, 攫鳥子而食者也"라 함. 〈諺解〉物名에는 "鴟鴞:부훵새"라 함.

*이 시는 周公(姬旦)이 섭정을 하면서 조카 成王(姬誦)이 자신의 진실한 뜻을 알지 못하고 의심하자, 이에 이 시를 지어 왕에게 준 것이라 함. 이는 《尚書》金縢篇에도 실려 있음.

〈序〉: 〈鴟鴞〉, 周公救亂也. 成王未知周公之志, 公乃爲詩以遺王, 名之曰〈鴟鴞〉焉.

〈치효〉는 주공이 난을 구제한 내용이다. 成王이 주공의 뜻을 알지 못하자, 주공이 이에 시를 지어 성왕에게 주었으며, 그 제목을 〈치효〉라 한 것이다.

〈箋〉: 未知周公之志者, 未知其欲攝政之意.

※周 成王: 이름은 姬誦. 주나라 제 3대 군주. 武王(姬發)의 아들. 무왕이 죽고 어려서 왕위에 오르자, 주공(姬旦)이 섭정함. 이에 주공의 두 아우 管叔과 蔡叔이 주공이 찬탈할 뜻을 품고 있다고 流言을 퍼뜨리며, 殷의 武庚과 결탁하여 난을 일으킴. 주공은 이에 東征하여 이 난을 진압하고 周室을 안정시킴. 《史記》周本紀 및 《尚書》周書 등을 참조할 것.

*전체 4장. 매 장 5구씩(鴟鴞:四章. 章五句).

(1) 比
鴟鴞鴟鴞!

鴟鴞(치효)아 鴟鴞아!

부엉아, 부엉아!

旣取我子, 無毁我室.

이믜 내 子를 取ᄒ여니, 내 室을 毁티 마롤 ᄯᅵ어다.

내 자식을 빼앗았으니, 내 둥지는 헐지 말아다오.

恩斯勤斯, 鬻子之閔斯.

恩ᄒ며 勤ᄒ야, 子를 鬻(육)홈이 閔ᄒ다니라.

은애를 베풀어 부지런히, 그렇게 기른 자식 불쌍하단다.

【我子】〈集傳〉에 "爲鳥言以自比也"라 하여 어떤 새가 자신의 상황을 두고 한 말이라 함.

【毁室】둥지를 무너뜨림. 周室을 망하게 함. '室'은 巢와 같음. 〈鄭箋〉에 "室, 猶巢也"라 하였고, 〈集傳〉에도 "室, 鳥自名其巢也"라 함. 〈毛傳〉에 "興也. '無能毁我室'者, 攻堅之故也. 寧亡二子, 不可以毁我周室"이라 하였고, 〈鄭箋〉에는 "重言'鴟鴞'者, 將述其意之所欲, 言丁寧之也. 鴟鴞言已取我子者, 幸無毁我巢, 我巢積日累功, 作之甚苦, 故愛惜之也. 時周公竟武王之喪, 欲攝政成周道致太平之功, 管叔·蔡叔等流言云:「公將不利於孺子, 成王不知.」其意而多罪其屬黨. 興者, 喩此諸臣, 乃世臣之子孫, 其父祖以勤勞, 有此官位土地, 今若誅殺之無絶, 其官位奪其土地. 王意欲誚公, 此之由然"이라 함.

【恩斯勤斯】아끼고 부지런히 함. 〈毛傳〉에 "思, 愛"라 하였고, 〈集傳〉에 "恩, 情愛也; 勤, 篤厚也"라 함.

【鬻】〈毛傳〉에 "鬻, 稚. 稚子, 成王也"라 하였고, 〈集傳〉에는 "鬻, 養"이라 함. '鬻'은 育의 假借字.

【閔】憫과 같음. 불쌍히 여김. 〈毛傳〉에 "閔, 病也"라 하였고, 〈集傳〉에 "閔, 憂也"라 함. 〈鄭箋〉에는 "鴟鴞之意, 殷勤於此稚子; 當哀閔之. 此取鴟鴞子者言. 稚子也, 以喩諸臣之先臣, 亦殷勤於此成王, 亦宜哀閔之"라 함.

＊〈集傳〉에 "○武王克商, 使弟管叔鮮·蔡叔度, 監于紂子武庚之國. 武王崩, 成

王立, 周公相之, 而二叔以武庚叛, 且流言于國曰:「周公將不利于孺子.」故周公東征, 二年乃得管叔·武庚而誅之, 而成王猶未知周公之意也. 公乃作此詩以貽王, 託爲鳥之愛巢者, 呼鴟鴞而謂之曰:「鴟鴞鴟鴞, 爾旣取我之子矣. 無更毁我之室也. 以我情愛之心, 篤厚之意, 鬻養此子, 誠可憐憫. 今旣取之, 其毒甚矣. 況又毁我室乎?」以比武庚旣敗, 管蔡不可更毁我王室也」라 함.

(2) 比

迨天之未陰雨;

天의 陰雨티 아닌 저글 믿쳐,

하늘이 흐려 비가 오기 전에,

徹彼桑土, 綢繆牖戶.

뎌 桑土(상두)를 徹ᄒ야, 牖와 戶를 綢繆(쥬규)ᄒ면,

뽕나무 뿌리 벗겨다가, 창과 문을 단단히 묶고 얽으면,

今女下民, 或敢侮予?

이제 너 下民이, 或 敢히 나를 侮ᄒ랴?

아래 있는 사람들이 쳐다보며, 혹 감히 나를 얕볼 수가 있겠느냐?

【迨】〈毛傳〉과 〈集傳〉에 "迨, 及"이라 함.
【陰雨】장마.
【徹】〈毛傳〉에 "徹, 剝也"라 하였으나, 〈集傳〉에는 "徹, 取也"라 함.
【桑土】'상두'로 읽으며 '뽕나무 뿌리'를 뜻함. 〈毛傳〉과 〈集傳〉에 "桑土, 桑根也"라 함. 《韓詩》에는 '土'가 '杜'로 되어 있었다 함.
【綢繆】〈鄭箋〉과 〈集傳〉에 "綢繆, 纏綿也"라 함.
【牖】창. 〈集傳〉에 "牖, 巢之通氣處; 戶, 其出入處也"라 함. 〈鄭箋〉에는 "此鴟鴞自說. 作巢至苦如是, 以喩諸臣之先臣, 亦及文武, 未定天下, 積日累功, 以固定此官位與土地"라 함.
【女】너. 汝와 같음.
【下民】下土의 낮은 백성들.
【或】有와 같음. 〈鄭箋〉에는 "我至苦矣, 今女我巢下之民, 寧有敢侮慢欲毁之者乎? 意欲恚怒之, 以喩諸臣之先臣, 固定此官位土地, 亦不欲見其絶奪"이라 함.

*〈集傳〉에 "○亦爲鳥言「我及天未陰雨之時, 而往取桑根以纏綿巢之隙穴, 使之堅固, 以備陰雨之患. 則此下土之民, 誰敢有侮予者?」亦以比已深愛王室, 而預防其患難之意. 故孔子贊之曰:「爲此詩者, 其知道乎? 能治其國家, 誰敢侮之?」"라 함.

(3) 比

予手拮据: 予所捋荼, 予所蓄租.

내 手ㅣ 拮据(길거)ᄒᆞ야, 내 荼를 捋ᄒᆞᄂᆞᆫ 배며, 내 蓄ᄒᆞ며 租ᄒᆞᄂᆞᆫ 배라.

내 손과 부리를 바삐 놀려, 갈대 이삭 뽑아다가, 모으고 모아 엮은 둥지란다.

予口卒瘏, 曰予未有室家!

내 口ㅣ 다 瘏(도)홈은, 내 室家를 두디 몯ᄒᆞ여실 씨니라!

내 부리가 지쳐 병들었음은, 아직 내 둥지도 다 만들지 못하였기 때문이란다!

【拮据】'부지런히 손과 입(부리)을 움직여 둥지를 짓다'를 뜻하는 雙聲連綿語. 〈毛傳〉에 "拮据, 㦃撠也"라 하였고, 〈集傳〉에는 "拮据, 手口共作之貌"라 함.

【捋】뽑음. 〈集傳〉에 "捋, 取也"라 함.

【荼】갈대 이삭. 〈諺解〉物名에 "荼:달이삭"이라 함. 〈毛傳〉에 "荼, 萑苕也"라 하였고, 〈集傳〉에는 "荼, 萑苕, 可藉巢者也"라 함.

【蓄租】〈毛傳〉에는 "租, 爲"라 하였으나 〈集傳〉에는 "蓄, 積;租, 聚"라 함.

【卒瘏】卒은 盡과 같으며, 瘏는 病. 〈毛傳〉에 "瘏, 病也. 手病口病, 故能免乎大鳥之難"이라 하였고, 〈鄭箋〉에는 "此言作之至苦, 故能攻堅, 人不得取其子"라 함. 〈集傳〉에는 "卒, 盡;瘏, 病也"라 함.

【室家】〈毛傳〉에 "謂我未有室家"라 하였고, 〈鄭箋〉에는 "我作之至苦, 如是者, 曰我未有室家之故"라 함. 〈集傳〉에 "室家, 巢也"라 함.

*〈集傳〉에 "○亦爲鳥言「作巢之始, 所以拮据以捋荼, 蓄租勞苦, 而至於盡病者, 以巢之未成也.」以比已之前日, 所以勤勞如此者, 以王室之新造, 而未集故也"라 함.

(4) 比

予羽譙譙, 予尾翛翛.

내 羽] 譙譙(쵸쵸)ㅎ며, 내 尾] 翛翛(쇼쇼)ㅎ야,

내 깃은 힘이 다 빠졌고, 내 꼬리도 맥이 빠졌단다.

予室翹翹, 風雨所漂搖.

내 室이 翹翹(교교)ㅎ거늘, 風雨] 漂搖(표요)ㅎ는 배라.

내 둥지 위태로워, 비바람이 흔들고 있어,

予維音嘵嘵!

내 音을 嘵嘵(효효)히 호라!

슬픈 울음 두려움에 떠는 소리란다!

【譙譙】〈毛傳〉과 〈集傳〉에 "譙譙, 殺也"라 하여 깃에 힘이 빠짐. '殺'는 '쇄'로 읽음.

【翛翛】〈毛傳〉과 〈集傳〉에 "翛翛, 敝也"라 함. 피로에 지침. 〈唐宋舊本〉에는 '修'자로 되어 있다 함.

【翹翹】위태로운 모습. 〈毛傳〉과 〈集傳〉에 "翹翹, 危也"라 함. 〈鄭箋〉에는 "手口旣病, 羽尾又殺敝, 言己勞苦甚"이라 함.

【漂搖】물에 떠 있는 것처럼 흔들거리는 모습을 疊韻連綿語로 표현한 것.

【維】助字.

【嘵嘵】〈毛傳〉에 "嘵嘵, 懼也"라 하였고, 〈集傳〉에 "嘵嘵, 急也"라 함. 〈鄭箋〉에는 "巢之翹翹而危, 以其所託枝條弱也. 以喻今我子孫不肖, 故使我家道危也. 風雨, 喩成王也. 音嘵嘵然, 恐懼告愬之意"라 함.

＊〈集傳〉에 "○亦爲鳥言「羽殺尾敝, 以成其室, 而未定也. 風雨又從而漂搖之, 則我之哀鳴, 安得而不急哉!」以比己旣勞悴, 王室又未安而多難. 乘之則其作詩以喻王, 亦不得而不汲汲也"라 함.

참고 및 관련 자료

1. 孔穎達 〈正義〉

此〈鴟鴞〉詩者, 周公所以救亂也. 毛以爲武王旣崩, 周公攝政, 管蔡流言以毀周公.

又導武庚與淮夷叛而作亂, 將危周室. 周公東征而滅之, 以救周室之亂也. 於是之時
成王, 仍惑管蔡之言, 未知周公之志, 疑其將簒心, 益不悅. 故公乃作詩, 言不得不誅
管蔡之意, 以貽成王, 名之曰〈鴟鴞〉焉. 經四章皆言不得不誅管蔡之意, 鄭以爲武王
崩後三年, 周公將欲攝政. 管蔡流言周公, 乃避之出居於東都. 周公之屬黨與, 知將
攝政者. 見公之出, 亦皆奔亡. 至明年, 乃爲成王所得, 此臣無罪而成王罪之, 罰殺無
辜, 是爲國之亂政, 故周公作詩, 救止成王之亂. 於時成王, 未知周公有攝政, 成周
道之志, 多罪其屬黨, 故公乃爲詩, 言‘諸臣先祖, 有功不宜誅絶之意, 以怡悅王心,
名之曰〈鴟鴞〉焉.’ 四章皆言不宜誅殺屬臣之意. 〈定本〉‘貽’作‘遺’字, 則不得爲怡悅也.
〈正義〉曰:〈金縢〉云:「武王旣喪, 管叔及其羣弟, 乃流言於國, 曰:「公將不利於孺子.’
周公乃告二公曰:「我之弗辟, 無以告我先王.’ 周公居東二年, 罪人斯得, 於後公乃爲
詩, 以貽王. 名之曰〈鴟鴞?.’ 注云:「非人, 周公之屬黨與知居攝者.」周公出皆奔, 今二
年, 盡爲成王所得怡悅也. 周公傷其屬黨, 無罪將死, 恐其刑濫, 又破其家, 而不敢
正言. 故作〈鴟鴞〉之詩, 以貽王. 今『豳風』〈鴟鴞〉也. 鄭讀辟爲避, 以居東爲避居. 於
時周公未攝, 故以未知周公之志者, 謂未知其欲攝政之意, 訓‘怡’爲‘悅’言. 周公作此
詩, 欲以救諸臣, 悅王意也. 毛雖不注, 此序不解《尚書》而首章. 傳云‘寧亡二子. 不可
毀我周室’, 則此詩爲誅管蔡而作之. 此詩爲誅管蔡, 則罪人斯得, 謂得管蔡也. 周公
居東, 爲出征, 我之不辟, 欲以法誅管蔡. 旣誅管蔡, 然後作詩, 不得復名爲貽悅王
心. 當訓貽爲遺, 謂作此詩, 遺成王也.〈公劉〉序云:「而獻是詩.」此云遺者, 獻者, 臣
奉於尊之辭. 遺者, 流傳致達之稱. 彼召公作詩, 奉以戒成王. 此周公自述己意, 欲使
遺傳至王, 非奉獻之. 故與彼異也.

2. 朱熹〈集傳〉

〈鴟鴞〉, 四章, 章五句:

事見《書》金縢篇.

3.《尚書》金縢篇

旣克商二年, 王有疾, 弗豫. 二公曰:「我其爲王穆卜.」周公曰:「未可以戚我先王?」公
乃自以爲功, 爲三壇同墠, 爲壇於南方, 北面, 周公立焉. 植璧秉珪, 乃告大王·王季·
文王. 史乃冊, 祝曰:「惟爾元孫某, 遘厲虐疾. 若爾三王, 是有丕子之責于天, 以旦代
某之身. 予仁若考能, 多材多藝, 能事鬼神. 乃元孫, 不若旦多材多藝, 不能事鬼神.
乃命于帝庭, 敷佑四方, 用能定爾子孫于下地. 四方之民, 罔不祇畏. 嗚呼! 無墜天之
降寶命, 我先王亦永有依歸. 今我卽命于元龜, 爾之許我, 我其以璧與珪, 歸俟爾命;
爾不許我, 我乃屛璧與珪.」乃卜三龜, 一習吉, 啓籥見書, 乃幷是吉. 公曰:「體! 王其
罔害. 予小子新命于三王, 惟永終是圖; 玆攸俟, 能念予一人.」公歸, 乃納冊于金縢之
匱中. 王翼日乃瘳. 武王旣喪, 管叔及其羣弟, 乃流言於國, 曰:「公將不利於孺子.」周
公乃告二公曰:「我之弗辟, 我無以告我先王.」周公居東二年, 則罪人斯得. 于後, 公乃

爲詩以貽王, 名之曰〈鴟鴞〉, 王亦未敢誚公. 秋, 大熟, 未穫, 天大雷電以風, 禾盡偃, 大木斯拔, 邦人大恐. 王與大夫盡弁, 以啓金縢之書, 乃得周公所自以爲功, 代武王之說. 二公及王, 乃問諸史與百執事. 對曰:「信. 噫! 公命我勿敢言.」王執書以泣曰:「其勿穆卜! 昔公勤勞王家, 惟予沖人弗及知. 今天動威, 以彰周公之德, 惟朕小子其新逆, 我國家禮亦宜之.」王出郊, 天乃雨, 反風, 禾則盡起. 二公命邦人, 凡大木所偃, 盡起而築之. 歲則大熟.

4.《史記》

(1)〈殷本紀〉

周武王崩, 武庚與管叔·蔡叔作亂, 成王命周公誅之, 而立微子於宋, 以續殷後焉.

(2)〈周本紀〉

武王病. 天下未集, 群公懼, 穆卜, 周公乃祓齋, 自爲質, 欲代武王, 武王有瘳. 後而崩, 太子誦代立, 是爲成王. 成王少, 周初定天下, 周公恐諸侯畔周, 公乃攝行政當國. 管叔·蔡叔群弟疑周公, 與武庚作亂, 畔周. 周公奉成王命, 伐誅武庚·管叔, 放蔡叔. 以微子開代殷後, 國於宋. 頗收殷餘民, 以封武王少弟封爲衛康叔. 晉唐叔得嘉穀, 獻之成王, 成王以歸周公于兵所.

(3)〈魯周公世家〉

武王克殷二年, 天下未集, 武王有疾, 不豫, 群臣懼, 太公·召公乃繆卜. 周公曰:「未可以戚我先王.」周公於是乃自以爲質, 設三壇, 周公北面立, 戴璧秉圭, 告于太王·王季·文王. 史策祝曰:「惟爾元孫王發, 勤勞阻疾. 若爾三王是有負子之責於天, 以旦代王發之身. 旦巧能, 多材多藝, 能事鬼神. 乃王發不如旦多材多藝, 不能事鬼神. 乃命于帝庭, 敷佑四方, 用能定汝子孫于下地, 四方之民罔不敬畏. 無墜天之降葆命, 我先王亦永有所依歸. 今我其卽命於元龜, 爾之許我, 我以其璧與圭歸, 以俟爾命. 爾不許我, 我乃屛璧與圭.」周公已令史策告太公·王季·文王, 欲代武王發, 於是乃卽三王而卜. 卜人皆曰吉, 發書視之, 信吉. 周公喜, 開籥, 乃見書遇吉. 周公入賀武王曰:「王其無害. 旦新受命三王, 維長終是圖. 茲道能念予一人.」周公藏其策金縢匱中, 誡守者勿敢言. 明日, 武王有瘳. 其後武王既崩, 成王少, 在强葆之中. 周公恐天下聞武王崩而畔, 周公乃踐阼代成王攝行政當國. 管叔及其群弟流言於國曰:「周公將不利於成王.」周公乃告太公望·召公奭曰:「我之所以弗辟而攝行政者, 恐天下畔周, 無以告我先王太王·王季·文王. 三王之憂勞天下久矣, 於今而后成. 武王蚤終, 成王少, 將以成周, 我所以爲之若此.」於是卒相成王, 而使其子伯禽代就封於魯. 周公戒伯禽曰:「我文王之子, 武王之弟, 成王之叔父, 我於天下亦不賤矣. 然我一沐三捉髮, 一飯三吐哺, 起以待士, 猶恐失天下之賢人. 子之魯, 愼無以國驕人.」管·蔡·武庚等果率淮夷而反. 周公乃奉成王命, 興師東伐, 作大誥. 遂誅管叔, 殺武庚, 放蔡叔. 收殷餘民, 以封康叔於衛, 封微子於宋, 以奉殷祀. 寧淮夷東土, 二年而畢定. 諸侯咸服宗周.

156(豳-3) 동산(東山)

＊〈東山〉：동쪽의 산. 鎬京에서 동쪽 지역으로 管叔과 蔡叔의 봉지가 있는 곳.
＊이 시는 주공이 동정에 나서서, 관숙과 채숙, 그리고 무경의 난을 진압하고 돌아와 백성들이 즐거워함을 읊은 것이라 함. 관련 사항은 앞장 참고란을 볼 것.

〈序〉：〈東山〉, 周公東征也. 周公東征三年而歸, 勞歸士. 大夫美之, 故作是詩也. 一章, 言其完也. 二章, 言其思也. 三章, 言其室家之望女也. 四章, 樂男女之得及時也. 君子之於人, 序其情而閔其勞, 所以說也. 說以使民, 民忘其死, 其唯〈東山〉乎!

〈동산〉은 주공의 東征을 읊은 것이다. 주공은 동쪽으로 채숙과 관숙을 치러 나선 지 3년 만에 돌아와 귀환한 병사들을 위로하였다. 대부들이 이를 찬미하여 그 때문에 이 시를 지은 것이다. 1장은 그 완미함, 2장은 그 사려 깊음을, 3장은 그 가실에서 그대를 기다렸음을, 4장은 남녀들이 그 때를 얻었음을 즐겁게 여긴 것이다. 군자는 백성에게 그 정을 표현해주고 그 노고를 불쌍히 여겼기에 그 때문에 즐거워한 것이다. 즐겁게 백성을 부렸기에 백성들은 그 죽음도 있었으니, 바로 오직 〈동산〉편이리라!

〈箋〉：成王旣得〈金縢〉之書, 親迎周公. 周公歸攝政. 三監及淮夷叛, 周公乃東伐之三年而後歸耳. 分別章意者, 周公於是志伸美而詳之.

＊전체 4장. 매 장 12구씩(東山：四章. 章十二句).

(1) 賦
我徂東山, 慆慆不歸.
내 東山의 가, 慆慆(도도)히 歸티 몯호라.

내 東山에 가서는, 오래도록 돌아오지 못하였네.

我來自東, 零雨其濛.

내 옴을 東으로브터 홀 씨, 零ᄒᆞ는 雨ㅣ 그 濛(몽)ᄒᆞ더라.

내 동쪽으로부터 돌아올 때에는, 비가 내려 몽몽하였지.

我東曰歸, 我心西悲.

내 東애셔 歸홀 제, 내 ᄆᆞ음이 西로 悲호라.

내가 동쪽에서 돌아올 때, 내 마음 서쪽으로 향하면서 서러웠네.

制彼裳衣, 勿士行枚.

뎌 裳衣를 制ᄒᆞ야, 行枚(항ᄆᆡ)를 士티 마를 띠로다.

저 평복을 바꾸어 입고, 더는 항매를 물지 않아도 되리라 여겼네.

蜎蜎者蠋, 烝在桑野.

蜎蜎(연연)ᄒᆞᆫ 蠋(촉)이여, 桑野의 잇도다.

꿈틀꿈틀 뽕나무 벌레, 뽕나무 밭에 많이도 있었지.

敦彼獨宿, 亦在車下.

敦(퇴)히 뎌 獨宿(독슉)ᄒᆞ는 이여, ᄯᅩᄒᆞᆫ 車下의 잇도다.

저 홀로 웅크려 자던 잠, 역시 수레 밑에서 또 그렇게 잤었지.

【我】東征에 참여했던 한 병사를 假設하여 敍事式으로 읊은 것임.
【徂】감. ‘往’, ‘之’의 뜻.
【東山】〈集傳〉에 “東山, 所征之地也”라 함.
【慆慆】오래 됨. 〈毛傳〉과 〈集傳〉에 “慆慆, 言久也”라 함. 馬瑞辰 〈通釋〉에 ‘慆’를 ‘滔’로 보아, “滔, 悠, 古同聲通用. 悠悠, 久也”라 하였음.
【零雨】내리는 비. 〈集傳〉에 “零, 落也”라 함.
【濛】보슬비가 오는 모습. 〈毛傳〉과 〈集傳〉에 “濛, 雨貌”라 함. 〈鄭箋〉에는 “此四句者, 序歸士之情也. 我徂之東山, 旣久勞矣. 歸又道遇雨濛濛然, 是尤苦也”라 함. 〈毛傳〉에 “公族有辟公, 親素服, 不擧樂爲之, 變如其倫之喪”이라 하였고, 〈鄭箋〉에는 “我在東山, 常曰歸也. 我心則念西而悲”라 함.

【制】만듦, 지음.

【裳衣】平服.〈集傳〉에 “裳衣, 平居之服
也”라 함.

【勿士行枚】〈毛傳〉에 “士, 事;枚, 微也”
라 하였고,〈鄭箋〉에는 “勿, 猶無也.
女制彼裳衣而來, 謂兵服也. 亦初無行
陳銜枚之事, 言前定也.《春秋傳》曰:「善
用兵者, 不陳.」”이라 하여,〈鄭箋〉에 따
라 ‘처음에는 行枚를 물고 行陣(行陳)
하는 일이 없었음’으로 풀이함. ‘枚’는
行枚. 군사들의 야간 이동에 소리를
내지 못하도록 입에 물리는 막대기.
〈集傳〉에도 「勿士行枚」, 未詳其義. 鄭
氏曰:「士, 事也;行, 陣也. 枚, 如箸, 銜
之有繣結項中, 以止語也.」라 함. 그러
나 聞一多〈類鈔〉에는 “行, 胻;枚, 微.
後世謂之行縢·行纏. 今之裹腿”라 하여
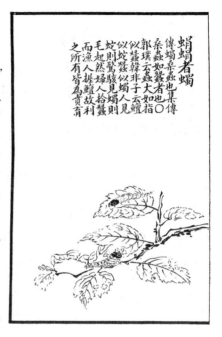
발을 묶는 끈이나 헝겊, 즉 行纏, 裹腿로 보았음.

【蜎蜎】벌레가 꿈틀대는 모습.〈毛傳〉에 “蜎蜎, 蠋貌”라 하였고,〈集傳〉에 “蜎蜎,
動貌”라 함.

【蠋】뽕나무벌레.〈諺解〉物名에 “蠋:뽕나무벌에”라 함.〈集傳〉에 “蠋, 桑蟲. 如蠶
者也”라 함.

【烝】〈毛傳〉에 “烝, 窴也”라 하였고,〈鄭箋〉에는 “蠋, 蜎蜎然, 特行久處桑野, 有似勞
苦者. 古者聲窴, 塡塵同也”라 하였음. 그러나〈集傳〉에는 “烝, 發語辭”라 하였고,
〈馬瑞辰〉通釋에는 “烝與曾同音, 爲疊韻. 曾當爲曾之借字. 曾, 乃也”라 하였음.

【桑野】뽕나무 벌레가 있는 들판.〈毛傳〉에 “桑, 蟲也”라 함.

【敦】‘퇴’(堆)로 읽음. 몸을 웅크린 채 수레 아래에서 홀로 새우잠을 자는 모습.
〈鄭箋〉에는 “敦敦然, 獨宿於車下. 此誠有勞苦之心”이라 함.〈集傳〉에는 “敦, 獨處
不移之貌. 此則興也”라 함.

＊〈集傳〉에 “○成王旣得〈鴟鴞〉之詩, 又感雷風之變, 始悟而迎周公. 於是周公東征
已三年矣. 旣歸因作此詩以勞歸士, 蓋爲之述其意, 而言曰:「我之東征, 旣久而歸
塗. 又有遇雨之勞.」因追言其在東, 而言歸之時心, 已西嚮而悲. 於是制其平居之
服, 而以爲自今可以勿爲行陳銜枚之事矣. 及其在塗, 則又覩物起興而自歎, 曰:「彼
蜎蜎者蠋, 則在彼桑野矣. 此敦然而獨宿者, 則亦在此車下矣.」”라 함.

(2) 賦

我徂東山, 慆慆不歸.

내 東山의 가, 慆慆히 歸티 몯호라.

내 동산에 가서는, 오래도록 돌아오지 못하였네.

我來自東, 零雨其濛.

내 옴을 東으로브터 홀 씨, 零ᄒᆞᄂᆞᆫ 雨ㅣ 그 濛ᄒᆞ더라.

내 동쪽으로부터 돌아올 때에는, 비가 내려 몽몽하였지.

果蠃之實, 亦施于宇,

果蠃(과라)의 實이, ᄯᅩᄒᆞᆫ 宇에 施(이)ᄒᆞ며,

집에는 하눌타리 열매 맺어, 역시 그 덩굴 처마 밑에 벋었으리라.

伊威在室, 蠨蛸在戶,

伊威(이위)ㅣ 室에 이시며, 蠨蛸(쇼쇼)ㅣ 戶애 이시며,

방에는 쥐며느리, 문 밖에는 거미줄이 쳐져 있겠지.

町畽鹿場, 熠燿宵行,

町畽(뎡탄)이 鹿의 場이며, 熠燿(습요)ᄒᆞᆫ 宵行(쇼ᄒᆡᆼ)이로소니,

마당 가 빈 터에는 사슴이 뛰고, 번쩍번쩍 반딧불이 반짝이겠지.

不可畏也, 伊可懷也!

可히 저프디 아니 ᄒᆞᆯ 디라, 可히 懷홉도다!

그러나 두렵지는 않네, 다만 모두가 그리울 뿐!

【果蠃】풀이름. 하눌타리. 栝樓, 瓜蔞. 疊韻連綿語의 草名.〈諺解〉物名에 "果蠃:
하눌타리"라 함.〈毛傳〉과〈集傳〉에 "果蠃, 栝樓也"라 함.
【施】벋어나감.〈集傳〉에 "施, 延也. 蔓生延施于宇下也"라 함.
【宇】처마 밑.
【伊威】쥐며느리. 鼠婦, 委黍. '蚜蝛'로도 표기하며 雙聲連綿語의 蟲名.〈諺解〉物
名에 "伊威:쥐ᄂᆞ리"라 함.〈毛傳〉에 "伊威, 委黍也"라 하였고,〈集傳〉에 "伊威,

伊威在室
傳伊威委黍也集
傳鼠婦也室不掃
則有之○寇宗奭
云濕生蟲多足大
者長三四分其色
如蚰蜒背有橫紋
起蟲處

毛詩品物圖攷卷一終

果臝之實
傳果臝栝樓也
○爾雅果臝之
實栝樓李巡曰
栝樓子名也孫
炎曰齊人謂之
天瓜

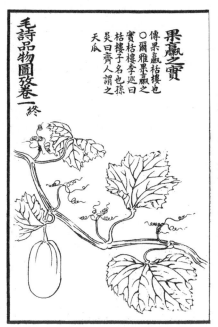

熠燿宵行
傳熠燿燐也燐螢火也
集傳宵行蟲名如蠶夜
行喉下有光如螢○二
說不同稻氏云張華詩
凉風振落熠燿宵流是
也熠燿之為螢此說爲
得但燐非螢火孔疏詳
之

蠨蛸在戶
傳蠨蛸長踦也
集傳小蜘蛛也
戶無人出入則
結網當之○爾
雅蠨蛸長踦註
小智鼃長脚者
俗呼為喜子

鼠婦也. 室不埽則有之"라 함. 陸璣〈草木疏〉에 "伊威, 一名鼠婦, 在壁根下甕土中
生"이라 하였고, 李時珍〈本草〉에는 "俗名濕生蟲, 曰地雞·地風者"라 함.

【蠨蛸】말거미를 뜻하는 疊韻連綿語의 蟲名. '長踦'라고도 함.〈諺解〉物名에 "蠨
蛸:믈거믜"라 함.〈毛傳〉에 "蠨蛸, 長踦也"라 하였고,〈集傳〉에 "蠨蛸, 小蜘蛛也.
戶無人出入, 則結網當之"라 함.

【町畽】마당가의 空地, 빈터를 뜻하는 雙聲連綿語. '町疃'으로도 표기함.〈毛傳〉
에 "町畽, 鹿迹也"라 하여, 사슴의 발자취라 하였고,〈集傳〉에는 "町畽, 舍旁隙
地也. 無人焉, 故鹿以爲場也"라 하여, 집 곁에 있는 틈으로 집 근처가 사슴의
놀이터로 變했다는 뜻이라 하였음.

【熠燿】〈毛傳〉에 "熠燿, 燐也. 燐, 螢火也"라 하여 반딧불이라 함.〈集傳〉에 "熠燿,
明不定貌"라 함.

【宵行】반딧불. 螢.〈諺解〉物名에 "宵行:반디"라 함.〈集傳〉에 "宵行, 蟲名. 如蠶,
夜行. 喉下有光如螢"이라 함.〈鄭箋〉에는 "此五物者, 家無人惻然, 令人感思"라 함.

【伊可懷】〈鄭箋〉에 "伊, 當作繄. 繄, 猶是也. 懷, 思也. 室中久無人, 故有此五物, 是
不足可畏, 乃可爲憂思"라 함.

＊〈集傳〉에 "○章首四句言「其往來之勞, 在外之久.」故每章重言見其感念之深, 遂
言「己東征而室廬荒廢, 至於如此, 亦可畏矣. 然豈可畏而不歸哉? 亦可懷思而已.」
此則述其歸未至, 而思家之情也"라 함.

(3) 賦

我徂東山, 慆慆不歸.

내 東山의 가, 慆慆히 歸티 몯호라.

내 동산에 가서는, 오래도록 돌아오지 못하였네.

我來自東, 零雨其濛.

내 옴을 東으로브터 홀 씨, 零하는 雨ㅣ 그 濛하더라.

내 동쪽으로부터 돌아올 때에는, 비가 내려 몽몽하였지.

鸛鳴于垤, 婦歎于室,

鸛(관)이 垤(딜)에셔 鳴하거늘, 婦ㅣ 室에셔 歎하야,

황새가 개미 집 위에서 울면, 아내는 집 안에서 한숨짓다가,

洒掃穹窒, 我征聿至!

洒掃(새소)ᄒ며 穹을 窒(질)하니, 우리 征이 드듸여 至ᄒ도다!

물 뿌려 청소하고 쥐구멍 막고 하니, 내가 드디어 집에 도착했도다!

有敦瓜苦, 烝在栗薪.

敦(퇴)ᄒᆫ 瓜苦ㅣ여, 栗薪(률신)에 잇도다.

둥그런 쓴 오이가, 쪼개 놓은 장작 위에 많이도 있구나.

自我不見, 于今三年!

내 보디 몯홈으로브터, 이제 三年이엇다!

나를 보지 못한 지가, 지금 벌써 3년이나 되었다네!

【鸛】황새. 〈諺解〉 物名에 "鸛: 한새"라 함. 〈集傳〉에 "鸛, 水鳥, 似鶴者也"라 함.

【垤】개미집. 〈毛傳〉에 "垤, 螘塚也. 將陰雨, 則穴處. 先知之矣. 鸛好水, 長鳴而喜也"라 하였고, 〈集傳〉에 "垤, 蟻塚也"라 함.

【婦歎于室】〈鄭箋〉에는 "鸛, 水鳥也. 將陰雨則鳴, 行者於陰雨尤苦. 婦念之, 則歎於室也"라 하여, 개미는 비 오기 전에 이미 알고 집에서 나오는데, 황새는 비를 좋아하여 울고, 아내는 그 소리를 듣고 비가 오면 남편이 고생할 것을 생각하며 방에서 탄식하는 것이라 하였음.

【穹窒】쥐구멍을 막음. 〈鄭箋〉에 "穹, 窮; 窒, 塞. 洒灑埽, 拚也. 穹窒, 鼠穴也. 而我君子行役, 逝其日月, 今且至矣. 言婦望也"라 함. 〈集傳〉에는 "穹窒, 見〈七月〉"이라 함.

【聿】助詞.

【敦】〈毛傳〉에 "敦, 猶專專也"라 하였으며, '專專'은 團團의 뜻. 둥그런 모양.

【瓜苦】쓴 오이. 苦瓜. 그러나 일설에는 고대 '合巹之禮'(婚禮에서 신랑신부가 동

시에 하나의 긴 호로박 술잔으로 술을 마시는 禮)에 쓰이는 瓠盃라고도 함.

【烝】〈毛傳〉에 "烝, 衆也"라 하였으나, 〈鄭箋〉에는 "烝, 塵"이라 하여 달리 보았음.
〈毛傳〉에 "烝, 衆也. 言我心苦, 事又苦也"라 하였고, 〈鄭箋〉에는 "此又言「婦人思
其君子之居處, 專專如瓜之繫綴焉. 瓜之瓣有苦者, 以喻其心苦也.」烝, 塵; 栗, 析
也. 言「君子又久見使析薪於事, 尤苦也.」"라 함.

【栗薪】장작을 팸. '栗'은 '裂'과 雙聲이며 裂은 析의 뜻. 〈鄭箋〉에 "栗, 析也. 古者,
聲栗裂同也"라 함.

＊〈集傳〉에 "○將陰雨, 則穴處者先知. 故蟻出垤, 而鸛就食之, 遂鳴于其上也. 行者
之妻, 亦思其夫之勞苦, 而嘆息於家. 於是洒埽穹窒以待其歸, 而其夫之行, 忽已至
矣. 因見苦瓜繫於栗薪之上, 而曰「自我之不見, 此亦已三年矣.」栗周土所宜木與苦
瓜, 皆微物也. 見之而喜, 則其行久而感深, 可知矣"라 함.

(4) 賦而興

我徂東山, 慆慆不歸.
내 東山의 가, 慆慆히 歸티 몯호라.
내 동산에 가서는, 오래도록 돌아오지 못하였네.

我來自東, 零雨其濛.
내 옴을 東으로브터 훌 씨, 零ᄒᆞᄂᆞᆫ 雨ㅣ 그 濛ᄒᆞ더라.
내 동쪽으로부터 돌아올 때에는, 비가 내려 몽몽하였지.

倉庚于飛, 熠燿其羽,
倉庚의 飛홈이여, 熠燿ᄒᆞᆫ 그 羽ㅣ로다.
꾀꼬리 날아올라, 선명한 그 깃이로다.

之子于歸, 皇駁其馬.
之子의 歸홈이여, 皇이며 駁인 그 馬ㅣ로다.
그 사람 나에게 시집올 때, 얼룩말과 흰색 섞인 말이었지.

親結其褵, 九十其儀.
親이 그 褵(리)를 結ᄒᆞ니, 九ㅣ며 十인 그 儀로다.

그 어머니 옷고름 매어주며, 시집가서 지킬 예의 아흔 가지나 일러주
셨지.

其新孔嘉, 其舊如之何?

그 新이 심히 嘉ᄒ니, 그 舊ㅣ 엇더ᄒ뇨?

그 새댁 때엔 심히 아름다웠건만, 이미 옛날이 되었으니 어찌하면 좋
을꼬?

【我徂東山, 慆慆不歸. 我來自東, 零雨其濛】〈鄭箋〉에 "凡先著此四句者, 皆爲序歸
士之情"이라 함.

【倉庚】꾀꼬리. '鶬鶊'으로도 표기함. 남녀의 혼례시기를 뜻함. 〈鄭箋〉에 "倉庚, 仲
春而鳴, 嫁取之候也"라 하였고, 〈集傳〉에 "倉庚飛, 昏姻時也"라 함.

【熠燿】곱게 빛나는 모양. 〈鄭箋〉에 "熠燿, 其羽羽鮮明也. 歸士始行之時, 新合昏
禮, 今還, 故極序其情以樂之"라 하였고, 〈集傳〉에 "熠燿, 鮮明也"라 함.

【之子于歸】〈鄭箋〉에 "之子于歸", 謂始嫁時也"라 함.

【皇駁】두 종류의 얼룩 말. 〈毛傳〉과 〈集傳〉에 "黃白曰皇, 駵白曰駁"이라 하였고,
〈鄭箋〉에 "皇駁, 其馬車服盛也"라 함.

【縭】결혼할 때 신부가 허리에 차는 수건. 신부의 어머니가 그것을 채워 줌. 〈毛
傳〉에 "縭, 婦人之褘也"라 하였고, 〈集傳〉에도 "縭, 婦人之褘也. 母戒女而爲之施
衿結帨也"라 함.

【九十】시집가서 갖추고 살아야 할 禮儀 法度가 90가지나 됨. 〈毛傳〉에 "母戒女
施衿結帨, 九十其儀, 言多儀也"라 하였고, 〈集傳〉에 "九其儀, 十其儀, 言其儀之
多也"라 함. 〈鄭箋〉에는 "女嫁, 父母旣戒之庶母, 又申之九十其儀, 喻丁寧之多"라
함.

【新】新婚 때.

【孔嘉】사이가 매우 좋음. 혹 아름다움. 〈毛傳〉에 "言久長之道也"라 하였고,
〈鄭箋〉에는 "嘉, 善也. 其新來時甚善, 至今則久矣. 不知其如何也? 又極序其情樂
而戲之"라 함.

＊〈集傳〉에 "○賦時物以起興, 而言「東征之歸士, 未有室家者, 及時而昏姻, 旣甚美
矣. 其舊有室家者, 相見而喜, 當如何邪?」"라 함.

1. 孔穎達 〈正義〉

作〈東山〉詩者, 言周公東征也. 周公攝政元年, 東征三監, 淮夷之等. 於三年而歸, 勞此征歸之士, 莫不喜悅. 大夫美之, 而作是〈東山〉之詩. 經四章, 雖皆是勞辭, 而每章分別意異. 又歷序之一章, 言其完也. 謂歸士不與敵戰, 身體完全. 經云「勿士行枚」, 言無戰陳之事, 是其完也. 二章言其思也. 謂歸士在外, 妻思之也. 經說果臝等物, 令人憂思, 是其思也. 三章言其室家之望汝也. 謂歸士未反, 室家思望. 經說'洒掃穹窒, 以待征人', 是室家之望也. 四章樂男女, 得以及時也. 謂歸士將行, 新合昏禮. 經言倉庚于飛, 說其成昏之事, 是得其及時也. 周公之勞歸士, 所以殷勤如此者, 君子之於人, 謂役使人民, 序其民之情意, 而閔其勞苦之役, 所以喜悅此民也. 民有勞苦, 唯恐君上不知, 今序其情, 閔其勤勞, 則民皆喜悅, 忘其勞苦. 古人所謂悅以使民, 民忘其死者. 其唯此〈東山〉之詩乎? 言唯此東山之詩, 可以當忘其死之言也. 三年而歸, 雖出於經, 此三年之文, 而總序四章, 非獨序彼一句也. 序所歷言不序, 章首四句以章首四句, 皆同不得於一章說之, 序其情而閔其勞, 其意足以兼之矣. 歸士者, 從軍士卒, 周公親征, 與將率同苦, 以士卒微賤, 勞意尤深, 故意主美勞, 歸士不言勞將率也. 悅以使民, 民忘其死, 是《周易》兌卦象辭文, 古之舊語, 此〈東山〉堪當之, 故云其唯東山乎? 〈正義〉曰:〈金縢〉云:「天大雷電以風, 王與大夫盡弁以啓金縢之書. 王執書以泣, 曰:『今天動威以彰周公之德, 惟朕小子, 其新迎.』注云:『新迎, 改先時之心, 更自新以迎周公於東征之歸, 尊任之.』言自新而迎, 明是成王親迎之.《書》序云:「武王崩, 三監及淮夷叛, 周公相成王, 將黜殷命作〈大誥〉.」注云:「三監, 管叔·蔡叔·霍叔, 三人爲武庚, 監於殷國者也. 前流言於國, 公將不利於成王, 周公還攝政, 懼誅因遂其惡, 開導淮夷與之俱叛.」此以居攝二年之時, 繫之武王崩者, 其惡之初自崩始也. 是三監淮夷叛, 周公東伐之事也. 攝政元年, 卽東征至三年而歸耳.《書》序注云「其攝二年時」者, 謂叛時在二年, 非三年始東征也. 時實周公獨行, 言'相成王'者, 彼注云'誅之者, 周公意也.』而言'相成王'者, 自迎周公而來, 蔽已解矣. 意以成王蔽解, 故言'相成王'耳. 非與成王俱來也. 〈破斧〉云:「周公東征, 四國是皇.」傳曰:「四國, 管蔡商奄也.」此不言商奄者, 據《書》序之成文耳. 此序獨分別章, 意者, 周公於是志意, 伸本勞歸士之情丁寧委曲, 子夏美之, 而詳其事. 故分別章意, 而序之也.

2. 朱熹 〈集傳〉

〈東山〉, 四章, 章十二句:

序曰:「一章, 言其完也. 二章, 言其思也. 三章, 言其室家之望女也. 四章, 樂男女之得及時也.」君子之於人, 序其情而閔其勞, 所以說也. 說以使民, 民忘其死, 其惟〈東山〉乎? 愚:「謂完謂全, 師而歸無死傷之苦, 思謂未至而思有愴恨之懷. 至於室家望女, 男女及時, 亦皆其心之所願, 而不敢言者, 上之人, 乃先其未發而歌詠, 以勞苦之, 則其歡欣感激之情, 爲如何哉! 蓋古之勞詩, 皆如此. 其上下之際, 情志交孚, 雖家人父子之相語, 無以過之此. 其所以維持鞏固數十百年, 而無一旦土崩之患也.」

157(豳-4) 파부(破斧)

＊〈破斧〉: 깨어진 도끼.
＊이 시는 주공을 찬미한 것이며, 주나라 대부들이 주공의 진심을 알게 되었고,
四國(管叔, 蔡叔, 武庚 등)들이 流言을 퍼뜨리며 주공을 참훼하였음을 증오한 내용
이라 함.

<序>: <破斧>, 美周公也. 周大夫以惡四國焉.

〈파부〉는 주공을 찬미한 것이다. 주나라 대부들은 네 나라가 주공을
참훼하는 것을 증오하였다.

〈箋〉: 惡四國者, 惡其流言, 毀周公也.

＊전체 3장. 매 장 6구씩(破斧:三章. 章六句).

(1) 賦
旣破我斧, 又缺我斨.

이믜 우리 斧를 破ᄒ고, 쏘 우리 斨(장)을 缺ᄒ나,
이미 우리의 도끼는 깨어지고, 내 다른 도끼도 부서졌지만,

周公東征, 四國是皇.

周公의 東으로 征ᄒ샤믄, 四國을 이예 皇케 ᄒ이시니,
주공께서 동쪽 정벌에 나서니, 네 나라가 바로 잡혔도다.

哀我人斯, 亦孔之將!

우리 사ᄅᆞᆷ을 哀ᄒ샤미, 쏘 ᄀᆞᆷ심히 將ᄒ샷다!
우리 백성을 불쌍히 여기셨으니, 역시 심히 위대한 일 하셨도다!

【斧·斨】 '斧'는 타원형 도끼. '斨'은 네모진 도끼. 〈毛傳〉에 "隋銎曰斧. 斧,
斨民之用也;禮, 義國家之用也"라 하였고, 〈集傳〉에도 "隋銎曰斧, 方銎曰斨, 征伐之用也"

라 함.

【四國】〈集傳〉에 "四國, 四方之國也"라 함. 그러나 유언을 퍼뜨린 주공의 아우 管叔과 蔡叔 및 紂의 아들 武庚과 奄國(孔穎達은 오류라 하였음)을 가리킴. 〈毛傳〉에 "四國, 管蔡商奄也"라 하였고, 〈鄭箋〉에 "四國流言, 旣破毁我周公, 又損傷我成王, 以此二者爲大罪"라 함.

【皇】匡과 같음. 바로 잡음 〈毛傳〉과 〈集傳〉에 "皇, 匡也"라 함. 〈鄭箋〉에는 "周公旣反攝政, 東伐此四國, 誅其君罪, 正其民人而已"라 함. 《爾雅》에도 "皇, 匡也, 正也"라 함.

【斯】助字.

【孔】매우, 심히.

【將】〈毛傳〉과 〈集傳〉에 "將, 大也"라 하였고, 〈鄭箋〉에는 "此言「周公之哀我民人, 其德亦甚大」也"라 함.

＊〈集傳〉에 "○從軍之士, 以前篇周公勞已之勤. 故言此以答其意, 曰:「東征之役, 旣破我斧, 而缺我斨, 其勞甚矣. 然周公之爲此擧, 蓋將使四方莫敢不一於正而後已. 其哀我人也, 豈不大哉!」然則雖有破斧缺斨之勞, 而義有所不得辭矣. 夫管蔡流言, 以謗周公, 而公以六軍之衆, 往而征之, 使其心一, 有出於自私而不在於天下, 則撫之雖勤勞之, 雖至而從役之士, 豈能不怨也哉? 今觀此詩, 固足以見周公之心, 大公至正, 天下信其無有一毫自愛之私. 抑又以見當是之時, 雖被堅執銳之人, 亦皆能以周公之心爲心, 而不自爲一身一家之計, 蓋亦莫非聖人之徒也. 學者於此, 熟玩而有得焉, 則其心正大, 而天地之情, 眞可見矣"라 함.

(2) 賦

旣破我斧, 又缺我錡.

이믜 우리 斧를 破ᄒ고, 쏘 우리 錡(긔)를 缺ᄒ나,

이미 우리 도끼는 깨어지고, 내 끌도 부러졌지만,

周公東征, 四國是吪.

周公의 東으로 征ᄒ샤믄, 四國을 이예 吪(와)홈이시니,

주공께서 동쪽을 정벌하시니, 네 나라가 이에 교화되었도다.

哀我人斯, 亦孔之嘉!

우리 사ᄅᆞᆷ을 哀ᄒ샤미, 쏘ᄒᆞᆫ 심히 嘉ᄒ샷다!

우리 백성을 불쌍히 여기셨으니, 역시 심히 좋은 일 하셨도다!

【錡】끌, 혹은 톱. 〈毛傳〉에 "鑿屬曰錡"라 하였고, 〈集傳〉에도 "錡, 鑿屬"이라 함.
【吪】〈毛傳〉과 〈集傳〉에 "吪, 化"라 함. 교화를 입음.
【嘉】〈鄭箋〉과 〈集傳〉에 "嘉, 善也"라 함.

(3) 賦
旣破我斧, 又缺我錡.
이믜 우리 斧를 破ᄒ고, 또 우리 錡(구)를 缺ᄒ나,

이미 우리 도끼는 깨어지고, 내 끌도 부서졌지만,

周公東征, 四國是遒.
周公의 東으로 征ᄒ샤ᄆ, 四國을 이예 遒(츄)홈이시니,

주공께서 동쪽을 정벌하시니, 네 나라가 이에 모두 모아져 견고해졌
도다.

哀我人斯, 亦孔之休!
우리 사ᄅᆷ을 哀ᄒ샤ᄆ, 또ᄒᆫ 심히 休ᄒ샷다!

우리 백성을 불쌍히 여기셨으니, 역시 아름다운 일 하셨도다!

【錡】〈毛傳〉에 "木屬曰錡"라 하였고, 〈集傳〉에도 "錡, 木屬"이라 함. 역시 끌의 일
종.
【遒】〈毛傳〉에 "遒, 固也"라 하였고, 〈鄭箋〉에는 "遒, 斂也"라 함. 〈集傳〉에는 "遒,
斂而固之也"라 함.
【休】아름다움. 〈毛傳〉과 〈集傳〉에 "休, 美也"라 함.

> **참고 및 관련 자료**

1. 孔穎達 〈正義〉
　三章皆上二句, 惡四國;下四句美周公. 經序倒者, 經以由四國之惡, 而周公征之.
故先言四國之惡, 後言周公之德. 序以此詩之作, 主美周公, 故先言美周公也. ○〈正

義〉曰:案〈金縢〉, 流言者, 管叔及其羣弟耳. 今并言惡四國流言毀周公者, 書傳曰:
「武王殺紂, 繼公子祿父, 及管蔡流言, 奄君薄姑爲祿父曰:『武王已死, 成王幼, 周公
見疑矣. 此百世之時也. 請擧事.』然後祿父及三監叛.」管蔡流言商奄卽叛, 是同毀
周公, 故并言之. 〈地理志〉云:「成王時, 薄姑氏與四國作亂.」則薄姑非奄君之名, 而
云奄君薄姑者, 彼注云:「玄疑, 薄姑齊地名, 非奄君名.」是鄭不從也.

2. 朱熹〈集傳〉

〈破斧〉, 三章, 章六句:

范氏曰:「象日以殺舜爲事, 舜爲天子也. 則封之管蔡, 啓商以叛, 周公之爲相也. 則
誅之迹雖不同, 其道則一也. 蓋象之禍, 及於舜而已. 故舜封之. 管蔡流言, 將危周
公, 以間王室, 得罪於天下, 故周公誅之. 非周公誅之, 天下之所當誅也. 周公豈得而
私之哉!」

158(豳-5) 벌가(伐柯)

*〈伐柯〉도끼 자루로 사용할 나무를 벰.
*이 시는 成王이 유언을 믿고 周公을 의심하자, 조정의 대부들도 주공의 진실한 의도를 알지 못함을 질책한 것이라 함.

<序>: <伐柯>, 美周公也. 周大夫刺朝廷之不知也.

〈벌가〉는 주공을 찬미한 것이다. 주나라 대부들이 조정에서는 주공의 진의를 모르고 있음을 질책한 것이다.

〈箋〉: 成王旣得雷雨·大風之變, 欲迎周公, 而朝廷羣臣猶惑於管蔡之言, 不知周公之聖德, 疑於王迎之禮, 是以刺之.

*전체 2장. 매 장 4구씩(伐柯:二章. 章四句).

(1) 比
伐柯如何? 匪斧不克.

柯를 伐홈을 엇디 ᄒ료? 斧ㅣ 아니면 克디 몯ᄒᄂ니라.

도끼자루로 쓸 나무는 무엇으로 찍어 베는가? 도끼가 아니면 안 되지.

取妻如何? 匪媒不得.

妻를 取홈을 엇디 ᄒ료? 媒(미) 아니면 得디 몯ᄒᄂ니라.

처를 얻을 땐 어떻게 하는가? 중매 없이는 아니 되지.

【柯】도끼 자루. 〈毛傳〉에 "柯, 斧柄也. 禮義者, 亦治國之柄"이라 하였고, 〈集傳〉에도 "柯, 斧柄也"라 함. 陳奐〈傳疏〉에는 "《說文》:「柯, 斧柄也.」 ……案柯者, 斧柄之名, 伐柯柄, 必待斧而後成"이라 함.
【匪】非와 같음.
【克】〈鄭箋〉과〈集傳〉에 "克, 能也"라 함. 〈鄭箋〉에는 "伐柯之道, 唯斧, 乃能之此以類, 求其類也. 以喻成王欲迎周公, 當使賢者先往"이라 함.

【媒】중매. 〈集傳〉에 "媒, 通二姓之言者也"라 함. 〈毛傳〉에 "媒, 所以用禮也. 治國
不能用禮, 則不安"이라 하였고, 〈鄭箋〉에는 "媒者, 能通二姓之. 言「定人室家之
道, 以喻王欲迎周公, 當先使曉王與周公之意者, 又先往.」"이라 함.
＊〈集傳〉에 "○周公居東之時, 東人言此, 以比平日欲見周公之難"이라 함.

(2) 比

伐柯伐柯, 其則不遠.

柯를 伐ᄒ며 柯를 伐홈이여, 그 則이 머디 아니 ᄒ도다.

도끼자루로 쓸 나무 찍네, 도끼자루로 쓸 나무 찍네, 그 법칙 먼 곳에
있지 않지.

我覯之子, 籩豆有踐.

우리 之子를 覯(구)호니, 籩과 豆ㅣ 踐(천)ᄒ얏도다.

내가 그 사람 만나려면, 변두에 진수성찬 진열해 놓아야지.

【其則不遠】그 법칙은 멀지 않음. 〈毛傳〉에 "以其所願乎上, 交乎下;以其所願乎下,
事乎上, 不遠求也"라 하였고, 〈鄭箋〉에는 "則, 法也. 伐柯者, 必用柯, 其大小長短,
近取法於柯. 所謂不遠求也. 王欲迎周公, 使還其道, 亦不遠人心, 足以知之"라 함.
〈集傳〉에도 "則, 法也"라 함.
【我】〈集傳〉에 "我, 東人自我也"라 함.
【覯】봄. 만남. 〈鄭箋〉에 "覯, 見也"라 함. 〈諺解〉에는 '遘'자로 표기하였음.
【之子】〈鄭箋〉에 "之子, 是子也. 斥周公也. 王欲迎周公, 當以饗燕之饌, 行至, 則歡
樂以說之"라 함. 〈集傳〉에 "之子, 指其妻而言也"라 함.
【籩豆】〈集傳〉에 "籩, 竹豆也;豆, 木豆也"라 함.
【踐】〈集傳〉에 "踐, 行列之貌"라 하였고, 陳奐 〈傳疏〉에 "行列, 卽陳列"이라 함.
＊〈集傳〉에 "○言「伐柯而有斧, 則不過卽此, 舊斧之柯, 而得其新柯之法. 娶妻而有
媒, 則亦不過卽此. 見之而成其同牢之禮矣.」 東人言此, 以比今日得見周公之易, 深
喜之之辭也"라 함.

참고 및 관련 자료

1. 孔穎達〈正義〉

作〈伐柯〉詩者, 美周公也. 毛以爲周公攝政, 東征四國, 既定仍在東土, 已作〈鴟鴞〉
之後, 未得雷風之前, 羣臣皆知周公有成就周道之志, 而成王猶未知之. 故周大夫作
詩美周公, 以刺朝廷之不知. 卽經二章皆刺成王不知周公之辭. 鄭以爲周公避居東
都, 三年之秋, 得雷風之後, 啓金縢之前, 王意稍悟, 欲迎周公, 而朝廷大夫, 猶有不
知周公之志. 故周大夫作此詩以美周公, 刺彼朝廷大夫之不知也. 經二章皆言王當
以禮迎周公, 刺彼羣臣不知之也.〈正義〉曰箋: 知此篇之作, 在得雷風之後者. 若在雷
風之前, 則王亦未悟. 若有所刺, 當刺於王, 何以獨刺朝廷? 若啓金縢之後, 則羣臣
盡悟, 無所可刺. 故知是既得雷雨大風之變, 欲迎周公, 而朝廷猶有疑, 志所以刺之
也.《論語》云「其在朝廷」,〈祭義〉言「孝悌達於朝廷」, 皆斥君. 朝, 謂之朝廷, 則知此言
朝廷, 亦是成王之朝, 所刺必有其人, 故知刺朝廷羣臣之中有不知周公之聖者也. 毛
氏雖不注序推〈鴟鴞〉之傳, 必無避居之事. 周公初卽攝政, 羣臣無有不知, 必不得同.
鄭刺羣臣也, 羣臣皆信周公, 唯有成王疑耳.〈狼跋〉序云「近則王不知」, 此刺朝廷不
知, 當亦刺成王不知. 王肅云:「朝廷斥成王.」孫毓云:「疑周公者, 成王也; 明周公者,
羣臣也.《書》曰:「史與百執事對曰:『信噫! 公命我勿敢言.』二公下至百執事, 皆明周
公如此, 復誰刺乎? 且夫朝廷人君, 所專未有稱羣臣爲朝廷者. 漢魏稱人主, 或云國
家, 或言朝廷, 古今同也. 曷以不言刺成王? 刺成王當在雅, 此詩主美周公, 故在〈豳
風〉, 是以略言刺朝廷. 傳意或然, 雖刺成王與? 箋意異其所刺者, 亦在作〈鴟鴞〉之
後, 得雷風之前, 何則? 作〈鴟鴞〉之時, 周公親自喻王, 王猶不悟, 大夫故應刺之. 若
得雷風之後, 王意已漸開悟, 大夫不當刺王明, 所刺亦在雷風之前. 王肅以爲既作
〈東山〉, 又追作此詩以刺王, 不知毛意然否?

159(豳-6) 구역(九罭)

*〈九罭〉: '九罭'은 코가 아홉인 잔 그물. 작은 고기도 잡을 수 있는 코가 빽빽한 그물. 촉고(數罟), 緵罟를 가리킴. 〈毛傳〉에 "九罭, 緵罟. 小魚之網也"라 하였고, 〈集傳〉에는 "九罭, 九囊之網也"라 함. 〈鄭箋〉에는 "設九罭之罟, 乃後得鱒魴之魚. 言取物, 各有器也. 興者, 喻王欲迎周公之來, 當有其禮"라 하여, 성왕이 주공을 맞으려면 예를 갖추어야 한다고 하였음.

*이 시 역시 周나라 대부들이 周公의 진심을 알지 못함을 비판한 것이라 함.

〈序〉: 〈九罭〉, 美周公也. 周大夫刺朝廷之不知也.

〈구역〉은 주공을 찬미한 것이다. 주나라 대부들이 조정에서는 주공의 진의를 모르고 있음을 질책한 것이다.

*전체 4장. 1장은 4구, 3장은 3구씩(九罭: 四章. 一章章四句, 三章章三句).

(1) 興
九罭之魚, 鱒魴.

九罭(구역)읫 魚ㅣ여, 鱒(존)과 魴이로다.

아홉 코 잔 그물에 걸린 것은, 준어와 방어로다.

我覯之子, 袞衣繡裳.

우리 之子를 보니, 袞衣(곤의)와 繡裳이로다.

내가 그대를 보니, 용무늬 수놓은 옷이었네.

【鱒魴】〈諺解〉物名에 "鱒: 未詳"이라 함. 〈毛傳〉에 "鱒·魴. 大魚也"라 하였고, 〈集傳〉에는 "鱒, 似鯶而鱗細眼赤; 魴, 已見上. 皆魚之美者也"라 함.
【我】〈集傳〉에 "我, 東人自我也"라 함.
【覯】봄. 〈諺解〉원문에는 '遘'자로 되어 있음.
【之子】〈集傳〉에 "之子, 指周公也"라 함.

九罭之魚鱒魴

〇鱒魴大魚也葉傳
鱒以鯶而鱗細眼赤
傳鱒魴大魚也葉傳
方〇堺雅鱒魚圓魴魚

【袞衣繡裳】王이나 公의 服飾. 〈毛傳〉에 "所以見周公也. 袞衣, 卷龍也"라 하였고, 〈鄭箋〉에는 "王迎周公, 當以上公之服, 往見之"라 함. 〈集傳〉에는 "袞衣, 裳九章: 一曰龍, 二曰山, 三曰華蟲雉也. 四曰火, 五曰宗彝虎蜼也. 皆繢於衣, 六曰藻, 七曰粉米, 八曰黼, 九曰黻, 皆繡於裳天子之龍. 一升一降, 上公但有降龍, 以龍首卷然, 故謂之袞也"라 함.

*〈集傳〉에 "〇此亦周公居東之時, 東人喜得見之, 而言「九罭之網, 則有鱒魴之魚矣. 我覯之子, 則見其袞衣繡裳之服矣.」"라 함.

(2) 興

鴻飛遵渚, 公無歸所?

鴻이 飛홈애 渚를 遵(준)ᄒᆞ느니, 公이 歸ᄒᆞ심애 所ㅣ 업스랴?

홍곡 같은 큰 새가 모래톱을 따라 어슬렁거리니, 공께서 돌아갈 곳이 없어서이겠는가?

於女信處!

네게 信處만 ᄒᆞ시니라!

그대 진실로 처할 곳이 있으리라!

【鴻】고니, 鴻鵠. 기러기의 큰 종류.
【遵】〈集傳〉에 "遵, 循也"라 함.
【渚】"渚, 小洲也"라 함. 〈毛傳〉에 "鴻, 不宜循渚也"라 하였고, 〈鄭箋〉에는 "鴻, 大鳥也. 不宜與鳧鷖之屬飛而循渚, 以喻周公, 今與凡人處東都之邑, 失其所也"라 함.
【女】너. 汝. 〈集傳〉에 "女, 東人自相女也"라 함.

【信】〈毛傳〉에 "周公未得禮也. 再宿曰信"이라 하였고, 〈集傳〉에도 "再宿曰信"이라 하였으나, 〈鄭箋〉에는 "信, 誠也. 時東都之人, 欲周公留不去. 故曉之云:「公西歸 而無所居, 則可就女誠處, 是東都也. 今公當歸復, 其位不得留也.」"라 하여, '진실 로'의 뜻으로 보았음. 郝懿行〈義疏〉에 "信乃再宿, 宿僅一宿"이라 하였고, 《左 傳》莊公 3년 傳에 "凡師, 一宿爲舍, 再宿爲信, 過信爲次"라 함.
*〈集傳〉에 "○東人聞成王將迎周公, 又自相謂而言「鴻飛則遵渚矣. 公歸豈無所乎? 今特於女信處而已.」"라 함.

(3) 興

鴻飛遵陸, 公歸不復,

鴻이 飛홈애 陸을 遵ㅎᄂ니, 公이 歸ㅎ야 復디 아니 ㅎ시리니,

홍곡이 뭍을 따라 날고 있으니, 그대 돌아가면 다시 오지 않으리니,

於女信宿!

네게 信宿(신숙)만 ㅎ시니라!

그대 진실로 처할 곳이 있으리라!

【陸】〈毛傳〉에 "陸, 非鴻所宜止"라 하였고, 〈集傳〉에 "高平曰陸"이라 함.
【不復】〈集傳〉에 "不復, 言「將留相王室, 而不復來東」也"라 함.
【宿】〈毛傳〉에 "宿, 猶處也"라 함.

(4) 賦

是以有袞衣兮, 無以我公歸兮.

이러모로 뻐 袞衣l 잇더니, 우리 公으로 뻐 歸티 마라.

이 까닭으로 곤의로써 모시오니, 돌아간다는 말씀 나에게 하지 마소서.

無使我心悲兮!

우리 ᄆᆞᆷ으로 ᄒᆞ여곰 悲케 마롤 띠어다!

우리 마음 슬픔에 젖게 하지 마옵소서!

【是】〈毛傳〉에 "無與公歸之道也"라 하였고, 〈鄭箋〉에는 "是, 是東都也. 東都之人,
欲周公留之, 爲君故云. 「是以有袞衣」, 謂成王所齎來袞衣, 願其封周公於此, 以袞
衣命留之, 無以公西歸"라 함.

【有袞衣】聞一多〈類鈔〉에는 "有, 藏之也"라 하여 '곤의를 거두어 갈무리하다'의
뜻으로 보았음.

【心悲】〈鄭箋〉에 "周公西歸, 而東都之人, 心悲. 恩德之愛, 至深也"라 하였고, 〈集
傳〉에는 "承上二章, 言「周公信處信宿於此, 是以東方有此服袞衣之人. 又願其且
留於此, 無遽迎公以歸, 歸則將不復來, 而使我心悲也.」"라 함.

참고 및 관련 자료

1. 孔穎達〈正義〉

作〈九罭〉詩者, 美周公也. 周大夫以刺朝廷之不知也. 此序與〈伐柯〉盡同. 則毛亦
以爲刺成王也. 周公旣攝政, 而東征至三年, 罪人盡得. 但成王惑於流言, 不悅周公
所爲, 周公且止東方, 以待成王之召. 成王未悟, 不欲迎之, 故周大夫作此詩, 以刺王.
經四章皆言周公不宜在東, 是刺王之事. 鄭以爲周公避居東都三年, 成王旣得雷雨大
風之變, 欲迎周公, 而朝臣羣臣, 猶有惑於管蔡之言, 不知周公之志者. 及啓金縢之
書, 成王親迎周公, 反而居攝政. 周大夫乃作此詩, 美周公, 追刺徃前朝廷羣臣之不
知也. 此詩當作在歸攝政之後. 首章言周公不宜居東, 王當以袞衣禮迎之, 所陳是未
迎時事也. 二章三章陳徃迎周公之時, 告曉東人之辭. 卒章陳東都之人, 欲留周公.
是公反後之事. 旣反之後, 朝廷無容不知. 序云美周公者, 則四章皆是也. 其言刺朝
廷之不知者, 唯首章耳.

160(豳-7) 낭발(狼跋)

*〈狼跋〉: 이리의 고통. 늙은 이리가 胡(턱, 턱 아래 난 수염, 혹 頤肉)가 자꾸 밟혀 앞으로 나갈 수도, 뒤로 물러설 수도 없음을 뜻함.

*이 시는 이리가 그러한 고통이 있어도 용맹을 잃지 않듯이, 周公이 成王에게 의심을 받으면서도 聖德을 지켰음을 비유한 것이라 함. 〈毛傳〉에 "興也. 跋, 躐; 疐, 跲(跆)也. 老狼有胡, 進則躐其胡, 退則跲(跆)其尾, 進退有難, 然而不失其猛"이 라 하였고, 〈鄭箋〉에는 "興者, 喻周公進則躐其胡, 猶始欲攝政, 四國流言, 辟之而 居東都也. 退則跲(跆)其尾, 謂後復成王之位, 而老成王. 又留之. 其如是, 聖德無玷 缺"이라 함. 〈集傳〉에도 "跋, 躐也; 疐, 跲(跆)也. 老狼有胡進而躐其胡, 則退而跲 (跆)其尾"라 함.(〈十三經〉에는 '跆'로, 朱熹 〈詩集傳〉에는 '跆'으로 되어 있음.)

〈序〉: 〈狼跋〉, 美周公也. 周公攝政, 遠則四國流言; 近則 王不知. 周大夫美其不失其聖也

〈낭발〉은 주공을 찬미한 것이다. 주공이 섭정할 때 멀리서는 네 나라 가 유언을 퍼뜨렸고, 가까이는 왕조차 주공의 진심을 몰랐다. 주나라 대 부들이 그래도 주공은 그 성스러움을 잃지 않았음을 찬미한 것이다.

〈箋〉: 不失其聖者, 聞流言不惑, 王不知不怨, 終立其志, 成周之王功, 致大平, 復成王之位. 又爲之大師, 終始無愆, 聖德著焉.

*전체 2장. 매 장 4구씩(狼跋: 二章. 章四句).

(1) 興
狼跋其胡, 載疐其尾.

狼(랑)이 그 胡를 跋ㅎ고, 곧 그 尾를 疐(치)ㅎ놋다.

늙은 이리 수염이 밟혀 비틀비틀, 제 꼬리에 제가 걸려 휘뜩휘뜩.

公孫碩膚, 赤舃几几!

公이 碩膚(셕부)를 孫ㅎ시니, 赤舃(젹셕)이 几几(궤궤)ㅎ샷다!

그러나 주공께서는 공순하심이 크고 아름다워, 붉은 신 안정된 모습!

【狼】이리.

【跋】밟힘.

【胡】〈集傳〉에 "胡, 頷下懸肉也"라 하여, 턱 아래 늘어진 筋肉뭉치라 함. 그러나 '鬍'의 假借字로 봄.

【載】助字. 〈集傳〉에 "載, 則"이라 함.

【疐】걸려 넘어짐. 〈毛傳〉에 "疐, 跲(跆)也"라 하였고, 〈集傳〉에는 "疐, 跲(跆)也"라 함.

【公孫】成王을 가리킴. 〈毛傳〉에 "公孫, 成王也. 闕公之孫也"라 함. 그러나 〈集傳〉에는 "公, 周公也"라 하여 周公으로 보았으며, '孫'은 〈集傳〉에 "孫, 讓"이라 하였고, 〈鄭箋〉에는 "公, 周公也. 孫讀當如公孫于齊之孫. 孫之言孫遁也. 周公攝政七年, 致太平, 復成王之位, 孫遁辟之, 成功之大美, 欲老成王, 又留之, 以爲太師"라 하여, '公'과 '孫'을 각기 다른 의미로 보았음.

【碩膚】〈毛傳〉과 〈集傳〉에 "碩, 大;膚, 美也"라 함. 馬瑞辰 〈通釋〉에 "膚, 當讀如膚革充盈之膚. 碩膚者, 心廣體胖之象"이라 하였고, 聞一多 〈類鈔〉에는 '臚'의 假借字로 보고 "臚, 腹前肥曰臚"라 하였음.

【赤舃】〈毛傳〉에 "赤舃, 人君之盛屨也"라 하여, 임금의 盛裝 때의 신이라 하였고, 〈集傳〉에는 "赤舃, 冕服之舃也"라 함. 王先謙 〈集疏〉에는 "赤舃, 以金爲飾, 謂之金舃"이라 함.

【几几】〈毛傳〉에 "几几, 絢貌"라 하였고, 〈鄭箋〉에는 "履, 赤舃, 几几然"이라 함. 〈集傳〉에는 "几几, 安重貌"라 함.

＊〈集傳〉에 "○周公雖遭疑謗, 然所以處之不失其常. 故詩人美之, 言「狼跋其胡, 則疐其尾矣. 公遭流言之變, 而其安肆自得, 乃如此.」 蓋其道隆德盛, 而安土樂天, 有不足言者. 所以遭大變, 而不失其常也. 夫公之被毁以管蔡之流言也, 而詩人以爲此, 非四國之所爲. 乃公自讓其大美, 而不居耳. 蓋不使讒邪之口, 得以加乎公之忠聖, 此可見其愛公之深, 敬公之至, 而其立言, 亦有法矣"라 함.

(2) 興

狼疐其尾, 載跋其胡.

狼이 그 尾를 疐ᄒ고, 곧 그 胡를 跋ᄒ놋다.

늙은 이리 꼬리 밟혀 휘뚝휘뚝, 제 수염에 제가 걸려 비틀비틀.

公孫碩膚, 德音不瑕!

公이 碩膚를 孫ㅎ시니, 德音이 瑕(하)티 아니 ㅎ샷다!

그러나 주공께선 공손하심이 크고 아름다워, 훌륭한 칭송에는 어떤 흠도 없네!

【德音】令聞과 같음. 훌륭하다는 칭찬의 소문. 〈集傳〉에 "德音, 猶令聞也"라 함.
【瑕】잘못. 흠. 〈毛傳〉에 "瑕, 過也"라 하였고, 〈鄭箋〉에는 "不瑕, 言不可疵瑕也"라 함. 〈集傳〉에는 "瑕, 疵. 病也"라 함. 그러나 俞樾〈古書疑義擧例〉에는 "不, 語詞. 瑕與遐通, 遠也. 言其德音之遠也"라 함.
＊〈集傳〉에 "○程子曰:「周公之處已也夔夔然. 存恭畏之心, 其存誠也蕩蕩然, 無顧慮之意, 所以不失其聖, 而德音不瑕也.」"라 함.

참고 및 관련 자료

1. 孔穎達〈正義〉

作〈狼跋〉詩者, 美周公也. 毛以爲周公攝政之時, 其遠則四國流言謗毁周公, 言:「將不利於孺子.」其近則成王不知其心, 謂:「周公實欲簒奪己位.」周公進退有難如此, 卒誅除四國, 成就周道, 使天下大平而聖德著明. 故周大夫作此詩, 美進退有難, 而能不失其聖也. 經二章皆言'進退有難'之事. '美其不失聖'者, 本其美周公之意耳. 於經無所當也. 鄭以周公將攝政時, 遠則四國流言, 而周公不惑, 不息攝政之心; 近則成王不知, 而周公不怨, 不生忿懟之意, 卒得遂其心志, 成就周道, 是進有難也. 及致政成王之後, 欲老而自退, 成王又留爲太師, 令輔弼左右, 是退有難也. 如此進退有難, 而聖德著明, 終無愆過, 故周大夫美其不失其聖也. 經二章皆云'進退有難'之事, '德音不瑕', 是不失聖也. 序稱流言與王不知, 唯說進有難也. 不言退有難者, 不失其聖之中, 可以兼之矣. 〈正義〉曰:序言不失其聖, 是總美周公之言, 故箋具述周公進退有難, 能使聖德著明之意, 以充之. 箋以流言與王不知, 是一時之事, 不宜分爲進退. 經云「公孫碩膚」, 則是遜位之後, 故以流言與王不知, 爲進有難也. 旣遜而留爲太師, 是退有難也. 以此二者, 皆達周公之志. 是故俱名爲難進退有難, 而終始無愆, 所以美其不失其聖也. 毛不注序必知異於鄭者, 傳以公孫爲成王, 則此經所陳, 無周公遜位之事, 不得以留爲太師, 當退有難也. 傳言進退有難, 須兩事充之, 明四國流言爲進有難, 王不知爲退有難, 能誅除四國, 攝政成功, 正是不失聖也.

2. 朱熹〈集傳〉

〈狼跋〉, 二章, 章四句:

范氏曰:「神龍或潛或飛, 能大能小, 其變化不測. 然得而畜之, 若犬羊然, 有欲故也. 唯其可以畜之, 是以亦得醢而食之. 凡有欲之類, 莫不可制焉. 唯聖人無欲, 故天地萬物, 不能易也. 富貴·貧賤·死生, 如寒暑·晝夜, 相代乎前, 吾豈有二其心乎哉? 亦順受之而已矣. 舜受堯之天下, 不以爲泰;孔子阨於陳蔡, 而不以爲戚;周公遠則四國流言, 近則王不知, 而赤舄几几, 德音不瑕, 其致一也.」

3. 朱熹〈集傳〉「豳風」結語

豳國, 七篇二十七章, 二百三句:

程元問於文中子曰:「敢問豳風, 何風也?」曰:「變風也.」元曰:「周公之際, 亦有變風乎?」曰:「君臣相誚, 其能正乎? 成王終疑周公, 則風遂變矣. 非周公至誠, 其孰卒正之哉?」元曰:「居變風之末, 何也?」曰:「夷王以下, 變風不復正矣. 夫子蓋傷之也. 故終之以〈豳風〉. 言變之可正也. 惟周公能之, 故係之以正變, 而克正危, 而克扶始, 終不失其本, 其惟周公乎! 係之豳遠矣哉!」

○篇章歟豳詩, 以逆暑迎寒, 已見於〈七月〉之篇矣. 又曰「祈年于田祖」, 則歟豳雅以樂;田畯祭蜡, 則歟豳頌;以息老物, 則考之於詩, 未見其篇章之所在. 故鄭氏三分〈七月〉之詩, 以當之其道情思者爲風;正禮節者爲雅樂;成功者爲頌. 然一篇之詩, 首尾相應, 乃剗取其一節, 而偏用之, 恐無此理, 故王氏不取, 而但謂本有是詩而亡之, 其說近是. 或者, 又疑但以〈七月〉全篇, 隨事而變, 其音節或以爲風, 或以爲雅, 或以爲頌, 則於理爲通而事亦可行. 如又不然, 則雅頌之中, 凡爲農事而作者, 皆可冠. 以豳號其說具於〈大田〉〈良耜〉諸篇, 讀者擇焉可也.

임동석(茁浦 林東錫)

慶北 榮州 上茁에서 출생. 忠北 丹陽 德尙골에서 성장. 丹陽初中 졸업. 京東高 서울
教大 國際大 建國大 대학원 졸업. 雨田 辛鎬烈 선생에게 漢學 배움. 臺灣 國立臺灣師範
大學 國文研究所(大學院) 博士班 졸업. 中華民國 國家文學博士(1983). 建國大學校
教授. 文科大學長 역임. 成均館大 延世大 高麗大 外國語大 서울대 등 大學院 강의.
韓國中國言語學會 中國語文學研究會 韓國中語中文學會 등 會長 역임. 저서에
《朝鮮譯學考》(中文)《中國學術槪論》《中韓對比語文論》. 편역서에《수레를 밀기 위
해 내린 사람들》《栗谷先生詩文選》. 역서에《漢語音韻學講義》《廣開土王碑研
究》《東北民族源流》《龍鳳文化源流》《論語心得》〈漢語雙聲疊韻研究〉 등. 학술
논문 50여 편. 현 건국대 명예교수. 靑丘書堂 훈장.

임동석중국사상100

시경詩經
_{2/4}

林東錫 譯註
1판 1쇄 발행/2020년 6월 1일
발행인 고정일
발행처 동서문화사
창업 1956. 12. 12. 등록 16-3799
서울 중구 마른내로 144(쌍림동)
☎546-0331~6 (FAX) 545-0331
www.dongsuhbook.com
잘못 만들어진 책은 바꾸어 드립니다.

*

*

사업자등록번호 211-87-75330
ISBN 978-89-497-1776-0 04080
ISBN 978-89-497-0542-2 (세트)